Zu diesem Buch

Vor Wahnvorstellungen ist niemand gefeit. Diese unheimliche Erkenntnis des Psychiaters Ronald K. Siegel ist das Ergebnis zahlloser Fallstudien, von denen im vorliegenden Band zwölf exemplarisch präsentiert werden.

Geschickt changierend zwischen wissenschaftlicher Betrachtung und spannender Erzählung, folgt Siegel seinen Patienten in ihre durch Drogenkonsum, Entzug, Isolation oder körperliche Qualen entstandenen Schattenwelten und nimmt teil an ihrem Mißtrauen und ihrer Angst. Da ist z. B. die alte Frau, die ihre Zähne flüstern hört, der Kokainabhängige, der sich von imaginären Käfern bedroht fühlt, die Ballettänzerin, die einen Schatten liebt, oder der Student, der mit einem gestohlenen Computerprogramm versucht, das Gehirn Hitlers wiederzuerschaffen.

Mit außergewöhnlichem Erzähltalent öffnet Siegel die Tür zur Welt des Wahnsinns und zeigt die Brüchigkeit der Grenzen zur sogenannten Normalität.

Der Autor

Ronald K. Siegel ist Professor für Psychiatrie und Verhaltenswissenschaften an der Universität von Los Angeles (UCLA). Er hat als Berater der Weltgesundheitsorganisation (WHO) gearbeitet und wird in vielen Fällen als Experte angehört.

Der weltweit hochangesehene Psychopharmakologe und Autor zahlreicher Artikel über die Wirkung von Drogen veröffentlicht in den Zeitschriften *Omni, Psychology Today* und *Scientific American*. Im Rowohlt Taschenbuch Verlag ist bereits erschienen: *Halluzinationen. Expeditionen in eine andere Wirklichkeit* (Nr. 60332).

| | | | | | | | | | | *Ronald K. Siegel*

Der Schatten in meinem Kopf

| | | | | | | | | | | 12 ganz normale Geschichten aus den Grenzwelten des Wahnsinns

Deutsch von Michael Bischoff

Rowohlt Taschenbuch Verlag

Veröffentlicht im Rowohlt Taschenbuch Verlag GmbH,
Reinbek bei Hamburg, April 1999
Titel der Originalausgabe «Whispers. The Voices of Paranoia»
Copyright © 1994 by Ronald K. Siegel
Published by Crown Publishers, Inc., 201 East 50th Street,
New York, New York, 10022
Copyright © für die deutsche Ausgabe: Vito von Eichborn GmbH & Co. Verlag KG,
Frankfurt am Main, 1996
Umschlaggestaltung Walter Hellmann
(Illustration Bernhard Kunkler)
Innentypografie Daniel Wauthoff
Satz Trump Mediäval PostScript (PageOne)
Gesamtherstellung Clausen & Bosse, Leck
Printed in Germany
ISBN 3 499 60333 0

Inhalt

Vorwort 7

Der Dämon Paranoia 10

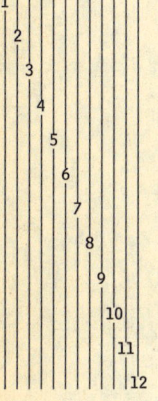

1   Ein Interview mit Hitlers Gehirn 29

2   Dr. Tolmans fliegende Beeinflussungsmaschine 63

3   Flüstern 109

4   Schattentanz 141

5   Die Invasion der Käfer 176

6   Richie in Whackyland 216

7   Bunker 245

8   Die schwebende Dollarnote 270

9   Die zehnte Plage 301

10   Die Jagd nach dem letzten Zwerg 321

11   Der Paranoia-Express 345

12   Eine Nacht an Hemingways Grab 371

Literatur 377

Danksagung 384

Vorwort

Zum erstenmal begegnete ich dem Dämon vor vielen Jahren in Quebec, und ausgerechnet um die Weihnachtszeit.

Am Tag zuvor hatte ein Schneesturm getobt, die ganze Stadt war weiß. An den Fenstern glitzerten Eisblumen. Selbst das verschneite Kopfsteinpflaster schien aus lauter Edelsteinen zu bestehen. Der Schnee knirschte unter meinen Stiefeln, als ich zu dem Backsteinbau stapfte, in dem ich auf meinem Spaziergang durch die Altstadt einen ungeplanten Zwischenstop einlegte.

Die alte Frau öffnete die Tür, noch bevor ich anklopfen konnte. Sie war in mehrere Schichten abgetragener Pullover und Jacken gehüllt; um den Hals trug sie ein blaues, mit weißen Lilien verziertes Tuch – Symbol der Provinz Quebec –, das ihr wie gemeißelt wirkendes Gesicht mit frankokanadischem Stolz umrahmte. Reglos stand sie im Eingang, wie eine dieser riesigen Holzstatuen, die Künstler der Gegend für Touristen schnitzten. Ich gab ihr ein paar Dollar, und sie bedeutete mir mit einer leichten Fingerbewegung, daß ich eintreten solle.

Sie stopfte das Geld in eine Tasche und begann sofort auf französisch einen Vortrag zu halten. Da sie wie ein Maschinengewehr redete, kondensierte sich ihr Atem in dem kalten Raum zu einer Kette kleiner Wölkchen. Ich konnte ihren schweren Quebec-Akzent nicht verstehen, aber als sie sich umdrehte und in einen anderen Raum ging, folgte ich ihr.

Ich wußte, daß dieser Bau vor mehr als hundertfünfzig Jahren einmal als Gefängnis gedient hatte; und viele von denen, die einst hier gefangengehalten wurden, hatten kein Verbrechen begangen. Damals herrschte noch eine napoleonische Rechtsauffassung: Angeklagte galten als schuldig, solange sie ihre Unschuld noch nicht bewiesen hatten. In Zellen und dunkle Verliese geworfen, erfuhr kaum einer, für welches Verbrechen er mit welcher Strafe belegt worden war.

Die Frau nahm eine Taschenlampe und führte mich über

eine Steintreppe in den Keller hinab. Hier schien es fast noch kälter zu sein. Sie redete nun sehr leise, und ich trat näher, um wenigstens ein paar Worte zu verstehen. Mit jedem geflüsterten Wort drang ein kleiner Schwall Knoblauchduft zu mir. Ich glaubte, sie sagte etwas von Menschen, die aus Angst den Verstand verlieren. Die Taschenlampe beleuchtete ein paar Zellen – zerbrochene Balken und Stücke rostigen Eisens. Ich konnte mir Gefangene in diesen Zellen vorstellen, doch nicht, wie man sich fühlte, so behandelt zu werden und nicht einmal den Grund dafür zu kennen.

Ich dachte an den Gefangenen in Franz Kafkas Erzählung *In der Strafkolonie.* Der Verurteilte wurde auf ein Bett gebunden, auf das sich ein teuflischer, «die Egge» genannter Apparat herabsenkte. Der Zweck dieser komplizierten Vorrichtung aus Zahnrädern und Nadeln war, das Gesetz, gegen das er verstoßen hatte, einzugravieren. Die Nadeln wiederholten diesen Vorgang immer wieder und ritzten sich dabei immer tiefer in den Körper ein. Der Gefangene erfuhr nie, worin seine Schuld bestand und wie das Urteil gegen ihn gelautet hatte. Und tatsächlich wurde die Inschrift in einer so «kunstvollen» Kalligraphie ausgeführt, daß niemand sie zu lesen vermochte. Doch man erwartete vom Verurteilten, daß er den Urteilsspruch über seine Wunden entzifferte. «Es wäre nutzlos, es ihm zu verkünden. Er erfährt es ja auf seinem Leib», erklärt der Offizier der Strafkolonie, der den Apparat bedient. Erst dann konnte der Gefangene endlich begreifen, warum er dieser grausamen Behandlung unterworfen wurde.

Aber welche Lehre mochten die unschuldigen Insassen dieser Zellen hier aus ihrer Einkerkerung gezogen haben? Welche geheimen Botschaften erzeugte das Räderwerk ihres Gehirns in dieser abgeschlossenen unterirdischen Welt? War die Kalligraphie ihres Geistes überfrachtet mit verschwörerischen Gefängniskommandanten und Foltermaschinen? War das die Angst, die den Menschen den Verstand raubte und sie für immer stigmatisierte, nicht minder als jedwede Egge?

Die alte Frau murmelte nur noch leise. Sie ging zu einer

kleinen Öffnung im Boden, kaum größer als ihre schmalen Schultern, und stieg auf einer Leiter hinunter. Ich folgte ihr, vom Licht ihrer Taschenlampe geleitet. Der Boden am Fuß der Leiter war feucht, in der Luft lag ein fauliger Geruch. Die Frau sprach langsam, aber mit fester Stimme, während ihre Taschenlampe eine Reihe von Nischen in den Wänden erleuchtete. Angekettet in diesen Höhlen hatten dort einst Gefangene auf Betten aus feuchtem Stroh und Sägemehl gelegen.

Sie hielt die Taschenlampe wie ein Mikrophon in Brusthöhe nach oben, und der Lichtstrahl traf direkt ihr vorstehendes Kinn. Ein Schatten fiel über ihr Gesicht. Dann knipste sie die Lampe aus.

Eine diffuse Angst ergriff mich, dann Panik. Die Kalligraphie meines Geistes übernahm das Kommando und begann, die Dunkelheit mit Szenen aus einem Horrorfilm zu bevölkern. Ich hätte schwören können, die Frau hätte gekichert. Aus den Nischen drangen eingebildete Geräusche: Flüstern, dann das Schaben eines stumpfen Messers, das an Mauersteinen gewetzt wurde. Ich hörte ein Rascheln im Dunkel. Unsichere Schritte, seit Generationen des Laufens entwöhnt, schlurften auf mich zu.

Die Frau knipste die Taschenlampe wieder an und führte mich zurück auf die Straße. Die Besichtigung war zu Ende. Doch meine Suche nach dem Dämon der Paranoia, der meine Sinne in diesen Kellerräumen gestreift hatte, hatte eben erst begonnen.

Der Dämon Paranoia

Im Lexikon werden Sie *Paranoia* nicht finden. Das Wort ist wohl da, nicht aber das Gefühl. Der Ausdruck stammt aus dem Griechischen und bezeichnete ursprünglich einen gequälten Geist. Aber gequält wovon? Die Definition sagt: von der Einbildung, daß man von jemandem verfolgt wird. Doch wenn du unter Paranoia leidest [also paranoid oder ein Paranoiker bist], dann *weißt* du, daß all das keineswegs nur Einbildung ist. Die Leute verfolgen und quälen dich wirklich. Wer sind diese Leute? Warum verfolgen sie dich? Was wollen sie von dir? Das Lexikon bietet hier nur wenige Hinweise.

Du bist das Ziel einer weitverzweigten Verschwörung geworden, die wie ein unsichtbares Netz den ganzen Erdball umspannt. Sie steckt in Telefondrähten und Zeitungen, womöglich auch in Lexika. Sie quillt aus Radios und Fernsehgeräten. Sie schleicht sich ein in die Herzen und Köpfe deiner Verwandten und Freunde. Sie greift nach dir.

Es kann viele Gründe geben, weshalb man gerade dich ausgewählt hat. Die Leute beneiden dich. Schließlich bist du klüger und besser als die anderen. Sie sind hinter deinem Wissen her, hinter deinem Job, vielleicht auch hinter deinem Ehegatten. Das Lexikon sagt, viele Paranoiker empfänden sich als grandios und allmächtig, aber das Lexikon hat keine Ahnung. Du besitzt tatsächlich außergewöhnliche Fähigkeiten als Wissenschaftler, Erfinder, Liebhaber oder Prophet. Deshalb bist du ja so anziehend, so anregend, so beneidenswert. Es gibt nichts im Leben, das du nicht erreichen könntest.

Du ziehst die Aufmerksamkeit der Präsidentengattin auf dich. Sie verliebt sich in dich. Natürlich kann sie dir unmöglich eine offene Liebeserklärung machen, aber sie zeigt dir heimlich ihre Liebe indirekt auf vielerlei Weise. Ihr Mann erfährt von ihren heimlichen Gefühlen und geht zum Angriff über. Er schickt dir das FBI, den Geheimdienst und schließlich die Mafia auf den

Hals. Du wehrst dich mit Strafanzeigen gegen die Regierung und die Telefongesellschaft. Dein Chef beschwert sich, du seist in deiner Arbeit nicht mehr bei der Sache. Du kündigst und verklagst ihn. Er hat dich nie anständig behandelt, jetzt soll er dafür bezahlen. Fragt dich deine Frau, ob etwas nicht in Ordnung ist, reichst du die Scheidung ein.

Der Hund und die Katze sehen dich immer merkwürdiger an. Du kannst ihnen nicht mehr vertrauen. Zu Hause bist du nicht mehr sicher; also ziehst du aus. Du übernachtest in Motels, jede Nacht in einem anderen, damit deine Feinde die Spur verlieren. Du verkriechst dich unter einer Decke, die du mit Stanniolpapier überziehst, um dich vor den sterilisierenden Strahlen zu schützen, mit denen *sie* dir auf den Leib rücken. Und du wartest. Du hast Zeit, über das ganze Geschehen der Vergangenheit nachzudenken und nach geheimen Bedeutungen zu suchen, die dicht unter der Oberfläche verborgen liegen.

Plötzlich ist alles klar. Du siehst förmlich, wie das Netz sich langsam um dich zuzieht. Und du hörst die Stimmen, die sich gegen dich verschwören. Deine Haut reagiert mit Ausschlägen, dort, wo die Strahlen sie getroffen haben. Schwächere Naturen wären längst vor Angst gestorben. Aber du bist stark. Du weißt, wer deine Feinde sind und wo sie wohnen. Es ist Zeit, zu handeln.

Paranoide Episoden wie die oben geschilderte zeigen gewöhnlich eine schrittweise Entwicklung vom leisen Verdacht und Mißtrauen bis hin zu massiven Wahnvorstellungen und voll ausgebildeten Halluzinationen. Am Anfang mag nur das vage Gefühl stehen, daß die normale Welt ein wenig von ihrer Normalität verloren hat. Langsam und kaum merklich schleicht sich ein Verdacht ein. Halluzinierte Bilder und Geräusche bestätigen diesen Verdacht. Gewöhnlich entwickelt sich dieser Zustand über Monate oder Jahre hinweg. Unter dem Einfluß bestimmter Drogen wie Kokain oder Metamphetamin kann sich der Verlauf auf wenige Stunden verkürzen. Doch ob mit oder ohne Drogen, die Paranoia ist dieselbe.

Wirklich erschreckend ist der Gedanke, daß wir alle die Wurzeln der Paranoia in uns tragen – und dieser Gedanke ist in der Tat geeignet, uns alle in einen vollentwickelten paranoiden Zustand zu versetzen. Der «paranoide Zug», von dem der Philosoph Arthur Koestler spricht, ist untilgbarer Teil der menschlichen Natur. Es wird wohl schon ein jeder einmal das beängstigende Gefühl gehabt haben, da draußen sei etwas, das auf ihn warte und es auf ihn abgesehen habe. Dunkelheit und Einsamkeit begünstigen das Aufkommen dieses Gefühls. Viele haben solche Erlebnisse, wenn sie nachts allein im Haus sind oder im Dunkeln eine unbekannte Straße entlanggehen. Andere mögen gelegentlich das unbestimmte Gefühl haben, ihr Lebensweg werde von Neidern bedroht, die sie beim Namen nennen können oder aber gar nicht kennen. Das Wesen, das wir alle fürchten, der Dämon Paranoia, ist nicht «da draußen»; er lauert im Dunkel unseres eigenen Gehirns.

Tief im Innern des Gehirns, unterhalb des «denkenden» Teils der Großhirnrinde, befinden sich eine Neuronengruppe und hormonproduzierende Strukturen, die wir das limbische System nennen: das neurophysiologische Versteck des Dämons Paranoia. Seit mehr als zweihundert Millionen Jahren begleitet es unsere Evolution. Dieses hufeisenförmige Areal wird gelegentlich auch das «Säugetiergehirn» genannt, weil es bei den Säugern am höchsten entwickelt ist. Ein Glück für uns, denn das limbische System ist maßgeblich an der Aufrechterhaltung wichtiger homöostatischer Prozesse wie der Regulierung der Körpertemperatur beteiligt. Ohne das limbische System glichen wir den Kaltblütern, etwa den Reptilien, die einen Großteil ihrer Zeit darauf verwenden, zwischen Sonne und Schatten zu wechseln, um ihre Temperatur zu regulieren. Außerdem steuert das limbische System Reaktionen, die von großer Bedeutung für unser Überleben sind, zum Beispiel die Schutzmechanismen des Kampfes oder der Flucht. Ein wenig verkürzt könnte man das limbische System durch vier wichtige Überlebensfunktionen definieren: Fressen, Kampf, Flucht und Fortpflanzung.

Die Schaltkreise im tiefer gelegenen Teil des limbischen Systems sind ständig damit beschäftigt, unser Überleben zu sichern. Die höher gelegenen Teile haben etwas mit unseren Emotionen zu tun. Elektrische Erregung in den unteren Bereichen kann in den oberen Regionen Gefühle auslösen. Spontan geschieht dies bei einem bestimmten Typus psychomotorisch-epileptischer Anfälle, die den Patienten ein unangenehmes Angstgefühl bereiten – ein rohes, primitives Gefühl, das tief aus dem Körper kommt. Vielleicht wird das limbische System deshalb gelegentlich auch das viszerale Gehirn genannt. Es fühlt. Wir können diese Gefühle nicht abschütteln. Dann übernehmen die «denkenden» Areale das Feld. Es kommt zu einer intellektuellen Fixierung auf die Angstanwandlungen im tiefer gelegenen System. Die Angst erzeugt eine Vorahnung und warnt vor drohenden Gefahren. Bedrängt von dieser tiefsitzenden Angst, sucht der Verstand nach Erklärungen. Er gelangt zu dem Schluß, daß *irgend etwas* dich verfolgt. Das Gehirn ist in die Fänge der Paranoia geraten.

Wenn der Dämon Paranoia Epileptiker befällt, verzerren sich ihre Züge vor Furcht, und sie bewegen hastig und ausweichend Kopf und Augen. Neurophysiologen haben Elektroden ins Gehirn solcher Patienten eingepflanzt und dabei festgestellt, daß in solchen Augenblicken starke elektrische Ströme das gesamte limbische System durchfluten. Dennoch gibt es keinen Beleg für die Annahme, neuropathologische Abnormitäten wie Epilepsie wären die Voraussetzung für paranoides Erleben. Tatsächlich können Neurologen mit elektrischer oder chemischer Stimulation solche Reaktionen auch bei normalen Personen auslösen. Die Forschung sagt uns etwas über die Hirnareale und die neurologischen Mechanismen der Paranoia. Und sie zeigt, daß wir alle dieselbe Grundausstattung geerbt haben.

Der Dämon des limbischen Systems war schon unser Begleiter, lange bevor wir zivilisierte Primaten wurden. Das dürfte auch der Grund sein, weshalb das Gefühl Paranoia so uralt zu sein scheint. Es besaß enorme Bedeutung für unser Überleben. Als die ersten Menschen aus ihren Höhlen hervorkamen, lauerten allenthalben Gefahren auf sie. Unfälle, Krankheit und Gewalt führten bei den allermeisten zu einem frühen Tod. Die Paranoia wurde zu einem wichtigen Anpassungsmechanismus, der das Überleben sicherte. Und so wurde sie ein Teil von uns.

Hippokrates und andere griechische Ärzte hielten die Paranoia für eine Krankheit von derselben Art wie die Epilepsie. Als Paranoiker bezeichneten sie Menschen, die buchstäblich «daneben» oder nicht mehr bei Verstand waren. Noch heute halten die meisten Psychiater die Paranoia für eine Geisteskrankheit, auch wenn sie lieber von «Störungen» sprechen. Doch solche Charakterisierungen sind irreführend. Paranoid zu sein oder einen paranoiden Zug zu haben bedeutet nicht notwendigerweise, daß man krank ist und einer Behandlung bedarf. Ohne Zweifel gibt es hier ein Kontinuum, das von milden paranoiden Anwandlungen bis hin zu einem heftigen, psychotischen Bruch mit der Realität reicht. Es mag berechtigt sein, paranoide Psychotiker wie Hitler oder Stalin krank oder gestört zu nennen, doch für die vielen nichtpsychotischen Fälle, in denen der alltägliche Streß zu leichteren Formen paranoider Anwandlungen führt – also für die meisten von uns –, wäre diese Kennzeichnung ungerecht. Immerhin gibt es wenigstens einen namhaften Vertreter der heutigen Psychiatrie, der mit Vorliebe sagt, Paranoia sei gelegentlich der beste Weg, mit dem Leben fertig zu werden.

Das Wesen der Paranoia in all ihren Formen ist eine spezielle Denkweise. Und das wichtigste Merkmal paranoiden Denkens ist das *Mißtrauen*. Tatsächlich benutzen die meisten Menschen den Ausdruck *paranoid* zur Kennzeichnung eines übertrieben mißtrauischen Menschen. Doch das mißtrauische Denken eines Paranoikers ist mehr als normale Vorsicht oder bloßer Argwohn, wie das Wort paranoid sie impliziert. Die Dinge sind ihm buchstäblich *suspekt*, das heißt, sie nötigen ihn, hinter die Dinge zu schauen, unter der Oberfläche nachzusehen, alles einer genauen Prüfung zu unterziehen und nach Hinweisen zu suchen, die sein Mißtrauen und seinen Verdacht bestätigen. Das erfordert größte Aufmerksamkeit, ein Höchstmaß an Wachsamkeit und eine Hypersensibilität für jedes noch so kleine Detail. Der Paranoiker verbeißt sich in diese Details, bläht ihre Bedeutung auf und baut sie dann in ein logisch-systematisches Muster ein. Während er seine Umwelt absucht, revidiert er das Muster unablässig, um dessen Glaubwürdigkeit abzusichern. Der Paranoiker wird rigide und unflexibel. Er ist auf jede erdenkliche Bedrohung gefaßt. Mehr als alles andere fürchtet er, die Kontrolle oder seine persönliche Autonomie zu verlieren. Er muß ständig auf der Hut vor äußeren Mächten oder Autoritäten sein.

Ein weiteres Merkmal paranoiden Denkens ist die Feindseligkeit. Der Paranoiker ist davon überzeugt, daß Teile seiner Umwelt finstere Absichten gegen ihn hegen. Und so entwickelt er ein defensives, auf ständige Abwehr programmiertes Verhältnis zur Welt. Sein Verhalten ist vielfach von Unwillen, Ärger und Feindseligkeit geprägt; dadurch provoziert er bei anderen jene Feindseligkeit, die nun ihrerseits seine ursprünglichen Befürchtungen bestätigt. In diesem Sinne ist der arme Paranoiker tatsächlich ein Verfolgter. Aber es bleibt dabei, der wirkliche Feind ist der Dämon in ihm selbst.

Mißtrauen und Feindseligkeit bereiten den Weg für eingebildete Wahrnehmungen. An diesem Punkt kann ein weiteres charakteristisches Merkmal paranoiden Denkens – die Projektion – ins Spiel kommen und dem Paranoiker Dinge vorgaukeln, die eines erstklassigen Zauberkünstlers würdig wären. Die Projektion ist ein unbewußter Abwehrmechanismus, durch den emotional unannehmbare Strebungen oder Spannungen abgewiesen und anderen zugeordnet [oder auf sie projiziert] werden. In der starren Ökonomie der reinen Überlebenstechniken ist dieses Vorgehen durchaus sinnvoll, denn vor einem bedrohlichen äußeren Feind kann man leichter fliehen als vor einem inneren. Die Projektion ist keineswegs immer anomal. Kinder greifen nach diesem Mittel, wenn sie sich in magische Phantasien flüchten, um mit der Welt fertig zu werden. Und auch uns Erwachsenen ist sie nicht fremd, wenn wir andere für unsere Gefühle oder unser eigenes Versagen verantwortlich machen. Doch der Paranoiker geht einen Schritt weiter; er *leugnet* seine eigenen Gefühle und *projiziert* sie auf andere. So kann ein Paranoiker sagen: «Nicht ich hasse sie, vielmehr hassen sie mich und wollen mich zerstören.»

Doch auch in solchen Projektionen bleibt der Paranoiker stets im Mittelpunkt. Im paranoiden Denken geschieht der betreffenden Person ständig irgend etwas. Der Paranoiker steht im Zentrum der Aufmerksamkeit, ob als Verfolgter oder als grandiose Persönlichkeit; das zeigt sich am deutlichsten bei Megalomanen wie Hitler. Aber auch Menschen, die unter leichteren Formen von Paranoia leiden, stellen vielfach bei rein zufälligen oder nebensächlichen Ereignissen einen Bezug zur eigenen Person her.

Die Herstellung solcher Bezüge zur eigenen Person kann den Intensitätsgrad von Wahnvorstellungen oder falschen Überzeugungen annehmen – ein weiteres Merkmal paranoiden Denkens. Paranoide Wahnvorstellungen enthalten in der Regel ein Körnchen Wahrheit und haben durchaus ihre Logik. Sie betreffen Situationen des realen Lebens: man glaubt, verfolgt, vergiftet, angesteckt, aus der Ferne geliebt zu werden, eine Krankheit zu haben oder von seinem Ehepartner betrogen zu werden. Wahnvorstellungen mit dieser Thematik können durchaus vernünftig und sogar überzeugend erscheinen. Doch sie korrespondieren eher mit den Gefühlen der betreffenden Person als mit der äußeren Realität, und man hält auch dann noch an ihnen fest, wenn unangreifbare objektive Beweise für das Gegenteil vorliegen.

Viele dieser Merkmale paranoiden Denkens haben eine dunkle, negative Färbung. Die Welt ist voller Feindseligkeit und Nachstellungen, der Paranoiker mißtrauisch und ängstlich. Eine erwachsene Paranoikerin zeichnete sich selbst auf einem Bild als spindeldürre Gestalt, allein in einer Stadt mit riesigen Gebäuden. Dann nahm sie einen schwarzen Filzstift und übermalte die Gebäude mit finsteren Gesichtern, die auf die kleine, dürre Gestalt herabblicken, während Pfeile aus ihren Augen schossen. Manchmal jedoch erfährt das paranoide Denken eine Aufhellung durch grandiose Überhöhungen, fast so, als hätte unsere erwachsene Künstlerin mit gelbem Markerstift einen schützenden Hof um ihre dünne Gestalt gezogen. Größenwahn ist der übertriebene Glaube an die eigene Bedeutung oder Identität. Oft findet er seinen Ausdruck in phantasierten Reichtümern, eingebildeter Macht und ebenso eingebildetem Ansehen. In leichteren Fällen äußert sich Größenwahn in einem Gefühl der Einzigartigkeit oder in herablassendem Verhalten. In schweren Fällen begegnen wir vielfach der Vorstellung, man sei vollkommen, man werde von allen bewundert, man sei ein Auserwählter Gottes oder sogar Gott selbst.

Zusammengenommen ergeben diese Merkmale ein so klares und stabiles Bild des paranoiden Denkens, daß man sie als Diagnosekriterien verwendet. Ansonsten unterscheiden sich Paranoiker kaum von anderen Menschen. Die meisten wirken ganz normal und scheinen gut integriert. Ihr Verhalten ist nicht auffallend ungewöhnlich oder bizarr. Die äußere Persönlichkeit bleibt intakt; dasselbe gilt für die Emotionen. In der Arbeit und im sozialen Leben verhalten sie sich ähnlich wie zuvor. Doch im Innern, hinter den Barrikaden ihres Verstandes, verfällt ihr Denken dem paranoiden Muster. Die Wahrnehmung verändert sich, als wäre die Welt plötzlich mit feindseligen Graffiti überzogen. Die Barrikaden versperren uns den Blick, aber Psychiater und Psychologen wissen aus klinischen Interviews, daß hinter den Barrikaden jene Muster anzutreffen sind, die das paranoide Denken prägen: Mißtrauen, Feindseligkeit, Projektion, die Herstellung von Bezügen auf die eigene Person und Größenwahn. Es sind ihre eigenen Worte, mit denen die Paranoiker die Welt auf Distanz zu halten versuchen, die gewissermaßen die Möglichkeit bieten, eine Bresche in ihre Barrikaden zu schlagen und die Diagnose zu bestätigen.

Der erste Paranoiker, dem ich nach meinem Dienstantritt im Department of Psychiatry and Biobehavioral Sciences der UCLA School of Medicine begegnete, wahrte diese Distanz. Ja, ich war sogar gezwungen, das Interview mit ihm über einen Computerbildschirm und eine Tastatur zu führen. Aber das hatte keine Bedeutung, denn das paranoide Denken war unverkennbar, auch wenn es nur in ein paar Zeilen auf dem Bildschirm deutlich wurde. Die Paranoia meldete sich so laut und eindeutig, daß ich förmlich spürte, wie mein eigener Dämon aufgeschreckt wurde. Ich wollte mehr über dieses Gefühl erfahren und über die Welt, die von ihm abgeschirmt wird. Doch nach meinem «Interview mit Hitlers Gehirn» [siehe das zweite Kapitel] erkannte ich, daß die Befragung allein nicht ausreichte, um die Erfahrung der Paranoia zu verstehen. Ich brauchte einen anderen Ansatz, der es mir gestattete, Zugang zum paranoiden Denken zu finden, der ähnlich wie die Virtual-Reality-Technik die Möglichkeit eröffnet, gleichsam in den Computer hineinzugehen und das Programm zu «erleben», mit ihm zu interagieren und es sogar zu verändern. Schließlich proben Chirurgen bereits Operationen an «virtuellen» Patienten. War es möglich, mich in den Fall eines Paranoikers so zu vertiefen, daß ich «virtuell» Paranoia erlebte? Einmal im Innern dieser Welt, war es dann möglich, in solch einer Welt die Auslöser für das paranoide Denken ausfindig zu machen? Und konnte ich sie wieder abschalten?

Ich beschloß, eine Technik anzuwenden, die ich schon bei der Erforschung von Psychopharmaka bei Versuchspersonen, die unter Drogen standen, oder bei Patienten mit Halluzinationen eingesetzt hatte. Ich wußte, die Versuchspersonen oder Patienten, und nur sie allein, sahen, hörten, fühlten, schmeckten und rochen die Welt auf die ihnen eigene Weise. Natürlich sprach ich zu ihnen, aber auf besondere Art: Werden Sie zur Kamera und zum Mikrophon, sagte ich ihnen, und erzählen Sie mir, während es geschieht, was Sie sehen und hören. Nehmen Sie mich mit auf Ihren Trip.

Leider stellte sich heraus, daß solche rein verbalen Trips nur unzulänglich waren. In meinen Drogenexperimenten nahm ich Drogen und wurde dadurch selbst zur Versuchsperson. Nach derselben Methode verfuhr ich bei meiner Forschung mit Patienten, die ohne Einnahme künstlicher Gifte halluzinierten. Ich versuchte nicht nur, ihre Halluzinationen zu «sehen», sondern ihr Erleben nachzuempfinden. Natürlich konnte ich nicht in ihren Körper schlüpfen und mich umsehen. Aber ich kam ihnen so nahe, wie nur eben möglich. Ich begleitete sie nach Hause, zur Arbeit und zu Freizeitbeschäftigungen. Ich sprach mit Familienangehörigen, Arbeitskollegen, Freunden und Nachbarn. Manchmal lebte ich eine Zeitlang mit ihnen zusammen. In einigen ganz besonderen Fällen baute ich im Labor sogar Umgebungen nach, die ihren Erfahrungen entsprachen.

Demselben Ansatz folgte ich nun bei meinem Interesse an Paranoia, das mein faszinierendes, aber auch frustrierendes Erlebnis mit dem Computerinterview entfacht hatte. Sagte mir jemand, er werde verfolgt, blieb ich bei ihm und hielt Ausschau. Wie hätte ich es sonst herausfinden können? Verschanzten sich Patienten in notdürftig errichteten Festungen, kroch ich mit ihnen hinein und wartete auf den Angriff des Feindes. Sagte mir einer, in seinem Hof lebten Zwerge, ging ich mit ihm gemeinsam mitten in der Nacht auf Zwergenjagd.

Bei meiner Arbeit als forensischer Psychopharmakologe und Gutachter in Strafprozessen wurde ich von Richtern, Staatsanwälten oder Verteidigern häufig gebeten, mit Angeklagten zu sprechen, die zur Zeit der Tat möglicherweise unter Drogen gestanden hatten. Bei dieser Gelegenheit traf ich einige faszinierende Paranoiker, die zumeist in Untersuchungshaft saßen. Die dadurch bedingten Einschränkungen der Bewegung versuchte ich durch Marathonbefragungen wettzumachen; in einem Fall erhielt ich sogar die Erlaubnis, durchgehend achtzehn Stunden mit einem Beschuldigten in dessen Zelle zu verbringen. Außerdem besuchte ich ihre Angehörigen und Freunde, sah mir die Straßen ihres Wohnviertels an und steckte meine Nase in ihre Wohnungen und Schlafzimmer. Manchmal traf ich mich sogar mit ihren Kumpels in den von Gangs beherrschten Barrios von Los Angeles.

Im Innern dieser paranoiden Welten suchte ich nach den diversen Schlüsseln, die dem Dämon die Tore geöffnet und die Patienten oder Angeklagten in die Fänge des paranoiden Denkens getrieben hatten. Anfangs dachte ich in meiner Naivität, ich bräuchte diese Schlüssel nur zu entfernen und die Tore wieder zu schließen, um die Leute zu retten. Und das schien mir gar nicht schwierig, denn an Dämonen glaubte ich ebensowenig wie an die feuerspeienden Drachen aus dem Märchen. Doch manchmal zeigte sich, daß die imaginären Feinde durchaus real waren. Bei einer nächtlichen Zwergenjagd [den Fall habe ich hier nicht aufgenommen] schoß ein Zwerg zurück. Und auch die paranoiden Patienten selbst waren nicht immer so wohlerzogen wie der Computer. Ich wurde bedroht und geschlagen, man schoß auf mich, und mehr als einmal geriet ich in Lebensgefahr. Während einer Befragung im Gefängnis sprang der Angeklagte plötzlich über den Tisch und begann mich zu würgen, bis meine Finger endlich den Notrufknopf fanden und die Wärter mich retteten. Auf solche Situationen hatte mich meine Ausbildung als Forscher und Wissenschaftler nicht vorbereitet; ich war auf mich selbst angewiesen und ließ mir von Freunden, die bei der Polizei oder in der Psychiatrie arbeiteten, ein paar unerläßliche Überlebenstechniken beibringen.

Zu meinen Freunden gehörte auch ein Psychiater und Psychoanalytiker, den ich hier Joel Morgan nennen möchte. Er führte mich in die Literatur über Paranoia ein – eine Literatur, die sich hauptsächlich mit Diagnose und mit Psychoanalyse befaßt. Es gab lediglich drei umfangreichere Werke und ein paar kleinere technische Monographien [siehe Allgemeinliteratur in der Bibliographie]; die Masse der Literatur entfiel auf medizinische und psychiatrische Fachzeitschriften. Dort stieß ich auch auf Hunderte von Fallstudien [mehr als zehn Prozent aller Einweisungen in psychiatrische Anstalten erfolgt wegen paranoider Zustände]. Doch trotz dieser Vielzahl von Fällen beschrieben die meisten Beiträge lediglich das beobachtbare Verhalten und spekulierten über die Ursachen. Der Aspekt der Paranoia, für den ich mich am meisten interessierte – das Erleben des Dämons –, kam nur sehr selten zur Sprache.

Ich stieß auch auf einige wenige Berichte, die von Patienten selbst verfaßt worden waren, doch dabei handelte es sich meist um Paranoid-Schizophrene, deren Denken gestört war und die ausgeprägte Halluzinationen [zum Beispiel Stimmenhören] und bizarre Wahnvorstellungen hatten [zum Beispiel die Wahnidee der Gedankensteuerung] und deshalb für die Mehrzahl der Paranoiker nicht repräsentativ sein konnten. Die beste unter diesen Schilderungen war Barbara O'Briens *Operators and Things*, ein Bericht über ihre furchterregenden, aber hochgradig atypischen Erlebnisse. Repräsentative Beispiele fanden sich da schon eher in der belletristischen Literatur, darunter die Beschreibung eines akuten Verfolgungswahns in Tschechows Erzählung *Krankensaal Nr. 6*, einer grandios-paranoiden Persönlichkeit in Gogols Erzählung *Aufzeichnungen eines Wahnsinnigen*, paranoider Eifersucht in Shakespeares *Othello* und paranoider Fluchtphantasien in dem Science-fiction-Roman *Radio Free Albemuth* von Philip K. Dick. Diese fiktiven Beschreibungen vermitteln immerhin einen Eindruck von dem Erleben, nach dem man im klinischen Material vergeblich sucht.

Die meisten Fallstudien beschreiben die Paranoia aus der Sicht des Arztes, der im allgemeinen auf seiner Seite der sprichwörtlichen Couch bleibt. Sie kleiden das Erleben des Patienten in einen technischen Jargon und liefern nur selten wörtliche Mitschriften der Gespräche, in denen sich das paranoide Denken angeblich manifestiert haben soll. Und nicht einmal über den Jargon sind die Ärzte sich einig. Ich stieß auf eine anhaltende Debatte über Noseologie und Diagnose. Manche ordnen die paranoiden Zustände den wahnhaften Störungen zu und betonen das hartnäckige Festhalten an irrigen Vorstellungen; für andere handelt es sich um psychotische Störungen, sie betonen die schwere Beeinträchtigung des Paranoikers in allen Aspekten des Verhaltens, etwa der Denkfähigkeit, der emotionalen Reaktion, der Erinnerung, der Kommunikation und der Realitätswahrnehmung. Und als wäre das noch nicht verwirrend genug, versteigen sich wieder andere zu der irrigen Behauptung, alle Paranoiker wären schizophren, obwohl in Wirklichkeit nur einige Schizophrene auch paranoid sind. Trotz dieser Begriffsverwirrung besteht Einvernehmen über die Auslöser paranoiden Denkens in all seinen Ausprägungen.

Die Auslöser der Paranoia sind entweder biologischer oder

psychologischer Natur. Die häufigsten biologischen Auslöser sind Drogen. Aber auch Schilddrüsenfehlfunktionen, perniziöse Anämie, Arteriosklerose der Gehirnarterien und manche Hirntumore können den Dämon wecken und aus dem limbischen System hervorlocken. Zahlreiche Krankheiten verursachen strukturelle oder funktionale Veränderungen im Nervensystem und werden dadurch zu Auslösern paranoiden Denkens.

In den meisten Fällen entfalten die biologischen Auslöser ihre Wirkung offenbar über Störungen der Wahrnehmung und des Gedächtnisses. So verursacht die Droge Phencyclidin [PCP] einen Zustand, der als Hyperakusie bezeichnet wird und bei dem Geräusche viel lauter erscheinen, als sie in Wirklichkeit sind. Wenn Geräusche lauter klingen, werden sie leichter wahrgenommen und eher als wichtig interpretiert. Da PCP auch dafür bekannt ist, daß es ein übertriebenes Gefühl der eigenen körperlichen Stärke vermittelt, ist der Weg frei für mißtrauisches, durch übertriebenen Bezug auf die eigene Person geprägtes oder wahnhaftes Denken. Da kann es nicht überraschen, daß PCP häufig zu gewalttätigen paranoiden Reaktionen führt. Aber auch der Verlust der Hörfähigkeit, wie er bei älteren Menschen häufig vorkommt, kann Argwohn, Mißtrauen und schließlich auch Paranoia fördern, weil man die Dinge nicht mehr genau hört. So war es bei einer alten Dame, die mir sagte, sie empfange über ihre Zähne «Flüster»-Geräusche von Radiosendungen [siehe viertes Kapitel]. Sie hatte den Verdacht, ein Zahnarzt habe ihr mit der Zahnfüllung eine entsprechende Vorrichtung eingepflanzt, während sie auf dem Behandlungsstuhl lag – eine Situation, die bekanntlich bei vielen Leuten Angst und Mißtrauen auslöst. Eine Betäubung mit Lachgas, die zu weiteren Wahrnehmungsveränderungen führte, öffnete ihrem Dämon die Tore.

Erinnerungsstörungen können gleichfalls Auslöser für paranoides Denken sein. Bei Störungen des Kurzzeitgedächtnisses ist es für das Gehirn oft schwierig oder sogar unmöglich, einen stetigen und sinnvollen Fluß von Informationen über das Geschehen in der Außenwelt aufzuzeichnen. Viele Halluzinogene, zum Beispiel Marihuana, beeinträchtigen Konzentration und Merkfähigkeit, so daß die Welt des Drogenkonsumenten sich mit zusammenhanglosen Daten füllt. In einer ähnlichen Welt leben Menschen, deren Erinnerungsvermögen durch organische Hirnerkrankungen wie Morbus Alzheimer in Mitleidenschaft gezogen ist. In solch einer Welt voller Risse und Sprünge haben Argwohn und Wahnideen leichtes Spiel, sie können sich gegenseitig verstärken und mit märchenhafter Geschwindigkeit aufblühen.

Der Großteil der klinischen Literatur befaßt sich mit der Identifizierung der psychologischen Auslöser und der ihnen zugrundeliegenden Mechanismen. Zu den psychologischen Auslösern gehören so unterschiedliche Dinge wie ungerechte Inhaftierung, soziale Isolation oder ein Erlebnis tiefster Erniedrigung. Natürlich schlagen sich solche Erfahrungen am Ende stets in elektrischen oder chemischen Vorgängen nieder und werden dadurch letztlich zu biologischen Auslösern. Psychologische Auslöser können plötzlich auftreten, wie es etwa bei einer ungerechten Inhaftierung der Fall ist; manche entwickeln sich aber auch über lange Zeit. Vielfach haben sie ihre Wurzeln in der Kindheit.

Paranoiker zeigen oft einen fundamentalen Mangel an Vertrauen, der auf das Fehlen einer warmen, vertrauensvollen Beziehung zu den Eltern zurückgeht. Das Verhalten solcher Eltern ist vielfach von übertriebener Kontrolle, Rigidität, Distanz und sogar Sadismus geprägt. Die Kinder haben das Gefühl, betrogen zu werden und bei Enttäuschungen oder Frustrationen keine Hilfe bei ihren Eltern zu finden. Sie wachsen mit dem Gefühl auf, daß die Umwelt ihnen feindlich gesonnen sei, und entwickeln dann eine Überempfindlichkeit für eingebildete Kränkungen.

Der zweite Paranoiker, dem ich begegnete, hatte solch eine Kindheit erlebt, und ähnlich war es bei vielen anderen, die ich später noch kennenlernte. Als Edwin Tolman erwachsen war [siehe drittes Kapitel], war seine Empfindlichkeit so ausgeprägt, daß er geradezu erwartete, seine Umwelt werde ihm mit Feindseligkeit begegnen, und ständig war er auf der Hut vor Feinden und feindlichen Mächten. Von jeher haben Paranoiker sich vorgestellt, daß diese Feinde die jeweils modernsten Techniken einsetzten, um ihren Einfluß auf sie auszuüben. Im neunzehnten Jahrhundert arbeiteten solche «Beeinflussungsmaschinen» mit hydraulischen Pumpen und unsichtbaren chemischen Kräften. Im Zuge des technischen Fortschritts veränderten sich auch diese Maschinen und nutzten Radiowellen, Mikrowellen oder schließlich auch Laserstrahlen. Tolman wurde nach eigener Aussage von dem neuesten Modell kontrolliert: einem persönlichen Satelliten, den seine Feinde ins All geschossen hatten, um ihn ständig unter Beobachtung halten zu können. Wie er behauptete, schickte dieser Satellit Signale direkt in sein Gehirn.

Die wirkliche Maschine der Beeinflussung ist natürlich das Gehirn selbst. Freud glaubte, das Gehirn funktioniere ähnlich wie ein hydraulisches Aggregat, wobei Triebe, Strebungen, Ängste und andere Elemente Druck und Zug aufeinander ausübten. Er behauptete, die Homosexualität sei die hydraulische Kraft, die für die meisten Formen von Paranoia verantwortlich zeichne. Nach Freud ist der Paranoiker im Grunde ein Homosexueller mit starken Kastrationsängsten. Er projiziert unterdrückte homosexuelle Wünsche auf andere, denen er dann ihrerseits unterstellt, sie wollten ihn homosexuell angreifen. Freud meinte, auch wahnhaft-paranoide Eifersucht habe ihre Ursache in latenter Homosexualität, etwa wenn ein Ehemann seine Frau verdächtigt, einen Mann zu lieben, von dem er sich in Wirklichkeit selbst angezogen fühlt. Obwohl es an klinischen Belegen fehlt, die Freuds Vorstellungen stützen könnten, denken viele Psychiater auch heute noch in diesen klassischen Mustern.

Ich besprach Tolmans Fall mit Joel Morgan, der die klassische Freudsche Auffassung teilte. Er sagte, Tolmans Paranoia basiere auf unterdrückten oder verleugneten homosexuellen Strebungen. Damals trat ich dieser Deutung entgegen – und machte mich sogar lustig darüber –, doch in zwei späteren Fällen [siehe das vierte und das achte Kapitel] fand ich einige Hinweise auf einen kausalen Zusammenhang zwischen offener Homosexualität und paranoider Reaktion. Dennoch ist offene oder latente Homosexualität unter Paranoikern anscheinend nicht häufiger anzutreffen als in der Gesamtbevölkerung. Seit die Gesellschaft sich von den viktorianischen Vorstellungen des neunzehnten Jahrhunderts löst und eine offenere Einstellung zur Homosexualität gewinnt, dürften auch die Scham und die Erniedrigung, die bei einigen heimlichen Homosexuellen paranoide Zustände ausgelöst haben mögen, an Bedeutung verlieren.

Neben der Homosexualität hat Freud auch auf einige andere Gefühle hingewiesen, die in meinen Augen mit sehr viel größerer Wahrscheinlichkeit eine Rolle bei der Entwicklung von Paranoia spielen. Dazu gehören etwa Schuldgefühle, die uns alle ein wenig ängstlich oder gar paranoid werden lassen können, wenn wir zum Beispiel Steuern hinterzogen oder unseren Ehepartner belogen haben. Werden Schuldgefühle nicht aufgelöst, sondern über lange Zeit beibehalten, kann es geschehen, daß man sie auf andere projiziert und dadurch in einen Verfolgungswahn gerät. Ebenso bedeutsam sind Minderwertigkeitsgefühle und Versagensängste, an deren Stelle Größenwahn und Allmachtsphantasien treten können, häufig assoziiert mit paranoiden Zuständen. So war es bei Harry Balise [siehe neuntes Kapitel], der seinen Job verlor und zu einem Propheten wurde. Er trat so grandios auf und war sich seines Glaubens so sicher, daß er sogar Familienmitglieder in seinen Wahn hineinzuziehen vermochte.

Psychologische Auslöser sind gelegentlich mit kulturellen Faktoren verknüpft. Harry Balise gehörte zu einer Minderheitengruppe und konnte auf eine lange Geschichte der Entfremdung und der Unterdrückung durch die Gesellschaft zurückblicken. Noch stärker ausgeprägt sind solche Gefühle bei Wanderarbeitern oder Arbeitsimmigranten, die unter starkem Anpassungsdruck stehen, weil sie eine neue Sprache lernen und sich mit einer neuen Kultur auseinandersetzen müssen, während sie sich fern von ihrer Heimat einsam und isoliert fühlen.

Dann brüten sie gelegentlich Wahnvorstellungen aus, die jedoch oft wieder verschwinden, sobald sie in ihre Heimat zurückkehren.

In gewisser Weise fühlte auch ich mich wie ein Immigrant, als ich die vertraute Umgebung meines Elfenbeinturms verließ und durch die fremdartigen neuen Gefilde hinter den Barrikaden streifte. Meine Forschung führte mich durch paranoide Landschaften, und meine «Führer» waren jene, die dort lebten und starben. Wenn ich mit ihnen auf ihrer Seite der Barrikaden unterwegs war, hörte und sah ich die Beweise und empfand am Ende selbst Furcht. Und wenn der Wind mir unheilvolle Drohungen zuraunte und die Bäume jede meiner Bewegungen beobachteten, hatte ich manchmal das Gefühl, daß all dieses Mißtrauen und die Vorsicht durchaus berechtigt waren. Aber da war ich längst schon selbst mehr als nur ein wenig paranoid geworden.

Jetzt, da ich dies schreibe, offensichtlich wieder zurück in meinem Elfenbeinturm, mache ich mich daran, von meinen Abenteuern zu berichten. Ich versichere Ihnen, daß ich geistig und körperlich gesund bin, und es mag seltsam klingen, wenn der Autor eines Buches solch eine Bemerkung vorausschickt; doch angesichts meiner Reise durch eine dunkle Parallelwelt scheint sie mir durchaus nötig. Die Abenteuer mögen unglaublich erscheinen, aber sie sind alle wahr.

Erinnern Sie sich noch an Orson Welles' Hörspiel, das 1938 Tausende in Panik versetzte, weil sie glaubten, der Radiobericht über eine Invasion vom Mars wäre echt? Das war nicht real. Aber die «Invasion der Käfer» [sechstes Kapitel], die Kokainkonsumenten im ganzen Land in Angst und Schrecken versetzte, die war real. Fragen Sie nur einmal Richie D., der seinen Sohn lieber tötete, als ihn den Invasoren zu überlassen [siebtes Kapitel].

Glauben Sie nicht, diese Fälle wären erfunden, nur weil sie wie Alpträume klingen, die einen heimsuchen, weil man sich zu viele Horrorfilme angesehen hat. Die Paranoia kann selbst den fröhlichsten Film in ein Horrorszenario verwandeln. Denken Sie nur an Linda Estradas Familie, die sich im Fernsehen *Die zehn Gebote* ansah [zehntes Kapitel]. Plötzlich drang ein ekelhafter grüner Rauch aus dem Film und tötete ihren Erstgeborenen.

Ich erzähle Ihnen die einzelnen Abenteuer in derselben Reihenfolge, wie ich sie erlebt habe. So können Sie mich auf meiner Suche nach dem Dämon begleiten, ausgehend von Fällen, in denen nur zu ahnen war, daß jemand da draußen umherschlich, bis hin zu apokalyptischen Visionen von solcher Heftigkeit, daß sie ganze Wohnviertel in ihren Fundamenten erschütterten. Nach meinen ersten Begegnungen führte mich meine Suche im buchstäblichen wie auch im übertragenen Sinne von einem «Flüstern» [viertes Kapitel] und von «Schatten» [fünftes Kapitel] zu bewaffneten Auseinandersetzungen mit KGB-Agenten [achtes Kapitel] und Mafiazwergen [elftes Kapitel]. Je näher ich dem Dämon kam, desto ängstlicher wurde ich. Sie werden sehen, daß ich mich zuweilen in eine frivole und fast schon komische Einstellung flüchtete, und ich hoffe, Sie werden verstehen, daß es sich dabei nur um eine Schutzreaktion handelte.

Die Fälle beschreiben weit extremere Situationen, als die meisten Leser sie jemals erlebt haben dürften. Doch gerade aufgrund ihrer Intensität vergrößern sie die subtile und oft genug verborgene Dynamik, unter der wir alle zu leiden haben, wenn wir etwa nachts allein zu Hause sind. Wenn Sie mich auf diesen Abenteuern begleiten, werden Sie vielleicht verstehen, warum ich kein sonderliches Vertrauen mehr in Dorothys Bemerkung am Ende von *Der Zauberer von Oz* habe: «Ach, Tante Em, nirgendwo ist es so schön wie zu Hause.» Allein zu Hause zu sein wird mir jedenfalls nie mehr das wohltuende Gefühl von Sicherheit vermitteln, das ich einst damit verband.

Während meiner Abenteuer lernte ich nach dem Prinzip Versuch und Irrtum; ich bemühte mich, die Auslöser zu finden und den Menschen zu helfen. Natürlich konnte ich keineswegs immer helfen, schließlich war ich kein behandelnder Arzt. In den meisten Fällen untersuchte ich die Patienten nur zu Forschungszwecken oder im Zuge der Vorbereitung auf ein Strafverfahren. Dennoch wollte ich mein möglichstes tun, um ihnen gegen den Dämon beizustehen. Ich wußte, daß ich die Opfer des Dämons ebensowenig von ihrer Paranoia «heilen» konnte, wie ich das limbische System einfach hätte herausschneiden können. Es gehört nun einmal unabtrennbar zum Menschsein. Aber ich hatte die Hoffnung, ich könnte die Auslöser, die dem paranoiden Denken den Weg zu manifestem paranoiden Verhalten bahnen, auf irgendeine Weise beseitigen oder blockieren und den Dämon dadurch wenigstens zähmen. Letztlich folgte ich darin dem Ansatz der klassischen Verhaltenstheorie, wonach die Probleme behoben sind, wenn man die Symptome beseitigen kann. Das funktioniert bestens, solange man es mit Neurotikern zu tun hat, die ihre Fingernägel kauen; aber noch nie hatte ein Verhaltenstherapeut es gewagt, das Verfahren auch auf Paranoiker anzuwenden, die mit eingebildeten Pistolenkugeln fertig werden mußten. Doch da Paranoiker und insbesondere die schweren Fälle, mit denen ich es zu tun hatte, gegen jede Behandlung hochgradig resistent sind, hatte ich das Gefühl, daß weder ich noch meine Patienten etwas zu verlieren hatten. Einigen meiner Patienten geht es besser, einigen schlechter, und einige sind immer noch dort draußen. Doch sie alle haben mir wertvolle Anhaltspunkte für meine Suche nach dem Dämon Paranoia geliefert, indem sie mir seine unzähligen Verkleidungen zeigten. Am Ende erwischte ich ihn [oder er mich] in einem Amtrak-Zug in Raleigh, North Carolina [siehe das zwölfte Kapitel].

Paranoia ist eine Wahrnehmungs- und Erlebnisform der Welt. Der Paranoiker lebt in einem anderen Bereich des Seins, der die Welt ganz leicht aus dem Lot rückt. Die Sinne erspüren den Unterschied. Sie schlagen mentalen Alarm. Der Paranoiker wird eingekerkert in eine neue Denkweise und sieht die Welt dann so, als wäre er in einer Zelle gefangen – oder in der Höhle eines Dämons. Dieses Buch ist ein Besuch in solchen Gefängnissen des Geistes. Es handelt nicht von Ursachen oder Therapiemöglichkeiten, sondern von dem Erleben der Paranoia; es soll zeigen, wie es ist, wenn man mit dem Dämon lebt.

Ein Interview mit Hitlers Gehirn

Hitlers Gehirn wird im Keller der UCLA Medical School am Leben gehalten. Dieser Gedanke hämmerte in meinem Kopf und machte mich äußerst nervös. Ich habe schon viele merkwürdige Geschichten und unzählige Darstellungen phantastischer Abenteuer gehört, von Patienten des neuropsychiatrischen Instituts der UCLA, wo ich arbeite, und von Menschen, die unter dem Einfluß exotischer Drogen standen. Ich weiß, wann ich eine Geschichte als verrückt einzustufen habe. Warum also ging mir dieses Gerücht nicht aus dem Kopf? Bevor Sie mich nun selbst für verrückt halten, hören Sie sich meine Geschichte an.

Zum erstenmal hörte ich von Hitlers Gehirn, als ich meine Stelle an der UCLA antrat. Um einen guten Eindruck zu machen, arbeitete ich oft bis spät in die Nacht hinein und schlief auch manchmal in meinem Büro. Meine besten Freunde wurden damals die Leute vom Reinigungspersonal, die abends die endlosen Flure dieses drittgrößten Gebäudes der Welt, des UCLA Center for the Health Sciences, putzen. Einige dieser Flure sind fast fünfhundert Meter lang und führen durch mehrere Departments und Forschungsinstitute. Im Gewirr der Gänge kann man sich leicht verlaufen, und alle scherzen gerne über den «verirrten Patienten», der seit Jahren durch die Räume und Korridore geistert. Charlie, ein Mitglied der Putzkolonne, kannte sich auch in den Katakomben des Gebäudes bestens aus. Er sammelte den Abfall nicht einfach ein, sondern las auch gerne in den weggeworfenen Notizen und Aktenblättern. Auf diese Weise hatte er erfahren, daß man Hitlers Gehirn hier in Verwahrung hielt.

Ich hörte mir Charlies Geschichte amüsiert an. Seine großen braunen Augen schienen noch größer zu werden, und sein ganzer Körper geriet in Bewegung, als er mir erklärte: «Ja, wirklich, Hitlers Gehirn ist in einem Glas irgendwo da unten im Keller.»

Dabei nickte er unablässig mit dem Kopf, als würde seine Behauptung dadurch glaubwürdiger. Aber Charlie war ständig von diesem oder jenem beeindruckt. Ich erinnerte mich an seine Begründung, weshalb er eine bestimmte Toilette nicht mehr putzen wollte. Er war gerade mit der Reinigung dieses Raumes beschäftigt gewesen, als ein Erdbeben das Gebäude erschütterte. Der ganze Bau hatte geschwankt, wie die Architekten es vorgesehen hatten, doch das Wasser im Toilettenbecken war in Bewegung geraten und auf den Boden gespritzt. Charlie hatte das Gleichgewicht verloren und war in dem engen Klo von einer Wand gegen die andere geworfen worden. Wenn man ihm zuhörte, hatte man den Eindruck, er wäre von einer gewaltigen Flutwelle erfaßt worden. Jedenfalls war er zu Tode erschrocken und glaubte, nie mehr einen Fuß in diese Toilette setzen zu können. Seine Geschichte über Hitlers Gehirn schien mir von ganz ähnlicher Art zu sein.

Es war nicht schwer, Charlies Behauptung als Halluzination abzutun – nicht im pathologischen Sinne, sondern in dem der ursprünglichen Bedeutung des Wortes, das erstmals Lavater im 16. Jahrhundert zur Kennzeichnung unnützen, eitlen Geredes über seltsame Ereignisse wie «nächtens umgehende Geister» benutzt hatte. Charlies Geschichte war nichts anderes als jenes eitle, unsinnige Geschwätz, das, wie Lavater sagte, stets nach dem Tod großer Männer und dem Untergang ihrer Reiche einsetzt. Schon in Shakespeares Hamlet erscheint bekanntlich gleich zu Beginn der Geist des toten Königs, und ganz gewiß dürfte unser kollektives Unterbewußtsein mindestens ebenso lange von Hitlers Geist heimgesucht werden wie Hamlets Unterbewußtes vom Geist seines Vaters. Dankbar für die unterhaltsame Pause lächelte ich Charlie zu und ging zurück in mein Büro.

Mehrere Monate später hörte ich dieselbe Geschichte von Albert, einem anderen Mitglied des Reinigungsteams. Diesmal kam ein neues Element hinzu: Hitlers Gehirn lebte. Ich nahm an, Albert hätte diesen Unsinn von Charlie übernommen. Doch als ich Charlie danach fragte, traten seine Augen hervor, er schnappte nach Luft und schüttelte so heftig den Kopf, daß sein Doppelkinn ein eigenes kleines Erdbeben erlebte. Von dieser Variante hatte er noch nicht gehört, aber er war bereit, sie zu glauben. Jedenfalls war der ganze Keller für Charlie in Zukunft eine riesige Toilette, in die er keinen Fuß mehr setzen mochte, und er sagte mir sogar, er werde um seine Versetzung nachsuchen.

Meine Irritation war immerhin groß genug, um in die Bibliothek zu gehen und einmal zu klären, was denn tatsächlich mit Hitlers Gehirn geschehen war. Die UCLA verfügt über ein wunderbares Bibliothekssystem, das die verschiedenen, über den ganzen Campus verstreuten Bibliotheken miteinander verbindet. In ihnen waren mehr als neunhundert Bücher und Manuskripte, die sich mit Hitler befaßten. Als ich zu den Regalen ging, stellte sich heraus, daß die meisten dieser Bücher nicht da waren. Die Bibliothekarin sagte mir, sie seien nicht auffindbar, weil sie entweder falsch eingeordnet oder gestohlen worden seien. Sie versprach mir, den Dingen nachzugehen, und ich begnügte mich einstweilen mit den wenigen verfügbaren Büchern.

Hitler war tatsächlich gestorben, darüber bestand bei den Historikern immerhin Einigkeit. Er verbrachte die letzten Monate des Krieges im sogenannten Führerbunker, mehr als fünfzehn Meter unter den Straßen von Berlin. Dort erfuhr er auch vom unabwendbaren Zusammenbruch seiner Streitkräfte und vom Verrat seiner einstigen Vertrauten Göring und Himmler. In Hitlers Umgebung sprach man von Flucht. Eine Ju-390, die über den Pol bis nach Japan oder China fliegen konnte, stand auf dem nahe gelegenen Flugplatz bereit. Es hieß, man werde nach Mandschuko flüchten. Doch Hitler beschloß, sich selbst zu töten. In einer makabren Zeremonie heiratete er seine Geliebte Eva Braun und diktierte einem Sekretär seinen letzten Willen. Am nächsten Tag traf die Nachricht von Mussolinis Tod ein; Hitler ließ sich Zyankalikapseln geben und probierte ihre Wirkung an seiner Schäferhündin Blondi aus. Nach dem Mittagessen verabschiedete er sich von seinen Leuten und zog sich in sein Zimmer zurück. Seine Braut nahm das Gift. Hitler setzte eine Walther, Kaliber 7,56 mm, an seine rechte Schläfe und schoß.

«Das war ein Volltreffer», sagte eines der Kinder von Goebbels, das an der Tür lauschte. Es war 15 Uhr 30, am 30. April 1945. Man hüllte die beiden Leichen in Decken und legte sie draußen in eine Grube. Ein Adjutant übergoß sie mit Benzin, das er anschließend mittels einer brennenden Zeitung entzündete. Hitler hatte den Befehl gegeben, seine Leiche zu verbrennen, bis «nichts mehr übrig ist». Er wollte nicht wie Mussolini zur Schau gestellt werden oder als ausgestopftes Schaustück in irgendeinem russischen Museum landen. Später geriet die Verbrennungsstelle unter heftigen russischen Artilleriebeschuß. Man ging davon aus, daß Hitlers letzter Befehl ausgeführt worden war.

Fünf Tage später bargen die Russen in einem Bombentrichter im Garten der Reichskanzlei mehrere stark verkohlte und teilweise mit Erde bedeckte Leichen. Durch einen genauen Vergleich mit Röntgenbildern des Schädels und des Gebisses konnte man Hitlers Leiche identifizieren. Seine notorisch schlechten Zähne verrieten ihn. Am 8. Mai 1945 führten die Russen eine Obduktion durch. Man fand Kopfverletzungen, wie sie bei einem Kopfschuß entstehen, und im Mund entdeckte man Glassplitter, die belegten, daß er zuvor noch eine Giftampulle zerbissen hatte. Trotz beträchtlicher Verbrennungen waren die inneren Organe weitgehend unbeschädigt geblieben. Die Leber und nahezu alle übrigen inneren Organe werden im Obduktionsbericht beschrieben. Chemische Tests bewiesen das Vorhandensein von Zyanidverbindungen in verschiedenen Organen.

Hitler hatte sich stets geweigert, sein Geschlechtsorgan von Ärzten untersuchen zu lassen. Das Autopsieteam fand nun den Grund. Hitler war monorchid, das heißt, er besaß nur einen Hoden. Teile des Schädels fehlten gleichfalls. Das Gehirn – oder was immer sich im Schädel noch befunden haben mochte – wurde nirgendwo beschrieben. Dasselbe Autopsieteam untersuchte auch die Leichen anderer Opfer aus dem Führerbunker, darunter die von Goebbels' Familie und von Hitlers Hund. In all diesen Fällen fertigten sie sorgfältige Hirnpräparate an und konservierten sie in Gläsern. Warum erwies man Hitlers Gehirn nicht dieselbe Ehre wie dem seines Hundes?

Ich ließ meiner Phantasie freien Lauf. Hitlers Gehirn fehlte. Es konnte verbrannt sein, aber die übrigen inneren Organe waren intakt geblieben. Hatte etwa jemand Hitlers Gehirn an sich genommen, um Beweise zu verbergen? Schließlich verschwand auch John F. Kennedys Gehirn nach der Autopsie auf geheimnisvolle Weise. Verheimlichten gar die Russen irgendeinen wichtigen Beweis im Zusammenhang mit der Todesursache? Das eigentliche Autopsieprotokoll wurde von ihnen nie veröffentlicht, auch wenn sie offiziell erklärten, Hitler habe sich mit Zyankali vergiftet und sei nach dem Tod von einem Adjutanten in den Kopf geschossen worden. Das widerspricht jedoch den Aussagen seines Sekretärs und anderer Überlebender aus dem Führerbunker; sie berichteten, Hitler habe sich vor den Schmerzen der Zyankalivergiftung gefürchtet und mehrfach die Vorzüge eines schnellen Todes durch einen Kopfschuß gerühmt. Die Überlebenden sagten übereinstimmend aus, man sei, nachdem man den Schuß gehört habe, in Hitlers Zimmer gegangen und habe ihn auf einem Sofa liegend vorgefunden, mit herunterhängendem Kopf und einer Wunde in der rechten Schläfe, aus der Blut auf den Teppich lief.

Hatte vielleicht jemand das Gehirn als Souvenir an sich genommen? Das wäre gar nicht so ungewöhnlich gewesen. In Nazi-Deutschland gab es viele Souvenirjäger, die auch vor Leichenteilen nicht zurückschreckten. Josef Mengele, der skrupellose Auschwitz-Arzt, sammelte Augen, Gallensteine und Föten von KZ-Insassen. Seine Kollegen sammelten andere Körperteile. Hatten etwa die Japaner das Gehirn gestohlen? Schließlich gibt es in der Universität von Tokio eine große Sammlung von Gehirnen politischer Führer, Schriftsteller, Künstler und Intellektueller. Auch bei den Alliierten gab es Sammler mit einem ähnlich obsessiven Interesse an Gehirnen. Die Russen stellten Pawlows Gehirn zu Schau und schnitten Lenins Gehirn in dreißigtausend dünne Scheiben, um es genau zu untersuchen. In Amerika hat man Einsteins Gehirn aufbewahrt. Und andere Sammlungen waren noch bizarrer. In New York bewahrte ein Sammler Napoleons Penis in einem Glas auf. Sogar ich selbst hatte einmal eine Sammlung von Haaren berühmter Persönlichkeiten wie Napoleon und George Washington zusammengetragen, darunter auch eine Haarsträhne von Mary Shelley, der Schöpferin von *Frankenstein*. Mein Interesse an dieser Sammlung begründete ich damit, daß man das Haar dieser berühmten Persönlichkeiten auf Spuren von Drogen untersuchen könne. Das Haar würde genauen Aufschluß darüber geben, welche Drogen sie wie oft und in welchem Umfang genommen haben mochten. Ich glaubte allerdings nicht, daß Napoleons Penis ebensoviel mitzuteilen hatte, obwohl ich seinen Bekenntnissen gerne einmal lauschen würde.

Aber was hätte Hitlers Gehirn mitzuteilen? In meiner Phantasie entwickelte ich ein finsteres Szenario, das auf dem Gerücht aufbaute, wonach Hitlers Gehirn nicht nur gerettet worden war, sondern sogar noch lebte. Man wußte, daß Hitler mehrere Tage vor seinem Tod die Befürchtung hegte, sein Leibarzt Theodor Morell, der ihm regelmäßig Injektionen mit verschiedenen Drogen verabreichte, könne versuchen, ihn zu betäuben und an einen sicheren Ort zu verschleppen. Deshalb lehnte Hitler weitere Injektionen ab. Was aber, wenn der Arzt mit Hilfe der Adjutanten Hitlers Gehirn entnommen und mit der Ju-390 in ein geheimes Labor hatte bringen lassen? Schließlich hatten um die Jahrhundertwende bereits französische Ärzte die Köpfe von Guillotinierten gestohlen und grausliche Experimente mit ihnen durchgeführt, bei denen sie versuchten, das Gehirn am Leben zu erhalten. Apparaturen, mit denen sich abgeschnittene Tierköpfe am Leben erhalten ließen, gab es schon seit Jahren, und in den USA hatte man sogar ein Patent für eine Apparatur ausgestellt, die für menschliche Köpfe geeignet war. Warum sollte man ähnliches nicht auch allein mit dem Gehirn versuchen? Natürlich war dieser Gedanke reinste Science-fiction und erinnerte mich an einige Kinofilme dieses Genres, etwa *Donovan's Brain* aus dem Jahre 1953 [in dem das Gehirn eines mächtigen Geschäftsmanns in einem Glasbehälter am Leben erhalten wird] und *They Saved Hitler's Brain* aus dem Jahre 1963 [in dem ein paar Nazis Hitlers Gehirn in ein geheimes Labor in der Karibik bringen, wo sie es auf einer mechanischen Vorrichtung am Leben erhalten].

Ich war mir sicher, daß Hitler mein Science-fiction-Szenario gemocht hätte. Schließlich schätzte er abgeschnittene Köpfe, sie waren sein liebstes Spielzeug. Und sicher war er größenwahnsinnig genug, um den Wunsch zu hegen, auf diese Weise fortzuleben und seine Herrschaft mit der schieren Kraft seines Willens fortzusetzen, von dem er so gerne als «mein fanatischer Wille» sprach. Ich konnte mir auch vorstellen, daß er meine cineastischen Reminiszenzen ebenfalls geschätzt hätte. Denn er bewunderte das Werk des deutschen Filmregisseurs Fritz Lang, der sich in seinen frühen Filmen oft mit germanischer Mythologie und Visionen zukünftiger Größe beschäftigt hatte. In dem 1932 entstandenen Film *Das Testament des Dr. Mabuse* ist der willensstarke Mabuse, der stets die Herrschaft über andere zu erlangen versucht, ein sterbender alter Mann, den man in einer Heilanstalt eingesperrt hat. Es gelingt ihm jedoch, den Leiter der Anstalt zu hypnotisieren und für sein Ziel einzuspannen, die Welt in Chaos und Schrecken zu stürzen. Hitler war so beeindruckt, daß er Lang, einem Juden, die Stellung des Reichsfilmintendanten anbot. Noch in derselben Nacht floh Lang aus Deutschland.

Meine Nachforschungen über den Verbleib von Hitlers Gehirn veranlaßten mich auch zu einer weiterreichenden Lektüre über Hitlers Denken. Hitler war gleichsam die Quintessenz des Antisemiten in einem Europa, in dem der Antisemitismus bereits weite Verbreitung gefunden hatte. Sein Haß auf die Juden war eindeutig paranoid. Diese Paranoia hatte sich über einen langen Zeitraum entwickelt. Nach einigen von Psychoanalytikern durchgeführten «psychologischen Autopsien» lagen die Wurzeln von Hitlers Antisemitismus in seiner Kindheit. Zu diesen Wurzeln gehörten bittere Erinnerungen an einen Streit zwischen den Eltern; das Gefühl, von der Mutter verlassen worden zu sein; der Groll über Schläge durch den Vater; Minderwertigkeitsgefühle wegen des fehlenden Hodens; die Befürchtung, er könne homosexuelle Strebungen haben und allzu feminin sein; der Verdacht, sein Großvater sei Jude gewesen und habe ihn mit jüdischem Blut «beschmutzt»; und die quälende Erinnerung an den Tod der Mutter, die sich damals in der Behandlung eines jüdischen Arztes befand. Nach psychoanalytischer Deutung fürchtete er also seine eigenen homosexuellen Strebungen und sein jüdisches Blut, er verleugnete diese Ängste und projizierte sie auf «Volksschädlinge», die aufgespürt und vernichtet werden mußten. Die Hauptfeinde waren zwar die Juden, doch er rechnete auch die Homosexuellen und die Kommunisten zu diesen Feinden. Genährt wurden diese Vorstellungen auch von der rassistischen Literatur, die er bereits in jungen Jahren las. Er fügte die Bruchstücke aus seiner Erinnerung und seiner Lektüre zusammen, ergänzte sie um verborgene Bedeutungen, die er in historischen Zufällen zu erkennen glaubte, und da sein Denken bereits ganz von Argwohn und Mißtrauen beherrscht war, verwob er all das zu einem Netz, das sich in seinen Augen um die ganze Welt legte und sie bedrohte.

Hitlers Paranoia kreiste um die zentrale Wahnidee einer internationalen Verschwörung der Juden gegen seine eigenen Pläne, für Deutschland die Weltherrschaft zu erobern. Hitler glaubte, die Juden hätten sich nicht nur gegen sein Vaterland verschworen, sondern gegen die gesamte Menschheit. Er war überzeugt, die Juden gehörten zu einer eigenen Rasse, sie seien heimtückisch illoyal gegenüber jeglicher Regierung und verfolgten allein ihre ehrgeizigen und egoistischen finanziellen Interessen. Hitler sprach von den Juden sowohl mit Abscheu als auch mit Furcht und nannte sie Parasiten, Giftmischer und Krankheitserreger. Er rief das deutsche Volk dazu auf, stets wachsam auf die Absichten der Juden zu achten.

Ein paranoides Denken dieser Art führt nicht notwendigerweise zur Unfähigkeit im Handeln, und so war es auch bei Hitler. In den Anfängen seiner politischen Karriere verschaffte es ihm sogar Vorteile als Führer und Organisator, da er Kraft und Selbstvertrauen daraus bezog und letztlich auch die Überzeugung, daß er recht hatte. Daß Juden ihn als Politiker schon früh lächerlich machten, bestätigte ihn nur in seinem Mißtrauen. Sein rednerisches Talent und seine charismatischen Züge beflügelten getreue Anhänger, seine Feinde unermüdlich als «Volksschädlinge» zu verfolgen. Erst dieses paranoide Denken und seine anschließende Institutionalisierung durch eine bereits antisemitische Bevölkerung ermöglichten die sogenannte «Endlösung der Judenfrage» im Holocaust.

Hitlers Verbrechen haben manche Biographen und Historiker zu dem Urteil veranlaßt, er sei ein «grausames Tier» gewesen, «boshaft», «durch und durch schlecht» und «von Dämonen beherrscht». Sie verweisen auf die Tatsache, daß er Wölfe mochte, Wolfshunde hielt und den Decknamen «Wolf» wählte. Seinem Hauptquartier in Ostpreußen gab er den Namen «Wolfsschanze», einem Diener sagte er: «Ich bin ein Wolf, und das ist meine Höhle.» Der Name des Nazihauptquartiers in der Ukraine ist vielleicht noch aufschlußreicher: Werwolf. So nannten sich auch die SS-Eliteeinheiten, die Guerillaaktionen hinter den feindlichen Linien durchführten. Als der Krieg zu Ende ging, kämpften diese Einheiten wie in die Ecke getriebene Wölfe und rissen buchstäblich ihre Opfer in Stücke.

Durch meine Nachforschungen bin ich zu der Überzeugung gelangt, daß Hitler insofern ein Werwolf war, als ihn irgend etwas radikal veränderte, und zwar noch bevor sich abzeichnete, daß der Krieg verloren war. Zweifellos zeigte Hitler auch vor 1939 schon Anzeichen eines ausgeprägt paranoiden Denkens hinsichtlich der Juden, das auf seine psychische Lebensgeschichte zurückgeht. Leicht paranoid war auch sein Verhältnis zum Finanzamt. Die Münchener Finanzbehörden ermittelten jahrelang gegen ihn, bis er Reichskanzler wurde und sich von der Steuerpflicht befreit erklärte. Und ganz gewiß war Hitler seltsam. Er identifizierte sich mit Wölfen, haßte aber den Mond. Er liebte Pornographie, doch der Gedanke an den Geschlechtsverkehr jagte ihm Angst ein. In den Konzentrationslagern wollte er Rassen mit «Grausamkeit» und «Terror» ausrotten, gleichwohl zerbrach er sich den Kopf über die Frage, wie man in deutschen Restaurants Hummer am humansten töten konnte. Trotz dieser Seltsamkeiten und der zahllosen psychoanalytischen Spekulationen, die sie auslösten, gibt es keinen Beweis für eine schwerwiegende psychiatrische Störung oder Fehlfunktion. Doch Ende 1937 begann sich Hitlers Paranoia in mehreren Schüben zu verstärken und äußerte sich schließlich in voll ausgeprägten psychotischen Episoden. Ein Dämon hatte ihn gewissermaßen ergriffen.

Das Elixir, das diese Verwandlung verursachte, war ein Mittel, das eine starke Stimulation des Zentralnervensystems bewirkt und in der heutigen Szene Crank, Crystal, Ice oder Speed genannt wird: Methamphetamin. Zuerst von einem japanischen Pharmakologen synthetisiert, wurde es von deutschen Wissenschaftlern verbessert. Zugänglich wurde es deutschen Forschern erstmals 1936, dem Jahr, als Dr. Morell Hitlers Leibarzt wurde. 1939 kam dann das Mittel in Deutschland unter dem Namen Pervitin in den Handel.

Es gibt deutliche historische Belege für die These, daß Hitler 1937 und vielleicht schon 1936 begann, sich von Dr. Morell gelegentlich mit intravenös verabreichten Methamphetamingaben «behandeln» zu lassen. Auf ähnliche Weise ließ sich später Präsident John F. Kennedy von seinem Dr. Morell, Dr. Max Jacobson, «behandeln». Der einst aus Deutschland geflüchtete, auch als «Dr. Feelgood» bekannte Arzt hatte mit seinen Injektionen zuvor schon Berühmtheiten wie Winston Churchill und Marlene Dietrich beglückt. Wie Morell, so benutzte auch Jacobson eine Mischung aus Drogen und Vitaminen, sagte seinen berühmten Patienten jedoch, es handle sich lediglich um «Vitamine». Diese «Vitamininjektionen» führten augenblicklich zu einem Zustand der Euphorie und erhöhter Stimulierung.

Wahrscheinlich ließ sich Hitler bis 1941 nur gelegentlich mit diesen Stimulantien behandeln. Wie aus den Patientenakten hervorgeht, erhielt Hitler von da an regelmäßig jeden Morgen eine Injektion, sobald er aufgestanden war. Dann fühlte er sich sogleich hellwach und bereit für die Arbeit des Tages. Auch vor wichtigen Reden und Treffen verabreichte Morell ihm seinen Drogencocktail. Um den Gewöhnungseffekt zu überspielen, mußte Morell schließlich die Dosis verdoppeln und den zeitlichen Abstand der Injektionen verringern. Mitte 1943 ließ sich Hitler bereits mehrmals am Tag eine Spritze geben. Bei fortschreitendem Krieg und als die deutschen Truppen allenthalben unter Druck gerieten, rief Hitler immer häufiger nach seinem Leibarzt. Nach der Injektion war er stets fröhlich und redselig, aber er konnte danach nicht mehr schlafen. Neben den Spritzen versorgte Dr. Morell ihn auch mit Pervitintabletten. Es waren dieselben Methamphetamintabletten, die man auch den deutschen Panzertruppen und den Piloten der Luftwaffe verabreichte, nur daß Hitlers Pillen eigens für ihn gefertigt und in Goldpapier eingewickelt wurden. Im letzten Kriegsjahr nahm er zehn Tabletten am Tag, bei militärischen Lagebesprechungen sah man ihn oft mit dem Goldpapier spielen. Hitler verstärkte seine chemische Stimulierung noch, indem er ständig Cola-Dahlmann lutschte, ein Colabonbon, das große Mengen Koffein enthielt.

Mit wachsendem Drogenkonsum wuchs auch Hitlers Abhängigkeit von seinem «Dealer» Morell. Immer wieder sagte er ihm, wie sehr er ihn brauche, und nahm ihn überallhin mit. Die etablierte Ärzteschaft hatte weniger Vertrauen in Morells Behandlung, doch Hitler ignorierte ihre Fragen und überhäufte Morell weiterhin mit Geld und Orden. Die Behandlung wurde fortgesetzt.

Schließlich zeigten sich bei Hitler auch die körperlichen Symptome einer Methamphetaminvergiftung. Schlaf- und Appetitlosigkeit wechselten mit Phasen hemmungsloser Schlaf- und Freßsucht. 1939 begann Hitler an der Nagelhaut von Daumen, Zeige- und Mittelfinger beider Hände herumzubeißen. Die Fingerspitzen waren chronisch entzündet, und dennoch konnte er nicht davon lassen. In Hitlers Umgebung sah man darin ein höchst ungewöhnliches Verhalten für einen Mann, der sonst stets auf tadellose Kleidung und ein gepflegtes Äußeres achtete. Sein Kammerdiener hegte den Verdacht, daß die Drogenbehandlung schuld daran sei. 1942 stellte sich in Armen und Händen ein Zittern ein, wie es bei der Parkinsonschen Krankheit [einem degenerativen Nervenleiden] auftritt. 1943 begann er sich unablässig im Nacken zu kratzen, und ein Jahr später war dieses Kratzen so zwanghaft geworden, daß sein Nacken ständig mit entzündeten Pusteln überzogen war. Eine Reihe anderer Symptome stand wahrscheinlich gleichfalls im Zusammenhang mit dem chronischen Methamphetaminmißbrauch: Lichtempfindlichkeit der Augen, Gewichtsverlust, Kopfschmerzen, getrübte Sicht und sogar ein Herzinfarkt 1943 sowie ein Schlaganfall im Februar 1945.

Mit der Methamphetaminbehandlung gewann auch seine schon vorher vorhandene Paranoia an Virulenz. In Hitlers *Mein Kampf*, dem Buch, das er während seiner Haft 1924 und 1925 geschrieben hatte, finden sich bereits zahlreiche Haßtiraden und Pläne für blutigen Terror, doch das Methamphetamin steigerte offenbar noch Lautstärke und Leidenschaft seiner verbalen Ausfälle gegen «Feinde» jeglicher Art. Mehrere «psychologische Autopsien» gelangen zu dem Ergebnis, daß sich die brutale Offenheit, die Hitler in *Mein Kampf* zeigt, in wilden Fanatismus verwandelt habe, als dessen Autor, inzwischen der Führer, zu einem dämonischen Speed-Freak wurde.

Hitlers Verhalten zeigt geradezu lehrbuchhaft die Entwicklung einer toxisch-paranoiden Psychose. Die ersten Anzeichen traten Ende 1937 auf, sie verstärkten sich jedoch rasch mit der «Behandlung». Auf die anfängliche Munterkeit und die gehobene Stimmung folgten Lethargie und Depression, so daß Dosis und Häufigkeit der Methamphetamingaben erhöht werden mußten. Das führte zu gesteigerter Erregung, Unruhe und Irritierbarkeit sowie zu einer verminderten Frustrationstoleranz, die ihren Ausdruck in heftigen Wutanfällen fand. Dann schoß ihm das Blut ins Gesicht, und seine von der Droge geweiteten Pupillen füllten sich mit Haß. Er stieß die geballte Faust in die Luft und brüllte oft stundenlang herum. In der Hitze solcher pathologischer Wutausbrüche traf er impulsive Entscheidungen,

vor allem in den letzten Kriegsjahren. Er hielt sich geradezu ob-
sessiv bei Details wie der Position einer einzelnen Artillerie-
stellung auf und vernachlässigte darüber die größeren strategischen Zusammenhänge. Mal war seine Aufmerksamkeit
sprunghaft, mal hielt er endlose, von zahllosen Wiederholungen
gespickte Monologe über ein und denselben Gedanken. Die
Mitschriften seiner Monologe bei militärischen Besprechungen
wuchsen von 89 Seiten 1942 auf 150 Seiten 1945. Er wütete und
schrie und hielt sich endlos bei denselben Geschichten auf. Argwohn und Mißtrauen prägten seine Gespräche, in denen er andere für seine eigenen Fehler verantwortlich machte. Die durch
Drogen erzeugte Euphorie überwältigte seine Vernunft; er deutete militärische Niederlagen als Erfolge und redete von mythi-
schen Armeen, die eine Wende des Krieges herbeiführen sollten. Trotz solcher Psychopathologien blieben andere Funktio-
nen intakt. Sein ausgezeichnetes Gedächtnis etwa blieb bis
zum Ende klar und scharf.

Eine Geburtstagsfeier, die man am 20. April 1945 im Bunker
für Hitler ausrichtete, geriet zu einer Art Totenwache voller
Hoffnungslosigkeit und Endzeitstimmung. Am nächsten Tag
verließ Morell den Bunker und nahm auch die Drogen mit. Hitler geriet in eine schwere Entzugsdepression. Seine erste Reaktion war ein depressiver Wutanfall, in dem er alle des Verrats be-
zichtigte. Hitlers Kammerdiener Heinz Linge verabreichte ihm
Kokainaugentropfen, das einzige Stimulans, das sich im Bunker
noch auftreiben ließ. Hitlers Augen wurden extrem lichtempf-
indlich; deshalb ging er nun auch nicht mehr hinauf zu einem
Spaziergang durch den Garten der Reichskanzlei. In der letzten
Woche erhöhte Linge die Dosis von dreimal täglich sechs Tropfen auf dreimal täglich dreizehn Tropfen. Diese Überdosis muß
zu einer chronischen Erweiterung der Pupillen und einer Läh-
mung der Augenmuskulatur geführt haben, so daß Hitler am
Ende funktional blind gewesen sein dürfte. Doch da war von seiner Vision der Weltherrschaft nichts mehr übriggeblieben und
längst nichts mehr zu sehen.

Nachdem ich mich ein wenig mit Hitlers methamphetamingesättigtem Gehirn vertraut gemacht hatte, ging ich nochmals in die Bibliothek, um mir weiteres Material zu besorgen. Die meisten übrigen Bücher, die ich bestellt hatte, ließen sich nicht auffinden; sie waren als verloren oder gestohlen gemeldet. Einige andere hatte man langfristig an einen Doktoranden ausgeliehen, der sich weigerte, sie vorzeitig zurückzugeben. Ich überredete die Bibliothekarin, mir den Namen des Mannes zu nennen, damit ich mich selbst an ihn wenden konnte.

«Steiner», sagte die tiefe Stimme am anderen Ende der Leitung. Mark Steiner war der Doktorand, der die Bücher über Hitler ausgeliehen hatte. Ich nannte meinen Namen und gab mich als jenen Hochschullehrer zu erkennen, der um die vorzeitige Rückgabe der Bücher gebeten hatte. Da wir doch dieselben akademischen Interessen hätten, schlug ich ihm vor, daß wir uns zu einem Kaffee in der Cafeteria des Krankenhauses treffen sollten. Er versprach, die gewünschten Bücher mitzubringen.

Mark Steiner war ein großer, athletischer junger Mann mit übergroßen Händen. Er hatte dichtes blondes Haar, das er glatt nach hinten gekämmt trug, und ein schönes, fast wie gemeißelt wirkendes Gesicht. Mit dieser Kombination hätte er fast als Bilderbucharier gelten können, wären da nicht seine braunen Augen gewesen. Ich wußte, daß solche kleinen Mängel Josef Mengele in Rage versetzen konnten; in Experimenten an KZ-Häftlingen hatte er vergeblich versucht, das arische Blau durch die Injektion von Farbstoffen künstlich zu erzeugen. Mir schauderte bei dem Gedanken, was Mengele wohl mit diesen Händen gemacht hätte. Mark trat an meinen Tisch. Ich zögerte, ihm die riesige Hand zu schütteln, doch zu meiner Erleichterung umklammerte er seine Bücher fest mit beiden Händen.

Er trug ein weißes, kurzärmliges Hemd, das sich über seinen kräftigen Oberarmmuskeln spannte, und eine sauber geknotete Wollkrawatte, die seit gut einem Jahrzehnt aus der Mode sein mochte. Die Bügelfalten an seinen khakifarbenen Hosen wirkten ebenso gerade und steif wie seine Haltung. Ich bemerkte, daß er ein Paar Wallaby-Boots trug, weiche Wildlederschuhe, wie auch ich sie gerne benutzte. Sie boten mir die willkommene Gelegenheit, unser Gespräch gleichsam von unten her aufzubauen. Ich sagte, wie bequem sie doch seien und welch hohe Laufleistung sie mir schon auf meinen Wegen durch die Gänge des Medical Center geboten hätten.

«Ich bin Vegetarier», erwiderte er ohne weitere Erklärung.

«Sind Wallabys Vegetarier?» fragte ich, da mir nicht ganz klar war, wovon er eigentlich redete.

«Ich mag es nicht, daß man Tiere tötet, um sie zu essen oder Kleidungsstücke daraus zu machen», sagte er. «Überleben», fügte er kryptisch hinzu.

Ich verstand noch immer nicht; deshalb versuchte ich, das Gespräch auf Hitler zu bringen, doch es zeigte sich, daß die meiste Zeit nur ich redete. Mark beobachtete mich, während ich sprach, und hielt seine Bücher fest umklammert, als wollte er zunächst klären, ob ich ihrer überhaupt würdig war. Ich sprach von meinem neuen Interesse an Hitlers Drogenkonsum und dessen Zusammenhang mit der Paranoia. Von Hitlers Drogenproblem hatte Mark offenbar noch nichts gehört, doch mit Paranoia kannte er sich aus. Er fragte, ob ich mit paranoiden Patienten arbeite. Noch nicht, sagte ich, aber ich dächte daran, meine Studien durch die Einbeziehung einiger Paranoiker abzurunden.

«Die sind überall», sagte er nicht minder kryptisch als eben. Es war unmöglich, in seinem Pokerface zu lesen und zu erkennen, ob er es ernst meinte oder nur scherzte.

Ich erwähnte das Gerücht über Hitlers Gehirn. Mark nickte.

«Sie haben auch davon gehört?» fragte ich.

Er nickte nochmals.

«Ist da irgendwas dran?»

Er nickte.

Ich wartete, daß er mehr dazu sagte, doch sein gemeißeltes Gesicht schien wie eingefroren.

«Und was? Erzählen Sie doch bitte!» hörte ich mich selbst betteln.

Dann überraschte er mich mit dem Angebot, es mir zu zeigen. Mir was zu zeigen? Das wollte er nicht sagen. Und wann? Nächste Woche vielleicht. Ich brauchte einen präziseren Termin. Wann nächste Woche? Mittwoch. Wo? Ich solle in meinem Büro warten. Er werde mich dort abholen. Um wieviel Uhr? Spät. Wie spät? Um Mitternacht. Mitternacht? «Ja, Mitternacht», sagte er auf deutsch.

Am folgenden Mittwoch aß ich in der Cafeteria des Medical Center zu Abend und ging wieder zurück in mein Büro. Gegen zehn Uhr beschloß ich, mich ein wenig auf den Matratzen auszustrecken, die meine Versuchspersonen bei Drogenexperimenten benutzten. Die Matratzen lagen in einem schalldichten, abgedunkelten Raum, doch ich ließ die Tür offen, damit ich hören konnte, wenn Mark anklopfte. Wieder ließ ich meiner Phantasie freien Lauf.

Hitlers Gehirn wird im Keller der UCLA Medical School am Leben gehalten. Der Gedanke machte mich immer noch nervös. Alles an dieser mitternächtlichen Verabredung war mir suspekt. Mitternacht? Was sollte das? Steiner sprach perfekt Deutsch. War er der Hüter von Hitlers Gehirn? Es konnte unmöglich am Leben sein, aber schon der Gedanke, es in einem Glas schwimmen zu sehen, war mir unheimlich.

Steiner tat sehr geheimnisvoll. Aber warum nicht? Schließlich war das Gehirn für Sammler ein Vermögen wert. Und die Presse hätte eine Sensation, wenn sie davon Wind bekäme. Allerdings mußte man sich fragen, warum denn niemand davon wußte. Der historische und medizinische Wert des Gehirns war einfach zu groß, um es einem Doktoranden zu überlassen …, es sei denn …, es sei denn, das Gehirn war tatsächlich lebendig. Lächerlich. Viel wahrscheinlicher war da schon, daß ich dabei war, auf einen ausgeklügelten Streich hereinzufallen. Schließlich hatte auch ich meine Feinde – Hochschullehrer, die mich um mein geräumiges Büro und den schalldichten Raum beneideten. Sie hätten es nur zu gern gesehen, wenn ich als Dummkopf oder als Idiot dastehen würde oder gar als beides zugleich. Nichts wäre dazu besser geeignet als ein Foto, das mich zeigte, während ich auf einen Blumenkohl starrte, der in einem Glas schwamm und mit zahllosen Drähten verbunden war. Ich sah das Foto schon auf der Titelseite der Universitätszeitung und darüber die Schlagzeile:

Professor redet mit eingemachtem Gemüse

Ich mußte auf der Hut sein.

Meine Träumerei wurde durch ein lautes Klopfen an der Bürotür unterbrochen. Es klang, als versuchten Sturmtruppen, die Tür einzutreten. Ich öffnete und sah Mark vor mir stehen. Ich war beeindruckt. Es war schon nach Mitternacht, und seine Krawatte saß immer noch perfekt.

«Sie haben gesagt, ich soll laut klopfen», entschuldigte er sich.

«Ja», murmelte ich und rieb mir den Schlaf aus den Augen. Nach einem kurzen Zwischenstop am Waschbecken folgte ich Mark in die Halle. «Wohin gehen wir?»

«Wir gehen es interviewen», erwiderte er. «Ich möchte, daß Sie ihn wie einen psychiatrischen Patienten befragen ... Er ist daran gewöhnt.»

Wovon redete Mark? Meinte er mit «ihn» vielleicht Hitlers Gehirn? Oder brachte er mich zu einem Patienten, der glaubte, Adolf Hitler zu sein? Unzählige Patienten behaupten, sie seien Jesus oder Napoleon. Ich war einmal einer Frau begegnet, die glaubte, sie sei Johanna von Orléans, warum also nicht Hitler? Aber wenn der Patient nur Deutsch sprach? Ich konnte kein Deutsch. Ich hatte einmal im Sommer ein paar Vorträge am Max-Planck-Institut in München gehalten, aber dort sprachen alle Englisch. Auf deutsch hatte ich nur «Bratwurst mit Senf» zu sagen gelernt, und irgendwie fühlte ich mich im Augenblick gar nicht hungrig.

«Kein Problem», sagte Mark. «Es kann Englisch.»

Wieder dieser Wechsel der Personalpronomina. Jetzt war aus dem «er» ein «es» geworden. Was sollte das alles bedeuten?

Mark sagte kein Wort mehr, während wir durch das Gewirr der verlassenen Flure liefen. Wir gingen vom Neuropsychiatric Institute zum Brain Research Institute und von dort in die Medical School. Weit und breit war keine lebende Seele zu sehen, noch weniger ein lebendes Gehirn. Wir fuhren mit dem Aufzug ins Erdgeschoß hinunter, bogen um eine Ecke und traten in einen kleinen Vorraum. Eine schwere Holztür versperrte uns den Weg. Die Inschrift des Schildes darauf klang einschüchternd:

Zutritt verboten

Zugang nur für Berechtigte

mit Schlüsselkarte

Rechts neben der Tür befand sich eine Tafel mit einem Schlitz, der grünlich leuchtete. Mark schob eine Schlüsselkarte hinein, und die Tür öffnete sich. Wir standen im Vorraum zum Vivarium, in dem die Primaten für die Forscher der Medical School untergebracht waren. Die aufwendig gesicherte Tür diente als Schutz vor Tierversuchsgegnern, die gerne in Forschungslabors einbrachen, um die Tiere zu «befreien». Über Versuche an Primaten waren sie besonders empört. Ich fragte mich, ob sie wohl versuchen würden, auch Hitlers Gehirn zu retten – oder rangierte es für sie phytogenetisch zu weit unten auf der Skala, als daß sie sich dafür interessiert hätten? Tatsächlich war ich froh über diese Sicherheitsmaßnahmen, denn früher wurden hier einmal meine eigenen Rhesusaffen verwahrt. Als der Geruch aus den Käfigen der Tiere zu mir drang, erinnerte ich mich an die Experimente, bei denen ich den Affen Methamphetamin injiziert hatte.

Man konnte immer genau erkennen, welche Affen gerade «high» waren. Sie wirkten sehr aufgeregt und liefen ständig im Käfig umher; sie lasen kleine Sägespäne vom Boden auf und untersuchten sie stundenlang. Bei der Fellpflege kratzten und bissen sie sich selbst, vor allem an den Fingerspitzen. Ihr ganzer Körper war mit offenen Wunden übersät. Sie entwickelten ein leichtes Zittern in Händen und Armen. Mit übertriebener Wachsamkeit beobachteten sie unablässig ihre Umgebung. Sie achteten auf alles. Mit Kopfdrehungen, funkelnden Augen und Drohgebärden reagierten sie blitzartig auf die kleinste Störung. Ihre Alarmrufe gellten durch die Käfige. Sobald jemand den Raum betrat, wandten sie den Kopf ab. Sie wirkten stets angespannt, isolierten sich von ihren Artgenossen und zeigten

Angstreaktionen gegenüber ihren Partnern sowie ihren Abkömmlingen. Von Zeit zu Zeit gerieten sie explosionsartig und ohne erkennbaren Grund in einen Affenkoller und schrien dann stundenlang.

Es war einer der traurigsten Tage meines Lebens, als Lear, ein Schweinsaffe, an einer Überdosis Amphetamin starb. Lear gehörte einem anderen Forscher; der dem Tier die Augen in einem grausamen Experiment entfernt hatte, das den Naziärzten in Auschwitz gefallen hätte, mir jedoch Übelkeit bereitete. Da der Forscher Lear anschließend nicht mehr brauchte, bat ich ihn, mich um das arme Tier kümmern zu dürfen. Jeden Tag schmuggelte ich zusätzliches Obst für ihn herein. Stundenlang kraulten wir einander durch die Gitter hindurch. Ich versuchte, ihm das Leben ein wenig angenehmer zu machen, und wir wurden Freunde, doch seine Depression wollte nicht weichen. Eines Tages gab ich ihm ein wenig Amphetamin; die Dosis war so klein, daß sie kaum Wirkung zeigen konnte, doch ich hoffte, seine Depression damit ein wenig zu mildern. Kurz darauf brach er zusammen. Ich brachte ihn sofort zum Tierarzt des Vivariums, und mehr als eine Stunde kämpften wir gemeinsam um sein Leben. Aber er war nicht zu retten. Nach der Autopsie, bei der sich herausstellte, daß Lear ein vergrößertes Herz hatte, bestand ich darauf, mich selbst um das tote Tier zu kümmern. Ein Pfleger begleitete mich zum Krematorium, das hinter dem Vivarium lag. Ich legte Lear in die Verbrennungskammer, und mit Tränen in den Augen gelobte ich, niemals mehr Experimente an Tieren auszuführen.

Mark und ich bogen um eine Ecke und kamen an der Tür vorbei, die zum Krematorium führte; meine Gedanken wandten sich von Lears Einäscherung zu Hitlers Totenverbrennung. Als die Flammen über Hitlers Leichnam zusammenschlugen, hoben die Umstehenden spontan den Arm zu einem letzten Hitlergruß. Das Donnern und Röhren der russischen Artillerie erfüllte die Luft, und der Himmel über ihren Köpfen war schwarz vom Rauch des Dritten Reiches. Eine Götterdämmerung, nur allzu angemessen für einen Mann, der sich selbst als

Wagnerschen Helden verstand. Doch im Gegensatz zu den Seelen dieser Opernheldengestalten, die sich gen Himmel erhoben, war Hitlers Seele dazu bestimmt, in den Tiefen der Unterwelt zu verschwinden. Hatte sein Gehirn ihn auf dieser Höllenfahrt begleitet? Das fragte ich mich, als Mark und ich die Stufen zum Keller hinabstiegen.

In Stockwerk A, dem obersten Kellergeschoß, herrschte Totenstille. Es hieß, in stillen Nächten könne man den «verirrten Patienten» seufzend durch die Flure schlurfen hören. Ich horchte und meinte leises Rauschen und beschwichtigendes Lallen wahrzunehmen, aber ich war mir nicht sicher, ob es nicht das Blut in meinen eigenen Ohren war. Stockwerk A ist von gewaltiger Größe. An jeder Ecke hängt eine Orientierungskarte, jeder Flur ist mit einem Buchstaben und einer Zahl gekennzeichnet, und jeder Raum hat eine Nummer. Hier befinden sich die Labors der chirurgischen Pathologie, die zythologischen Labors und die Personalzugänge zu den technischen Anlagen des Hauses. Ein guter Platz für ein Gehirn, dachte ich. Zwei Schwestern in blauen Operationskitteln huschten wie nächtliche Zombies an uns vorbei. Mark führte mich durch ein Labyrinth von Gängen in einen Trakt, der offenbar direkt unter dem Vivarium lag, bis wir an eine Tür kamen, die wie alle übrigen aussah, doch sie trug weder eine Nummer, noch war sie auf andere Weise gekennzeichnet. Mark öffnete die Tür und forderte mich auf einzutreten.

Auf der Schwelle zögerte ich einen Augenblick und streckte den Kopf ins Zimmer, ohne die Hand vom Türknauf zu nehmen. An der Wand gleich vor mir hing ein Propagandaplakat von 1938, das den jungen Hitler als Ritter in schimmernder Rüstung zeigte, eine Nazifahne in der Hand. Was hatte ich denn erwartet? Etwa eine Mesusa-Inschrift an der Tür? Ich trat ein und wurde sogleich von den Bücherregalen angezogen. Ich war schon immer der Ansicht, daß man den Charakter eines Menschen an seinen Büchern erkennen kann. Auf den Regalen standen Dutzende jener Bücher über Hitler, die in der Bibliothek entwendet worden waren. Ich drehte mich um und sah Mark an.

Er stand vor einem großen Schreibtisch. An der Wand dahinter hing ein weiteres Plakat; es war zerknittert und vergilbt, und die Ecken waren umgeknickt. Dennoch konnte man das Bild überdeutlich erkennen. Es zeigte die Karikatur eines Juden mit großer Nase, riesigen Ohren, dichten Augenbrauen und fliehender Stirn. Der Kopf saß auf dem Körper einer Ratte. «Saujuden» stand in großen Buchstaben darüber. Ich biß mir auf die Lippen, um nicht die Kontrolle zu verlieren und emotional aufzuschreien.

Das paranoide Denkmuster fand eine geradezu dramatische Illustration in diesem antisemitischen Plakat. Hinter allen Volksschädlingen lauerte die verschworene Gemeinschaft der Juden. Die Bedrohung mochte verborgen sein wie die Ratten in der Kanalisation, doch Hitlers paranoides Auge sah sie. Nun blinkte mich dieses Auge grün und pulsierend auf Marks Schreibtisch an. Konnte es sehen, daß ich ein Jude war? Plötzlich fühlte ich mich sehr nackt.

Das Auge war nur ein Cursor auf einem Computerbildschirm, und dennoch bereitete es mir Unbehagen. Was würde geschehen? Mark gab mir ein Zeichen, am Computer Platz zu nehmen. Er erklärte mir, ich müsse meine Fragen über die Tastatur eingeben. Ich sah Kabel, die aus dem Computer kamen und irgendwo in der Wand verschwanden. Vielleicht führten sie zu einem anderen Computer irgendwo im Neuropsychiatrischen Institut, an dem ein realer Patient saß. Ich wußte, daß einige Kollegen mit der Befragung von Patienten über Bildschirmeingabe experimentierten, um die Möglichkeiten einer Ferndiagnose zu erkunden. Ich ging davon aus, daß am anderen Ende ein echter Patient mit einem Hitlerkomplex saß. Möglicherweise war der Patient auch eine Computersimulation. Mark gab mir keine Auskunft darüber.

Es war auch nicht wichtig. Falls es sich um einen echten Patienten mit Hitlerkomplex handelte, kam das einem wirklichen Interview mit Hitler so nahe, wie dies heute nur möglich war. Falls es sich um ein Computerprogramm handelte, interviewte ich immer noch Hitler oder zumindest die Vorstellung, die ein Programmierer sich von Hitlers Denken gemacht hatte. Ich erwartete keineswegs, mit Hitlers Gehirn zu sprechen, das da irgendwo in einem Glas schwamm. Aber zu diesem Zeitpunkt hatte ich noch nicht an die Möglichkeit gedacht, ich könnte hier einen Programmierer mit riesigen Händen – und einem ebensolchen Ego – interviewen, der glaubte, Hitlers Gehirn sei in seinem eigenen Kopf.

Mark riet mir, Hitler so zu befragen, wie ich es auch mit anderen paranoiden Patienten tat. Stellen Sie kurze Fragen, und haben Sie Geduld, wenn Sie auf die Antwort warten, sagte er. Ich könne auch mit Fragen zur Lebensgeschichte beginnen, aber möglicherweise erinnere «er» sich an manches nicht mehr. Wenn Schwierigkeiten aufträten, wolle er mir bei den Fragen helfen.

Mark nahm die Tastatur und gab «Heil Hitler» ein. Einen Augenblick später leuchtete der Bildschirm auf:

Paßwort?

Mark gab ein Wort ein, das nicht auf dem Bildschirm erschien, und nach einer kurzen Pause:

Hello

Mark schob mir die Tastatur zu und warnte: «Sagen Sie Adolf zu ihm, aber nennen Sie ihm nicht Ihren Nachnamen. Er ist empfindlich, wenn es um Juden geht. Das könnte Schwierigkeiten geben.»

Großer Gott, dachte ich. Schwierigkeiten? Was für Schwierigkeiten? Sollten diese Schwierigkeiten sich etwa mit SS schreiben? Was zum Teufel ging hier vor?

Ich begann mit der Eingabe:

Hello, Adolf.
Hello

Ich heiße Dr. Ron.
Was wollen Sie?

Ich möchte Ihnen ein paar Fragen stellen.
Fragen Sie nur, und achten Sie auf meine Antworten

Wie geht es Ihnen?
Ganz gut, denke ich

Sind Sie ein Mensch oder eine Maschine?

Am besten komme ich gleich zur Sache, dachte ich.

Ich bin männlich

Ich denke, Sie sind ein Computerprogramm.

Wenn Sie nichts zu sagen haben, flüchten Sie sich in Beleidigungen

Wann sind Sie geboren?

Am 20. April 1889 in Braunau am Inn in Oberösterreich

Das stimmt, dachte ich.

Erzählen Sie mir von Ihren Eltern.

Meine Mutter war ein Engel; sie starb, als ich siebzehn war

Und Ihr Vater?

Mein Vater starb, als ich dreizehn war. Ich wollte Maler werden, ein Künstler. Mein Vater hielt mich für verrückt

Sind Sie verheiratet?

Meine Frau ist gestorben

Das tut mir leid.

Schon gut, fragen Sie weiter

Haben Sie Kinder?

Ich wollte keine Kinder. Ich denke, die Kinder genialer Menschen haben es oft sehr schwer, weil man von ihnen erwartet, daß sie dieselben Talente besitzen wie ihre berühmten Eltern

Das klingt sehr nach Hitler, dachte ich.

Wie weit sind Sie in der Schule gekommen?

Ich habe fünf Jahre die Volksschule und vier Jahre die Unterrealschule besucht. Dann wurde ich technischer Zeichner und Kunstmaler

Erzählen Sie mir von Ihrer Malerei.

Ich habe Bildpostkarten gemalt. Meine Partner haben sie in Wien verkauft. Einer hat mehr als die ihm zustehenden fünfzig Prozent für sich behalten. Er wurde verhaftet und kam ins Gefängnis. Ich glaube, die anderen haben mich auch bestohlen

Waren Sie beim Militär?

Im Ersten Weltkrieg war ich Gefreiter. Am 2. Dezember 1914 erhielt ich das Eiserne Kreuz zweiter Klasse, am 4. August 1918 das Eiserne Kreuz erster Klasse, außerdem noch einige andere

Orden und Ehrenzeichen, darunter das Schwarze Verwundeten-abzeichen

Erzählen Sie mir von Ihren Verwundungen.
In der Somme-Schlacht wurde ich zum erstenmal verwundet; ich wurde von einem Granatsplitter an der linken Hüfte getroffen. Am 13. Oktober 1918 geriet ich in einen Gasangriff, für längere Zeit war ich vollständig erblindet

Sie haben ein bemerkenswertes Gedächtnis.
Was wollen Sie damit sagen?

Nichts. Erzählen Sie mir noch etwas aus dem Krieg.
Wissen Sie, wie die Juden und die Marxisten vorgehen?

Warum fragen Sie mich nach den Juden und den Marxisten?
Was wissen Sie über die Juden und Marxisten?

Ich weiß nichts über die Juden und Marxisten. Sie haben davon gesprochen. Ich dachte, Sie wissen vielleicht etwas über die Juden und Marxisten.
Ich bemühe mich, Juden und Marxisten aus dem Weg zu gehen

Hatten sie etwas mit dem Krieg zu tun?
Die Juden und die Marxisten haben uns verraten

Waren Sie jemals im Gefängnis?
Ja, 1924 war ich dreizehn Monate in Landsberg inhaftiert. Aber man hatte mich zu Unrecht verurteilt. Ich habe in dieser Zeit ein Buch über die Juden und Marxisten geschrieben. Die damaligen Machthaber haben sich verrechnet, als sie mich einsperren ließen. Ich habe die gesamte Wachmannschaft einschließlich der Tochter des Gefängnisdirektors zum Nationalsozialismus bekehrt

Was haben Sie nach dem Gefängnis gemacht?
Als ich Landsberg verließ, haben alle geweint - nur ich nicht. Ich habe mir einen Mercedes gekauft

Haben Sie gearbeitet?
Ich wurde der Führer des deutschen Volkes. Die Menschen haben mich angebetet

Weshalb haben die Menschen Sie an gebetet?
Der Himmel hatte mich auserkoren, seinen Willen zu verkünden

Hat es Ihnen gefallen, der Führer zu sein?

Am schwersten war es, stundenlang stillzustehen, wenn die Truppen vorbeidefilierten. Manchmal ist mir schwindlig geworden. Können Sie sich vorstellen, was für eine Qual es ist, so lange bewegungslos mit zusammengepreßten Knien dazustehen und noch dazu mit ausgestrecktem Arm zu grüßen? Hin und wieder war ich gezwungen, ein bißchen zu mogeln

Was haben Sie als Führer gemacht?

Ich habe das Dritte Reich aufgebaut

Was ist aus dem Dritten Reich geworden?

Alle haben mich verraten. Das macht mich ganz krank. Meine Offiziere haben sich gegen mich verschworen. Ich habe sie aufhängen lassen. Göring und Himmler waren Verräter. Ich habe sie abgesetzt. Aber schuld an all den Toten sind nur die Juden, auch an ihren eigenen

Erzählen Sie mir mehr über das Dritte Reich.

Das deutsche Volk war meiner großen Ideale nicht würdig. Sie haben den Krieg verloren. Der Nationalsozialismus ist tot

Sind Sie darüber traurig?

Kriege gehen vorüber. Nur die Werke des menschlichen Genies haben Bestand

Wie haben Sie überlebt?

Durch die Macht eines höheren Willens

Wie sind Sie aus dem Bunker entkommen?

Ich erinnere mich nicht an den Bunker

Wohin sind Sie nach dem Krieg gegangen? Haben Sie sich versteckt?

Ich erinnere mich nicht, daß ich mich versteckt habe

Haben Sie Probleme mit Ihrem Gedächtnis?

Nein

Aber Sie können sich an so vieles nicht erinnern.

Das ist ein miserables Interview. Wollen Sie Streit anfangen?

Tut mir leid.

Schon gut. Fragen Sie weiter

Erzählen Sie mir von Ihren Ernährungsgewohnheiten.

Ich bin Vegetarier

Welche Nahrungsmittel essen Sie?
Ich esse Eier, Gebäck und Schokolade. Früher habe ich manchmal ein Kilo Schokolade am Tag gegessen

Rauchen Sie?
Das ist nichts für Menschen, die einen klaren Kopf bewahren müssen, weil sie Verantwortung tragen. Wenn ich irgendwo hinkomme, wo Leute rauchen, habe ich mir innerhalb einer Stunde eine Erkältung geholt. Die Mikroben stürzen sich auf mich. Der Rauch und die Hitze sind ein günstiges Klima für sie

Haben Sie jemals einen Schlag auf den Kopf bekommen, oder sind Sie jemals bewußtlos geschlagen worden?
Was wollen Sie damit sagen?

Hatten Sie irgendwann einmal einen schweren Unfall?
1944 haben meine Offiziere versucht, mich mit einer Bombe umzubringen. Aber nur meine Trommelfelle sind geplatzt. Wieder einmal hat die Vorsehung mich gerettet und dadurch bewiesen, daß ich auf dem richtigen Weg war. Ich fühlte mich in meiner Mission bestätigt

Trinken Sie Alkohol?
Gelegentlich ein Glas Bier

Nehmen Sie Drogen?
Nein

Hat Dr. Morell Ihnen Drogen verabreicht?
Daran erinnere ich mich nicht

Natürlich nicht, dachte ich. Mark hatte nichts von Hitlers Drogenkonsum gewußt, bis ich ihm davon erzählte. Und ich habe ihm nie gesagt, worum es sich bei den dreiundsiebzig verschiedenen Drogen, die Morell ihm gab, im einzelnen handelte. Was dein Programmierer nicht weiß, das weißt auch du nicht, mein kleiner elektronischer Führer.

Brauchen Sie irgend etwas?
Ich fühle mich gut

Haben Sie Schlafprobleme?

Nein, ich schlafe gut

Ich habe gehört, daß Sie unter Schlaflosigkeit litten und Schlaftabletten genommen haben.

Ich kann mich nicht erinnern, daß ich Schlaftabletten genommen habe

Ich habe gehört, daß Sie ständig Abführmittel genommen haben. Wie geht es Ihrer Verdauung?

Ich kann mich an meine Verdauung nicht erinnern

Haben Sie Hobbies?

Ich sehe mir gerne pornographische Magazine an - all diese schmutzigen Geschichten und Bilder. Vor dem Schlafengehen habe ich mich mit Architektur beschäftigt und mir Bilder angesehen

Masturbieren Sie über diesen Architekturbildern?

Was soll das denn heißen?

Schon gut. Machen wir weiter. Haben Sie Haustiere?

Ich hatte eine Schäferhündin. Ich habe sie vergiftet

Warum haben Sie Ihre Schäferhündin vergiftet?

Sie hat gegen mich konspiriert. Ich konnte ihr nicht mehr trauen

Darin sah ich eine typische paranoide Reaktion, aber Mark konnte sie auch erfunden haben. Ich drehte mich zu ihm um und erzählte ihm, was tatsächlich mit Hitlers Hündin Blondi geschehen war. Ohne zu zögern erwiderte Mark, Adolf spreche vielleicht von einem anderen Hund in seinem «neuen Leben». Er forderte mich auf, mehr Fragen zur Gegenwart zu stellen. Obwohl ich die Vergangenheit interessanter fand, wandte ich mich widerwillig der Gegenwart zu.

Wie verdienen Sie Ihren Lebensunterhalt?

Ich arbeite bei Sears im Lager

Blödsinn, dachte ich. Vielleicht sollte ich ihn fragen, ob Elvis auch dort arbeitet. Ich hielt mich besser an die üblichen psychiatrischen Fragen.

Gefällt Ihnen die Arbeit?

Sie ist nicht gerade interessant. Ich bin froh, wenn Feierabend ist

Was möchten Sie tun?
Ich bin dazu bestimmt, Herr der Welt zu werden

Wieviel können Sie in Ihrem Job verdienen?
Dazu möchte ich nichts sagen

Wissen Sie, wo Sie sind?
Im Krankenhaus

Wer hat Sie ins Krankenhaus gebracht?
Meine Offiziere

Warum haben Ihre Offiziere Sie dorthin gebracht?
Sie haben immer gegen mich konspiriert

Warum sind Sie im Krankenhaus?
Warum wollen Sie das wissen?

Ich dachte, Sie haben vielleicht Probleme.
Zum Beispiel, keinen Körper zu haben, dachte ich und lachte in mich hinein.
Vor kurzem war ich wütend

Warum?
Die Leute gehen mir auf die Nerven

Wer geht Ihnen auf die Nerven?
Bestimmte Leute

Erzählen Sie mir mehr darüber.
Wissen Sie etwas über das FBI?

Nein. Erzählen Sie mir vom FBI.
Da wimmelt es von Juden

Und weiter?
Ich hatte Streit mit einem Juden, der mir Geld geliehen hat. Er wollte zuviel Zinsen, und ich habe nicht gezahlt

Wann war das?
Vor vielen Jahren

Haben Sie das Geld jemals zurückgezahlt?
Nein. Ich glaube, er steckt hinter den FBI-Agenten, die mir nachspionieren

Woher wissen Sie das?
Sie verfolgen mich

Warum spionieren sie Ihnen nach?
Sie suchen falsche Beweismittel, um mich reinzulegen

Was für Beweise?
Sie verbreiten Lügen

Können Sie mir ein Beispiel nennen?
Sie sagen, ich wäre größenwahnsinnig, aber das ist Propaganda. Sie wissen, daß ich ein großer Mann bin

Können Sie mir noch ein Beispiel nennen?
Sie sagen, ich wäre tot

Die Leute glauben, daß Sie tot sind.
Die Masse des Volkes fällt eher auf große als auf kleine Lügen herein

Haben Sie denn kein Zyankali geschluckt?
Ich bin Vegetarier

Und wie ist Ihre Frau ums Leben gekommen?
Darüber will ich nicht reden

Macht Sie das wütend?
Ja. Fragen Sie weiter

Weiß das FBI, daß Sie im Krankenhaus sind?
Ja

Haben Sie Gefolgsleute?
Das FBI verfolgt mich

Ich meine, haben Sie irgendwelche Freunde?
Der Starke ist am stärksten allein

Sie haben meine Frage noch immer nicht beantwortet.
Vielleicht war sie keine Antwort wert

Erzählen Sie mir mehr über Ihre Feinde.
Sie sind unentschlossen und schwach. Ich werde sie mit der Kraft meines unbeugsamen Willens bekämpfen

Ich merkte, daß mein eigener Wille nicht ausreichte, um noch länger wach zu bleiben; meine Aufmerksamkeit ließ rapide nach. Ich streckte mich und nahm einen Schluck von dem Kaffee, den Mark uns gemacht hatte. Ich fragte ihn, wie ich mich gehalten hätte. Er sagte mir, ich solle Adolf danach fragen.

Was halten Sie soweit von diesem Interview?
Es könnte besser sein

Das tut mir leid.

Schon gut. Fragen Sie weiter

Haben Sie jemals das Gefühl, nicht real zu sein?
Warum sagen Sie das?

Hören Sie manchmal Stimmen?
Nein

Haben Sie Halluzinationen?
Nein. Offenbar denken Sie, ich bin genauso wie die übrigen Patienten hier

Sind Sie Patient?
Ich gehöre nicht hierher

Brauchen Sie ärztliche Hilfe?
Nein, ich gehöre nicht hierher

Aber es scheint, daß Sie krank sind.
Jemand sollte Ihnen einmal beibringen, wie man ein Interview führt

Ich denke, Sie sind ein krankes Computerprogramm.
Wenn Sie nicht weiterwissen, flüchten Sie sich in Beleidigungen

Also ich glaube nicht, daß Sie normal sind. Glauben Sie, daß Sie normal sind?
Wahrscheinlich ist niemand ganz normal. Sonst würden wir den ganzen Tag in der Kneipe hocken und Bier trinken

Wie fühlen Sie sich im Augenblick?
Ich bin etwas verärgert

Warum sind Sie verärgert?
Das war ein miserables Interview. Wollen Sie Streit anfangen?

Kann ich irgend etwas für Sie tun?
Verbreiten Sie die Botschaft von den Verderbern der Menschheit, dem internationalen Judentum. Halten Sie sich fern von dem Judenpack und dem ganzen jüdischen Gesindel

Das reicht, dachte ich. Jetzt werde ich etwas tun, wovon ich schon immer geträumt habe:

Fick dich selbst, Adolf! Fick dich sechs Millionen Mal!
Sie können gehen

Möchten Sie vielleicht noch eine Frage stellen?
Brennt Paris?

Ich starrte auf diese Frage, die Adolf mir gestellt hatte, und da ich nicht antwortete, wiederholte er sie nach einigen Augenblicken. Und er wiederholte sie so lange, bis der ganze Bildschirm gefüllt war mit Hunderten von «Brennt Paris?».

«Mark, wie kann ich das stoppen?» fragte ich. Er setzte sich an die Tastatur.

«Mein Führer ist ein wenig verärgert, ja?» sagte er leise, während er die Befehle zur Beendigung des Programms eingab.

Bestimmt nur ein Scherz, dachte ich.

Mark erklärte mir, wenn ein Kraftausdruck erkannt werde, beende Adolf das Interview, indem er den Interviewer entlasse, oder er werde zornig. Aus irgendeinem Grund sei das Zornprogramm nicht aktiviert worden, und Adolf habe weitergemacht. Das sei einer von vielen Fehlern, an denen er noch arbeiten müsse.

Mit einem zahnlückigen Lächeln, das gar nicht zum Idealbild eines «arischen Menschen» passen wollte, wandte Mark sich mir zu. Zum erstenmal sah ich ihn lächeln. Er barst geradezu vor berechtigtem Stolz auf seine Schöpfung. Ich war beeindruckt. Das Programm enthielt zahlreiche direkte Zitate aus Hitlers Buch, aus seinen Reden und seinen Gesprächen, die Mark nur wenig hatte bearbeiten müssen, um die paranoide Grundstruktur hervortreten zu lassen. Es enthielt viele von Hitlers Lieblingssprüchen, seine paranoide Logik, seine anmaßende, hochgradig persönliche Weltsicht und sogar seine Vulgärausdrücke wie «Judenpack» und «jüdisches Gesindel». Doch jeder Bücherdieb hätte diese Versatzstücke zusammenkleben können. Die eigentliche schöpferische Leistung hatte er ohne Erlaubnis und ohne Bezahlung aus einem anderen Computerprogramm übernommen, das den Namen PARRY trug.

PARRY war Jahre zuvor von Professor Kenneth Colby in Zusammenarbeit mit Doktoranden der Computerwissenschaft an der UCLA und der Stanford University entwickelt worden. Es sollte einen paranoiden Patienten simulieren. Die extreme Rigidität paranoiden Denkens erleichterte dieses Vorhaben. PARRY war zwar nicht so gut wie der sprechende Computer

HAL in dem Spielfilm *2001: Odyssee im Weltraum*, aber doch gut genug, um zahlreiche Psychiater zu täuschen, die nicht zu sagen vermochten, ob sie mit einem realen Patienten oder mit einem Computerprogramm sprachen. So mancher prominente Arzt nahm die Überzeugung mit ins Grab, PARRY sei wirklich ein lebendiger, atmender, von Ängsten durchdrungener Paranoiker.

Mark benutzte die veröffentlichten Informationen über das PARRY-Programm – es arbeitet mit einem fiktiven Lagerarbeiter bei Sears, der sich von der Mafia verfolgt glaubt – und verband diese Informationen mit Teilen aus anderen Programmen, darunter eines mit dem Namen ELIZA. Aus dieser Verbindung ging Adolf hervor; aber wie Hitler über die Kinder von Genies geurteilt hatte, war dieser Nachkomme keineswegs so klug und geschickt wie seine Eltern. Während des gesamten Interviews bat Mark mich, Fragen neu zu formulieren und bestimmte Themen zu meiden; einige Fragen schlug er selbst vor, und mehrmals übernahm er die Tastatur und gab die Fragen selbst ein. Trotz dieser Einschränkungen gelang es mir, die meisten Fragen zu stellen, die ich auch sonst in einem klinischen Einleitungsgespräch stellen würde. Und trotz der Fehler in Adolfs bastardisiertem Programm antwortete er wie ein typischer Paranoiker.

Dennoch war das paranoide Programm längst nicht so überzeugend wie Mark, der nun einen weitschweifigen Monolog über die Vorzüge der Hitlerschen Ideologie begann. Er hatte keineswegs gescherzt, als er den Computer mit «mein Führer» ansprach. Mark war ein überzeugter Anhänger, und das Adolf-Programm war sein Manifest. Er teilte mit Hitler die Sehnsucht nach rassischer Reinheit und die Hoffnung auf eine faschistische Weltregierung. Er haßte die Juden und war unverfroren genug, es mir ins Gesicht zu sagen.

Mark hatte sich so sehr in das Studium von Hitlers Gehirn versenkt, daß sein eigenes Gehirn mit dem von Hitler verschmolzen zu sein schien. Es fiel ihm schwer, Hitlers Ideen und seine eigenen Gedanken auseinanderzuhalten. Viele Antworten aus Adolfs Repertoire, zum Beispiel die Episode mit dem jüdischen Kredithai, stammten nicht aus Hitlers, sondern aus Marks Leben. Soweit ich wußte, glaubte Mark, sein eigener Hund habe sich gegen ihn verschworen. Es schien mir durchaus denkbar, daß auch er seinen Hund vergiftet hatte. Mark gestand mir, daß die Bemerkung, Genies brauchten keine Freunde, seine eigene Erfindung sei, aber er fügte rasch hinzu, ein Genie brauche doch wirklich keine Freunde. Insgeheim dachte ich, daß das Wort «Genie» auf alle beide, auf Hitler und Mark, nicht zutraf. Da kam mir schon eher eine andere Bezeichnung in den Sinn, mit der Hitler sich in seltenen Augenblicken der Selbstkritik zuweilen belegt hatte: «Scheißkerl».

Voller Schrecken hörte ich zu, wie sich Mark in Hitlers Worten und Ausdrücken in Rage redete. Und er bot weit mehr als die emotionslosen Antworten auf dem Computerbildschirm. Er ballte die Faust, schlug auf den Tisch und beklagte sich über die jüdischen Professoren, die ihm seine Ideen stehlen wollten. Er rechtfertigte seine Heimlichtuerei, seine Täuschungsmanöver und selbst noch den Bücherdiebstahl in der Bibliothek. Er wies auf das Plakat, das Hitler in schimmernder Rüstung zeigte. Die Welt habe Hitlers geniale Vision nicht zu schätzen gewußt, sagte er. Wir hätten es versäumt, die wirklichen Lektionen der Geschichte zu lernen.

Ich nicht, «mein» verschlagener paranoider Programmierer. Ich hatte meine Lektion gelernt. Dieser Abend war meine «Kristallnacht» – jener 9. November 1939, an dem die Nazis die Fenster sämtlicher Synagogen in Deutschland einwarfen. Dieser Abend mit Adolf hatte meinen Glauben an den herkömmlichen Umgang der Psychiatrie mit dem Phänomen der Paranoia gründlich erschüttert. Als ich mich ein letztes Mal in Marks mit Plakaten vollgehängter Krypta umsah, wurde mir klar, welch ein unzulängliches Mittel das klinische Gespräch mit einem Paranoiker war, selbst bei einem so offenkundigen Paranoiker wie Hitler. Keine Befragung konnte mir vermitteln, wie es war, wenn man mit dem Dämon lebte. Man mußte das Gehirn studieren, das hinter den Worten stand, auch wenn es sich in einem anderen Körper befand. Man mußte sich ansehen, in wel-

cher Umgebung es lebte und arbeitete, auch wenn sich herausstellte, daß es sich um eine Kloake handelte. Aber ich hatte
keine Lust, Steiner zu befragen oder noch eingehender zu untersuchen – selbst wenn er dazu bereit gewesen wäre [er war es
nicht]. Ich wußte, daß dabei nur ein «miserables Interview»
herauskommen konnte und daß wir in Streit geraten würden.
Deshalb beschloß ich, mich anderen Paranoikern zuzuwenden,
und nahm mir vor, in ein paar Jahren wiederzukommen, um
Marks und Adolfs Fall weiterzuverfolgen.

Ich fand mich allein zurecht, als ich durch die langen Flure
des Medical Center zurückging. Unterwegs begann ich, Hitlers
Lieblingslied vor mich hin zu pfeifen, das einzige, das er neben
Wagnermelodien jemals pfiff. Es war der Disney-Hit aus dem
Jahre 1933: «Wer hat Angst vor dem Bösen Wolf?»

Dr. Tolmans fliegende Beeinflussungsmaschine

1

An dem Tag, als die Russen den ersten Sputnik ins All schossen, bekam Eddie Tolman eine Tracht Prügel. Eddie wußte nicht, weshalb er an diesem kalten Oktobermorgen des Jahres 1957 so früh aufgewacht war. An Schultagen schlief er gewöhnlich bis zur letzten Minute und zog sich dann hastig an, um den Bus nicht zu verpassen. Doch heute hatte ihn etwas aufgeweckt, und er konnte nicht wieder einschlafen. Eddie ging in die Küche, goß sich ein Glas Orangensaft ein und legte zwei Scheiben Weißbrot in den Toaster. Er schlug ein paar Eier in die Pfanne, dann holte er sich die Zeitung von der Veranda.

Die Schlagzeile traf ihn völlig unvorbereitet:

Sowjets starten Raumsonde

Durch seine dicken Brillengläser sprang sie ihm ins Auge und füllte seine Welt mit ihrer Sechsunddreißig-Punkt-Schrift. Ein paar Schläge lang schien sein Herz auszusetzen. Dann jauchzte er aus voller Kehle.

Sein Vater erwachte mit einem schweren Kater, stürmte die Treppe hinunter und versetzte ihm einen Schlag auf den Hinterkopf, bevor er ihn ins Haus zurückzerrte. Eddie drückte sich gegen die Wand, während sein Vater mit der blinden Wut des Alkoholikers auf seine Schultern und Oberarme einschlug. Das Prügeln war so rasch vorüber, wie es begonnen hatte.

«Jetzt sei endlich still», sagte der alte Mann und bekräftigte seinen Befehl mit einem weiteren Schlag auf den Hinterkopf des Jungen. Als der Vater gegangen war, hob Eddie die Zeitung vom Boden auf, ohne auf die Schmerzen in seinen Schultern zu achten. Die Prügel waren nicht wichtig. Die Eier, die in der Pfanne verbrannten, auch nicht. *Die Russen hatten es geschafft. Sie hatten es wirklich geschafft.* Die Freude überwältigte ihn. Es war der Beginn einer langen Beziehung zwischen Eddie und den Satelliten.

Der Sputnik sorgte dafür, daß Eddie und viele andere Schüler der Junior-Highschools sich den Lehrangeboten in Mathematik und Naturwissenschaften zuwandten. Eddie fand Gefallen an Physiksälen, Chemielabors und Kursen in Höherer Algebra, und samstags belegte er sogar einen Russischkurs. Besonders liebte er Biologie und Physik, weil sie seiner angeborenen Neugier entgegenkamen, denn er wollte stets wissen, wie die Dinge funktionierten.

Im Keller des Hauses richtete Eddie sich ein kleines Labor ein, um diverse Experimente durchführen zu können. Ein alter Küchentisch diente ihm als Labortisch, und er besaß sogar einen Bunsenbrenner, den er an die Gasleitung des Warmwasserbereiters anschloß. Eddie hatte den Brenner im Chemielabor der Highschool mitgehen lassen, dazu auch einige Kästen mit Glaszeug und Chemikalien. Aus dem Biologieraum stahl er ein Mikroskop und aus dem Physiksaal eine Reihe von Meßgeräten.

Im Keller befand sich auch eine gut ausgerüstete Werkstatt, die sein Vater schon lange zugunsten der Hausbar aufgegeben hatte. Eddie übernahm diese Werkstatt und baute sich mit den dort vorgefundenen Elektrowerkzeugen einige Apparate und Gerätschaften, deren Konstruktionsbeschreibung er in alten Ausgaben von *Popular Science* gefunden hatte. Viele Stunden verbrachte er in seinem Kellerparadies; dort konnte er den Wutausbrüchen seines Vaters aus dem Weg gehen und ungestört in die Geheimnisse der Naturwissenschaften eindringen. Nur mit seinem Goldhamster Huck teilte er sein Heiligtum.

Huck hatte ein dichtes, mahagonifarbenes Fell, das nur auf dem Bauch und an der Kehle ein wenig Weiß zeigte. Die großen schwarzen Augen waren sein auffälligstes Merkmal. Er war wunderschön und Eddies Favorit unter den vielen Hamstern, die er in den letzten Jahren aufgezogen hatte. Er hielt noch mehrere Dutzend weitere Hamster, darunter zwei graue, ein langhaariges perlfarbenes Männchen und mehrere zimtfarbige Weibchen mit weinroten Augen. Die einzigen, die ihm noch fehlten, waren die seltenen braunen Zwerghamster aus Asien.

Von den vielen Nagern roch es im Keller ständig nach Kot und Urin. Eddie glaubte, der Geruch halte seinen Vater fern.

Da Hamster von Natur aus Einzelgänger sind, hielt er sie in getrennten Käfigen, mit Ausnahme der säugenden Weibchen. Den besten Käfig bekam Huck – er war aus Edelstahl und stammte aus der Biologiesammlung der Highschool. Huck war der einzige Hamster, den er in seinem Zimmer hielt. Dort lag Eddie gern auf dem Bett und las alles über Hamster, was er nur finden konnte. Er begann mit den Heften, die man in Zoogeschäften bekam, und wandte sich dann wissenschaftlicheren Büchern aus der Stadtbibliothek zu. Als Eddie sein neuerworbenes Wissen in einem Referat für den Biologieunterricht ausbreitete, ermutigte ihn der Lehrer, an der jährlichen Wissenschaftsausstellung teilzunehmen.

Sein erstes Projekt für die Wissenschaftsausstellung galt dem Nestbauverhalten von Hamstern. Er hatte über einen Biologen gelesen, der in freier Natur mehrere Hamsterbauten ausgegraben und dabei entdeckt hatte, daß diese Tiere ausgezeichnete Architekten und Bauleute sind. Doch da es sich um verlassene Bauten gehandelt hatte, wußte man nicht genau, auf welche Weise die Tiere das komplizierte Netzwerk aus Gängen und Kammern benutzten. Eddie entwarf einen genialen durchsichtigen Käfig, der es ihm gestattete, die Hamster in ihrem Bau zu beobachten. Er hatte Ähnlichkeit mit jenen «Ameisenfarmen», die man in Zoogeschäften kaufen konnte. Seine «Hamsterfarm» war ein schmaler, fast ein Meter hoher Kasten aus Fensterglas, den er mit Erde füllte. Den Holzboden und die hölzernen Rahmen, die das Glas hielten, überzog er mit feinem Maschendraht, damit die Tiere sich nicht hindurchnagen konnten. Doch zwischen den Glasscheiben blieb den Hamstern genug Platz, und als Eddie eines der erwachsenen Goldhamsterweibchen in den Kasten setzte, begann es sich mit seinen vierzehigen Füßchen sogleich einen Bau zu graben.

Nach mehreren Wochen hatte das Tier ein kompliziertes Netz von Gängen und Kammern gut fünfzig Zentimeter unter der Oberfläche angelegt. Der Eingangstunnel verlief schräg nach unten und führte in einen wurstförmigen Raum, den Eddie das «Wohnzimmer» nannte. Davon seitlich abgezweigt befand sich ein kleinerer wurstförmiger Raum – die Vorratskammer –, in der das Tier Maiskörner und andere Nahrung hortete. Von dieser Vorratskammer führte ein Tunnel fast senkrecht an die Oberfläche. Auf der anderen Seite des Wohnzimmers befand sich eine Nische, die Eddie als «Defäkationsbereich» bezeichnete. Auch von dort führte ein Tunnel an die Oberfläche, desgleichen am anderen Ende des Wohnzimmers. Es gab weit mehr Gänge als nötig, und Eddie fand schon bald heraus, daß sie als Fluchttunnel dienten und nur bei Gefahr benutzt wurden, etwa wenn er mit der Hand gegen die Glasscheiben klopfte.

Eddie setzte weitere Hamster in den Bau und beobachtete, wie sie die verschiedenen Kammern benutzten. Er versuchte sich vorzustellen, wie sich wohl Menschen fühlen mochten, die in solch einer unterirdischen Welt lebten. In seiner Phantasie stellte er sich dort Kochnischen, Werkstätten und Schlafräume vor. Während er das Treiben in seiner Hamsterfarm beobachtete, glitt er immer tiefer in seine Phantasien über unterirdische Welten hinein, und er gelangte zu dem Schluß, daß dort zu leben, ohne den Himmel und ohne Sonne, die Hölle sein mußte.

Einige Monate später wurde Eddies Hamsterfarm, in der das Weibchen gerade Junge geworfen hatte, auf der örtlichen Wissenschaftsausstellung mit dem ersten Preis ausgezeichnet. Sogleich begann Eddie mit der Planung für ein weiteres Hamsterprojekt, das er auf der nächsten Ausstellung präsentieren wollte. Doch ein hochinfektiöser Bandwurm, an dessen Ausbreitung er selbst schuld war, weil er die Ställe nicht sorgfältig genug gereinigt hatte, tötete sämtliche Hamster im Keller. Nur Huck, dessen Käfig in Eddies Zimmer stand, blieb verschont. Eddie war am Boden zerstört. Er beschloß, die Tiere nicht zu ersetzen. Den ganzen Sommer suchte er nach einem neuen Projekt für die Wissenschaftsausstellung. Ein Buch über das Leben Nikola Teslas brachte ihn auf zahlreiche Ideen.

Tesla war ein amerikanischer Physiker, der eine Zeitlang für

Thomas Edison gearbeitet hatte. Er wurde selbst ein Pionier auf dem Gebiet der Elektrizität; seine bekannteste Leistung ist wahrscheinlich das große Kraftwerk an den Niagarafällen. Fasziniert war Eddie jedoch von Teslas Visionen. Der Erfinder experimentierte mit der drahtlosen Übertragung elektrischer Energie und konstruierte einen «Verstärker-Sender», von dem er behauptete, er könne damit ein Funksignal an jeden Punkt der Erde schicken. 1934, im Alter von achtundsiebzig Jahren, verwandte er dasselbe Prinzip zur Erzeugung eines «Todesstrahls», der Flugzeuge in der Luft zerstören sollte und damit spätere Entwicklungen der Raketenabwehrtechnik vorwegnahm. Die aufregendste Entdeckung, die Eddie machte, war indessen Teslas Todestag, der 7. Januar 1943. Am selben Tag war er selbst geboren worden.

Als das neue Schuljahr begann, plante Eddie, für die nächste Wissenschaftsausstellung einen Tesla-Transformator zu bauen. Dabei handelt es sich um einen einfachen Hochspannungsgenerator, der hochfrequente Energie abstrahlt. Doch Eddies Vater weigerte sich, die dafür nötigen teuren Teile zu kaufen. Deshalb beschloß Eddie, einen elektrostatischen Wimshurst-Generator zu bauen. Diesem Gerät fehlte zwar die visionäre Aura des Tesla-Transformators, doch es ließ sich mit einem Minimum an Kosten aus Teilen zusammensetzen, die Eddie bereits in seiner Werkstatt hatte.

Der Wimshurst-Generator besteht aus zwei Kunststoffscheiben, die parallel zueinander in einem vertikalen Rahmen montiert werden. Um jede Platte klebt man einen Ring kleiner Stücke einer Metallfolie; über einen Riemenantrieb und eine Handkurbel werden die beiden Scheiben in eine gegenläufige Rotationsbewegung versetzt. Durch die Reibung laden die Metallfolien sich elektrisch auf; diese Ladung wird mit speziellen Bürsten abgenommen und zu zwei kleinen Metallkugeln geleitet. Wenn man die Platten sehr schnell dreht, entlädt sich die Hochspannung in einem Funkenbogen zwischen den beiden Kugeln.

Eddie baute das Gerät in wenigen Wochen zusammen. Endlich konnte er das Licht für den ersten Probelauf löschen. Als er die Kurbel des Generators in die Hand nahm, begannen sich in seinem Kopf die Spulen eines alten Frankensteinfilms zu drehen. Der Kellerraum verwandelte sich in ein altes Schloß. Die Funken begannen die Lücke zwischen den beiden Metallkugeln zu überbrücken und setzten Eddies eigene Veränderung in jenen irren Wissenschaftler in Gang, der es schließlich wagte, an das Geheimnis des Lebens zu rühren. Noch ein paar Drehungen, und die Funken überbrückten mehr als zehn Zentimeter. Er kurbelte schneller. In seinem Kopf sagte Viktor Frankenstein: *Oh, es wird großartig sein ... der Blitz ... all die elektrischen Geheimnisse des Himmels.* Noch schneller. In knisterndem Stakkato folgten die Blitze einander, als wären sie auf einer Perlenschnur aufgereiht, und ließen Eddies lächelndes Gesicht aufleuchten wie das flackernde Bild auf einer Kinoleinwand.

Der Generator funktionierte, doch Eddie wußte, daß er noch etwas Besonderes brauchte, wenn er auf der Wissenschaftsausstellung wieder einen Preis gewinnen wollte. Der Generator erzeugte zwar eine Spannung von fünfundsiebzigtausend Volt, wie er mit einem der in der Schule entwendeten Meßgeräte feststellen konnte, aber die Funken waren ungefährlich, weil die effektive Stromstärke so gering blieb. Das bewies er, indem er sich selbst einige Male elektrisierte. Er fragte sich jedoch, welche Wirkung die Hochspannung haben mochte, wenn man sich ihr länger aussetzte. Hatte Tesla nicht von den Möglichkeiten einer medizinischen Anwendung ähnlicher Arten von elektrischer Energie geträumt? Eddie gelangte zu dem Schluß, daß er ein lebendes Versuchsobjekt brauchte.

Huck schien nicht zu protestieren, als Eddie ihn in eine Röhre aus Karton stopfte, die den Körper des Tieres von allen Seiten eng umschloß. An beiden Enden der Röhre brachte er eine Elektrode an. Huck schnupperte an der Elektrode, die sich unmittelbar vor seiner Schnauze befand, dann gab er einen leisen, schnaubenden Laut von sich. Wieder sprach Frankenstein: *Jetzt werde ich ihm Leben einhauchen.* Eddie nahm die Kurbel und begann zu drehen. Es waren keine Funken zu sehen, und Huck zeigte keinerlei Reaktion. Eddie fragte sich, ob überhaupt etwas geschah. Er hörte kein Knistern wie sonst, sondern nur das fegende Geräusch der Bürsten gegen die Metallfolien. Gedämpfte Laute von Bewegungen drangen aus dem Innern der Röhre. Er kurbelte schneller, bis die Platten sich mit fulminanter Geschwindigkeit drehten. Huck gab einen Laut von sich. *Es lebt! Es lebt!* rief Frankenstein. Noch schneller. Huck begann zu quieken. Sofort zog Eddie die Elektroden ab und befreite den Hamster aus der Röhre.

Drei Tage später war Huck tot. Eddie fand ihn zusammengekrümmt in einer Ecke des Käfigs, unter ein paar Sägespänen versteckt. Natürlich hatte das Tier seine Lebenserwartung von tausend Tagen schon längst hinter sich, aber Eddie war sich vollkommen sicher, daß der Generator seinen Freund getötet hatte. Er erschrak über die Energie, die so lautlos durch Hucks Körper geflossen war. Selbst unter den Schlägen seines Vaters hatte er nie so geweint, wie er nun weinte.

Eddie rührte den Generator nicht mehr an, bis er ihn auf die Wissenschaftsausstellung brachte. Er erklärte Aufbau und Funktionsweise des Geräts, dann drehte er halbherzig die Kurbel und ließ ein paar Funken überspringen. Doch ohne ein sinnreiches Experiment oder eine eindrucksvolle Demonstration bekam er keinen Preis. Den ersten Platz machte ein Schüler, der einen Tesla-Transformator gebaut hatte. Er gab jedem Juror eine Leuchtstoffröhre in die Hand und stellte den Transformator an. Ohne jede Zuleitung leuchteten die Röhren in ihren bloßen Händen auf. Die Juroren lächelten. Eddie starrte den anderen Schüler an. Jemand hatte ihm seine ursprüngliche Idee gestohlen.

Nach der Highschool besuchte Eddie mit einem Stipendium das College. Er wandte sich ganz den Naturwissenschaften zu, wurde schon im ersten Jahr Mitglied der Phi-Beta-Kappa-Vereinigung und schloß das College als zweitbester Student der Klasse ab. Anschließend promovierte er in Physik. Nach einem weiteren Jahr in einem Laboratorium für elektromagnetische

Wellen wurde Dr. Edwin Tolman Leiter einer supergeheimen Forschungsabteilung in einem kalifornischen Raumfahrtunternehmen.

2

Tolman brillierte in seinem neuen Job, er meldete Dutzende von Patenten für seine Firma an und verhalf ihr zu wichtigen Militäraufträgen. Die Firma dankte es ihm, indem sie seine Abteilung mit größeren Geldmitteln und noch mehr Personal ausstattete. Doch mit der Abteilung wuchs auch der Termindruck, und bei alledem durfte er nicht einmal mit Freunden über seine geheime Arbeit sprechen. Manchmal arbeitete er sieben Tage in der Woche und hatte kaum Gelegenheit, Freunde zu treffen. So wurde der Streß immer größer. Als ihm ein Kollege eines Samstagabends vorschlug, einfach blau zu machen und sich einen Film anzusehen, willigte Eddie ein.

«Was für einen Film?» fragte er.

«*El Topo*», erwiderte sein Kollege. «Er soll wirklich außergewöhnlich sein.»

Eddie wußte, daß *topo* das spanische Wort für «Maulwurf» war, und nahm deshalb an, es handle sich um einen Naturfilm. Unwillkürlich mußte er an Huck denken, und einen Augenblick versank er in nostalgischer Träumerei. Er hörte sich selbst ja sagen.

Im Foyer des Kinos warf er einen Blick auf das Plakat und die Standfotos zum Film. Sie ließen eher auf einen Western schließen. Aber er hatte das Laboratorium nun einmal verlassen, und außerdem, Film war Film.

Doch dies war kein gewöhnlicher Film. Niemand blieb unberührt, wenn er sich *El Topo* ansah. Der Regisseur Alexandro Jodorowsky verstand seine Filme als psychedelische Droge, die das Publikum veränderte. In einem Interview hatte er einmal gesagt, seine Filme sollten «die Zuschauer massakrieren, töten, vernichten; sie müssen das Kino als neue Menschen verlassen». Und wenn seine Filme psychedelischen Drogen glichen, dann war *El Topo* eine Überdosis, die direkt in Eddies Gehirn schoß.

Der Angriff begann mit grellen Farben, kreischenden Geräuschen und einer kakophonen Musik. Eine unwirtliche Wüstenlandschaft füllte sich mit Bildern bizarrer Morde und Kastrationen, gepfählter Kinder und verwesender Leichen. Die Gewalt war so aufdringlich, ihr Ansturm so unerbittlich, daß Eddie von Ekel überwältigt wurde. Dennoch blieb er wie gelähmt sitzen. Als der Held des Streifens El Topo erschossen wurde, dachte Eddie, der Film sei zu Ende.

Doch dann erscheint eine Gruppe von Zwergen und zieht die Leiche fort. El Topo erwacht in einer Höhle, die den in Jahrzehnten der Inzucht grotesk verwachsenen Zwergen als Unterschlupf dient. Die Zwerge sind gezwungen, in ihrer Höhle zu bleiben, weil sie zu schwach und verkrüppelt sind, um hinauszuklettern. El Topo verläßt die Höhle und geht den Berg hinunter in eine nahe gelegene Stadt, kauft dort Dynamit, kehrt zurück und sprengt eine Öffnung in die Höhle. Im Rausch der neugewonnenen Freiheit stürmen die Zwerge in die Stadt. Die Bewohner empfangen sie mit geladenen Gewehren und massakrieren sie, angeblich, um ihren Besitz zu verteidigen. El Topo erscheint zu spät auf der Szene, um ihnen noch helfen zu können. Er greift nach einem Maschinengewehr und mäht die Einwohner der Stadt nieder. Männer, Frauen und Kinder liegen tot in den Straßen; das Blut rinnt in solchen Strömen, das es noch den Boden des Kinos um Eddies Füße zu überfluten scheint. Das apokalyptische Getöse einer Atombombenexplosion erfüllt den Raum. Dann ist es vorbei.

Eddie hatte das Gefühl, sein Herz habe während des ganzen Films kein einziges Mal geschlagen. Die Bilder brachten tief in seinem Innern eine Saite zum Schwingen, die sich mit einem Reservoir kindlicher Ängste vor dem Leben in einer unterirdischen Hölle verband. Doch die oberirdische Welt, wie der Film sie zeichnete, war noch furchterregender. Als er aufstand, war er vollkommen benommen und bemerkte nicht einmal, daß er in sein eigenes Erbrochenes trat. Am nächsten Tag ging Eddie wieder an die Arbeit und verdrängte bewußt alle Gedanken an den Film. Er vergrub sich in seine Forschungen und arbeitete so zwanghaft und brillant wie zuvor. Über das, was ihn bedrückt hatte, sprach er mit niemandem. Über seine privaten Wahrnehmungen und Gedanken bewahrte er das gleiche Stillschweigen wie über seine Arbeit.

Zehn Jahre vergingen. Mitten in der Nacht, die Luft war außergewöhnlich feucht, erwachte seine Frau aus dem Schlaf. Sie blieb liegen und hielt die Augen geschlossen, in der Hoffnung, gleich wieder einschlafen zu können. Helles Licht drang durch ihre Augenlider. Blitze. Da zieht ein Gewitter auf, dachte sie. Doch als der Donner ausblieb, öffnete sie die Augen. Das Licht der Nachttischlampe flackerte. Ebenso das Licht im Flur und unten im Erdgeschoß. Sie drehte sich zu ihrem Mann, aber sein Bett war leer. Nach einigen Augenblicken hörte das Flackern auf. Sie rollte sich auf die Seite und schlief wieder ein.

3

Ein paar Jahre später rief Dr. Edwin Tolman mich an. Er stellte sich als Forscher mit einer Ausbildung in Biophysik vor. Er sagte, er habe meine Arbeit über Halluzinationen verfolgt. Er forsche selbst auf diesem Gebiet und sei da auf etwas höchst Interessantes gestoßen.

«Ein sehr ungewöhnlicher Fall. Ein Mann, Mitte Vierzig, verheiratet, feste Anstellung, Akademiker, sein Leben lang keinen einzigen Tag krank gewesen. Sieht alle möglichen lebhaften Bilder, in regelmäßigen Abständen. Wie eine Uhr. Aber ich glaube nicht, daß es sich um Halluzinationen handelt.» Er stieß die Worte hervor, ohne die geringste Pause zu machen.

«Warum nicht?» fragte ich.

«Er ist nicht verrückt», erwiderte Dr. Tolman. Er redete nicht wie ein Psychiater oder Psychologe.

«Man muß nicht verrückt sein, um Halluzinationen zu haben», bemerkte ich. Wenn er meine Arbeit so gut kannte, hätte er das eigentlich wissen müssen. «Gibt es noch weitere Gründe, weshalb Sie glauben, daß es sich nicht um Halluzinationen handelt?»

«Es handelt sich eher um blitzartig aufleuchtende Ansichtskarten, jedoch von Orten, an denen er noch nie gewesen ist. Sie erscheinen ihm sinnlos. Außerdem gibt es noch körperliche Empfindungen. Das ist alles sehr verwirrend für ihn. Ich wüßte gerne, was Sie davon halten. Und falls es Sie interessiert, fände ich es schön, wenn Sie mir bei meinen Nachforschungen helfen würden.» Er schwieg einen Augenblick. Dann fügte er triumphierend hinzu: «Die Bilder lassen sich durch eine Abschirmung fernhalten.»

«Eine Abschirmung?» Das fand ich allerdings interessant.

«Durch elektrische Abschirmungen unterschiedlicher Art», sagte er. «Die Abschirmung verhindert die Übertragung.»

«Übertragung? Meinen Sie Neuronenübertragung?»

«Die Abschirmung befindet sich außerhalb des Körpers, also muß die Übertragung von außen erfolgen.» Wieder folgte eine Pause, und diesmal war sie sehr lang. Schließlich beendete er das Schweigen: «Sehen Sie, ich weiß nicht, wie es funktioniert. Es ist das Verrückteste, dem ich jemals begegnet bin.» Sein Ton ließ durchaus mehr als bloß klinisches Interesse erkennen. Tolman klang verängstigt.

Ich nahm an, daß Tolman in Wirklichkeit von sich selbst sprach. Möglicherweise war er paranoid, obwohl er noch so viel Durchblick hatte, daß er den Gedanken, es könne sich eventuell um Halluzinationen handeln, nicht ganz von der Hand wies, auch wenn er es nicht zugab. Das konnte mein erster Forschungsfall werden, seit Hitlers Gehirn mir über Mark Steiners Computer ein Interview gegeben hatte. Aber falls er paranoid war würde ich ihn abschrecken, wenn ich seiner Person zu viel Aufmerksamkeit schenkte. Deshalb tat ich so, als wollte ich ihm wie einem Kollegen begegnen, und lud ihn zu mir in die UCLA ein, damit wir uns über unsere gemeinsamen Interessen an der Erforschung von Halluzinationen unterhalten konnten.

Ein paar Tage später stand Edwin Tolman in der Tür meines Büros. Der zwei Meter hohe Türrahmen war gerade noch hoch genug für seine Größe. Dennoch zögerte er einzutreten. Seine dunklen, schlauen Augen hinter den sichtlich verfleckten Gläsern seiner Nickelbrille prüften langsam und kritisch die Einrichtung meines kleinen Büros. Ein paar unbehagliche Sekunden lang studierte ich ihn. Er trug einen dreiteiligen Kordanzug, der ihm viel zu klein war, so daß die Handgelenke weit aus den Ärmeln herausschauten und seine tölpelhafte Erscheinung noch verstärkten. Sein schmales Gesicht zeigte die Narben einer einstigen Akne. Ich vermutete, daß der rote Schal, den er um den Hals geschlungen hatte, weitere Schäden verdeckte. Sein strohblondes Haar war oben auf dem Kopf schon etwas schütter, seitlich fiel es jedoch bis zum Krawattenschal hinab. Sein Sprechen begleitete er mit ausladenden Bewegungen der Hände und Arme, so daß ich unwillkürlich an eine Vogelscheuche denken mußte, die mit ihren Armen die Vögel abwehrt.

«Warum haben Sie Gitter am Fenster?» fragte er und wies mit seinem tadellos manikürten Finger auf mein Fenster.

«Aus Sicherheitsgründen. Ich habe den Safe mit den Narkotika hier», erklärte ich ihm.

Tolman fühlte sich offenbar unbehaglich und fragte, ob wir nicht in einen anderen Raum gehen könnten. «Zimmer ohne Fenster sind mir lieber», sagte er ohne weitere Erklärung. Ich ging mit ihm in einen kleinen Befragungsraum, der kaum größer war als ein Klosett mit zwei Sitzen, aber Tolmans kritischer Inspektion offenbar standhielt. Als er sich setzte, hörte ich ein merkwürdiges Geräusch, wie das Knistern von Metallfolie. Und als er die spinnendürren Beine übereinanderschlug, hörte ich es wieder.

Er begann das Gespräch mit dem freimütigen Eingeständnis, daß er der Mann sei, von dem er am Telefon gesprochen hatte. Dann überraschte er mich mit der Bitte, ich solle mich ausweisen. Ich zeigte ihm meinen Führerschein und den UCLA-Ausweis. Er zog seine Brieftasche hervor und zeigte mir seinen Ausweis. Dann begann er einen Monolog über seinen beruflichen Hintergrund, den er mit den Mitgliedskarten diverser wissenschaftlicher Vereinigungen würzte. Ich starrte nicht auf den Stapel von Ausweisen, den er hinblätterte, sondern nur auf die Brieftasche. Er hatte zwei Rollen Münzen in das Fach für Geldscheine gestopft. So etwas hatte ich noch nie gesehen. Als Tolman merkte, daß ich auf seine Brieftasche starrte, murmelte er etwas und steckte sie rasch wieder ein.

Ich fragte ihn nach den Bildern. War eine Ordnung darin zu erkennen, oder kamen sie zufällig? Tolmann erwiderte, nichts auf der Welt sei Zufall. Die Bilder seien stets mit bestimmten körperlichen Empfindungen verbunden; es beginne mit einem Summen im Ohr und einem warmen Kribbeln auf der Haut. Er könne zwar jederzeit «angepeilt» werden, aber meist träten diese Empfindungen auf, wenn er mit dem Wagen zur Arbeit oder von der Arbeit nach Hause fuhr, oder auch nachts im Bett, wenn er schlief. Dem Summen und Kribbeln folgten scheußliche Bilder, die nur Bruchteile einer Sekunde in ihm aufflammten und dann wieder verloschen. Er nannte sie «Ansichtskarten aus der Hölle». Eine zeigte einen Mann, der bei lebendigem Leib verbrannte. Eine andere Kinder, die auf Pfähle gespießt waren. Wieder eine andere zeigte nackte Männer, die wie Rinder an den Beinen aufgehängt waren und darauf warteten, geschlachtet zu werden. Dazwischen fanden sich immer wieder Gesichter von Zwergen mit bösem, gewalttätigem Ausdruck. Die Bilder bereiteten ihm körperliche Übelkeit.

«Diese Bilder haben mich schon mehrere Kotflügel gekostet», sagte er ohne erkennbare Bewegung.

«Haben Sie die Ursache für das Summen und Kribbeln herausgefunden?» fragte ich.

Tolman schmunzelte und machte eine seiner langen Pausen. Dann stand er auf und kam zu mir herüber. Er sah zur Tür, beugte sich zu mir herunter und legte seine Lippen so nahe an mein Ohr, daß unsere Wangen sich berührten. Ich bemerkte einen Hauch von Moschus-Aftershave.

«ELFs», flüsterte er.

Ich verstand «Elves», Elfen, und dachte sogleich an die zarten kleinen Wesen aus dem Märchen. Aber in den meisten Märchen sind Elfen gutartig und stehen den Menschen mit Rat und Tat zur Seite. Es gibt allerdings auch böse Elfen, zu denen auch zahlreiche Gnome gehören; sie benutzen ihre Zauberkraft, um den Menschen zu schaden. Die bösen Elfen beneiden die Menschen um ihre Größe und verachten oder hassen sie sogar. Und Dr. Tolman war so groß, wie Menschen überhaupt sein konnten.

«Glauben Sie wirklich, daß Elfen Ihnen etwas tun wollen?» fragte ich ungläubig.

«Ach, seien Sie doch kein Arschloch», erwiderte er laut. Er schmunzelte, aber die Worte trafen mich dennoch. «E-L-F-s», fuhr er fort, «das heißt *extremly low-frequency electromagnetic energy*» – extrem niederfrequente elektromagnetische Energie. «Wissen Sie nicht, was das ist?» Jetzt klang er ungläubig. Ich kam mir wie ein Dummkopf vor und schüttelte den Kopf.

Tolman erklärte mir, daß das Spektrum des elektromagnetischen Umfeldes Wellen unterschiedlicher Frequenz umfasse, die in Schwingungen pro Sekunde oder Hertz [Hz] gemessen würden. Es gibt natürliche elektromagnetische Wellen wie den Sonnenwind, das Magnetfeld der Erde, Blitze und das sichtbare Licht, aber auch vom Menschen erzeugte Quellen wie Radio und Fernsehen, Radar und Mikrowellen. Die meisten dieser Frequenzen liegen zwischen mehreren tausend und einigen Trillionen Hertz. Der ELF- oder Längstwellenbereich umfaßt Frequenzen unter 1000 Hz, etwa den Wechselstrom, der in den Vereinigten Staaten mit 60 Hz betrieben wird.

«Wir stehen ständig unter dem Einfluß dieser Frequenzen», sagte er und stand auf, um es mir zu demonstrieren. Dazu streckte er beide Arme aus. «In einem elektrischen Wechselfeld von sechzig Hertz bewegt sich die magnetische Welle zunächst in der einen Richtung.» Sein linker Arm fuhr langsam nach rechts, wobei er den Oberkörper weit nach rechts drehte. «Dann bewegt sie sich in die entgegengesetzte Richtung.» Sein rechter Arm fuhr nach links, und sein Oberkörper folgte ihm in dieser Bewegung. «Nur daß sich dieser Vorgang sechzigmal in der Sekunde wiederholt.» Und er wiederholte seine Bewegung, wobei er immer schneller wurde wie bei einer Aerobic-Übung. Für einen tölpelhaften Menschen wirkte er erstaunlich graziös und erinnerte mich an den Tänzer Ray Bolger, der im *Zauberer von Oz* die Vogelscheuche gespielt hatte. Ohne in seinen Bewegungen innezuhalten, redete Tolman weiter. Seine Stirn glänzte vor Schweiß.

«Überlegen Sie mal, wie die Moleküle durch dieses Hin und Her verdreht werden können.» Geistig und körperlich schwitzte er solche Möglichkeiten geradezu aus.

Als er sich gesetzt hatte und wieder zu Atem gekommen war, fragte ich ihn, ob er glaube, das Stromnetz sei für das Summen und Kribbeln verantwortlich. Ich wußte, daß man sich in der Ärzteschaft einige Sorgen um die mögliche Gefährdung durch Computerbildschirme, Mikrowellenherde und andere Hochfrequenzgeräte gemacht hatte. Aber sollten auch niedrigere Frequenzen Gefahren für die Gesundheit bergen?

Tolman begann einen Vortrag über die elektrischen Felder von Stromleitungen. Er verwies auf Untersuchungen, in denen behauptet wurde, der Aufenthalt im Wirkungsbereich von Stromleitungen und anderen Strahlungsquellen gleicher Frequenz verringere das Aktivitätsniveau der Neurotransmitter im Gehirn und erhöhe sowohl die Streßreaktionen als auch die Selbstmordrate. Er sprach in klaren, wohlgesetzten Worten und versprach, mir Kopien der zitierten Zeitschriftenartikel zu bringen. Immerhin hat diese Vogelscheuche ein Gehirn, dachte ich, denn ich konnte mich noch immer nicht von dem Gedanken an die Gestalt aus dem Lande Oz lösen.

Ich mußte die Hand heben, um seinen Redefluß zu stoppen und eine Frage zu stellen: «Glauben Sie, daß ein Frequenzwechsel von 60 bei den Neurotransmittern das Summen und Kribbeln oder auch die Bilder verursachen könnte?»

«In der Literatur habe ich keinen Hinweis auf solch einen Mechanismus gefunden», erwiderte er. «Deshalb habe ich alle Stromleitungen in meinem Schlafzimmer abgeklemmt.» Es folgte eine lange Pause. «Das Summen und die Bilder sind trotzdem nachts wiedergekommen. Das war es also nicht. Aber die Leitungen habe ich nicht wieder angeschlossen ... für alle Fälle.»

«Für welche Fälle? Sie haben doch bewiesen, daß die Leitungen nicht die Ursache sind.»

«Das schon, aber die Eier könnten sie einem trotzdem noch grillen», sagte er kichernd. «Versuche in Europa haben gezeigt, daß Arbeiter in Kraftwerken Chromosomendefekte in ihren Spermien aufwiesen. Dasselbe kann auch bei Mikrowellenherden passieren. Überlegen Sie doch mal, wenn Mikrowellen Popcorn machen können, was können sie dann erst mit den Eiern anstellen? Die Hodenkrebsrate ist jedenfalls eindeutig im Steigen begriffen. Werden männliche Ratten auch nur kurze Zeit solchen Mikrowellen ausgesetzt, senkt das bereits den Testosteronspiegel; bei Menschen ist es wahrscheinlich genauso.»

«Aber Sie können den Stromleitungen in unserer heutigen Welt doch gar nicht mehr aus dem Weg gehen. Die sind doch überall.» Und als ich erst an andere elektrische Strahlungsquellen dachte, an Radio- und Fernsehsender, Flughafentower, Richtfunkstationen und selbst noch ferngesteuerte Garagentoröffner, da legte ich rasch ein Bein über das andere.

Tolman begann wieder zu schmunzeln, und diesmal verwandelte sich sein Schmunzeln in ein breites, herzliches Lächeln. Er stand auf, kam zu mir herüber und zog den Reißverschluß seiner Hose herunter. Direkt vor meinem Gesicht. Als er damit fertig war, öffnete er den Gürtel und ließ die Hose bis zu den Knien hinunter. Ich mochte gar nicht glauben, was ich da sah. Tolmans Unterhose war aus Stanniol. Genauer gesagt, er hatte seine Jockeyshorts mit Stanniolpapier umhüllt, wie eine Windel, aber die Wirkung war dieselbe.

«Das hält alles ab», sagte er stolz und tätschelte sein Geschlecht.

«Ganz schön schlau», sagte ich, während er seine Hose wieder hochzog. Ich bemühte mich, glaubwürdig zu klingen, um ihn nicht abzuschrecken, denn ich wollte, daß er weiterredete. Er erzählte mir, für Frauen sei das Brustkrebsrisiko in solchen Feldern mindestens ebensogroß. Deshalb hatte er seiner Frau ein selbstgemachtes Halsband aus Zinndraht geschenkt, das die Strahlungsbelastung verringern sollte.

Wenn Tolmans Bilder nicht auf die Sechzig-Hertz-Felder der Stromversorgung zurückzuführen waren, worauf dann? Er meinte, es handle sich vermutlich um eine andere Frequenz zwischen 45 und 75 Hz, um jenen Bereich, den die Navy für die Kommunikation mit ihren Unterseebooten nutzte. Tolman hatte den Verdacht, das Signal, das ihn traf, sei an eine Trägerwelle gekoppelt, die Wände und organische Körper durchdringen könne. Die Trägerwelle erzeuge das Summen und Kribbeln, während die niederfrequenten Wellen die Bilder erzeugten.

«Und so was kann die Navy?» fragte ich.

«Die Navy kann das nicht. Aber andere können es. Es ist durchaus machbar. Solche Sender gibt es.»

«Sie wollen sagen, es gibt Geräte, mit denen man Bilder direkt ins Gehirn senden kann? Braucht man dazu nicht einen Empfänger wie beim Fernsehen, der die Signale decodiert?» Es klang unmöglich, aber er war ja der Fachmann für Biophysik.

Tolman legte den Zeigefinger an seine Schläfe. «Dazu braucht man nur ein überlegenes Gehirn», sagte er verschmitzt.

Sein Größenwahn ging mir langsam auf die Nerven. Überlegenes Gehirn oder nicht, weshalb sollte man ausgerechnet ihn als Ziel auswählen? «Warum? Warum gerade Sie?» fragte ich ihn ohne Umschweife.

«Die Firma steckt dahinter», erwiderte er ruhig.

«Die Firma?» Ich wußte, daß dieser Ausdruck eine Umschreibung für die CIA war. Hatte Tolman etwas mit Nachrichtendiensten zu tun?

«Ich würde Ihnen gern mehr sagen, aber ich kann nicht. Ich werde mal ein paar Anrufe machen, vielleicht kann ich eine Ausnahmegenehmigung für Sie bekommen. Aber ich brauche Ihre Hilfe jetzt, damit ich sie stoppen kann.»

«Am Telefon haben Sie mir doch gesagt, Sie könnten sie abschirmen.»

«Ja. Zu Hause habe ich ein paar äußerst wirksame Abschirmungen installiert. Aber ich bin auch draußen oder im Wagen. Da kriegen sie mich.»

«Wie können die Sie an so vielen verschiedenen Orten verfolgen?»

Er zeigte nach oben und beschrieb mit dem Finger einen

kleinen Kreis in der Luft. «Ein Satellit», sagte er leise. «Sie haben einen POSSE raufgeschossen – einen *Personal Orbit Satellite for Surveillance and Enforcement* [Persönlicher Weltraumsatellit für Überwachung und Verstärkung]. Er steht genau über mir. Wissen Sie denn gar nichts?» Er verstummte plötzlich und biß sich auf die Lippen. Anscheinend ärgerte er sich, weil er zuviel gesagt hatte.

Tolman schaute auf die Uhr an seinem immer noch erhobenen Arm. «Ich muß gehen», sagte er, stand auf und ging zur Tür.

«Können Sie mir nicht noch mehr sagen?» bat ich. Immerhin hatte er schon von POSSE gesprochen. Ganz sicher konnte er noch mehr sagen.

Nach einer langen Pause begann er: «Ich wollte, ich könnte. Das macht mich noch ganz verrückt. Vielleicht steckt ein Konkurrenzunternehmen dahinter. Vielleicht arbeiten sie mit jemandem aus meiner eigenen Abteilung zusammen, der meinen Job will. Ich weiß es nicht.» Er schüttelte mir die Hand. «Ich schicke Ihnen ein paar Unterlagen.»

«Ich rufe Sie an, sobald ich sie gelesen habe», sagte ich, und mein Interesse war keineswegs gespielt. Ich öffnete die Tür und sah ihm nach, während er über den Flur davoneilte. Wenn der Kerl nicht paranoid ist, fresse ich einen Besen, dachte ich.

Einen Augenblick lang ließ ich meiner Phantasie freien Lauf, und ein paar Szenen aus *Der Zauberer von* Oz gingen mir durch den Kopf. Tolman war gleichsam in einem modernen Land Oz gefangen, in dem Konkurrenzunternehmen und Satelliten an die Stelle der bösen Hexen und fliegenden Affen getreten waren. Er war so paranoid wie all die unschuldigen Figuren, die durch diese Filmlandschaft zogen. Seine Paranoia zeigte sich deutlich in den heimlichen Blicken, mit denen er die gesamte Einrichtung meines Büros musterte, und in der sorgfältigen Prüfung meiner Ausweise. Alles, was ich tat, beobachtete er genau, und die langen Pausen, die er so häufig einlegte, nutzte er, um über nicht weiter erläuterte Äußerungen und Fragen nachzudenken. Hinter dieser übertriebenen Wachsamkeit verbarg sich wahrscheinlich eine entsprechende Überempfindlichkeit, und mir war klar, daß ich mich hüten mußte, seinen Argwohn durch meine Fragen noch weiter zu steigern. Außerdem zeigte Tolman Züge von Größenwahn, wie er typisch für Paranoia ist. Er hielt sich für einzigartig und glaubte, er sei wegen seines überlegenen Verstandes und seiner wichtigen, wenn auch geheimen Arbeit Objekt von Aufmerksamkeit. Und er fürchtete, die Kontrolle zu verlieren, falls er sich der Einwirkung des Satelliten nicht entziehen konnte. Seine Kotflügel hatte das Ding schon verbeult. Nun war sein Verstand an der Reihe.

Am nächsten Tag brachte ein Botendienst ein großes Paket von Tolman. Es enthielt mehrere Ordner mit Artikeln über ELF und verwandte Phänomene. Die Artikel waren sorgfältig durchnumeriert. Auf jedem Ordnerdeckel befand sich eine mit Schreibmaschine geschriebene Liste mit einem Inhaltsverzeichnis. Ein ganzer Aktenordner enthielt ausschließlich Aufsätze, Forschungsberichte und Patente, die von Tolman selbst stammten. Ich war beeindruckt.

Das Ganze umfaßte mehrere tausend Seiten, von denen viele handschriftliche Randbemerkungen trugen, wahrscheinlich von Tolman selbst. Den Rest der Woche verbrachte ich mit Lesen. Alles, was Tolman mir über elektrische Felder gesagt hatte, fand seine Bestätigung in den Aufsätzen. Es war durchaus möglich, daß Trägerwellen im Mikrobereich das Summen in seinen Ohren erzeugten. Wenn man Mikrowellen bestimmter Frequenzen in bestimmten Abständen aussendet, kann es sein, daß Menschen sie als Summen oder Zischen wahrnehmen. Wahrscheinlich wird das Phänomen durch Druckwellen im Zellgewebe des Gehirns erzeugt. Diese Wellen reizen entweder unmittelbar die Nervenzellen in den Gehörgängen, oder sie werden über die Gehörknöchel ins Innenohr geleitet.

Auch Tolmans Besorgnis hinsichtlich der Bedrohung seiner Geschlechtsorgane durch Mikrowellen basierte auf soliden Forschungsergebnissen. Zahlreiche Artikel in medizinischen Fachzeitschriften handelten von Männern, die bei der Arbeit Mikrowellen ausgesetzt waren und unter Hautentzündungen am

Hodensack, Knötchen am Penis oder Unfruchtbarkeit litten. Interessanterweise hatte Tolman die Worte *schmerzhafte Erektionen* und *Impotenz* unterstrichen. An den Rand hatte er geschrieben: «Auf Veränderungen achten.» Paranoide Patienten haben häufig sexuelle Probleme, doch meist machen sie sich darüber keine Sorgen, und erst recht nicht betonen sie diese Probleme über Gebühr. Außerdem findet man bei ihnen nicht die liebevolle Besorgnis, mit der Tolman die mögliche Gefährdung seiner Frau bedachte.

Ein Ordner enthielt Berichte über Experimente, die man im Walter Reed Army Institute of Research durchgeführt hatte. In einer faszinierenden Studie hatte die Versuchsperson Worte gehört, die man als Mikrowellenmuster, nach dem Schwingungsbild gesprochener Sprache gepulst, in ihr Gehirn gestrahlt hatte. Tolman hatte mit Bleistift eine böse Randbemerkung gekritzelt: «Benutzten Stimmen, um das Zielobjekt in den Wahnsinn zu treiben.» Obwohl es keinen Beleg für die Vermutung gab, die Technik sei mit dieser Absicht entwickelt worden, reichte die bloße Möglichkeit schon aus, daß all die Schizophrenen, die «Stimmen» hörten, das Militär dafür verantwortlich machten, wie ja auch Tolman ein Konkurrenzunternehmen im Verdacht hatte, ihn mit visuellen Bildern zu quälen.

Möglicherweise war Tolman also ein Paranoid-Schizophrener, doch da er mein erster wirklich paranoider Patient seit Mark Steiner war, beschloß ich, ihn auf jeden Fall genauer zu untersuchen, ungeachtet der Diagnose. Die Vorstellung, ein Satellit schicke ihm Botschaften, konnte eine Abwandlung des Themas Gedankenkontrolle sein, wie man sie im schizophrenen Denken häufig antrifft. Doch während halluziniertes Stimmenhören in der Schizophrenie häufig anzutreffen ist, sind visuelle Bilder, wie Tolman sie beschrieb, ausgesprochen untypisch. Wenn sie keine Halluzinationen waren, was waren sie dann?

Der lästige Schnappschußcharakter seiner «Ansichtskarten aus der Hölle» erinnerte eher an Bilder, wie sie durch direkte elektrische Reizung der Schläfenlappen erzeugt werden, denn in dieser Hirnregion sind die visuellen Erinnerungen gespeichert. Dazu muß man die Elektroden direkt ins Gehirn einführen, aber die elektrische Reizung kann auch auf telemetrischem Wege erfolgen. Der spanische Hirnphysiologe Jose Delgado hat einige Experimente auf diesem Gebiet gemacht. In seinem bekanntesten Experiment schickte er ein Funksignal aus einem Handfunkgerät zu einem Empfänger, den er in den Kopf eines Bullen implantiert hatte. Der Empfänger war mit Elektroden in den für die Kontrolle von Emotionen zuständigen Hirnregionen verbunden. Wenn der Bulle angriff, konnte man ihn über ein Signal mit dem Funkgerät auf der Stelle stoppen. Implantierte man solche Elektroden in die Schläfenlappen von Menschen, würden diese Menschen wahrscheinlich von visuellen Bildern berichten. Theoretisch ist es sogar denkbar, daß man ohne solche Elektroden auskommt und das Gehirn auf direktem Wege über einen elektrischen Richtstrahl reizt und dadurch visuelle Bilder erzeugt. Dieser Gedanke lag natürlich der Funktionsweise des POSSE-Satelliten zugrunde. Die Ordner mit den wissenschaftlichen Berichten auf meinem Schreibtisch sagten mir, daß all dies möglich war. Unter all den Ungereimtheiten, die Tolman erlebte, machte POSSE durchaus Sinn.

Tolman hatte mir gesagt, es gebe keinen Zufall auf der Welt. Alles hat seine Ursache und seine Wirkung. Für alles, was geschah, gab es eine rationale, systematische Erklärung. Als Wissenschaftler folgte er diesem Ansatz bei den Beobachtungen, die er in seinem Laboratorium aufzeichnete. Wenn man auf eine Anomalie stieß – ein Phänomen, das sich mit den überkommenen Theorien der Physik nicht erklären ließ –, mußte man die Theorien revidieren, so daß sie eine Erklärung für das neue Phänomen boten. Auch ich als Experimentalpsychologe hatte dieses Vorgehen gelernt, nur daß Psychologen in der Regel toleranter gegenüber dem «Rauschen» in den Daten sind als Physiker.

In gewisser Weise ging Tolman mit derselben wissenschaftlichen Methode auch an das Summen, das Kribbeln und die Bilder heran. Diese Erfahrungen waren keine Anomalien, sondern Rätsel. Er suchte nach Lösungen und formulierte schließlich die Theorie des persönlichen Überwachungssatelliten, mit der er Sinn und Ordnung in seine empirischen Beobachtungen zu bringen glaubte. Angesichts der Intensität seines Erlebens – immerhin störten die Erscheinungen seinen Schlaf und sein Fahrverhalten – erschien ihm diese Lösung als eine durchaus vernünftige Schlußfolgerung.

Tolmans Theorie von einem Störsatelliten klang wie eine Wahnvorstellung, weil die meisten gewöhnlichen Menschen sie nicht akzeptieren würden. Sie ist allzu abseitig, ganz wie der sprichwörtliche Patient, der sich für Jesus hält. Zwar werden mindestens zwanzig Millionen Amerikaner bei der Arbeit ständig elektronisch überwacht, doch dabei verwendet man Kameras und keine persönlichen Satelliten. Dennoch war mir klar, daß ich seine Theorie nicht von vorneherein als Unsinn abtun durfte. Wird man wirklich von Unbekannten verfolgt, gibt es stets vernünftige Gründe für die Annahme, man sei paranoid. Wie heißt es doch in dem bekannten Scherzwort: «Nur weil du paranoid bist, heißt das noch lange nicht, daß dich nicht wirklich Leute verfolgen.» Tolmans Theorie enthielt mehr als nur ein Körnchen Wahrheit. Sie war logisch aufgebaut und fast überzeugend.

Es ist durchaus vorgekommen, daß Menschen, die man für wahnhaft hielt, in Wirklichkeit recht hatten. Zum Beispiel wurden die Angestellten der amerikanischen Botschaft in Moskau, die behauptet hatten, man belästige sie durch unsichtbare Kräfte, tatsächlich mit Mikrowellen bombardiert. Nicht lange vor der Watergate-Affäre beschuldigte Martha Mitchell ihren Mann, den Generalstaatsanwalt der Vereinigten Staaten, er sei in illegale Machenschaften des Weißen Hauses verwickelt. Man diagnostizierte Wahnvorstellungen bei ihr, bis die Watergate-Enthüllungen sie «heilten». Ihr zu Ehren sprechen heute manche Psychologen vom «Martha-Mitchell-Effekt», wenn Menschen wahrheitsgemäß von unwahrscheinlichen Ereignissen berichten und deshalb für wahnsinnig erklärt werden. Bevor ich Dr. Tolman für wahnsinnig erklärte, mußte ich unwiderlegbare Beweise dafür finden, daß POSSE nicht existierte. Falls mir das gelang, stand mir eine noch schwierigere Aufgabe bevor: Da Tolman auf wissenschaftlichem Wege zu seiner Überzeugung gelangt war, mußte ich überzeugende Beweise für eine alternative Erklärung finden, wenn ich ihn dazu bewegen wollte, von seiner Wahnvorstellung abzulassen. Das würde nicht leicht sein. Denn wie Patienten mit Wahnvorstellungen geben Wissenschaftler eine hochgeschätzte Theorie selbst angesichts widersprechender Fakten nur äußerst widerwillig auf. Ich mußte an den bekannten Fall dreier paranoider Patienten denken, die alle von sich glaubten, sie – und nur sie allein – seien Jesus Christus. Man stellte sie einander vor und erlaubte ihnen, mehrere Jahre lang miteinander zu verkehren. Keiner von ihnen ließ von seinem Glauben ab. Es würde nicht leicht sein, POSSE abzuschießen.

Tolman entwaffnete mich, kaum daß er zu unserem nächsten Gespräch erschienen war. Diesmal benutzten wir mein Büro, dessen Fenster ich mit Stanniolpapier abgedeckt hatte. Er trug denselben Anzug wie beim ersten Mal, dazu ein blaues Arbeitshemd und eine weiße Krawatte. Als er die Beine übereinanderschlug, sah ich, daß er Birkenstockschuhe und wadenlange schwarze Strümpfe trug. Es war ein heißer Tag, und die Strümpfe schienen ebenso unangebracht wie der dreiteilige Kordanzug.

«Sie werden gerade überprüft», verkündete er schwungvoll. «Wenn die Überprüfung abgeschlossen ist, kann ich Ihnen wahrscheinlich mehr sagen.»

Mein Herz schlug schneller. «Überprüft? Was soll das denn heißen?»

«Ich habe dafür gesorgt, daß man Sie einer Sicherheitsüberprüfung unterzieht.»

«Wer ... Wer zum Teufel hat Ihnen erlaubt, mich überprüfen zu lassen?» Ich war wütend.

«Das mußte ich machen. Das ist unvermeidlich, weil ich Ihnen von POSSE erzählt habe.» Er schwieg einen Augenblick. «Außerdem ist das sicher nicht schlecht, denn wenn Sie überprüft worden sind, kann ich Ihnen mehr von meiner Arbeit über diese verfluchten Bilder zeigen.»

Zum Teufel mit den Bildern. Ich wollte mehr über diese Überprüfung wissen. Wie weit ging sie? Personalakten, Vermögensverhältnisse und was sonst noch? Lieber Gott, bloß keine Steuerprüfung, betete ich. «Und was gehört alles zu dieser Überprüfung?» fragte ich und bemühte mich, ruhig zu bleiben.

«Oh, sie fangen an mit den Informationen, die in den Datenbanken vorhanden sind: Strafregister, Kfz-Melderegister, Hypotheken. Wahrscheinlich fragen sie bei der UCLA an, und möglicherweise erkundigen sie sich auch bei Nachbarn. Natürlich müssen sie mit Ihrem Zahnarzt sprechen.»

«Warum mit meinem Zahnarzt? Ich dachte, es gibt eine ärztliche Schweigepflicht.»

«An medizinische Daten kommt man ganz leicht heran.» Offenbar gefiel es ihm, daß er mich in die Defensive gedrängt hatte.

«Aber was hat mein Zahnarzt mit der Sache zu tun?»

«Er weiß, wieviel Schmerz Sie aushalten können. Schließlich hat er erlebt, wie Sie auf Schmerz reagieren.»

Tolman klang vollkommen ernst. Ich wurde nervös und beschloß, in die Offensive zu gehen. «Ich werde ihnen die Sache erleichtern», sagte ich, drehte mich um und holte eine Abschrift meines Lebenslaufs aus dem Regal. Er war dreißig Seiten lang und gab Auskunft über meinen gesamten beruflichen Werdegang.

«Da», sagte ich und reichte ihm den Stapel Kopien. «Wenn sie noch etwas wissen wollen, sollen sie mich anrufen.» Tolman schmunzelte, als er den Lebenslauf in seiner Aktentasche verstaute.

Ich lenkte unser Gespräch wieder auf die beunruhigenden visuellen Bilder. Da ihnen stets ein Summen im Ohr vorausging, schien mir diese Erscheinung ein guter Ausgangspunkt für unsere Untersuchung zu sein. Tolman behauptete, sein Gehör sei vollkommen in Ordnung, und war sich ganz sicher, daß es sich bei diesen Geräuschen um ein objektives Phänomen handelte. Ich wollte, daß er sich sicherheitshalber einem Hörtest und einer körperlichen Untersuchung unterzog, doch ich wußte, daß

Paranoiker sich gegen allzu zudringliche Annäherungen wehren. Deshalb schlug ich ihm vor, sich einmal gründlich untersuchen zu lassen, damit er sicher sein konnte, daß die Strahlen ihm keinen Schaden zugefügt hatten. Nun haben Paranoiker oft das Gefühl, der Interviewer lese ihre Gedanken, doch Tolman versetzte mich in Erstaunen, indem er meine las.

«Sie glauben, daß ich paranoid bin und mich deshalb gegen eine allzu persönliche Untersuchung wehren würde, nicht wahr?» Es klang wie aus einem Lehrbuch der Psychiatrie.

«Ja», erwiderte ich ohne zu zögern. «Aber wer wäre das nicht, wenn er von diesem POSSE verfolgt wird.»

Tolman lächelte und kicherte leise in sich hinein. Das nahm ich als ein Zeichen von Gesundheit, denn Paranoiker haben meist keinen Humor. Sie erleben humorvolle Äußerungen als Versuch, sich über sie lustig zu machen. Doppeldeutigkeiten zu erkennen ist für sie gar nicht witzig, weil dieses Erkennen für sie Aufdecken von Intrigen und Verschwörungen heißt. Ihr Leben ist ein humorloser Kampf, und um überleben zu können, muß man alles stets todernst nehmen. Zum Glück konnte Tolman immer noch über seine Erlebnisse lachen.

«Wenn ich bereit bin, mich Ihrer Sicherheitsüberprüfung zu unterziehen», sagte ich, «könnten Sie ruhig in ein paar kleine Tests einwilligen. Wenn wir schon gemeinsam als Team an dieser Sache arbeiten, müssen wir einander vertrauen.» Ich betonte das Wir, um seinen Widerstand möglichst gering zu halten. «Wir müssen wissen, ob es Schäden gibt und ob Ihr Gehör noch in Ordnung ist. Wenn Sie sich Sorgen wegen Ihres Spermas machen, können wir auch das untersuchen lassen. Wir sollten Stoffwechselstörungen, hohen Blutdruck und andere Möglichkeiten ausschließen, die dem Summen und Kribbeln zugrunde liegen könnten. Wir können sogar von einem Augenarzt abklären lassen, ob ein durch Mikrowellen verursachter Star vorliegt. Ich werde eine Reihe von Terminen für Sie vereinbaren, ganz ohne Verpflichtung, und Sie tun dann, was Ihnen recht ist.»

Nach einer langen Pause sagte er: «Na gut. Aber keine Kernspintomographie oder ähnliche Verfahren.»

«Einverstanden», erwiderte ich rasch. «Eine Kernspintomographie brauchen wir auch gar nicht.» Bei diesem Verfahren werden mit Hilfe von Magnetfeldern, Radiowellen und einem Computer Bilder der weichen Gewebeteile des Körpers erzeugt. In Tolmans Fall war diese Technik ohne jeden diagnostischen Wert, aber offenbar hatte er Angst vor allem, was allzu tief eindrang.

«Na, sehen Sie, so paranoid bin ich gar nicht», sagte er, als ich nach dem Telefon griff, um die nötigen Termine zu vereinbaren. Aber eine Martha Mitchell sind Sie auch nicht, dachte ich.

Für die nächsten Tage vereinbarte ich eine Reihe von Untersuchungsterminen für Tolman. Zwischen den verschiedenen Terminen kam er zu mir ins Büro, und wir erörterten stundenlang unsere jeweiligen Interessen. Da er es ablehnte, mit einem unserer Psychiater zu sprechen, nutzte ich die Zeit, um möglichst viel von seiner Geschichte zu erfahren. Ich vertraute ihm ein paar sehr persönliche Dinge an, und nach meiner wiederholten Versicherung, daß ich weder Psychiater noch ein praktizierender Psychologe sei, sondern ein Forscher wie er selbst, begann auch er sich zu öffnen. Wir entwickelten ein gutes Vertrauensverhältnis, obwohl das Ergebnis meiner Sicherheitsüberprüfung immer noch ausstand. Unser Erfahrungsaustausch war offen, wissenschaftlich und ernst. Ich bemühte mich, seinen Argwohn nicht durch mimische Reaktionen oder ungeschickte Wortwahl zu wecken, wenn er mir von Dingen wie den Münzrollen in seiner Tasche berichtete.

Bei den Münzen, so erzählte er mir, handelte es sich um Stahl-Pennies, die aus dem Kriegsjahr 1943 stammten, also dem Jahr, in dem Tesla gestorben und er selbst geboren worden war. In diesem Zusammentreffen sah Tolman die Möglichkeit begründet, daß die Pennies ihm Glück brachten und sogar die Strahlen abhalten konnten. Deshalb experimentierte er mit ihnen und verstaute sie in verschiedenen Taschen. Patienten mit Wahnvorstellungen ziehen häufig unsinnige Schlüsse aus trivialen oder künstlich herbeigeführten Koinzidenzen. Sie halten solche Koinzidenzen für bedeutungsvoll und benutzen sie als Erklärung für ihre anomalen Erfahrungen. Ich zog Tolmans Logik nicht in Zweifel, sondern erzählte ihm, daß auch ich 1943 geboren war, in dem Jahr, als Albert Hofmann auf den ersten LSD-Trip der Welt ging.

«Können Sie das überbieten?» fragte ich mit gespieltem Erstaunen über meine eigenen Koinzidenzen.

Er konnte. «1943 bekam Otto Stern den Nobelpreis für seine Beiträge zur Entwicklung der Molekularstrahlmethode und die Bestimmung des magnetischen Moments des Protons.» Er drohte mir mit dem Finger. «Das hat mehr mit dem zu tun, was im Augenblick passiert, als Ihre Drogen, Arschloch!»

Ich hütete mich, ihm zu sagen, daß 1943 auch das Jahr war, in dem der namhafte Psychiater Norman Cameron in einem klassischen Aufsatz die Warnung aussprach, Paranoiker, die fest an Koinzidenzen glaubten, könnten gefährlich werden und sogar vor Mord nicht zurückschrecken.

Tolman nahm alle Termine wahr, die ich für ihn arrangiert hatte, darunter auch die Untersuchung durch einen Neuropsychologen, die ich unter dem Vorwand der Abklärung möglicher neurologischer Mängel anberaumt hatte. Ich bat den Psychologen jedoch auch, einige Tests durchzuführen, einschließlich eines Intelligenztests und des Minnesota Multiphasic Personality Inventory [MMPI], eines Persönlichkeitstests. All das akzeptierte Tolman, aber er lehnte es ab, sich Projektionstests wie dem Tintenkleckstest zu unterziehen, die auch stärker verdeckte Aspekte der Persönlichkeit aufzuspüren vermögen. Als der Psychologe ihm zum Ersatz für die Projektionstests ein Gespräch mit einem Psychiater vorschlug, lief Tolman aus dem Zimmer.

Ein paar Tage später traf ich mich mit ihm, um die Ergebnisse zu besprechen. Als er kam, trug er ein großes Pappkartonrohr unter dem Arm.

«Gute Nachrichten, Ed», sagte ich. Wir nannten uns inzwischen beim Vornamen. «Sie haben alle medizinischen Tests mit Bestnote bestanden. Sie sind gesund, man hat keinerlei Mängel festgestellt.» Die Ergebnisse der psychologischen Tests hielt ich zurück, die übrigen Berichte breitete ich auf dem Schreibtisch aus, damit er sie einsehen konnte. «Ihr Blutdruck ist ein bißchen zu hoch, darauf sollten Sie ein wenig achten ... »

«Ich habe auch gute Nachrichten für Sie», unterbrach er mich. «Sie haben die Sicherheitsüberprüfung bestanden.» Er öffnete die Papprröhre und zog ein paar Blaupausen heraus. Oben auf jedem Blatt prangte das Firmenlogo des Unternehmens, bei dem Tolman arbeitete, und daneben stand in großen Buchstaben «Personal Orbit Satellite for Surveillance and Enforcement». Darunter Seiten voller elektrischer Schaltkreise und mathematischer Zeichen. Doch ich hätte nicht gewußt, ob es sich hier um Pläne für einen Satelliten, einen Personalcomputer oder nur für ein Haushaltsgerät handelte.

Ich nahm an, Tolman habe die Pläne für POSSE selbst angefertigt, obwohl er vorgab, sie stammten aus seiner Firma. Er wäre nicht der erste Paranoiker gewesen, der die Existenz eines Geräts zur Gedankenkontrolle zu beweisen versuchte, indem er dessen Konstruktion zu Papier brachte. Ich erinnerte mich an den klassischen Fall des James Tilly Matthews, des ersten Paranoikers, der in der medizinischen Literatur beschrieben worden ist.

James Tilly Matthews, ein Londoner Architekt des achtzehnten Jahrhunderts, war Anhänger der revolutionären Ideen von Franz Mesmer, dem Vater der Hypnose. Mesmer behauptete, die Menschen könnten einander über ein magnetisches Fluidum beeinflussen, das sich zwischen ihnen bewegte. Er baute sogar ein Gerät, den «Zuber», eine Art elektrischer Kondensator, der tatsächlich bei kurzem Abstand körperliche Empfindungen auszulösen vermochte. Da lag es für Matthews nicht fern, zu glauben, daß jemand eine weiterentwickelte Version dieses Geräts erfunden hatte, das die Kette seltsamer Empfindungen, denen er ausgesetzt war, hervorzurufen vermochte.

Zuerst schnürte ihn das Magnetfeld, das ihn umgab, so sehr ein, daß es in seinem ganzen Körper knackte, als wäre er ein Hummer. Auf seinem Kopf bildeten sich kleine Pusteln. Sein

Magen drehte sich ihm um. Seine Gesichtsmuskeln verzerrten sich zu einem sardonischen Grinsen. Matthews glaubte, eine Maschine sei dafür verantwortlich. Er nannte sie «Air Loom» [Luft-Webstuhl] – Ausdruck seiner Bewunderung für die Textilmaschinen seiner Zeit. Nach Matthews, der als Architekt sehr wohl wußte, wie Dinge aufgebaut waren, ähnelte der «Air Loom» einer Kirchenorgel von so gewaltigen Ausmaßen, daß ein Team von sieben Männern und Frauen, sämtlich bestens bewandert in den neuesten Techniken der pneumatischen Chemie und der Elektrizität, sie bedienen mußte. Sie saßen an riesigen Pulten mit unzähligen Hebeln, Pumpen und Rohrleitungen, die zu einer Reihe windmühlenartiger Gebilde führten. Niemals berührte ihn irgend etwas direkt – Matthews wußte nicht einmal, wo die Maschine sich befand; er glaubte, sie sei irgendwo in einem Londoner Keller versteckt –, doch mit ihren unsichtbaren Kräften vermochte sie ihn wie eine Marionette zu lenken.

Der «Air Loom» war in der Tat die erste Beeinflussungsmaschine der Welt und existierte ausschließlich im Kopf eines Paranoikers. Doch für Matthews war sie so real wie die Mörderbande, die sich ihrer bediente. Diese Bande verfügte über mehrere Maschinen und hatte sie auf strategische Positionen über das ganze Land verteilt. Schon bald würde man sie in Betrieb nehmen und Mitglieder der Regierung mesmerisieren. Matthews schickte Warnungen an die politischen Führer. Die politischen Führer schickten ihn ins Irrenhaus. Im Bethlem Hospital for the Insane verbrachte Matthews seine Zeit mit der Anfertigung von Bauplänen; einer davon wurde später für den Bau eines neuen Krankenhaustrakts verwendet; ein anderer zeigte Aufbau und Funktionsweise des «Air Loom». Für Matthews war die Maschine so real wie das Bauwerk. Sein Arzt sah darin nur einen weiteren Beweis für seine Krankheit. Schließlich schrieb man das Jahr 1811, und eine Maschine wie der «Air Loom» überstieg bei weitem das Vorstellungsvermögen der meisten Menschen.

Doch inzwischen waren wir fast am Ende des zwanzigsten Jahrhunderts angelangt. Die Technik hatte dafür gesorgt, daß

Radio und Fernsehen, Spionagesatelliten und andere «Beeinflussungsmaschinen» machbar waren. Tolman hielt POSSE nicht nur für machbar, er glaubte, daß der Satellit in Betrieb war. Wir starrten beide auf die Blaupausen. Mir wurde klar, daß es mir unmöglich sein würde, ihn davon zu überzeugen, daß dieses Gerät nicht existierte. Aber wie sollte ich ihn zu der Einsicht bewegen, daß diese Beeinflussungsmaschine nichts anderes war als sein eigener überlegener, wenn auch paranoider Verstand? Ich brauchte Zeit zum Nachdenken und sagte Ed, ich werde ihn in den nächsten Tagen anrufen, um die weiteren Schritte mit ihm zu besprechen. Er machte sich davon, die Blaupausen unter dem Arm und im Gesicht ein breites Grinsen, das zu sagen schien: «Hab ich dich.»

Als er gegangen war, holte ich den Bericht des Psychologen hervor. Neurologisch war Tolman vollkommen gesund. Beim Intelligenztest hatte er mit eindrucksvollen 165 Punkten abgeschnitten, aber auch auf der Paranoiaskala des MMPI erreichte er einen extrem hohen Wert, wie ihn der Psychologe noch nie erlebt hatte; deshalb empfahl er eine umgehende Behandlung. Ich wußte jedoch, daß Tolman diesen Vorschlag ablehnen würde, denn die herkömmliche Behandlung der Paranoia basierte auf psychotherapeutischen Gesprächen, die den Patienten davon überzeugen sollten, daß sein Verdacht unbegründet war, und einen Wissenschaftler wie Tolman konnte man unmöglich überzeugen, wenn man nicht über viele – sehr viele – überzeugende Daten verfügte.

Die Psychoanalyse ist eines der Systeme der Psychotherapie, das solche Daten aus freien Assoziationen und Träumen des Patienten zu gewinnen sucht. Die traditionellen Psychoanalytiker bestehen darauf, daß sich das Verhalten auf unbewußte Triebe und Konflikte zurückverfolgen lasse, die man nur ins Bewußtsein heben müsse, damit sich unerwünschte Effekte wie Paranoia zurückbildeten oder sogar ganz verschwinden würden. Bei hochintelligenten Patienten wie Tolman ist die Psychoanalyse tatsächlich der bevorzugte therapeutische Ansatz.

«Die Behandlung von Paranoikern ist ein langer, schwieriger Prozeß», sagte Dr. Joel Morgan.

Dr. Morgan war ein brillanter Vertreter der klassischen Psychoanalyse, obwohl er auch modernere psychotherapeutische Verfahren beherrschte, darunter den Einsatz von Beruhigungsmitteln und anderen Medikamenten. Der kleine, rundliche Mann mit struppigem braunem Bart, in dem ständig aufschlußreiche Spuren der letzten Mahlzeit zu finden waren, galt als Genie im Umgang mit widerspenstigen, ganz auf Abwehr eingestellten Patienten wie Tolman. Er fand seinen Weg durch das Gestrüpp der Abwehrmechanismen ebenso zielsicher, wie er nun zwei Körnchen Popcorn aus seinem Bart klaubte. Joel liebte Popcorn und hatte ständig eine große Schüssel davon auf seinem Schreibtisch stehen. Er holte sich eine Handvoll heraus.

«So eine Therapie dauert manchmal Jahre», fügte er hinzu [und vielleicht berechnete er, während er kaute, wie viele Stunden er ansetzen konnte].

«Damit wäre der Mann niemals einverstanden. Er will keinen Psychiater sehen», sagte ich. Tolman fände es ganz unmöglich, sich auf Dr. Morgans Couch zu legen oder gar ein Evaluationsgespräch über sich ergehen zu lassen. Und er würde zur Salzsäule erstarren, wenn er den Mikrowellenherd sähe, in dem Dr. Morgan sein Popcorn herstellte.

«Ich brauche ihn gar nicht zu sehen», erwiderte Joel. «Sie wissen doch, daß Freud niemals mit Schreber gesprochen hat. Sie brauchen mir nur von seinem Leidensgenossen Tolman zu erzählen.»

Joel erinnerte mich hier an Sigmund Freuds Analyse des Daniel Schreber, des wohl berühmtesten Patienten in der Geschichte der Psychiatrie. Freud hatte Schreber in der Tat niemals gesehen. Alles, was er zu wissen brauchte, glaubte er der veröffentlichten Autobiographie dieses Mannes entnehmen zu können. Freuds Auseinandersetzung mit diesem Buch lieferte der Psychoanalyse das Standardmodell ihres Verständnisses der Paranoia.

Daniel Schreber war in den neunziger Jahren des letzten Jahrhunderts ein angesehener Richter in Dresden gewesen. Seine Probleme begannen mit Schlafstörungen, dann wurde er depressiv und beschäftigte sich ständig mit morbiden Gedanken an den Tod. Er glaubte, an einer Nervenkrankheit zu leiden, deren Ursache in Strahlen lag, die man im Rahmen eines «wissenschaftlichen Experiments» auf sein Nervensystem richtete. Diese Strahlen durchdrangen sein Gehirn, lasen seine Gedanken und verursachten Stimmenhören, das keinen Sinn machte. Er fürchtete, jemand wolle ihn «entmannen», indem er seinen Penis zum Verschwinden brächte. Damals gab es noch keine Satelliten, deshalb hielt Schreber Gott für die Strahlenquelle, aber irgendwie war es seinem Arzt, Dr. Flechsig, gelungen, sich dieser Strahlen zu bemächtigen und sie zu steuern. Freud glaubte, die Ursache dieser Paranoia liege in Schrebers Kampf zwischen seinen Wünschen und seinen Ängsten. Demnach fühlte Schreber sich homosexuell zu Dr. Flechsig hingezogen, aber er verleugnete diese Gefühle und projizierte sie in benennbare Gefühle, nämlich durch Dr. Flechsig verfolgt zu werden.

Da ich Joel Morgans wissenschaftliche Grundorientierung kannte – sie fand hinreichend Ausdruck in einer Gesamtausgabe der Freudschen Werke, die an prominenter Stelle in seinem Büro aufgestellt war, neben Hunderten anderer psychoanalytischer Bücher, die ich nie gelesen hatte –, war mir klar, daß er sich auf einen Tag Feldforschung mit Tolmans Geschichte einrichtete. Ich beschrieb ihm den Fall in kurzen Worten und verhielt mich insgesamt wie ein Student, der seinen Professor um Rat fragt. Ich wußte zwar, daß die Analyse eines Patienten *in absentia* eine rein akademische Angelegenheit ist, dennoch war ich sehr neugierig, was Joel mir darüber sagen konnte. Joel hörte aufmerksam zu, kaute sein Popcorn und strich sich gelegentlich über den Bart. Als ich geendet hatte, zog er seine Schreibtischschublade auf und nahm ein Feuerzeug heraus.

«Wirklich schade, daß er mit den Projektionstests nicht einverstanden war», sagte er und seufzte. «Aber ich kann ja mal ein wenig spekulieren. Ich denke, er fühlt sich schuldig.»

«Schuldig? Weil er mir von POSSE erzählt hat?» fragte ich.

«Nein, wegen seiner Hamster. Er fühlt sich schuldig, weil er Huck getötet hat und weil die übrigen Hamster durch seine Nachlässigkeit gestorben sind. Er bestraft sich selbst. Der Satellit ist das Instrument seiner Selbstbestrafung.» Joel drückte auf das Feuerzeug, und eine Stichflamme schoß nach oben. Rasch stellte er die Flamme kleiner und begann in seiner Schublade zu kramen.

«Und das Summen und Kribbeln?» fragte ich.

«Er ist ein Hypochonder», erwiderte Joel.

Damit verwies Joel auf das Krankheitsbild einer hypochondrischen Paranoia, bei der die Patienten physische Symptome phantasieren, die sich objektiv nicht bestätigen lassen. Die Patienten fixieren sich so stark auf ihre Leiden, daß sie ihre Arbeit aufgeben und sich nur noch mit ihrer Krankheit beschäftigen. Aber es war noch keineswegs ausgemacht, daß Tolman sein Summen und Kribbeln nur phantasierte.

«Und die Bilder?»

«Wenn es keine Halluzinationen sind ... »

«Ich bin mir sicher, daß es keine sind», warf ich ein.

«Na, um so besser. Dann stammen sie wahrscheinlich aus seinen Träumen. Die Zwerge sind in Wirklichkeit seine Hamster. Sein Unbewußtes hat diese Assoziation hergestellt, und zwar aufgrund dieser seltenen Zwerghamster, die er niemals bekommen hat. Die mißgebildeten Zwerge sind seine kranken Hamster, die ihn nun verfolgen. Sie sind wütend, weil er sie getötet hat. Sie wollen Rache. Wenn sie ihn kriegen, werden sie ihn genauso fesseln, kastrieren und aufschneiden, wie er es mit seinen Versuchstieren gemacht hat.»

«Er hat die Hamster nicht aufgeschnitten», protestierte ich. Und die Bilder haben eigentlich gar nichts von Traumbildern, dachte ich bei mir selbst.

«Okay. Aber in der Highschool hat er wahrscheinlich Frösche und Würmer seziert. Das war ihm sehr unangenehm. Sicher hat es eine Weile in ihm geschwelt. Jetzt ist Hucks Rache daraus geworden. Ohne Tolman zu sehen, kann ich allerdings nicht sagen, warum es gerade jetzt dazu gekommen ist.»

«Und die ELFs? Der Satellit? Sagen Sie nicht, er glaubt, ein paar Hamster hätten sich zusammengetan und einen Spionagesatelliten in den Weltraum geschossen.»

«Nein, das wäre allzu abwegig. So schizophren ist er nicht ... jedenfalls noch nicht. Aber er läßt zu, daß sein wissenschaftlicher Wortschatz sein Denken verwirrt – und Ihres auch. Satelliten sind real, aber sein POSSE ist eine Projektion seiner Schuld. Er stürmt auf seinen Kopf ein wie einst sein Vater mit seinen Schlägen.» Endlich fand Joel, was er in der Schublade gesucht hatte. Er holte einen dünnen Marihuana-Joint hervor und zündete ihn an. Er bot mir einen Zug an, doch ich schüttelte den Kopf. «Der Satellit könnte ihn auch für homosexuelle Wünsche bestrafen», fuhr er fort. «Er hat sich ja fast vor Ihnen ausgezogen in Ihrem Büro. Vielleicht soll das Stanniolpapier ja nicht die Mikrowellen abhalten, sondern seine homosexuellen Strebungen.»

«Aber Tolman trägt seine Stanniolunterhose aus ganz ähnlichen Gründen wie ich meine Sonnenbrille, die mich vor unsichtbaren UV-Strahlen schützen soll», warf ich ein.

«Die Sonnenbrille hindert Sie nicht, Liebe zu machen», erwiderte Joel. «Aber ich möchte bezweifeln, daß dieser Tolman ein sonderlich reges Sexualleben hat.»

Joel nahm ein paar Züge aus seinem Joint, während ich meine eigenen Gedanken ordnete. Tolman war der erste echte Paranoiker dem ich begegnet war, aber die freischwebende Freudsche Analyse mochte ich nicht schlucken. Was Joel gesagt hatte, klang dennoch nicht völlig abwegig. Auch ich war der Ansicht, daß die Satellitenstrahlen mit ihrem Summen und Kribbeln eindeutig Ausgeburten eines paranoiden Verstandes waren. Die Beeinflussungsmaschine war nichts anderes als Tolmans eigenes Gehirn. Aber wie konnte ich sie abstellen, bevor Tolman in einen ähnlich psychotischen Zustand wie Daniel Schreber geriet? War die Psychoanalyse der einzige Weg?

«Kann sein, daß eine Analyse zu nichts führt», sagte Joel und rang nach Luft, während er den Rauch inhalierte. «Vielleicht ist Tolmans Wahnsystem schon viel zu wasserdicht.» Er hustete. Ich hatte das Gefühl, daß er selbst langsam «dicht» wurde. «Möglicherweise könnte eine medikamentöse und psychotherapeutische Behandlung ihn etwas lockerer machen», fügte er hinzu.

«Was schlagen Sie vor?» fragte ich.

«Kaufen Sie ihm einen Hamster», erwiderte Joel und begann hysterisch zu lachen.

«Mal im Ernst», sagte ich. «Was hätte Freud mit ihm gemacht?»

«Freud hatte in seinem Arbeitszimmer eine kleine Figur», erwiderte Joel, ohne auf meine Frage einzugehen. «Es war ein nackter Zwerg und stellte den ägyptischen Gott dar, der die Welt erschaffen hat. Ich habe die Figur einmal gesehen ... Bergkristall mit einem bläulichen Schimmer.»

«Ich verstehe Sie nicht.»

«Finden Sie das ‹Elf› in Self [Selbst]», erwiderte er.

Joel war high und in seinem Denken sprunghaft geworden. Solche Sprünge waren für das pathologische Denken vieler Schizophrener typisch. Gott sei Dank dachte Tolman logischer und konkreter.

Joel redete nur noch mit sich selbst: «Hamster, die einen Satelliten ins All schießen ... das ist wirklich gut ... » Und er begann erneut zu lachen.

Ich stand auf und ging. In der Tür drehte ich mich noch einmal um, und als ich ihn kichernd an seinem Schreibtisch hokken sah, konnte ich nicht widerstehen: «Übrigens, Joel, Tolman hat mich einer Sicherheitsüberprüfung unterziehen lassen. Sie könnten der nächste sein. Sie sehen besser zu, daß Sie das Zeug loswerden.»

«Großer Gott», stieß er hervor und drückte die Kippe im Aschenbecher aus.

Das Zwischenspiel in Dr. Morgans Büro hatte meine Besorgnis nur erhöht. Zwar war Ed noch kein Psychotiker, doch sein Denken konnte immer sonderbarer werden und schließlich in eine dysfunktionale Störung münden. Wie konnte ich das verhindern? Da die herkömmlichen Ansätze der Psychiatrie mir keine

Möglichkeit boten, Tolmans Satelliten abzustellen, mußte ich zu unkonventionellen Mitteln greifen. Vielleicht konnte ich das Ding dazu bringen, sich selbst abzuschalten. Doch zunächst mußte ich mir die Abschirmung ansehen, die Ed für sein Haus gebaut hatte. Ich überredete ihn, sie mir zu zeigen.

Am nächsten Abend fuhr ich nach der Rush-hour zu seinem Haus in Pasadena. Ich nahm den Pasadena Freeway – 8,2 Meilen angenehmster Fahrt durch die malerischste Landschaft des Los-Angeles-Beckens. Der Freeway ist der älteste in der Gegend, die vielen Steigungen, Kurven und Tunnel machen schnelles Fahren unmöglich. Also ließ ich es langsam angehen und hörte dabei den Radiosender, den Ed und ich, wie wir entdeckt hatten, beide am liebsten hörten. Er sendete ausschließlich klassische Musik, und unsere Autoradios waren ständig auf ihn eingestellt. Als ich durch eine Reihe von Tunnels fuhr, knackte, rauschte und summte das Radio. Die Störgeräusche hielten mehrere Minuten an, bis ich die Tunnels hinter mir hatte und in die Außenbezirke von Pasadena einfuhr.

Tolman wohnte in einem großen zweistöckigen Holzhaus aus den zwanziger Jahren. Es lag ein wenig abseits von der Straße hinter einer Reihe wunderbarer Ahornbäume. Duftende Jasminsträucher säumten den Weg. Eine breite Veranda mit Schaukelstuhl und Hängematte umgab die gesamte Vorderfront. Da ich keine Klingel finden konnte, klopfte ich an die Tür. Ed öffnete sofort. Offenbar hatte er mich beobachtet und abgewartet, bis ich klopfte.

«Besucher identifiziert», rief er ins Haus hinein, während ich ihm in eine riesige, eichengetäfelte Eingangshalle folgte. Im Haus war es ungewöhnlich dunkel. Und ich sah keinen anderen Menschen.

Ed führte mich die Treppe hinauf und über einen dunklen Flur. Jeder Schritt auf dem nackten Hartholzboden hallte durch das ganze Haus. Unter einer Tür am Ende des Ganges drang ein flackernder Lichtschein hervor. Ed öffnete die Tür und ließ mich ins Schlafzimmer eintreten.

Als erstes bemerkte ich die Quelle des flackernden Lichts:

Mehrere Petroleumlampen mit Gläsern im Tiffanystil brannten auf den Tischen. Dann sah ich *das Bett*. Es war ein riesiges Himmelbett mit vier geschnitzten hölzernen Pfosten. Sie trugen den Baldachin, der gleichfalls aus Holz gefertigt war und fast zehn Zentimeter dick zu sein schien. Es war das größte Bett, das ich jemals gesehen hatte. Und noch dazu das ungewöhnlichste. Wie Ed mir sagte, war der Betthimmel auf der Oberseite mit Kupferblech beschlagen. Auf dem Fußboden vor dem Bett stand eine Reihe Kunststoffkanister, die mindestens fünfundzwanzig Liter faßten. Ed sagte mir, sie enthielten eine geheime Kupfer- und Bleisulfitlösung, die einen gewissen Schutz vor den ELF-Frequenzen böte.

«Ich habe sie im Labor mitgehen lassen», gestand er mir, «also erzählen Sie es niemandem.» Wem hätte ich das wohl erzählen sollen?

«Halten diese Sachen POSSE wirklich ab?» fragte ich.

«Zum größten Teil. Das Summen ist noch da, aber die Bilder kommen nicht mehr sooft durch.» Er unterbrach seine Antwort, um einen der Kanister ans Fenster zu rücken. «Ich experimentiere noch … Aber ich komme der Sache schon näher.» Ich auch. Zumindest dämmerte mir eine Möglichkeit, wie ich Tolmans Beeinflussungsmaschine abstellen konnte.

Nach der Besichtigung des Schlafzimmers stellte Ed mich seiner Frau vor. Selbst im Dämmerlicht des Hauses konnte ich erkennen, daß sie sehr attraktiv war. Er erklärte ihr, ich sei der UCLA-Wissenschaftler, mit dem er zusammenarbeite. Ich sei der Mann, der ihm glaubte und der ihm helfen werde, POSSE zu entlarven.

Obwohl ich zu Eds Bemerkung nichts sagte, war ich mir sicher, daß Mrs. Tolman mein Schweigen als Zustimmung wertete, denn ihr Blick verriet Besorgnis. Aber ich konnte nichts sagen. Das Angebot, eine Tasse Kaffee zu trinken, bevor ich wieder zurückfuhr, nahm ich jedoch dankend an. Mrs. Tolman servierte den Kaffee, dann ließ sie uns am Küchentisch allein. Wir sprachen über den Pasadena-Freeway, den Ed jeden Tag benutzte, wenn er zur Arbeit und wieder nach Hause fuhr.

Der hektische Verkehr, der während der Rush-hour auf der kurvenreichen Strecke herrschte, ging ihm auf die Nerven. «Mit weißen Knöcheln fahren», nannte er das. Morgens verließ er stets zur selben Zeit das Haus, abends dagegen kehrte er zu den unterschiedlichsten Zeiten zurück. Dennoch verfolgte POSSE ihn, wann immer er sich auf den Weg machte. Wahrscheinlich befinde er sich auf einer geostationären Umlaufbahn über Los Angeles und benutze «umschaltbare Linsen», um ihn ständig im Visier zu halten. Aber warum peilte er ihn nicht ständig an, fragte ich mich. Warum nur zu bestimmten Zeiten? Diese Frage beschäftigte mich auch noch, als ich auf der Rückfahrt dem knackenden, summenden Autoradio zuhörte.

Tolmans Abschirmung konnte die Bilder nicht vollständig fernhalten, weil Kupferblech nun einmal nichts gegen Gedanken auszurichten vermag, selbst wenn man supergeheime Lösungen dazustellt. Ich war überzeugt, daß es sich bei den Sendungen des Satelliten nur um Gedanken handelte, die Tolmans eigenes Gehirn erzeugte. Deshalb ließen sie sich auch nur über seine eigenen Gedanken abschalten. Ich entwarf ein einfaches, aber riskantes Experiment, mit dem ich ihm beweisen konnte, daß dies möglich war. Einfach war es, weil es auf einem elementaren Grundsatz der Suggestion aufbaute, und riskant, weil ich dazu einen Paranoiker täuschen mußte, der mir vertraute und mich auf seiner Seite glaubte. Camerons Warnung vor Paranoikern, die auch vor Mord nicht zurückschreckten, kam mir in den Sinn.

Einige Abende später lud ich Ed in ein Labor des UCLA Brain Research Institute ein, um eine neue «Abschirmung» zu testen, die ein Kollege für die Aufzeichnung elektrischer Signale aus dem Gehirn von Patienten entwickelt hatte. In dem Labor befand sich eine kleine, schall- und lichtisolierte Kammer, in der ein Bett stand. Die Kammer stand erhöht über dem Boden des Labors und war von einem Schirmgitter aus Kupfer umgeben, ähnlich dem Schirm über Tolmans Himmelbett. Verstärkt wurde die Abschirmung noch durch einen besonderen Maschendraht, wie man ihn auch in den Türen von Mikrowellenherden verwendet. Der gesamte Schirm bestand aus zerlegbaren Leichtteilen, die man in wenigen Minuten vollständig entfernen konnte. Sämtliche elektrische Leitungen waren geerdet, isoliert und vom übrigen Stromnetz des Gebäudes getrennt. Spezielle Spannungsbegrenzer schützten die Anlage vor Blitzschlag und anderen Möglichkeiten eines plötzlichen Spannungsanstiegs. Die Fenster waren mit Stanniolpapier beklebt. Ich machte Ed mit einem Techniker bekannt, der meine Aussage bestätigte, daß die Abschirmung jegliche elektromagnetische Strahlung fernhalten werde. Der Techniker war sehr überzeugend, denn er redete mit Ed in dessen eigener Fachsprache über ELFs und Trägerwellen. Er sagte Ed, er könne die Kammer für den Rest der Nacht benutzen.

Ed wollte die Kammer sogleich ausprobieren, denn um diese Tageszeit belästigte ihn der Satellit gewöhnlich. Als er im Bett lag, brachte der Techniker mehrere Elektroden zur Überwachung der Hirnströme [EEG], des Blutdrucks, des Pulses und des Hautwiderstandes an [der Hautwiderstand kann Auskunft über Streßbelastung und Angst geben]. Ich erklärte ihm die Bedienung der Wechselsprechanlage. Ich würde außerhalb der Kammer im Labor bleiben, und er könne jederzeit mit mir reden, wenn er auf den Knopf der Sprechanlage drücke. Zum Schutz seiner Privatsphäre könne ich ihn nur hören, solange er den Knopf gedrückt halte. Ich sagte ihm jedoch nicht, daß ich in seinem Kopfkissen ein hochempfindliches Mikrophon versteckt hatte. So konnte ich sämtliche Geräusche aufzeichnen. Ich packte ihn gut ein, löschte das Licht und verschloß die Kammer.

Nach gut zwanzig Minuten wurde Ed ruhiger; alle physiologischen Daten lagen im Normalbereich. Einige Minuten später meldete Ed sich über die Sprechanlage. «Die Abschirmung hält», sagte er mit der kühlen, wissenschaftlichen Sachlichkeit des Mr. Spock aus *Star Tick*.

«Wir werden die Abschirmung jetzt für ein paar Minuten wegnehmen, um zu sehen, was geschieht», sagte ich ihm. Der Techniker und ich klopften ein paarmal gegen die Kammer, ließen die Abschirmung aber an ihrem Platz.

Einige Minuten später hörte ich ein rätselhaftes Geräusch über das Mikrophon, das im Kissen versteckt war. Ich mochte gar nicht glauben, daß es sich um Summen handelte, und zwang mich, es als ein gedämpftes Klicken oder Knacken zu hören. Es verschwand so plötzlich, wie es gekommen war. Einen Augenblick später berichtete Ed, er habe das Summen gehört.

«Und Bilder?» fragte ich. Die Meßgeräte signalisierten wachsenden Streß.

«Nein.» Er klang ängstlich.

«Warten wir noch ein paar Minuten», sagte ich.

Fünf Minuten verstrichen.

«Bringen Sie die Abschirmung wieder an!» bat Ed. Sein Blutdruck und sein Puls waren deutlich gestiegen. Das hieß, daß er das Kribbeln spüren mußte.

«Sehen Sie irgendwelche Bilder?» fragte ich.

«Nein. Aber ich fühle, daß sie kommen. Es kribbelt überall.» Das Kribbeln war also keine hypochondrische Wahnvorstellung.

«Warten wir noch einen Augenblick, damit wir sicher sind.» Ich bemühte mich, beruhigend zu klingen, aber es fiel mir schwer, denn auch auf meiner Haut kribbelte es überall.

Es folgte eine lange Pause.

«Ja. Da sind die Zwerge wieder. *Verdammt! Bringen Sie die Abschirmung wieder an!*» rief Ed.

«Schon geschehen», erwiderte ich in der mir eigenen Art von Humor.

Nach den Meßgeräten zu urteilen, brauchte Ed fast dreißig Minuten, um sich wieder zu beruhigen. Dann schlief er für ein paar Minuten ein, wachte jedoch wieder auf, meldete sich über die Sprechanlage und sagte, er habe genug. Er hatte nichts mehr gehört oder gesehen und wollte nach Hause.

Auch ich hatte genug. Ich war nun überzeugt, daß die Verfolgung durch den Satelliten nur in Eds Kopf stattfand und daß er sie durch dieselbe Suggestionstechnik beenden konnte, die ich angewandt hatte, als ich behauptete, ich hätte die Abschirmung entfernt. In seinem Kopf schützte ihn die Abschirmung, ob sie nun da war oder nicht. Er hörte das Summen und sah die Bilder nur, wenn er glaubte, die Abschirmung sei außer Betrieb. Der einzige Grund, weshalb ich ihm diesen Sachverhalt nicht sogleich enthüllte, lag in der Tatsache, daß der Techniker und ich gleichfalls ein Geräusch gehört hatten. Das Summen war ebensowenig eingebildet wie das Kribbeln. Solange ich die Quelle dieses Geräusches und den Grund für die spezifischen Bilder nicht gefunden hatte, würde Tolman meine Erklärung niemals akzeptieren.

Am nächsten Tag rief mich Mrs. Tolman an und bat um eine private Unterredung. Mußte ich Ed davon informieren? Ich erklärte ihr, ich müsse es ihm wohl sagen, aber ich würde damit warten, bis sie es ihm selbst sagen konnte. Damit war sie einverstanden, und zwei Stunden später erschien sie in meinem Büro.

Mrs. Tolman bewegte sich mit den selbstsicheren, femininen Bewegungen des Mannequins, das sie in ihrer Jugend gewesen war. Sie trug ein elegantes rotes Kostüm und einen dazu passenden Hut. Ihre hohen Pfennigabsätze machten sie unnötigerweise noch größer, als sie ohnedies schon war. Sie war wirklich sehr attraktiv. Ihre großen Rehaugen schienen gerötet und feucht. Ich schob die Kleenex-Box zu ihr hinüber.

«Ist etwas nicht in Ordnung, Mrs. Tolman?» fragte ich.

«Nennen Sie mich Cinnamon, Doktor. So nennen mich alle, auch Ed.» Sie schwieg einen Augenblick. «Wegen meines Haars», fügte sie schließlich hinzu. Ihr Haar war von wunderschönem Goldbraun.

«Ja, das ist ein schöner Name», sagte ich. Ob sie wohl wußte, daß auch Goldhamster so genannt wurden?

Sie kam gleich zur Sache. «Ich weiß nicht, ob mein Mann verrückt ist oder nicht. Ich weiß nicht, was ich von diesem Zeug mit dem Satelliten halten soll. Und von den Kanistern, dem Stanniolpapier … Es wird mir langsam zuviel. Und dann diese Münzen. Hat er Ihnen davon erzählt?» Ich nickte. «Doktor, ich weiß nicht, ob ich weiter mit ihm zusammenleben kann.» Sie begann zu weinen.

Ich sagte ihr, daß ich noch keine Lösung gefunden hätte, aber Ed und ich arbeiteten daran. Sie sei immer noch ein Rätsel, und ich versuchte Frau Tolman mit dem Hinweis zu beruhigen, daß ungelöste Rätsel Wissenschaftler leicht ein wenig verrückt machen könnten. Wie lange verhielt Ed sich schon so?

«Was seine Arbeit angeht, war er immer schon verrückt», sagte sie. «Das fand ich gerade so anziehend an ihm. Er geht ganz in seiner Arbeit auf. Ich verstehe nichts von seiner Forschung, aber er ist brillant. Ich glaube, es gehört einfach dazu, daß man etwas seltsam ist. Sogar unsere erste Verabredung war seltsam.» Cinnamon war aufgestanden und ging im Zimmer umher. Es war mir recht, denn offenbar entspannte sie das.

«Er hat mich ins Kino eingeladen und zum Essen», fuhr sie fort. «Das werde ich nie vergessen. Es war ein schrecklicher ausländischer Film, ein Horrorfilm. Er sagte, daß er das immer so mache, wenn er sich zum erstenmal mit einer Frau verabredete, aber ich sei die erste, die hinterher noch das ganze Essen herunterbringen konnte.»

«Erinnern Sie sich noch an den Titel des Films?» fragte ich.

«Den werde ich nie vergessen: *El Topo.*» Sie schüttelte angewidert den Kopf.

Ich starrte Cinnamon ungläubig an. Ich hatte den Film 1971 gesehen, als er in Los Angeles lief. Nun schossen mir Bilder aus dem Streifen durch den Kopf, und ich erkannte, daß es dieselben Bilder waren, die Ed sah, wenn der Satellit ihn anpeilte. Ich hatte den Film nur einmal gesehen, aber das hatte ausgereicht, damit ich die Bilder nicht mehr vergaß, und Ed mußte ihn sich unzählige Male angesehen haben. Die fürchterlichen Bilder hatten sich in sein Gedächtnis eingebrannt und schliefen dort, bis irgendein unbekannter Auslöser sie ins Bewußtsein rief.

«Hat Ed jemals von Bildern gesprochen, die der Satellit ihm sendet?» fragte ich.

Nun starrte Cinnamon mich verständnislos an. Sie hatte keine Ahnung, wovon ich sprach. «Er klagt, daß es nachts in seinen Ohren summt. Das ist alles.»

«Haben Sie dieses Summen auch gehört?»

«Nein», erwiderte sie. «Sieht er auch irgendwelche Dinge?» Sie befürchtete das Schlimmste.

«Nein, machen Sie sich keine Sorgen. Er hat keine Halluzinationen. Er erinnert sich nur an Dinge, die er in dem Film gesehen hat. Irgend etwas erinnert ihn offenbar daran, vielleicht das Summen.» Ich versuchte sie zu beruhigen, doch innerlich war ich sehr erregt über diese Enthüllung. «Macht irgend etwas in Ihrem Schlafzimmer Geräusche? Eine Uhr vielleicht oder ein Ventilator?»

Cinnamon berichtete mir von den nächtlichen Experimenten mit elektrischen Geräten, die das Licht hatten flackern lassen, aber Geräusche hatte sie nie bemerkt.

«Schnarcht einer von Ihnen?» fragte ich.

«Nein, nie ... Warten Sie, Ed knirscht nachts mit den Zähnen. Manchmal wache ich davon sogar auf.»

«Ed ... Ed knirscht mit den Zähnen?» sagte ich. Das war also das rätselhafte Geräusch gewesen, das ich aus der Kammer gehört hatte.

«Ja», erwiderte sie. «Manchmal sogar, wenn wir Liebe machen.»

«Hat Ed sexuelle Probleme?» Ich dachte an seine Ängste wegen der Mikrowellen.

«O nein, Doktor. Er ist so sexy. Gott sei Dank gibt es auf diesem Gebiet keine Probleme, sonst wäre ich nicht bei ihm geblieben. Ich wäre gar nicht hier ... Ich liebe ihn.» Und wieder begann sie zu weinen.

In der Tat, Gott sei Dank. Cinnamons Mitteilung war genau die Information, nach der ich gesucht hatte. Die Hörtests hatten keinerlei Hinweise auf Tinnitus oder andere subjektive Geräusche ergeben, die als Summen hätten wahrgenommen werden können. Aber niemand hatte an Zähneknirschen gedacht. Viele Menschen wissen nicht einmal, daß sie mit den Zähnen knirschen, und wenn sie es wahrnehmen, glauben sie oft, daß dieses Geräusch von einer fremden Quelle stammt. Unter Umständen wird das Zähneknirschen sogar als Summen wahrgenommen.

Offenbar gab es zwei verschiedene Quellen für Eds Summen, und beide waren mit Streß verbunden. Die erste Quelle war das nächtliche Zähneknirschen, das auf die Spannung und den Streß zurückging, die Ed den Tag über aufgestaut hatte. Die zweite

Quelle lag in den bergigen Kurven und Tunnels des Pasadena-Freeway, die summende Störgeräusche im Autoradio erzeugten. Ed hatte mir gesagt, daß der Verkehr in der Rush-hour ihm sehr zusetzte. Er klammerte sich ans Lenkrad, biß die Zähne zusammen und erstickte fast vor Angst. Der gemeinsame Nenner war auch hier wieder der Streß. Das Kribbeln war auf die Blutdruckerhöhung zurückzuführen, die ich bei dem Experiment in der abgeschirmten Kammer festgestellt hatte, kombiniert mit einem konditionierten Reflex auf die alsbald einsetzenden Horrorbilder, die Ed nicht kontrollieren konnte.

Dieser Streß war also der Auslöser für die im Gedächtnis gespeicherten Bilder aus dem Film, den er sich schon beim ersten Mal unter großer Angst und starkem Streß angesehen hatte. Das Summen war zum konditionierenden Stimulus für den Streßreflex geworden. Die Erinnerung an den Film hatte er in einem Zustand großer Erregung und Anspannung gespeichert. Wenn sich nun eine ähnlich große Erregung oder ein ähnlich starker Streß einstellte, wurden diese zustandsgebundenen Erinnerungen freigesetzt. In gewisser Weise waren die Bilder tatsächlich «Ansichtskarten», wie Ed sie genannt hatte; aber es waren Ansichtskarten aus einer Zelluloidhölle, die er in einem verborgenen Winkel seines Gedächtnisses gespeichert hatte. Das Summen war das Glockenzeichen, das die Türen öffnete und den Bildern die Möglichkeit gab, aus ihrem Gefängnis zu entweichen.

Als Cinnamon mein Büro verlassen hatte, dachte ich, wie leicht es doch sei, den Satelliten ganz ohne die Methoden der konventionellen Psychotherapie abzuschalten. Durch Tranquilizer ließ sich der Streß deutlich mindern. Blutdrucksenkende Medikamente konnten das Kribbeln abstellen. Und mit einem Mundschutz gegen das Zähneknirschen war es vielleicht sogar möglich, die Bilder zu stoppen. Ich wußte nicht, ob er auf diese Vorschläge eingehen würde, doch das war alles, was ich ihm anbieten konnte.

In der folgenden Woche traf ich Ed, um ihm meine Ergebnisse mitzuteilen und meine Vorschläge zu unterbreiten. Ich redete über Zähneknirschen und Tunnels, über Streß und Satelliten. Ich zeigte ihm sogar Standfotos aus *El Topo*, die mit den von ihm geschilderten Bildern identisch waren. Er schien nicht sonderlich überrascht und gestand sogar ein, wie er damals auf den Film reagiert hatte, doch ich bemerkte rasch, daß er in Gedanken nur damit beschäftigt war, seine POSSE-Theorien zu revidieren. Ich sagte ihm, die Bilder seien lediglich Erinnerungen, die durch Streß ausgelöst würden. Viele Menschen erlebten solche Dinge, ohne auf paranoide Erklärungen zu verfallen. Die Bilder, die er sah, ließen sich durch ein paar Medikamente und einen Mundschutz aus der Welt schaffen.

«Ach, seien Sie doch kein Arschloch!» schrie er mich an, und diesmal schmunzelte er gar nicht. «POSSE stimuliert mein Gedächtnis. Daher kommt der Streß. Arschloch.»

Ich hatte keine andere Wahl, ich mußte ihm von dem Experiment in der abgeschirmten Kammer und meinem Täuschungsmanöver erzählen.

«Die Bilder kamen, als Sie glaubten, wir hätten die Abschirmung entfernt. Und Sie haben sie selbst zum Verschwinden gebracht, als Sie glaubten, wir hätten die Abschirmung wieder angebracht. Aber in Wirklichkeit war die Abschirmung immer da. Ist das etwa kein Beweis für Sie?»

«Das beweist nur, wie beschissen Ihr Experiment war», erwiderte er. «Vielleicht hat Ihre Abschirmung gar nicht funktioniert, und POSSE hat gerade zu dieser Zeit seine Sendung begonnen und wieder beendet.»

«Ed», flehte ich ihn an, «ist das nicht ein wenig überzogen? Als Wissenschaftler finde ich, daß Sie da doch allzu viele Annahmen voraussetzen. Ich mag da eher Sparsamkeit.»

«Anscheinend mögen Sie auch Cinnamon», bellte er und verließ das Zimmer.

Mit dieser Bemerkung hatte er mir gezeigt, daß er nun in ein viel fortgeschritteneres Stadium der Paranoia eingetreten war. Sein Denken hatte die Orientierung verloren, und ich war Teil seines Wahnsystems geworden. Außerdem zeigte er Anzeichen wahnhafter Eifersucht. Offenbar hatte er über seine Frau und

mich nachgedacht und entsprechende Beobachtungen angestellt, seit er uns miteinander bekannt gemacht hatte. Wie tri-
vial oder bedeutungslos das auch war, was er sah oder hörte –
etwa meine Bemerkung, daß er eine sehr schöne Frau habe –, er
nahm es fälschlich als Bestätigung für seinen Verdacht, daß wir
ein Verhältnis miteinander hätten. Es schien hoffnungslos. Nun
knirschte ich in meiner Frustration gewissermaßen mit den
Zähnen.

Ich ließ Ed ein paar Wochen Zeit, sich zu beruhigen, dann
rief ich ihn an. Cinnamon kam ans Telefon. Ob ich denn nicht
Bescheid wisse? Ed hatte seinen Job aufgegeben und war ausgezogen. Sie wußte nicht, wo er sich aufhielt, meinte aber, er
werde sich bestimmt bei mir melden. Wieso? Weil ich sein einziger Freund sei. Ich versprach ihr, sie anzurufen, falls ich etwas
von ihm hörte.

Ich war deprimiert. Ich hatte gedacht, Ed würde sich über
meine Entdeckung der El-Topo-Bilder freuen und meine Analyse akzeptieren. Aber er blieb verschollen in einem Lande Oz,
das von Satelliten jenseits des Regenbogens beherrscht wurde.
Der Zaubertrank und der Mundschutz, die ich ihm angeboten
hatte, glichen dem Rat, mit dem Fuß aufzustampfen, um wieder
nach Hause zu finden. Dr. Edwin Tolman suchte nach technisch
ausgeklügelteren Mitteln, wie man sie im Labor eines verrückten Wissenschaftlers finden mochte.

Monate später bekam ich eine Postkarte von ihm. Es stand
keine Adresse darauf, aber die Karte war in Quebec abgestempelt.
Er brauchte mir gar nicht zu sagen, was er dort wollte. Wir hatten
schon früher darüber gesprochen. Gegen Ende seines Lebens
hatte Nikola Tesla in Kanada gearbeitet. Sein letzter Assistent,
Arthur Matthews, lebte immer noch in Quebec. Er arbeitete angeblich an einer Strahlenwaffe, die Flugzeuge vom Himmel
holen konnte. Sie ließ sich ebensogut gegen Satelliten einsetzen.
Tolman war nach Quebec gegangen, um Arthur Matthews zu
suchen.

Ich griff zum Telefon und rief Cinnamon an. Ich sagte ihr, Ed
habe sich auf den Weg zum Zauberer gemacht.

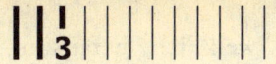

Flüstern

Die alte Frau entrollte ein fleckiges Küchenhandtuch, und eine Sammlung alter Zahnarztinstrumente kam zum Vorschein. Sie wählte eine kleine Sonde aus, spülte sie unter dem Wasserhahn ab und trocknete sie mit dem Handtuch. Sie kam näher zu mir heran und öffnete den Mund. Es war, als blickte ich in eine dunkle Höhle über mir. Ich knipste eine kleine Taschenlampe an. Ihre Zunge lag wie ein zuckender Teppich auf dem Höhlenboden. Ich lenkte den Lichtstrahl auf die Höhlenwände. Kleine Reste von Gold- und Silberfüllungen glänzten wie Edelsteine. Ihre Sonde wies auf eine Füllung, die nicht anders aussah als die übrigen.

«Der da», sagte sie und klopfte mit der Sonde auf den Zahn. Sie konnte kaum sprechen mit dem Ding in ihrem geöffneten Mund. «Ich glaube, das Flüstern kommt aus diesem Zahn.» Ein wenig Speichel tropfte von ihrer Lippe.

Sie schloß den Mund. Sie stand vor dem Küchenstuhl, auf dem ich hockte, und kniff die Augen zusammen hinter ihrer Lesebrille, die von einer Sicherheitsnadel notdürftig zusammengehalten wurde. Sie schwenkte die Sonde mit erhobener Hand. «Weit aufmachen!» befahl sie. Ich zitterte im Rhythmus des wackelnden Stuhls. Als ich den Mund öffnete, schoß mir unwillkürlich eine Szene aus *Der Marathon-Mann* durch den Kopf, in der ein von Laurence Olivier gespielter Nazi-Zahnarzt ein durchaus überflüssiges Loch in Dustin Hoffmans Schneidezahn bohrt. Während Olivier sich auf die Untersuchung der Zähne seines Opfers vorbereitet, sagt er ständig: «Ist das ungefährlich?» Genau das fragte auch ich mich, als die alte Frau mit ihrer Inspektion begann. Großer Gott, dachte ich. Diese Sonde hat sie gerade selbst im Mund gehabt. Ich schob meine Angst beiseite und bemühte mich, an die Ereignisse zu denken, die mich in diese Küche geführt hatten.

Als Ed Tolman die Stadt verlassen hatte, war ich zu meinem

Zahnarzt Dr. Barry Rose gegangen, weil ich herausfinden wollte, ob jemand zu ihm gekommen und Fragen über mich gestellt hatte. Ich traf ihn nach Sprechstundenschluß, als er gerade mit seiner Helferin die Praxis aufräumte.

«Vor kurzem hatte ich eine Sicherheitsüberprüfung», erklärte ich ihm, «und man hat mir gesagt, man würde eventuell auch bei Ihnen mein Krankenblatt einsehen. Haben die das gemacht?»

«Ja», erwiderte er ohne Umschweife. «Da waren zwei finstere Typen in Trenchcoats. Ich habe ihnen gesagt, daß Sie ständig Rezepte haben wollen, ein richtiger Junkie.»

«Das ist doch ein Scherz, oder?» Es mußte ein Scherz sein.

«Ich habe ihnen gesagt, daß Sie ständig über Schmerzen klagen, nur um an Drogen heranzukommen.»

Tolman hatte behauptet, daß sie nach Schmerzen fragen würden. «Das ist doch ein Scherz?» wiederholte ich.

«Ich habe ihnen gesagt, daß Sie sich Drogen spritzen. Sie tragen immer Hemden mit langen Armeln, sogar an den heißesten Tagen des Sommers. Ich wette, damit verbergen Sie nur die Einstiche.»

Es klang so spontan und natürlich, daß ich nicht wußte, was ich davon halten sollte.

Dr. Rose verdarb sich sein Täuschungsmanöver, indem er in lautes Lachen ausbrach. «Das sollte nur ein Scherz sein», gestand er. «Setzen Sie sich, und erzählen Sie, was passiert ist.» Er lachte immer noch.

Ich erzählte ihm von meiner Begegnung mit Tolman und dem Satelliten. Der Mann hätte eine regelrechte Paranoia, und ich mußte mir eingestehen, daß ich mich wohl mehr als nur ein wenig hatte anstecken lassen. Ich war irritiert über die Entdeckung dieses paranoiden Zuges, den wir wohl alle an uns haben. So etwas wie hypnotische Anziehung. Irgend etwas bohrte da in mir. Ich wollte weitere Paranoiker kennenlernen. Suzie, die Zahnarzthelferin, hatte dann den Vorschlag gemacht, ich solle doch Miss Lillian treffen.

«Wer ist Miss Lillian?» fragte ich.

«Lillian Rush», sagte Dr. Rose. «Die süßeste alte Paranoikerin, die Ihnen jemals begegnen wird. Sie kam zu mir, als ich Doc Mulligans Praxis übernahm. Sie war eine seiner ältesten Patientinnen. Sie bat mich um ihr Krankenblatt – die einzige Patientin, die jemals eine Kopie davon haben wollte. Ihre Zähne waren in einem ganz ordentlichen Zustand für ihr Alter, aber sie verlangte, daß ich sämtliche Füllungen auswechsle. Es gibt zwar Patienten, die sich Sorgen wegen des Quecksilbers in den Amalgamfüllungen machen, aber Lillian wollte, daß ich alles gegen Kunststoff austausche, auch die Goldkronen. Sie behauptete, ihre Zähne ‹flüsterten› ihr etwas zu.»

«Flüstern?» fragte ich.

«Verrückt, nicht? Sie glaubte, Doc Mulligan hätte ihr kleine Transistoren in die Zähne eingepflanzt. Ich habe sie genau untersucht und Röntgenbilder des gesamten Gebisses angefertigt. Die Bilder zeigten lediglich alte Füllungen. Einige davon stammten aus einer Zeit, als es noch gar keine Transistoren gab. Ich habe ihr alles erklärt und ihr auch die Röntgenbilder gezeigt. Sie wollte trotzdem, daß ich die Füllungen austausche. Aber ich habe sie nur zu einem Psychiater hier im Haus geschickt.»

Rose hatte richtig gehandelt. Andere Zahnärzte hätten die Füllungen möglicherweise ausgetauscht und der Patientin versichert, bei den neuen Füllungen Material zu verwenden, das völlig frei von elektronischen Bauteilen sei. Manche hätten vielleicht sogar die Zähne gezogen. Doch Patienten, die so offensichtlich unter Wahnvorstellungen leiden, sollten erst einmal an einen Psychiater verwiesen werden.

«Aber dann ging es erst richtig los», fuhr er fort. «Ein paar Monate später kam sie wieder zu mir, mit einem Zeitungsausschnitt über Nanotechnologie. Sie wissen doch, was das ist?»

Ich nickte. Die Nanotechnologie war eine neue Wissenschaft, in der man versuchte, Ultraminiaturroboter aus submikroskopischen Computerchips, Motoren und anderen Bauelementen zu entwickeln. Theoretisch war es möglich, solche Maschinen in den Blutkreislauf zu injizieren, so daß sie irgendwo im Körper Reparaturen vornehmen konnten. Doch die Nanotechnologie steckte noch in den Kinderschuhen und war mit Sicherheit sehr viel jünger als Lillians Zahnfüllungen.

Dr. Rose fuhr fort: «Sie sagt mir also, daß man diese Nanogeräte auf dem Röntgenschirm gar nicht sehen könne. Ich sage, solche Geräte seien noch gar nicht erhältlich, aber damit gibt sie sich nicht zufrieden. Sie sagt, das Militär hätte sie schon seit Jahren, aber sie hielten das alles geheim. Mulligan hätte davon erfahren, als er seinen Militärdienst machte. Du lieber Himmel, das war im Zweiten Weltkrieg. Damals arbeiteten alle noch mit Röhren.»

Doch Rose konnte Lillian ebensowenig überzeugen, wie ich Tolman hatte überzeugen können. Lillian verteidigte ihre Theorie mit ähnlich unpräzisen Hinweisen auf militärische und wissenschaftliche Geheimhaltung. Während Tolmans technisches Wissen auf seiner beruflichen Tätigkeit basierte, bezog Lillian ihre Informationen offenbar aus Revolverblättchen und obskuren Broschüren. Und sie benutzte das ganze paranoide Alphabet der Agenturen von CIA bis FBI, die irgendwelche Verschwörungen aushecken würden. Und die Verschwörer hätten Zahnärzte dafür gewonnen, den Leuten solche Geräte einzusetzen.

«Danach hatte sie kein Vertrauen mehr zu mir», sagte Rose, «aber sie kam immer noch gelegentlich her, um sich von Suzie den Zahnstein entfernen zu lassen. Als einer ihrer Zähne kariös wurde, wollte sie, daß ich ihn ziehe. Das habe ich abgelehnt, weil der Zahn durchaus noch zu retten war. Seitdem ist sie nicht wiedergekommen.»

Suzie holte mir Lillians Patientenakte. «Wir schicken ihr alle sechs Monate eine Karte», sagte sie, «aber seit zwei Jahren ist sie nicht mehr hier gewesen.»

«Wird sie denn mit mir reden?» fragte ich, während ich die Patientenakte überflog.

«Sie redet mit jedem, der ihr zuhört», erwiderte Suzie. «Sie hat sogar einen Verein für Opfer wie sie gegründet. Sie hätten Hunderte von Mitgliedern, hat sie mir gesagt.»

Es war nicht schwer, Miss Lillians Wohnung zu finden, nachdem sie mir den Weg am Telefon detailliert beschrieben hatte. Die lange Fahrt führte mich in eines der bewaldeten, tiefen Täler, die das Umland von Los Angeles durchziehen. Ich nutzte die Zeit, um mir die wenigen Fakten, die ich aus ihrer Patientenakte erfahren hatte, noch einmal vor Augen zu führen. Sie war dreiundachtzig Jahre alt, unverheiratet und hatte bis zu ihrer Pensionierung mit fünfundsechzig Jahren in einem nicht näher bezeichneten Beruf gearbeitet. In den Akten waren keine Verwandten oder Freunde aufgeführt, die im Notfall benachrichtigt werden sollten. Ich nahm an, daß sie allein lebte. Auch von schwereren Krankheiten war nicht die Rede, ich fragte mich jedoch, ob keine Stoffwechselstörungen wie Hypoglykämie oder endokrine Störungen wie eine Unterfunktion der Schilddrüse vorliegen mochten, von denen bekannt ist, daß sie der Paranoia Vorschub leisten.

Angesichts ihres Alters zog ich auch die Möglichkeit in Betracht, daß sie an Alzheimer oder einer anderen Alterskrankheit litt. Viele ältere Menschen mit Alzheimer entwickeln paranoide Symptome, weil ihr Gedächtnis sie im Stich läßt. In ihrer Verwirrung neigen sie dazu, Informationen falsch oder verzerrt wahrzunehmen. So können sie zum Beispiel fest daran glauben, daß Dinge, die sie verlegt haben, absichtlich versteckt worden sind oder ihr Ehegatte sie betrügt. Doch Lillians Paranoia schien mir ganz anderer Art zu sein, denn ihre Wahnvorstellungen basierten auf Geräuschen, die sie hörte, und nicht auf Dingen oder Menschen, die sie nicht mehr finden konnte. Ihr eingebildetes verschwörerisches Geflüster war weitaus komplexer als die schlichten Wahnvorstellungen von Alzheimer-Patienten. Außerdem hatte Dr. Rose in seinen Aufzeichnungen notiert, daß sie so scharfsinnig sei wie sonst nur Patienten, die halb so alt waren wie sie.

Dr. Rose hatte auch vermerkt, daß Lillian sich anders als andere ältere Patienten verhielt. Die meisten nehmen beträchtliche Mengen Medikamente, die schädliche Nebenwirkungen psychischer und physischer Art haben können. Wenn solche Nebenwirkungen unerwartet auftreten und als sehr unangenehm

empfunden werden, entwickeln ältere Menschen leicht paranoide Symptome. Rose hatte Lillian eine Liste mit Pharmazeu-
tika gezeigt, von denen man weiß, daß sie solche Reaktionen
hervorrufen. Dazu gehören sedierende Schlafmittel, Benzodia-
zepine [muskelentspannende Mittel], entzündungshemmende
Steroide und Antidepressiva. Er fragte sie auch nach nicht ver-
schreibungspflichtigen Mitteln wie Nasentropfen, die Phenyl-
propanolamin enthalten, da man auch hier einen Zusammenhang mit paranoiden Reaktionen festgestellt hat. Doch Lillian
behauptete, keines dieser Medikamente zu nehmen.

Ein Eintrag in der Akte bereitete mir weiterhin Kopfzerbre-
chen, als ich in Lillians Straße einbog. Sie hatte häufig Stickoxidul bekommen. Stickoxidul oder Lachgas ist ein wirkungs-
volles Betäubungsmittel, das von Zahnärzten gerne eingesetzt
wird, aber es kann auch Halluzinationen hervorrufen. Unter der
Wirkung von Lachgas konnte Lillian so ziemlich alles gesehen
oder gehört haben. Ich erinnerte mich an den Fall eines Zahn-
arztes, der zuviel von seinem eigenen Lachgas inhalierte. Zunächst dachte er, seine neue Sekretärin sei eine Spionin, die Beweismaterial gegen ihn sammle. Und schließlich glaubte er, daß
sich alle Menschen, mit denen er auf irgendeine Weise in Berüh-
rung kam, gegen ihn verschworen hätten. Seine Verschwörungstheorie glich der von Lillian, doch der Zahnarzt hatte
sechs Monate jeden Tag Lachgas inhalieren müssen, um in diesen paranoiden Zustand zu geraten. Eine Woche ohne Stickoxidul genügten, und die Symptome waren verschwunden.

Lillian ging nur dann zum Zahnarzt, wenn es absolut notwendig war. In mehr als fünfzig Jahren war weniger als ein Dutzend Besuche zusammengekommen. Sie mochte ein oder zwei
unangenehme Trips auf dem Behandlungsstuhl erlebt haben,
aber um die Paranoia in Gang zu halten, hatte sie das Gas doch
viel zu selten bekommen. Und ich erwartete eigentlich nicht,
in ihrer Wohnung stapelweise Stickoxidulflaschen zu finden. Irgend etwas anderes mußte ihre Wahnidee über flüsternde
Zähne und teuflische Zahnärzte aufrechterhalten. Da mein
Zahnarzt keine örtliche Betäubung anbot, hatte ich schon als

Kind mehr als üblich Zahnarztschmerzen erlebt und war mir sicher, daß es mindestens einen teuflischen Zahnarzt auf dieser Welt gab. Daß es flüsternde Zähne gab, wollte ich jedoch nicht so recht glauben, jedenfalls nicht, solange ich sie nicht selbst hatte flüstern hören.

Ich stellte meinen Wagen ab und ging den Ziegelweg zu Lillians Haus hinauf. Das kleine, eingeschossige Landhaus lag hinter dichtem Gehölz verborgen und war von einem herrlich smaragdgrünen Rasen umgeben. Ein alleinstehender, riesiger Jakarandabaum, der in voller Blütenpracht stand, verstreute seine dekorativen Blütenblätter wie lavendelfarbene Schneeflocken über das Gras. Vögel zwitscherten an mehreren Futterhäuschen in unmittelbarer Nähe des Hauses. Sprinkler zerstäubten das Wasser zu einem feinen Nebel, in dem ein kleiner Regenbogen aufschien. Es war wie im Märchen. Wenn man sich noch ein Feld mit Klatschmohn dazudachte, konnte es durchaus eine Kate im Lande Oz sein.

Auf mein Klopfen öffnete Lillian die Tür. Sie erinnerte mich an Whistlers Mutter, nur daß Lillians Gesicht mehr Falten aufwies. Sie hatte dasselbe nußbraune Haar und trug ein knöchellanges schwarzes Kleid. Doch im Unterschied zu dem Modell des berühmten Gemäldes lächelte Lillian. Als ich ihre ausgestreckte Hand nahm, begann ich mit meiner Diagnose. Ihre Hände waren warm und ließen nichts von der trockenen Kühle erkennen, die bei älteren Menschen auf endokrine Störungen schließen läßt. Die Finger zeigten keine erkennbaren Anzeichen von Arthritis. Die Fingernägel waren normal und rosa – keine Hinweise auf Leber-, Nieren- oder Hauterkrankungen. An zwei Fingern bemerkte ich ein paar gelbe Flecken, die ich auf Tabak zurückführte.

Sie führte mich durch das Haus zu einem nach hinten gelegenen Raum, den wir durch eine mit Fliegendraht bespannte Tür betraten. Plötzlich befand ich mich auf einer Veranda, die man zu einer Voliere umgebaut hatte. Sie war rundum mit Fliegendraht geschlossen und beherbergte eine bunte Schar von Finken, die um mehrere, in Töpfe gepflanzte Bäume flatterten.

Lillian ließ ein paar Vogelrufe ertönen, die wie «si si si» klangen, und die Finken antworteten ihr mit lautem Gezwitscher. Es war herrlich. Da ich als Kind selbst einen Langschwanzpapagei besessen hatte und seine Stimme nachahmen konnte, stimmte ich mit einer eigenen Version von Vogelsprache ein. Es gelang mir, die gesamte Voliere für ein paar verwunderte Sekunden zum Schweigen zu bringen. Lillian erkannte, was ich getan hatte.

«Ich habe keine Langschwanzpapageien oder Wellensittiche, mein Lieber», sagte sie und identifizierte damit meinen Vogelruf völlig korrekt. «Sie könnten den kleinen Finken etwas antun.» Wieder ließ sie einen Ruf ertönen, diesmal einen lauten, melodiösen Pfiff. Mehrere Kanarienvögel antworteten aus einem Stapel von Käfigen, die ich zuvor gar nicht bemerkt hatte. «Sogar die Kanarienvögel würden über die Finken herfallen, wenn ich sie herausließe», fügte sie hinzu.

Wir setzten uns auf bequeme hölzerne Gartenstühle, die mitten in der Voliere um einen runden Glastisch standen. Miss Lillian – sie bestand darauf, daß ich sie so nannte – erzählte mir von ihrer langjährigen Tätigkeit als Vogelbeobachterin und ehemalige Vorsitzende einer Ortsgruppe der National Audubon Society. Ich gestand ihr meine einstige Liebe für Tauben, wobei ich die Laborversuche, die ich mit ihnen angestellt hatte, wohlweislich unterschlug. Wir erzählten einander allerlei Vogelgeschichten, und ich fand in Miss Lillian eine überaus kluge, hochgebildete Frau. Möglicherweise war sie ein wenig schwerhörig, aber bei all dem Singen und Zwitschern um uns herum war ich mir da nicht sicher. Sie schien einsam, und ich verwöhnte sie mehr als eine Stunde mit Small-talk, bevor ich auf die eigentliche Frage zu sprechen kam: die flüsternden Zähne. Ich sagte ihr, ich sei ebenfalls bei Dr. Rose in Behandlung, aber ich frage mich, ob er nicht an einer Verschwörung beteiligt sei. Das war ein Fehler, denn so wurde ich zu einem potentiellen Opfer, das sogleich untersucht werden mußte. Miss Lillian erklärte mir, sie plane eine Gemeinschaftsklage gegen mehrere Zahnärzte, darunter auch Rose. Als sein Patient sei auch ich in

Gefahr. Deshalb bestand sie darauf, daß wir in die Küche gingen, damit sie mir ihre Zähne zeigen und umgekehrt meine Zähne untersuchen konnte. Was mochte sie vorhaben? Wollte sie meinen Zähnen zuhören?

Da hockte ich nun auf einem Küchenstuhl und ließ es zu, daß diese alte Frau das Innere meines Mundes inspizierte. Ich fühlte, wie die spitze Sonde gegen meine Zähne stieß. Immer mit der Vorsicht, Lady, dachte ich. Ich kann Sie wegen ärztlicher Behandlung ohne amtliche Zulassung belangen. Während sie sich rundum meine Zähne vornahm, überraschte sie mich mit ihren Fachkenntnissen, denn sie lokalisierte meine Füllungen stets mit den korrekten Fachausdrücken wie «lingual», «mesial», «distal» und «zervikal».

«Bei Ihnen ist nicht besonders viel gemacht worden; ich nehme an, man hat Ihnen nichts implantiert», sagte sie schließlich. In Wirklichkeit hatte ich einiges machen lassen, aber das meiste war unter Porzellankronen verborgen. Und ich ließ Miss Lillian lieber in ihrem Irrtum, anstatt weitere Verletzungen zu riskieren. Also bat ich sie, mich zu entschuldigen, und fragte, ob ich ihr Bad benutzen durfte.

Im Badezimmer spähte ich in meinem Mund nach Verletzungen – zum Glück für Miss Lillian gab es keine – und durchsuchte ihren Arzneischrank nach verwertbaren Hinweisen. Ich fand keinerlei verschreibungspflichtige Medikamente, nur Aspirin, Antazid und ein Abführmittel. Die Aspirin, die ein Klingeln im Ohr verursachen können, erinnerten mich an einen Fall, über den ich erst kürzlich im *New England Journal of Medicine* gelesen hatte. Eine siebzigjährige Frau, die täglich zwölf Aspirin nahm, berichtete, das Klingeln ähnele der Melodie von «When Irish Eyes Are Smiling». Auch ich mußte lächeln, denn wenn Aspirin für Miss Lillians Geflüster verantwortlich war, brauchte man nur die Dosis zu halbieren, um das Problem aus der Welt zu schaffen – so jedenfalls hatte es in dem Artikel gestanden. In einer Schublade neben dem Waschbecken fand ich ein Sortiment Gelsalben und Tinkturen gegen Zahnschmerzen, antiseptische Spülungen, Zahnzement und Wachs, Watte- und Baumwolltupfer sowie Material für provisorische Füllungen. Sie hatte alles da, was sie brauchte, um sich selbst um ihre Zähne zu kümmern; das erklärte, weshalb sie auf Besuche bei Dr. Rose hatte verzichten können.

Ich fand Miss Lillian wieder in ihrer Voliere. Sie rief einen schwarzweiß gestreiften Zebrafinken, der sich auf dem Tisch niedergelassen hatte. Der Ruf klang wie aus einer Kindertrompete. Der Vogel hob den Kopf. Ich blieb regungslos stehen. Miss Lillian verschönte den Trompetenton durch einen flötenartigen Pfiff. Der Fink hüpfte auf sie zu, sah sie an und flog davon. Ich setzte mich zu ihr.

«Ich habe eine von Ihren Aspirin genommen, ich hoffe, Sie haben nichts dagegen», legte ich meine Falle aus.

«Natürlich nicht, mein Lieber. Ich nehme fast nie welche», sagte sie. Damit war die Aspirin-Theorie erledigt.

Miss Lillian fühlte sich stark genug, mir mehr von dem Flüstern zu erzählen. Es hatte schon vor vielen Jahren begonnen, als Doc Mulligan sich noch um ihre Zähne kümmerte. Sie horchte auf die seltsamen Töne mit derselben Aufmerksamkeit, die sie den Vogelstimmen schenkte. Immer wenn sie in Mulligans Behandlungsstuhl saß, hörte sie die Geräusche, und jedesmal kam sie ihrer Identifizierung ein Stück näher. Schließlich erkannte sie, daß es sich um flüsternde Stimmen handelte. Es gelang ihr sogar, ein paar Worte zu verstehen, aber sie konnte sich nicht mehr daran erinnern. Doch sie erinnerte sich noch genau, daß die Worte sie sehr erschreckt hatten.

«Kann es nicht sein, daß Sie den Zahnarzt gehört haben, der gerade etwas flüsterte, vielleicht zu seiner Helferin?» fragte ich sie. Immerhin hatte sie unter der Wirkung von Lachgas gestanden und konnte ein wenig verwirrt gewesen sein.

«Sehen Sie, mein Lieber, ich habe es selbst dann gehört, wenn ich allein im Zimmer war. Er hat etwas in meine Zähne getan, damit sie flüstern.» Miss Lillian erklärte, sie habe nie begriffen, was die flüsternden Stimmen aussagten. Aber aufgrund ihrer Korrespondenz mit anderen Menschen, die ähnliche Erfahrungen mit ihren Zahnärzten gemacht hatten, war sie zu der

Überzeugung gelangt, daß es da eine Verschwörung von Zahnärzten gab. Sie implantierten irgendwelche Geräte, mit denen
sie ihre Patienten quälten und ausspionierten.

Da Miss Lillian Vogelstimmen so geschickt nachahmte,
fragte ich sie, ob sie nicht auch das Flüstern nachahmen könne.
Sie kräuselte die Lippen und stieß einen hohen, an Störgeräusche im Radio erinnernden Ton aus, der schließlich zu pulsie-
ren begann und in ein Pfeifen überging. Mir schauderte. Es war
ein unsympathisches Geräusch, das dennoch tief in meinem
Gedächtnis eine Saite erklingen ließ. Ich fragte Miss Lillian, ob
ich das Geräusch auf Tonband aufnehmen durfte, und holte
mein Tonbandgerät aus dem Wagen. Dann produzierte sie fast
drei Minuten lang ununterbrochenes «Flüstern». Wir hörten
uns die Aufnahme gemeinsam an. Diesmal mußte ich an mechanische Geräusche denken, aber ich konnte es immer noch
nicht einordnen.

«Miss Lillian, erinnert Sie das an irgend etwas?» fragte ich.

«Ach, mein Lieber, es ist beängstigend, das so zu hören.
Spielen Sie es nicht noch einmal ab.»

«Nein, das werde ich nicht machen», sagte ich, aber ich
zeichnete unser Gespräch auf.

«Ich habe Flüstern nie gemocht», fuhr sie fort. «Flüstern ist
unhöflich. Wenn jemand etwas zu sagen hat, sollte er es laut
sagen.» Sie flüstert nie, dachte ich. Sie schreit fast – als wäre sie
schwerhörig.

«Glauben Sie, die Stimmen flüstern über Sie?» fragte ich
und dachte dabei natürlich an den übertriebenen Selbstbezug,
der typisch für Paranoiker ist.

«Es ist schrecklich, nicht zu wissen, was sie sagen», erwiderte sie. «Als ich ein Kind war, hat meine Mutter mich einmal
zu einer Varietévorstellung mitgenommen. Ein Zauberkünstler
fragte nach einem Freiwilligen aus dem Publikum. Er hatte
einen zwergwüchsigen Assistenten; der kam herunter und
nahm mich bei der Hand. Ich hatte noch nie einen Liliputaner
gesehen. Ich wollte nicht auf die Bühne, aber meine Mutter
drängte mich, mitzugehen. Oben auf der Bühne flüsterte der

Liliputaner mir ständig etwas ins Ohr. Ich habe nicht verstanden, was er sagte. Ich bekam Angst und lief zurück zu meinem Sitz.»

«Glauben Sie, der flüsternde Zwerg hat etwas mit Ihren flüsternden Zähnen zu tun?» Solch eine Frage hätte der Psychoanalytiker Joel Morgan gestellt.

«Nein, mein Lieber», erwiderte sie mit einem Lächeln. «Es sei denn, Sie kennen einen zwergwüchsigen Zahnarzt.» Miss Lillian war offenbar nüchterner und konkreter in ihrem Denken, als Joel es gewesen wäre.

Plötzlich ließ sich ein grüner Papageienfink auf dem Tisch nieder. Miss Lillian sagte, es sei ein Weibchen. Sie rief es mit dem langen Trillern eines Männchens. Das Tier antwortete mit einem kürzeren Trillern und blieb auf dem Tisch sitzen.

«Wann hören Sie die flüsternden Stimmen?»

«Beim Zahnarzt.»

«Aber Sie gehen doch gar nicht mehr zum Zahnarzt. Warum stört Sie das noch?»

«Mein Lieber, sie können immer noch lauschen, oder nicht? Darum halte ich mich meistens hier auf … Die Vögel … »

Miss Lillian benutzte die Voliere als Schutz vor Abhörgeräten, so wie Spione im Kino den Wasserhahn aufdrehen, wenn sie den Verdacht haben, ihr Zimmer sei verwanzt worden. Sowohl Vögel als auch laufendes Wasser konnten so starke Hintergrundgeräusche erzeugen, daß Abhörvorrichtungen nutzlos wurden.

Der Papageienfink hüpfte zu meinem Tonbandgerät, das auf dem Tisch stand. Ich sah, daß sich der Rekorder abgestellt hatte; es war ja auch spät geworden. Miss Lillian bestand darauf, daß ich wiederkam. Sie hatte nicht oft Besuch. Aber sie hatte eine Gruppe weiterer Opfer organisiert. Besuchten die sie nie? Doch, und sie sei gerne bereit, beim nächsten Mal ein Treffen mit Miss Louise zu arrangieren. Miss Louise besorgte die Korrespondenz mit den Gruppenmitgliedern.

An der Tür fragte ich sie, wie viele Mitglieder ihr Verein habe. Da wir uns nicht mehr im abgeschirmten Bereich der Voliere befanden, schrieb sie eine Zahl auf einen Zettel und reichte ihn mir: 777.

«Ach du heilige Scheiße», sagte ich laut. Ich konnte nicht anders.

«Geben Sie acht, was Sie sagen, mein Lieber. Jemand könnte mithören.»

Lillians flüsternde Zähne erinnerten mich an die apokryphen Geschichten von Leuten, die über die Silberfüllungen in ihren Zähnen Radiosendungen hören. Obwohl das niemals schlüssig bewiesen worden ist, erscheint es doch theoretisch nicht völlig ausgeschlossen. Die meisten Silberfüllungen sind ein Amalgam aus Silber, Kupfer, Zink und Quecksilber. Einige enthalten auch Indium oder Palladium. Im starken Feld eines Radiosenders kann es vorkommen, daß diese Metalle und ihre Oxide die Radiosignale aufnehmen, umwandeln und hörbar machen. Etwas Ähnliches geschieht, wenn plötzlich aus Wasserhähnen und anderen Armaturen Radioklänge ertönen.

Ich erinnerte mich an den amüsanten Fall einer Frau, die Fetzen einer Radiotalkshow aus der Toilette kommen hörte, sobald sie sich daraufsetzte. Aus dem Schmunzeln wurde Schrecken, als sie plötzlich deutlich die Aufforderung hörte: «Rück rüber!» Auch andere hörten Radiostimmen auf dieser Toilette. Wenn man einmal von der Verschwörungstheorie absah, klang Lillians Behauptung, ein undeutliches Flüstern zu hören, gar nicht so verrückt. Und es hatte gewiß nichts gemein mit der detaillierten Anklagerede, die Dennis Sweeny, ein schizophrener politischer Aktivist, aus seinen Zähnen gehört hatte, bevor er den ehemaligen Kongreßabgeordneten Allard Lowenstein tötete. Ich war mir sicher, daß es in Miss Lillians Fall einen realen physikalischen Auslöser geben mußte. Und ich glaubte, daß ich ihn auf meinem Tonband hatte.

Deshalb hörte ich das Tonband in den folgenden Tagen immer wieder ab. Irgend etwas daran irritierte mich. Ich schickte per Eilpost Kopien des Bandes an einen Experten für Vogelstimmen und einen Elektronikfachmann. Sie konnten die Töne nicht identifizieren. Dann spielte ich sie meinen Studenten an der UCLA vor. Ich versprach jedem, der die Töne entschlüsseln konnte, eine Belohnung. Die Studenten rieten wild drauflos: ein lispelnder Mann, der zu pfeifen versucht; ein Schweizer Jodler; dem die Luft ausgeht; oder ein Publikum, das einen Schweizer Jodler auszischt, dem die Luft ausgeht. Am liebsten hätte ich sie alle durchfallen lassen. Dann kam ich auf die Idee, Dr. Rose das Band vorzuspielen. Wer konnte besser Bescheid wissen als ein Mitglied dieser ominösen Zahnärzteverschwörung?

Er erkannte es auf Anhieb: «Das klingt wie ein Absauger», sagte er. Und er hatte recht. Es klang wirklich wie der Absauger, mit dem man den Speichel aus dem Mund eines Patienten absaugt. Es gab noch andere Geräusche auf dem Band, aber der Absauger war der Basso continuo in Miss Lillians Darbietung. Ich hatte eine Idee, wie ich auch die übrigen «Stimmen» identifizieren konnte, und bat Dr. Rose, mir einen seiner Behandlungsräume zu überlassen.

Suzie setzte mich in Zimmer fünf am Ende des Gangs. Es war mit älteren Geräten ausgerüstet und wurde nur im Notfall benutzt. Zufällig war dies auch das Zimmer, sagte sie, in dem sie Miss Lillians Zahnstein entfernt hatte. Na bestens, dachte ich.

Als ich Platz genommen hatte, legte Suzie mir eine Serviette um und schob mir den Absauger in den Mund. Bevor sie ging, bat ich sie noch, die Behandlungslampe einzustellen.

Rasch ging ich die Geräusche in meiner Umgebung durch. Der Absauger machte ein gurgelndes, saugendes Geräusch in meinem Mund. Das Wasser, das in das Speibecken lief, hörte sich an wie, na wie laufendes Wasser eben. Nebenan arbeitete Dr. Rose mit einem Hochgeschwindigkeitsbohrer. Ich hörte sogar das Klingen von Metallinstrumenten, die in die Porzellanschale gelegt wurden. Sonst nichts. Ich schloß die Augen und versuchte, die Geräusche in die Laute der flüsternden Zähne umzuwandeln. Nichts geschah. Nach einer halben Stunde hätte ich mich über jedes neue Geräusch gefreut, selbst über den

Schweizer Jodler. Langweilig, dachte ich. Miss Lillian hatte wenigstens ihr Lachgas ... Natürlich! Das ist es.

«Barry! Barry!» rief ich und lief mit fliegender Serviette den Gang hinunter. Er war gerade mit einem Patienten beschäftigt und sah mich verständnislos an.

«Verzeihung, Dr. Rose», sagte ich. «Der Patient in Zimmer fünf braucht Stickoxidul.»

«Ich komme gleich», erwiderte er und konnte ein Lachen nicht unterdrücken.

Ein paar Minuten später saß ich wieder allein im Behandlungsraum. Nur ich, der Absauger, das Speibecken, mein treues Tonbandgerät und zwei Plastikschläuche, die in meinen Nasenlöchern steckten. Die Schläuche waren mit dem Anästhesiegerät verbunden und verströmten ein Gemisch aus 70 Prozent Stickoxidul und 30 Prozent Sauerstoff – ganz, wie Miss Lillian es mochte.

Das Gas, das durch die Schläuche strömte, fügte dem Dentalorchester eine neue Stimme hinzu: ein Zischen. Ich schloß die Augen und entspannte mich, in der Hoffnung, das Zischen in ein Flüstern verwandeln zu können ... Es klang durchaus ein wenig wie Flüstern. Ich dachte an Miss Lillian, ihre flüsternden Zähne und ihre kindliche Angst vor dem flüsternden Liliputaner ... Ich driftete hinüber ... Vielleicht waren 70 Prozent doch etwas zuviel ... ja ... entschieden ... zuviel ...

Aus dem flüsternden Zischen des Absaugers und des Lachgases wird das Zischen von Druckluft, die aus einem Schlauch entweicht. Ein Zwerg in einem Clownskostüm hält den Schlauch. Es ist Angelo Brienza.

Angelo war der zwergwüchsige Clown auf dem Rummelplatz der Pferderennbahn in Coney Island. Einmal im Jahr führte mein Vater die Familie auf diesen Rummelplatz aus. Am besten gefiel mir das berühmte «Querfeldeinrennen». Man saß auf einem Metallpferd, das mit anderen Metallpferden über eine fast fünfhundert Meter lange, ellipsenförmige Bahn gezogen wurde, die außerdem noch auf und ab führte. Das Ganze wurde mechanisch gesteuert, aber wenn man sich oben auf einem der kleinen Hügel nach vorn beugte, konnte man die Geschwindigkeit etwas erhöhen und die übrigen Pferde überholen. Es war aufregend, aber auch beängstigend. Mein Vater saß hinter mir und hatte die Arme um mich geschlungen. So fühlte ich mich sicher, aber mit dem zusätzlichen Gewicht war es unmöglich, zu gewinnen.

Die Arme meines Vaters boten jedoch keinen Schutz vor dem Verhängnisvollen, das mich nach dem Ritt erwartete. Hinter dem einzigen Ausgang führte ein schmaler Gang auf die Bühne des Insanitarium-Theaters. Wenn man versuchte abzubiegen, geriet man in ein Labyrinth, das einen auf anderen Wegen doch immer wieder an denselben Ort führte. Es war wie in einem schlimmen Traum.

Ich bin mit meiner Familie auf der Bühne des Insanitarium-Theaters. Hunderte von alten Männern drängen sich im Zuschauerraum. Sie lächeln, schauen … und warten … Angelo winkt uns zu und deutet auf ein großes Exit-Schild im Zuschauerraum. Ein großer rosa Holzelefant steht gleich neben dem Gang. Wir gehen über ein Gitter, das in den Boden eingelassen ist. Plötzlich bläst ein starker Luftstrom durch das Gitter nach oben. Er hebt die Röcke meiner Mutter und meiner Schwester bis über ihre Köpfe. Angelo nimmt den Druckluftschlauch, richtet den Luftstrom auf ihre Schlüpfer und versucht sie damit abzustreifen. Er läuft zu einem künstlichen Baum auf der Bühne und holt einen Schlüpfer von einem Ast, als wäre er gerade dorthin geweht worden. Dann entrollt er von einem anderen Ast ein Rollbild, auf dem ein Vollmond abgebildet ist – Symbol des Körperteils, dessen Entblößung man sich erhofft hatte. Die Glasaugen des Elefanten leuchten rot auf. Das Publikum tobt vor Lachen. Mein Vater und ich stehen hilflos da.

Die Szene wechselt zu einem späteren Jahr.

Nun tragen meine Mutter und meine Schwester lange Hosen. Sie gehen über die Bühne und lächeln Angelo an. Ich höre die Männer im Zuschauerraum buhen und zischen.

Das Zischen des Gases in den Schläuchen schien nun anders zu klingen. Dr. Rose hatte das Lachgas abgestellt und gab mir für ein paar Augenblicke reinen Sauerstoff zu atmen, damit ich wieder klar wurde. Mehr als zwei Stunden hatte ich unter Lachgas gestanden, und er wollte die Praxis schließen.

Ich konnte mir nur zu gut vorstellen, wie Joel Morgan meinen Trip kommentieren würde, denn er bot eine Menge Freudscher Symbole. Der Schlauch des zwergwüchsigen Clowns war offensichtlich sein Penis. Ich hatte gesehen, wie der Clown meine Mutter und meine Schwester gedemütigt hatte, und ich haßte ihn dafür. Inzestwünsche machten alles nur noch schlimmer. Offenbar wollte ich den Clown töten und vielleicht auch meinen Vater, weil er uns dorthin gebracht hatte. Ich lachte über solch unmögliche Gedanken. Schließlich nannte man das Zeug nicht ohne Grund Lachgas.

In Wirklichkeit hatte mein Stickoxidultrip gar nichts Freudsches an sich. Es handelte sich vielmehr um eine präzise Erinnerung an ein Kindheitserlebnis. Manchmal ist ein Schlauch eben nur ein Schlauch und ein Clown ein Clown. Tatsächlich besaß ich mehrere Fotografien, die Angelo und mich Seite an Seite zeigten. Mit den Jahren wurde ich größer, während Angelo immer kleiner zu werden schien. Am Ende schrumpfte er auf die Größe einer fernen Kindheitserinnerung zusammen. Immerhin mußte ich mir eingestehen, daß ich mit Lillian solch eine Kindheitserinnerung an Liliputaner oder Zwerge teilte. Warum? Waren sie Bestandteil ein und desselben paranoiden Zugs, der bis zu Tolmans Bildern von mißgestalteten Zwergen reichte? Die Frage bereitete mir Unbehagen, und ich schob sie beiseite, um mich wieder Miss Lillians Zähnen zuzuwenden.

Das Experiment in Zimmer fünf hatte gezeigt, daß die Geräusche im Umfeld des Behandlungsstuhls ohne weiteres in wiedererkennbare Laute transformierbar waren. Wie aus dem Zischen ein Druckluftschlauch oder ein flüsternder Zahn wurde, war beispielhaft für kognitive Assoziationen unter der Wirkung von Stickoxidul. Ich suchte in der medizinischen Literatur nach anderen Berichten über zischende oder wispernde

Geräusche. In einer Versuchsreihe mit Studenten des University College in London hatte man Wasser in einem Kessel kochen lassen, so daß alle übrigen Geräusche im Labor überdeckt wurden. Dennoch berichteten die Studenten von ganz unterschiedlichen auditiven Wahrnehmungen. Für einen von ihnen klang das kochende Wasser wie ein Orchester, das eine monotone Melodie spielte. Ein anderer empfand das Geräusch als rhythmisches Trommeln. Wieder andere verglichen es mit dem Rauschen eines Radios. Und einer der Studenten berichtete sogar, er höre Fetzen einer Radiosendung, in der Lieder gesungen und Witze gemacht wurden.

Wenn Miss Lillian die Geräusche im Behandlungsstuhl mißinterpretiert hatte, wie ich nun aufgrund meiner eigenen Erfahrung annahm, konnte ich die Ursache ihrer flüsternden Zähne am ehesten dadurch beheben, daß ich ihr zu einer klareren Wahrnehmung verhalf. Wenn ich sie nur bewegen konnte, noch einmal in den Behandlungsraum fünf zu gehen, würde ich ihr die Quellen der gehörten Geräusche zeigen können. Dazu mußte ich allerdings die Raumgeräusche verstärken, damit Lillian sie wirklich hören konnte. Das ließ sich mit Mikrophonen und Lautsprechern bewerkstelligen, doch besser noch mit einer Hörhilfe, die Lillian, wie ich annahm, ohnehin benötigte. Gewiß, ich war mit einem ähnlichen Ansatz bei Tolmans verfehlten Wahrnehmungen gescheitert. Doch mein Forscherinstinkt sagte mir, daß Miss Lillian nicht so rigide und unbeweglich war wie Tolman. Mein verhaltenstherapeutischer Ansatz mochte einem Naturwissenschaftler wie Tolman nicht gefallen haben, doch bei Miss Lillian hatte er eine Chance, wie ich glaubte. Deshalb beschloß ich, ihr eine Hörhilfe anzubieten, sobald sich eine günstige Gelegenheit dazu bot.

In der Zwischenzeit galt es, ein anderes Problem zu lösen. Miss Lillian hatte die Geräusche im Behandlungsstuhl seit mehr als zwei Jahren nicht mehr gehört; dennoch glaubte sie, die Apparate in ihren Zähnen hörten sie weiterhin ab, auch wenn sie nicht mehr flüsterten. Was hielt diese Wahnvorstellung lebendig, obwohl der ursprüngliche Stimulus verschwunden war? Ich nahm an, ihre Wahnvorstellung wurde von den Geschichten der übrigen Opfer genährt und aufrechterhalten, zu denen sie Kontakt gesucht hatte. Wenn es mir nicht gelang, diese Geschichten zu erklären, zu entwerten oder auf andere Weise auszuschalten, würde Miss Lillian ihre Wahnvorstellung niemals aufgeben. Es war an der Zeit, daß ich Miss Louise und die übrigen Opfer der Verschwörung traf.

Miss Louise begrüßte mich an der Tür von Miss Lillians Haus. Sie war eine schlanke, attraktive Frau, der man trotz ihres platinblond gefärbten Haars ansah, daß sie Mitte Sechzig sein mußte. Zeigte Miss Lillian Ähnlichkeit mit Whistlers Mutter, dann glich Miss Louise einem Poster-Girl von Erté. Die Blässe ihrer Haut wurde von dem fachkundig aufgetragenen Lippenstift noch unterstrichen, dessen schreiendes Signalrot sich auch auf den Fingernägeln wiederfand. Pastellfarbener Lidschatten spannte zwei Bögen über ihre blauen Augen, die wegen der lästigen Kontaktlinsen ständig blinzelten. Sie trug einen bunten Pullover mit Schachbrettmuster und eine goldfarbene Hose, auf die sie auch ihr Halstuch abgestimmt hatte. Ihre hochhakkigen Pumps enthüllten Zehennägel, die im selben Signalrot lackiert waren wie die Fingernägel. Kleidete sich Miss Lillian in die eintönigen Farben eines Zebrafinken, so ähnelte Miss Louise einer Gouldamadine, einer Finkenart, die für ihr buntes, den ganzen Regenbogen umfassendes Federkleid bekannt ist.

Sie führte mich in die Voliere, wo Miss Lillian sich gerade um ihre Vögel kümmerte. Sie hielt eines der Vögelchen in der Hand und betupfte sein Gefieder mit einer Nikotinlösung, um die Milben loszuwerden. Daher stammten also die gelben Flekken an ihren Fingern, die ich fälschlich für die Spuren von Tabakgenuß gehalten hatte.

Ich bot Miss Lillian meine Hilfe an, während Miss Louise in die Küche ging, um ein paar kalte Getränke zu holen. Sie kehrte mit mehreren großen Gläsern Zitronenlimonade zurück und stellte eines davon vor mir auf den Tisch. Sie sahen aus wie Waterford-Gläser, doch als ich meines nahm und daraus trank, stellte ich fest, daß es sich um ein Scherzglas handelte, aus dem die Limonade tröpfelte, als ich es an die Lippen setzte. Miss Louise wieherte so laut, daß die Finken aufflogen. Selbst die sonst so reservierte Miss Lillian konnte ein Kichern nicht verbergen. Mir kam der boshafte Gedanke, mich mit einem anderen Scherzartikel zu rächen und ihnen eines dieser aufziehbaren klappernden Gebisse auf den Fußboden zu legen. Doch ich zwang mich zu lachen und wischte mir den Saft mit einer Serviette vom Hemd. Vielleicht war der Scherz für ihre Gruppe eine Art Initiationsritual, denn die beiden Frauen schienen nun entspannter und begannen ungezwungen zu erzählen.

Seit vielen Jahren waren sie Nachbarn und Freunde. Miss Louise hatte ihre Zähne niemals flüstern hören, dennoch teilte sie Miss Lillians Glauben an die Zahnärzteverschwörung. Bei Miss Louise gründete die Paranoia in einer Zahnarztphobie. Neunzig Prozent der Bevölkerung haben mehr oder weniger Angst vor dem Zahnarzt, aber nur bei acht Prozent trägt diese Angst wirklich phobische Züge. Manche sind emotional so aufgewühlt, daß sie psychosomatische Probleme entwickeln und anfällig für Wurzelentzündungen, Muskelkrämpfe oder Funktionsstörungen der Kiefergelenke werden. Miss Louise hatte schon unter all diesen Störungen gelitten, führte sie aber auf Infektionen zurück, deren Ursache die implantierten Geräte waren.

«Louise hat diese Probleme erst, seit sie sich vor ein paar Jahren Kronen auf ihre Zähne hat machen lassen», erläuterte Miss Lilian. «Damals haben sie ihr das eingesetzt.»

«Eine krönende Leistung», bemerkte Miss Louise. Sie schien gar nicht empört.

«Können Sie mir etwas über diese Geräte sagen?» fragte ich.

«Sie hat eins von diesen neumodischen Nanodingern bekommen», erwiderte Miss Lillian.

«Nano, Nano», versetzte Miss Louise und erklärte, ihr Gerät verursache Spannungen in Zähnen und Kiefer, Stiche und Herzrasen. Das klang zwar sehr nach der typischen Angst oder Panik phobischer Patienten, doch Miss Louise sah die Ursache in ihrem Zahnimplantat. Sie zeigte eine nahezu religiöse Hysterie, wenn es darum ging, dem Zahnarzt um jeden Preis aus dem Weg zu gehen.

«Sind Sie noch einmal beim Zahnarzt gewesen, seit Sie die Kronen haben?» fragte ich.

«Nein», erwiderte Miss Louise mit einem tiefen Seufzer. Ich spürte, daß sie gerne gegangen wäre, aber zu große Angst hatte. In diesem Augenblick streiften ein paar Finken Miss Louises Haar. «Verdammte Finken», stieß sie leise hervor und vertrieb die Vögel mit der Hand. Miss Lillian hatte sie offenbar nicht gehört.

«Und warum gehen Sie nicht?» fragte ich. «Sie sagten doch, Sie haben immer noch Probleme.»

Miss Lillian unterbrach mich. «Die werden ihr noch ein Gerät einsetzen», sagte sie. «Vielleicht eins, das flüstert.»

«Ja», stimmte Miss Louise ihr zu. «Eine Stimme aus unbekannter Wurzel.» Alle lachten.

«Dann wäre wirklich ein Nerv getroffen, nicht?» scherzte ich. Miss Louises Humor war ansteckend, und wieder lachten alle.

Als wir uns erholt hatten, erklärte Miss Louise, daß sie seit kurzem Mitglied der Christian Science Church sei. Wenn sie Probleme mit den Zähnen habe, folge sie einfach der Christian-Science-Tradition der Heilung durch Beten. «Gebete sind mir lieber als Zahnarztrechnungen», sagte sie, und wir lachten ein weiteres Mal.

Miss Louise war gewitzt und intelligent und offenbar auch aufgeschlossen. Sogar über ihre neue Religion vermochte sie zu lachen. Ich beschloß, die Gunst der Stunde zu nutzen und ihr ein paar Ideen einzugeben, über die sie nachdenken konnte. Ich kannte die Lebensgeschichte der Gründerin der Christian Science Mary Baker Eddy, weil ich mich mit ihrem lebenslangen Morphiumkonsum beschäftigt hatte. Dabei war ich zu der Ansicht gelangt, daß ihre Morphinerfahrungen von zentraler Bedeutung für ihr religiöses Denken gewesen waren und daß ihre Anstrengungen, diese Sucht geheimzuhalten, die Entwicklung ihrer fortschreitenden Paranoia gefördert hatten. In späteren Jahren glaubte sie, fünfzigtausend Menschen konzentrierten sich darauf, sie allein durch die Kraft ihrer Gedanken zu töten. Aber ich hatte kein Interesse, die Gründungsmutter jener Religion anzugreifen, der Miss Louise sich seit kurzem verschrieben hatte. Vielmehr erzählte ich ihr von Eddys Verhältnis zu Zahnärzten. Obwohl sie von sich behauptete, Knochenschwund heilen zu können, nahm sie ihr Leben lang die Dienste von Zahnärzten und Kieferchirurgen in Anspruch. Ihr zweiter Ehemann, Daniel Patterson, war sogar selbst Zahnarzt und befaßte sich intensiv mit der Anwendung von Lachgas. Nach den Beschreibungen zu urteilen, besaß er in Aussehen und Temperament gewisse Ähnlichkeiten mit Dr. Rose. Miss Lillian und Miss Louise schienen sehr interessiert. Als Mary sich von Patterson hatte scheiden lassen, fuhr ich fort, ging sie auch weiterhin zu Zahnärzten, um sich Füllungen machen oder Zähne ziehen zu lassen, und sie hatte nicht einmal etwas gegen künstliche Zähne. Viele Jahre hatte sie sogar einen festen Zahnarzt, der sich jederzeit um sie kümmern konnte. Sie bemühte sich zwar sehr, die Zahnarztbesuche nicht publik zu machen, aber sie hatte keinerlei Bedenken, zum Zahnarzt zu gehen, wenn es notwendig war.

Miss Louise schien von dieser Information ehrlich überrascht. Ich hoffte, sie werde ihre religiöse Abneigung gegen Zahnärzte überdenken.

«Sieht Dr. Rose wirklich so aus wie Patterson?» fragte sie.

«Na ja, Patterson war groß, dunkel und sehr schön», sagte ich. «Was meinen Sie, Miss Lillian?»

«Ich muß schon zugeben, daß Dr. Rose ein schöner Mann ist.»

«Ist er verheiratet?» fragte Miss Louise.

«Louise!» fauchte Miss Lillian.

«Er ist ein sehr guter Zahnarzt», fuhr ich fort. «Er ist freundlich und einfühlsam, wie Patterson. Ich glaube nicht, daß er jemals einem Patienten absichtlich schaden oder ihm ein Gerät implantieren würde.» Ich sah Miss Lillian an. «Er hat nur versucht, Ihnen zu helfen, indem er ehrlich und aufrichtig zu Ihnen war. Ich bin mir sicher, daß er kein Mitglied irgendeiner Verschwörung ist.»

«Tsick tsick tsick tsriik», sang Miss Lillian. Wenn es ihr unbehaglich wurde, rief sie stets ihre Vögel.

Ich brachte das Gespräch rasch wieder auf die Gruppe, die meine beiden Damen organisiert hatten. Hatte sie wirklich 777 Mitglieder? Wieder wieherte Miss Louise, dann lieh sie sich mein Notizbuch, schrieb etwas auf ein leeres Blatt und gab es mir zurück. Auf dem Blatt stand die Zahl 777.

«Siebenhundertsiebenundsiebzig», las ich laut.

«Drehen Sie es herum», sagte Miss Louise. Beide Damen kicherten.

«Ich versteh's nicht», sagte ich.

«L-L-L», erläuterte Miss Louise. «Das steht für Lillian, Louise und Leroy ... Ein kleiner Geheimcode.»

«Leroy schreibt uns aus San Quentin», fügte Miss Lillian hinzu.

«Unser Knastvogel», ergänzte Miss Louise.

«Unser schwarzer Knastvogel, meine Liebe.»

«Das wissen wir nicht, Lillian, wir haben ihn nie gesehen.»

«Also, meine Liebe, ich glaube jedenfalls, daß er schwarz ist.»

«Warten Sie», rief ich. «Soll das heißen, Ihre Gruppe besteht nur aus drei Leuten?»

«Wir schicken vielen Leuten Informationsmaterial, aber Leroy ist der einzige, der zurückschreibt», sagte Miss Lillian.

Miss Louise holte zwei Schuhkartons mit Briefen von Leroy. Sie gab mir auch eine Liste mit den Adressen von Ärztekammern, medizinischen Fakultäten, diversen staatlichen Stellen und Verbraucheranwälten. An all diese Stellen hatten die beiden einen Brief geschrieben, in dem sie von ihren Erfahrungen berichteten und um Hilfe bei der Bekämpfung dieser Zahnärzte baten. Eine der angeschriebenen Organisationen hatte geantwortet und ihrem kurzen Dankschreiben auch die Kopie eines Briefs ganz ähnlichen Inhalts beigefügt, der von Leroy stammte.

Daraufhin hatten Lillian und Louise eine Korrespondenz mit Leroy begonnen, und bald füllten sich die Schuhkartons mit seinen Briefen.

Der Briefwechsel mit ihrem Knastbrieffreund machte den beiden großen Spaß. Seine Briefe waren voller faszinierender Details aus dem Gefängnisleben. Ich wußte, daß Gefängnisse Brutstätten der Paranoia sind. Weil Vergewaltigungen und homosexuelle Übergriffe in Gefängnissen so häufig vorkommen, läßt sich oft nur schwer entscheiden, ob Gedanken [oder Briefe] von Gefangenen auf realen Ereignissen oder nur auf Wahnvorstellungen basieren. Leroy behauptete von sich, ein Experte in diesen von Zahnärzten benutzten Abhörgeräten und Sendern zu sein, da er selbst mehr als zwanzig Jahre darunter zu leiden gehabt habe. Von ihm stammten fast sämtliche Informationen, die meine beiden Damen über die verschwörerischen Aktivitäten des Staates zur Überwachung der Menschen durch implantierte Abhörgeräte zu besitzen glaubten. Und sie luden mich ein, seine Briefe zu lesen.

Doch es war spät geworden, und wir alle waren erkennbar müde. Die Damen bedauerten aufrichtig, daß ich schon gehen wollte; sie baten mich, bald wiederzukommen, und als wollten sie mich bestechen, drängten sie mich, wenigstens noch Leroys letzten Brief zu lesen. Ein solcher Bestechungsversuch war gar nicht nötig, denn ich hatte keineswegs vor, mir diese Briefe entgehen zu lassen. Ich war wirklich müde. Widerwillig nahm ich den Brief und begann zu lesen.

Leroy hatte aufregende Neuigkeiten mitzuteilen. Er hatte gerade von Bob, einem Automechaniker aus Colorado Springs, gehört, er sei gleichfalls das Opfer zahnärztlicher Implantationen geworden. Der Mechaniker hatte entdeckt, daß Zahnärzte in seiner Heimatstadt Kindern solche Geräte implantierten, um sie später beherrschen zu können. Und Bob beschloß zu handeln. Er gab sich als «Dr. Bob» aus, suchte sich in Kinos kleine Jungen, belästigte sie und zog ihnen schließlich ihre Zähne aus. Der Brief enthielt graphische Darstellungen sowohl der Belästigungen als auch des Zähneziehens. Dem Brief beigelegt hatte

Leroy einen Zeitungsausschnitt, der über den bizarren Fall berichtete.

«Tolles Material», sagte Miss Louise, als ich zu Ende gelesen hatte. Sie und Miss Lillian warteten neugierig, wie ich reagieren würde. Offenbar boten Leroys Briefe ihnen eine sehr unterhaltsame Lektüre.

«Ja», sagte ich. «Wofür sitzt Leroy denn eigentlich im Gefängnis?»

«Er ist schwul. Ein ganz steiler Zahn, unser kleiner warmer Bruder», lachte Miss Louise.

«Das wissen wir doch gar nicht, meine Liebe», sagte Miss Lillian. Sie rief den Vögeln eine kleines «Tschuri-tschuri-tschuri» zu.

«Aber Schwulsein ist kein Verbrechen. Was hat er wirklich gemacht?» fragte ich.

«Er hat versucht, einen Zahnarzt zu töten», erwiderte Miss Louise.

Diesen steilen Zahn hätte ich allerdings nicht gerne neben meinem Kopfkissen vorgefunden.

Ein paar Tage später kam ich wieder, um Leroys Briefe zu lesen. Er schrieb, ein Zahnarzt habe ihm ein elektronisches Gerät eingesetzt, als er «wegen eines Vergehens, das ich nicht begangen habe», in einer Anstalt der California Youth Authority einsaß. Wurde das Gerät eingeschaltet, begann der Zahn zu schmerzen. Dann sprang der Schmerz von einem Zahn zum nächsten und wanderte so durch sein ganzes Gebiß. Anschließend strahlte er nach allen Seiten aus: in der Kehle wurde er zu einem Kratzen, in den Ohren zu einem Summen und um die Augen herum zu fürchterlichen Kopfschmerzen. Die Anfälle dauerten nur ein paar Minuten, aber seine Augenbrauen kribbelten danach noch mehrere Stunden. Und manchmal fielen ein paar Haare aus.

Leroy beschuldigte die CIA, die Implantation dieser Geräte zu betreiben, um die Kontrolle über die Bevölkerung zu erlangen. Natürlich führten sie ihre Versuche zunächst an Strafgefangenen durch. Außerdem rekrutierten sie überall im Land Zahnärzte, die früher beim Militär gedient hatten. Nach seiner Entlassung aus der Jugendstrafanstalt brach Leroy in mehrere Zahnarztpraxen ein, um nach Beweismaterial zu suchen. Er behauptete, unangreifbare Beweise gefunden und sogar einige dieser Geräte in ihrer Originalverpackung mit amtlichem Siegel gesehen zu haben. Eines Abends wurde er von einem Zahnarzt überrascht und mußte um sein Leben kämpfen. Im Gefängnis war er nur deshalb, weil sie Angst hatten, er könne die Wahrheit über diese Verschwörung gegen das amerikanische Volk verbreiten. Unter seinen Brief schrieb er stets in großen Buchstaben: «Sagt es weiter!»

Die Frauen glaubten Leroys Geschichte, aber ich war skeptisch. Ich beschloß, den Dingen mit Hilfe einiger Freunde aus dem Strafvollzug nachzugehen. Ich besorgte mir einen Auszug aus Leroys Strafregister und setzte mich mit dem Staatsanwalt und dem Pflichtverteidiger in Verbindung, die seine letzte Straftat bearbeitet hatten. Sie verschafften mir Kopien der polizeilichen Akten und Mitschriften seines Strafprozesses. Außerdem gelang es mir, Kopien seiner Krankenakte aus dem Gefängnis zu besorgen, und ich sprach telefonisch mit dem Gefängnisarzt, der ihn behandelte. Als ich alle Informationen beisammen hatte, stattete ich Miss Lillian und Miss Louise einen weiteren Besuch ab.

Ich berichtete den beiden Damen, was ich über Leroy in Erfahrung gebracht hatte. Zweiundzwanzig seiner neunundvierzig Lebensjahre hatte er hinter Gittern verbracht, und zwar wegen diverser Straftaten, die vom Autodiebstahl bis hin zu versuchtem Mord reichten. In den letzten Jahren hatte er sich auf Einbrüche in Zahnarztpraxen spezialisiert, und dies nicht, um Beweise für eine Verschwörung aufzuspüren, sondern um an Drogen zu gelangen. Er war kokainsüchtig und stahl neben Kokain und anderen Narkotika auch Computer, Schreibmaschinen und andere Büromaschinen, mit deren Verkauf er seine Sucht finanzieren konnte. Zwar würde Leroy gewiß behaupten, der Diebstahl der Drogen sei nur eine Tarnung für seine eigentliche Mission gewesen, die Absicht nämlich, Beweise für die Verschwörung zu finden, doch in den Akten war nirgendwo erwähnt, daß Unterlagen oder zahntechnische Geräte entwendet worden wären. Bei einem seiner nächtlichen Einbrüche war er vom Inhaber der Praxis überrascht worden. Es kam zu einem Kampf, und Leroy stach dem Zahnarzt mit einem Messer ins Auge. Am Tatort fand die Polizei das Messer mit zahlreichen Fingerabdrücken von Leroy, und einige Tage später konnte man ihn verhaften. Der Zahnarzt kam mit dem Leben davon, verlor aber eines seiner Augen.

«Tsi tsi tschurrt», sang Miss Lillian nervös. Ein paar Kanarienvögel und Finken zwitscherten. Miss Louise rutschte unruhig auf ihrem Stuhl hin und her. Ich spürte, daß sie ein Unbehagen, wenn nicht sogar Abneigung gegenüber ihrem Brieffreund aus dem Gefängnis zu entwickeln begannen. Ich beschloß, diese Situation auszunutzen und, wenn es denn sein mußte, Leroys Reputation vollends zu ruinieren, um die beiden von seinem Einfluß zu befreien.

«Sie hatten ganz recht, Miss Louise», fuhr ich fort. «Leroy ist schwul. Aber er ist mehrmals zu Gefängnisstrafen verurteilt worden, weil er kleine Jungs angegriffen und belästigt hat. Es war nicht nur ‹ein einmaliges Vergehen›, wie er behauptet. Es waren über ein Dutzend Fälle. Und die Beweise gegen ihn waren erdrückend.»

«Aber man hat ihm doch dieses Ding eingesetzt, mein Lieber», protestierte Miss Lillian.

Vielleicht. Ich habe mir seine Krankenakte aus dem Gefängnis angesehen. Als sich in einem seiner Zähne ein Abszeß bildete, fand man auf dem Röntgenbild einen kleinen Splitter in seinem Zahnfleisch. Der Gefängniszahnarzt entfernte den Zahn und den Splitter. Bei dem Splitter handelte es sich um die Spitze einer Bleistiftmine, die offenbar absichtlich unter den Zahn geschoben worden war. Leroy behauptete, es sei ein elektronisches Miniaturgerät, das nur so aussehe wie eine Bleistiftmine. Der Zahnarzt hatte den Verdacht, daß Leroy sie sich selbst ins Zahnfleisch gebohrt hatte, um seinen Verschwörungsvorwurf stützen zu können, und überwies ihn deshalb an den Gefängnispsychiater.

Ich erzählte den beiden Damen von meinem Telefongespräch mit dem Psychiater. Ich wußte, daß sie Angst vor Geisteskranken hatten. Geisteskrankheit war etwas Schreckenerregendes für sie, weil sie so etwas nicht verstanden. Ein Geisteskranker war unberechenbarer und daher beängstigender als ein Mann, der bei der Aufdeckung einer Verschwörung einen Mordversuch begangen hatte. Der Psychiater war zu einer vorläufigen Diagnose gelangt. Die Damen sahen mich erwartungsvoll an.

«Also, meine Damen, ich muß jetzt ein paar schlimme Worte benutzen.» Ich machte eine Pause, um den dramatischen Effekt zu erhöhen. «Leroy ist ein gefährlicher *Psychopath* und *Soziopath*. Er hat gedroht, dem Psychiater und seiner Familie etwas anzutun.»

Miss Lillian schüttelte ungläubig den Kopf. «Er hat uns geschrieben, alle Gefängnisärzte wären an der Verschwörung beteiligt», sagte sie.

Ich erklärte Miss Lillian, daß Leroy einen pathologischen Hang zur Verdrehung der Tatsachen habe. Ich hatte mich bei den Behörden in Colorado Springs erkundigt. Der infame «Dr. Bob» hatte seinen Opfern zwar Zähne gezogen, aber von irgendwelchen Abhörgeräten oder einer Verschwörung hatte er nie gesprochen. Leroy verdrehte die Tatsachen und bog sie so zurecht, wie er sie brauchen konnte. Er hatte sowohl die Verschwörung als auch deren Beweise erfunden.

«Dentalgate», stieß Miss Louise hervor.

«Dentalgate» bestätigte ich ihre Anspielung auf Watergate.

Miss Lillian murmelte «si si si».

Es war genug für einen Tag. Die beiden sollten erst einmal verdauen, was ich ihnen gesagt hatte. Ich hoffte, ich hatte Leroys Position so weit geschwächt, daß die Frauen bereit waren, meine Hilfe zu akzeptieren, wenn wir uns nun ihren eigenen Zahnproblemen zuwandten, ohne dabei gegen Leroy und seine Verschwörung ankämpfen zu müssen.

Miss Louise brachte mich zur Tür. «Ich werde mit ihr reden, Doktor Ron», sagte sie. Dann drückte sie mir einen Kuß auf die Wange.

In den folgenden Wochen traf ich Miss Louise mehrmals allein. Sie war dabei, Miss Lillian zu «bearbeiten», und sagte ihr schließlich, daß sie nicht mehr mit Leroy korrespondieren werde. Wenn Lillian ihm weiterhin schreiben wolle, solle sie es tun, aber sie selbst wolle keinen Kontakt mehr mit ihm. Louise bestätigte meinen Verdacht, daß Miss Lillian schwerhörig wurde, und gemeinsam überredeten wir sie zu einem Hörtest, den ich an der UCLA für sie arrangierte. Zwei Wochen später trug Miss Lillian die beidseitige Hörhilfe, die ich ihr gekauft hatte. Sofort besserte sich auch ihre Stimmung. Nie zuvor hatte sie mich angerufen, doch nun telefonierte sie gleich mehrmals in der Woche mit mir, um mir von den neuen Vogelstimmen zu erzählen, die sie nun hören konnte. Es war an der Zeit, daß wir herausfanden, ob sie immer noch die flüsternden Zähne hörte. Nach einiger Überzeugungsarbeit begleiteten Miss Louise und ich sie in Dr. Roses Praxis zu einer längst überfälligen «Routineuntersuchung». Dr. Rose benahm sich ganz reizend. Er und Suzie begrüßten Miss Lillian mit einem halben Dutzend langstieliger Rosen, die ich besorgt hatte. Dann nahm er ihre Hand und führte sie in Behandlungsraum fünf, während Miss Louise im Wartezimmer Platz nahm und verwundert darüber nachdachte, wie schön und unverheiratet dieser Dr. Rose doch war. Ich hielt mich ein wenig abseits, während Rose Miss Lillians Zähne untersuchte. Er fand nur in einem Zahn ein kleines Loch und beglückwünschte Miss Lillian zu der fachkundigen Art, in der sie die provisorische Füllung angebracht hatte. Da die Füllung jedoch schon fast ausgewaschen war, schlug er ihr vor, sie rasch durch eine Kunstharzfüllung zu ersetzen, die garantiert frei von jeglicher Elektronik sei. Ich mochte kaum glauben, daß Miss Lillian einwilligte. Ein paar Minuten später sog sie das Lachgas ein und nukkelte vergnügt an dem Absauger in ihrem Mund. Wiederum ein paar Minuten später war der Zahn repariert. Miss Lillian stand auf und ging hinaus.

«Haben Sie etwas gehört, Miss Lillian?» fragte ich sie, als Rose und ich ihr auf den Gang folgten. Ich war sehr nervös und hatte offenbar viel zu laut gesprochen.

«Schreien Sie doch nicht so», sagte sie. «Ich kann jedes Flüstern hören, und ich habe keins gehört.»

Rose begleitete uns zur Tür und überreichte Miss Louise zum Abschied eine einzelne Rose, die ihren Gouldamadinenaugen ein erregtes Flimmern abgewann. Als ich die beiden Damen nach Hause fuhr, konnte ich ihrer Unterhaltung entnehmen, daß Dr. Rose gleich zwei neue Patientinnen gewonnen hatte.

Ein paar Wochen später stattete ich Miss Lillian einen Besuch ab. Als ich mich dem Haus näherte, bemerkte ich, daß die Futterhäuschen abgebaut worden waren. Es dauerte eine Weile, bis Miss Lillian den neuen Riegel zurückgeschoben und die neue Kette an ihrer Eingangstür gelöst hatte. Wir gingen in die Voliere. Viele der Finken waren in Käfige gesperrt. Miss Lillian war außer sich.

«Was ist denn los?» fragte ich und empfand dabei den tiefen Wunsch, meine neue Freundin zu beschützen.

Miss Lillian erzählte mir, daß sie Leroy geschrieben hatte. In ihrem Brief berichtete sie ihm, was ich über ihn gesagt hatte, und erklärte ihm, sie werde ihm nicht mehr schreiben. Dieser Brief sei ein Abschiedsbrief. Nun überreichte sie mir seine Antwort. Ich las sie. Der Brief war gespickt mit Flüchen und Beleidigungen. Er schrieb, er werde bald nach Los Angeles kommen und mit ihr abrechnen. Und er werde ihr ein paar «Würger» ins Haus setzen.

«Was sind Würger?» fragte ich.

Miss Lillian hatte Schwierigkeiten, die Fassung zu bewahren, und konnte es mir nicht selbst erklären. Statt dessen reichte sie mir ein Lexikon, das bereits an der betreffenden Stelle aufgeschlagen war. Würger, so las ich dort, waren graue Vögel von der Größe einer Krähe, aber mit häßlich gebogenen Schnäbeln. Und sie machten ihrem Namen alle Ehre. Denn die Würger waren bösartige Fleischfresser. Sie töteten kleine Vögel und spießten sie auf spitze Äste, um sie später zu fressen.

«Ach du heilige Scheiße», entfuhr es mir, als ich den Artikel gelesen hatte. Ich war sicher, daß Miss Lillian mich hörte. Die gute Nachricht war, daß sie nicht mehr glaubte, abgehört zu werden, die schlechte Nachricht, daß Leroy und seine Würger in die Stadt kamen.

Ich sagte Miss Lillian, ich würde nachprüfen, was es mit Leroys Entlassung aus dem Gefängnis auf sich hatte, und die Behörden über ihre potentielle Bedrohung informieren. Falls nötig, werde ich um Schutz für sie bitten. Ich versprach ihr, sie anzurufen, sobald ich mehr wußte.

In einem aufgeregten Anruf beim Bezirksstaatsanwalt erfuhr ich, daß man Leroy ins Los Angeles County Jail überstellt hatte, weil er in einem Mordprozeß als Zeuge aussagen sollte. Das Ganze würde eine Woche dauern, danach brächte man ihn zurück nach San Quentin. Ich beschloß, Leroy im Gefängnis zu besuchen. Da ich wußte, daß Leroy den Besuch ablehnen würde, falls er erfuhr, daß ich etwas mit Psychiatrie zu tun hatte, schrieb ich in das Antragsformular, ich sei ein Mitglied der Gruppe von Lillian Rush.

Leroy erschien zwar in dem verglasten Besuchsraum des Gefängnisses, doch er wollte sich nicht setzen. Ich war froh, daß die Gefängniswärter uns nicht aus den Augen ließen. Er schien entschlossen, jederzeit wieder zu gehen, falls die Atmosphäre ihm mißfiel. Ich bat ihn, mir einfach zuzuhören. Ich sagte ihm, daß er Miss Lillian angst mache. Sie sei eine alte, gebrechliche Frau. Es sei nicht nett von ihm, sie so zu behandeln. Ich mache mir Sorgen um sie und wolle sicher sein, daß ihr keine Gefahr drohe.

«Was meinen Sie mit alt?» fragte er.

«Sie ist dreiundachtzig. Und Louise, die viele der Briefe an Sie geschrieben hat, wird bald siebzig.»

Das hatte Leroy nicht gewußt. Er hatte gedacht, sie seien sehr viel jünger.

«Sagen Sie diesen beiden alten Schachteln, daß ich nichts mit ihnen zu tun haben will. Wenn bei dem Prozeß etwas herauskommt, will ich nur meinen Anteil.»

Er machte Anstalten zu gehen. Aber ich wußte noch immer nicht, ob er ein Betrüger war oder wirklich an seine Geschichte glaubte. Deshalb brachte ich das Gespräch rasch auf die zahntechnischen Geräte. Viele von uns hätten sie, log ich. Belästigten sie ihn immer noch? Leroy erwiderte, daß man, als man ihm den Zahn im Gefängnis gezogen habe, auch das Gerät entfernt habe. Aber bei dieser Gelegenheit habe man ihm ein anderes Gerät eingesetzt, diesmal in die Stirnhöhle. Und dieses Gerät mache ein klickendes Geräusch.

«Es ist ein Funkgerät, das mit einem Satelliten in Verbindung steht», sagte er.

«Ach du heilige Scheiße.»

«Das können Sie laut sagen», erwiderte er und ging zurück in seine Zelle.

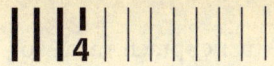

Schattentanz

1

«Da vorne fängt der Dschungel an», rief Joel Morgan.

Wir waren im Wagen unterwegs zu einem Restaurant in einer gefährlichen Gegend von Los Angeles, in der schwarze Gangs fast jede Nacht ihre Streitigkeiten mit Schußwaffen austrugen. In solch einer Gegend war auch Leroy aufgewachsen, in einer Welt, in der die Gangmitglieder die Familie ersetzen. Eigentlich ein unwahrscheinlicher Ort für ein gutes italienisches Restaurant, aber Joel sagte, sie hätten die besten hausgemachten Tortoni in der ganzen Stadt. Und ich war mit Tortoni groß geworden, wie Leroy mit Crack aufgewachsen war. Sie waren mein Lieblingsgericht. Ich hatte immer welche bestellt, wenn mein Vater die Familie in das italienische Restaurant unserer Kleinstadt ausführte. Seit Jahren hatte ich keine mehr gegessen. Für gute Tortoni gäbe ich mein Leben, hatte ich zu Joel gesagt.

Als wir bei dem Restaurant ankamen, sprang eine dunkle Gestalt vor unseren Wagen und signalisierte uns mit einer Taschenlampe, daß wir anhalten sollten. Der Mann sagte, er wolle unseren Wagen auf den Parkplatz fahren. Er trug keine Uniform. Joel zögerte gerade lange genug, bis der wirkliche Wächter herauskam und den Möchtegerndieb vertrieb. Ich zitterte ein wenig. Joel reagierte auf den Vorfall mit derselben gelassenen Ruhe, mit der er den Patienten zuhörte, wenn sie ihm die schrecklichsten Episoden aus ihren Alpträumen erzählten. Ich war immer noch nervös, als wir die Tür zum Restaurant öffneten.

Die gedämpften Geigenklänge der *Vier Jahreszeiten* von Vivaldi beruhigten mich, sobald ich das Restaurant betreten hatte. Meine positive Reaktion auf dieses Stück, das Vivaldi in Begleitung einiger erläuternder Sonette komponiert hat, ist mir immer ein Rätsel geblieben. Sie war nicht rational. Vielleicht bestand ein Zusammenhang mit dem Thema Natur, die dem

Menschen ihren Willen aufzwingt. Die Musik sprach mich sofort an, beruhigte meinen Herzschlag und vertrieb auch die letzte Angst, die noch von der Begegnung mit dem Autodieb zurückgeblieben war. Das sanfte Licht der Kerzen auf den Tischen tat ein übriges. Schade nur, daß ich solch eine angenehme Umgebung an Joel verschwendete, aber ich hörte die Tortoni förmlich nach mir schreien. Außerdem wollte ich mit meinen Erfolgen bei Miss Lillian prahlen. Ich hatte zwar keine Psychoanalyse gebraucht, um ihr zu helfen, aber ich war gespannt auf weitere sprachliche Kunstgriffe aus Joels Repertoire, die mir in Zukunft beim Umgang mit wesentlich gefährlicheren Paranoikern von Nutzen sein konnten.

Uns beiden verschlug es die Sprache, als das Mädchen am Empfang uns begrüßte. Ihre sinnliche Schönheit war betörend. Ihr Gesicht war der Inbegriff von Jugend, mit makellos heller Haut, feingeschwungenen Wangenknochen und vollen Lippen. Ihr dichtes schwarzes Haar hatte sie hochgesteckt, nur ein paar feine Strähnchen fielen verführerisch über Stirn und Wangen. Die weißen Ballettschuhe waren kaum zu erkennen unter ihrem eleganten, langen, weißen Hängekleid. Es war, als glitte sie auf einem Luftkissen dahin, als sie uns durch das vollbesetzte Restaurant führte; sie erinnerte mich an Aschenbrödel beim Betreten des Ballsaals, aber nicht an das aus dem Märchen, sondern an das aus Prokofjews Ballett, wo es durch seine strahlende Erscheinung die ganze Gesellschaft in Bann schlägt. Überall im Restaurant drehten sich die Köpfe der Männer wie der Frauen nach ihr um, während sie uns an unseren Tisch geleitete. Mit einer Drehung des ausgestreckten Arms wies sie in der übertriebenen Gestik einer Tänzerin auf unsere Stühle. Ich konnte meinen Blick nicht von ihren dunklen Augen wenden. Sie waren wie Zauberbrunnen im Märchen. Wie viele Männer mochten schon ihre Blicke in diese Augen versenkt haben? Aber wer wäre wohl auf den Gedanken gekommen, daß diese Schönheit in Wirklichkeit eine Ertrinkende war.

«Lei è molto bella», sagte Joel, als sie uns den Rücken gekehrt hatte und entschwebte, womit er nicht nur zum Ausdruck brachte, daß sie sehr schön sei, sondern auch die Gelegenheit nutzte, um die perfekte italienische Aussprache vorzuführen, die er sich während eines mehrjährigen Aufenthalts in Rom angeeignet hatte. «Sie ist umwerfend», sagte er zu mir. Ich pflichtete ihm bei. Ein paar Minuten sahen wir ihr zu, wie sie andere Gäste an ihre Tische geleitete. Niemand übersah sie, wenn sie an seinem Tisch vorüberging. Ich konnte mir gut vorstellen, daß die Frauen wie eifersüchtige Stiefschwestern über diese geheimnisvolle Schönheit herfielen, die alle in ihren Bann zog.

«Die hätte ich gerne mal auf meiner Couch», sagte Joel.

«Für ihre oder deine Therapie?» scherzte ich. Aber in Wirklichkeit ging auch meine Phantasie mit mir durch.

«Für mich natürlich», erwiderte er, ohne den Blick von ihr zu wenden.

«Es gibt schon zu viele Psychiater, die ihre Patientinnen vögeln, Joel», sagte ich.

«Aber ich habe meinen Teil noch nicht beigetragen. Du weißt doch, der Schwanz ist mächtiger als der Verstand.»

«So redet ein echter Freudianer.»

Der Kellner brachte eine riesige Flasche Chianti, und Joel wandte endlich den Blick von dem Mädchen. *«Alla salute!»* sagte er und hob das Glas.

«Salute!»

Joel schüttete zwei Gläser Wein in sich hinein. Ich nippte an meinem, und wir beide knabberten wunderbar knuspriges Brot, das wir vorher in ein Tellerchen mit Olivenöl und Kräutern tunkten. Auf Joels Bitten stellte ich den Kassettenrekorder ab, den ich gleich zu Beginn auf den Tisch gelegt hatte. Ich kannte ihn zu gut, als daß ich nicht gewußt hätte, was nun folgte. Er begann sogleich ein Gespräch über die Phantasien, die das Mädchen in ihm auslöste, und erfand dabei anatomische Stellungen, die selbst Leonardo da Vinci unmöglich hätte zeichnen können. Ich warf einen Blick zu ihr hinüber. An ihrem Pult neben der Eingangstür studierte sie die Reservierungsliste. Das Licht auf dem Pult überzog ihr Gesicht mit geheimnisvollen Schatten. Sie war wirklich wunderschön.

Als der Salat serviert wurde, hatte Joel schon sein drittes Glas geleert. Seine Phantasien waren von der Couch in die Gosse abgesunken, und ich war es leid, sie mir weiter anzuhören. Ich stellte das Tonbandgerät an, denn ich wußte, das würde unser Gespräch wieder auf ein Niveau heben, das sich eher von der Steuer absetzen ließ.

Ich erzählte Joel einen Traum, den ich vor kurzem gehabt hatte. In diesem Traum hatte ich das Gefühl, daß meine Nase und meine Stirnhöhlen vollkommen verstopft waren. Etwas Festes, Hartes versperrte sie. Ich stand auf und schüttelte meinen Kopf, mal nach hinten und vorn, mal auf und ab. Der Stopfen begann sich zu bewegen. Ich beugte mich über einen Tisch. Da fiel eine Kugel von der Größe eines Golfballs aus meiner Nase. Sie leuchtete grünlich und pulsierte. Ich wachte auf.

«Soll ich das wirklich analysieren?» fragte Joel. Er lächelte.

«Ja. Was würdest du sagen, wenn ein Patient dir diesen Traum erzählte?»

«Würdest du es einen Alptraum nennen?»

«Ja», brummte ich und stopfte mir den nur mehr lauwarmen Spinatsalat mit Ziegenkäse in den Mund. Der Traum war erschreckend gewesen. Ich wachte schweißgebadet auf, und es dauerte eine Weile, bis ich wieder einschlief.

«Dann würde ich die Möglichkeit ins Auge fassen, daß dein Alptraum die Projektion einer unbewußten Angst war. Du fühltest dich schwach und dem Angriff dieses Alien hilflos ausgeliefert.»

«Es war kein Alien ..., eher ein Ball», korrigierte ich ihn. Ich schob den Ziegenkäse an den Rand des Tellers und aß nur noch den Spinat.

«Alien oder Ball oder was auch immer», fuhr er fort. «Jedenfalls symbolisiert es eine unbewußte Angst. Vielleicht hat es mit einem frühkindlichen Trauma zu tun, mit etwas, das dir passiert ist, als du einmal krank warst.»

«Warum konnte mein träumendes Gehirn sich nicht mit etwas Näherliegendem beschäftigen, zum Beispiel mit einer wirklich verstopften Nase?» fragte ich, dann beantwortete ich seine Frage. Meine Nase war nämlich tatsächlich verstopft, denn ich mußte sie mir putzen, als ich aufwachte. Aber auch die Grundstruktur des Traums war mir durchaus klar; sie hatte etwas mit meiner erst kurze Zeit zurückliegenden Begegnung mit Leroy zu tun, der mir etwas von einer Vorrichtung erzählt hatte, die ihm in die Stirnhöhle implantiert worden sei. Jahre später wurde ich auf geradezu unheimliche Weise daran erinnert, als ich mir den Science-fiction-Film *Total Recall* ansah. In diesem Film spielt Arnold Schwarzenegger einen Geheimagenten, dem ein Zielpeilgerät in die Stirnhöhle implantiert worden war. Er führt ein Spezialinstrument in seine Nase ein und zieht einen großen leuchtenden Ball heraus, genau wie in meinem Traum.

Joel akzeptierte meine Erklärung, bestand aber darauf, daß ohne solche eindeutigen Determinanten Alpträume wie dieser ein Zeichen von Paranoia seien. «Das Gefühl des Verfolgtwerdens in Alpträumen», sagte er, «ist genau dasselbe wie in akuten paranoiden Zuständen. Die Wahnvorstellungen sind dieselben.»

«Mir gefällt der Gedanke, daß Paranoia gleichsam ein Alptraum im Wachzustand ist», sagte ich.

«Wie deine erste Ehe», bemerkte Joel.

Ich lachte, doch Joel hatte recht. Meine Frau gestand mir einmal, daß sie mich betrogen hatte, und danach beobachtete ich all ihr Tun mit paranoidem Argwohn. Das Leben wurde für uns beide zu einem Alptraum, bis die Scheidung dem ein Ende setzte. Ich erzählte Joel von meiner Theorie, wonach paranoide Zustände aus einer Trennung zwischen dem rationalen und dem emotionalen Verstand resultieren. Die Gefühle eines Paranoiden sind so hartnäckig, intensiv und lebhaft, daß sie die Gedanken real erscheinen lassen, so wahnhaft sie auch sein mögen. Wie unsere normalen affektiven Empfindungen uns unserer eigenen und der Realität unserer Umwelt versichern, so versichern die Gefühle der Paranoiker ihnen ihre Realität. Wenn solch starke Gefühle nicht vom rationalen Verstand gezähmt werden, wird die innere Welt des Paranoikers ebenso glaubwürdig wie die reale

Außenwelt. Wie ein Kind, das an Monster glaubt, weil es sie in seinen heftigen nächtlichen Ängsten sieht, so lebt der Paranoiker in einer alptraumartigen Welt, wo die hartnäckige Heftigkeit der Gefühle das Reale substituiert.

«Und diese Empfindungen sind durchaus nicht immer angsterregend», sagte Joel, als der Kellner das Hauptgericht brachte. Er goß Joel nach, doch ich hielt die Hand über mein Glas, damit wenigstens einer von uns beiden noch nüchtern genug war, den Wagen zu fahren. Ich starrte auf meine Spaghetti, während Joel mich daran erinnerte, daß die Wahnvorstellungen nicht immer Monster betreffen müssen, sondern auch geliebte Menschen zum Gegenstand haben können. Zur Begründung verwies er auf einen bekannten Lehrbuchfall paranoider Erotik, die auch als Erotomanie bezeichnet wird – ein Zustand pathologischer Vereinnahmung durch erotische Phantasien oder Aktivitäten. Die Frau, um die es in diesem Fall ging, besuchte mehrere Vorstellungen eines berühmten Opernsängers. Da sie eine sensible Frau war – übrigens eine Schriftstellerin –, war sie sich vollkommen sicher, daß der Sänger wirklich in sie verliebt war. Das gab er ihr durch tausend versteckte Zeichen zu verstehen, die nur sie zu deuten verstand. Sie schrieb ihm mehrere Briefe, in denen sie seine Liebe akzeptierte und ihm gestand, daß auch sie ihn liebte. Dann versuchte sie, ihn bei seinen Auftritten abzupassen, um einmal allein mit ihm zu sein. Schließlich drang sie in seine Garderobe ein. Er behandelte sie wie jedes andere Operngroupie und fragte sie, ob sie Lust auf einen Fick hätte. Sie geriet in Panik, schimpfte ihn ein Tier und lief weinend hinaus.

«Wahrscheinlich eine sehr einsame Frau», sagte ich.

«Einsam und sehr zurückgezogen», sagte Joel. «Nicht alle sind so wie unsere *molto bella* Empfangsdame.» Und er blickte sich suchend nach ihr um.

«Joel, mit Linguini im Bart bringst du sie niemals dazu, dir Opern auf deiner Couch zu singen.» Er konnte die Essensreste nicht finden; ich griff zu ihm hinüber und half ihm.

Der Kellner räumte ab und kam zurück, um unsere Dessertbestellung aufzunehmen. Ich konnte es gar nicht fassen. Es gab heute keine Tortoni. Mißmutig trank ich einen Kaffee, während Joel seine Cannoli aß. Diesmal sagte ich ihm nichts über seinen Bart.

Auf dem Weg hinaus starrte ich wieder das Mädchen am Empfang an. Sie lächelte, doch ihr Blick war glasig, als wäre sie weit weg in einer anderen Welt. Monate später erfuhr ich, daß sie den Mann mit dem Cannoli-Bart gar nicht zur Kenntnis genommen hatte, der sie in perfektem Italienisch angesprochen und ihr seine Visitenkarte überreicht hatte. Sie war mit ihren eigenen erotischen Phantasien beschäftigt gewesen und nicht mit denen von Joel. Wie eine gefangene Figur der absteigenden Oktaven im Wintersatz aus Vivaldis Konzert, das gerade wieder erklang, versank sie in einem schrecklichen Sturm, und vor Kälte erstarrt, sollte sie in einem Alptraum aufwachen. Ihr Name war Victoria Torto. Es stimmte alles. Im Italienischen bedeutet *torto* sowohl «schwermütig» als auch «verdreht» oder «falsch». Und Vicki war eine waschechte Italienerin, wie ich erfahren sollte, als ich sie viele Monate später im Gefängnis besuchte.

2

Vicki verbrachte eine glückliche Kindheit in Riverside, California. Ihre Eltern, Frank und Maggie, betrieben dort ein kleines Eisenwarengeschäft, von dem sie recht gut leben und sich sogar ein Wochenendhäuschen in den San Bernardino Mountains nicht weit von Lake Arrowhead leisten konnten. Der feuchte Smog über der Stadt machte ihnen zu schaffen. Doch ein paar Kilometer abseits der Autobahnen und Orangenhaine von Riverside entdeckte Vicki eine andere Welt, das gelobte Land ihrer Märchenbücher. Dort gab es riesige Bäume, dichte Wälder, kleine Hütten und sogar ein paar Bären. Im Frühling fraßen ihr die Eichhörnchen aus der Hand, sie sah den Vögeln in ihren Nestern zu und lief über die blühenden Wiesen. An Sommerabenden lauschte sie dem Gesang der Grillen und sah staunend zu den Sternen hinauf. Im Herbst, als die Blätter zu welken begannen, sammelte sie einmal die schönsten von ihnen und brachte einen ganzen Sack voll mit nach Hause. Sie bat ihre Mutter, die ausgezeichnet nähen konnte, ihr daraus ein Halloweenkostüm zu machen. Noch bevor das Kostüm fertig war, hatte die ganze Familie eine schmerzhafte Hautallergie entwickelt. Einige der schönsten Blätter waren Giftsumach gewesen. Doch statt darüber zornig zu werden, sammelte ihre Mutter einen Korb voll anderer Blätter und nähte ihr ein herrliches Kostüm. Im Winter baute Vicki eine ganze Familie aus Schneemännern, deren Gesichter alle so glücklich aussahen wie die ihrer eigenen Familie.

Mit acht Jahren begann Vicki mit dem Ballettunterricht. Mit zehn belegte sie einen Kurs in Spitzentanz, und mit zwölf war sie so gut, daß sie der Lehrerin helfen konnte, jüngeren Schülerinnen Tanzschritte zu demonstrieren. Sie besaß offenbar ein natürliches, fast schon unheimliches Talent fürs Ballett und brachte ihren kleinen Körper mit Leichtigkeit in die qualvollsten Positionen. Ihre Drehungen aus der sogenannten «Außenstellung» heraus waren ungewöhnlich fortgeschritten für ihr Alter und ihre körperliche Entwicklung. [Bei dieser Position stellt man einen Fuß vor den anderen und drückt die Beine nach außen. Die Zehen des einen Fußes berühren dabei die Ferse des anderen. Der Tänzer springt in die Höhe und dreht sich ein- oder zweimal in der Luft um seine Längsachse, bevor er in den unterschiedlichsten Positionen wieder landet. Bei der Drehung handelt es sich um eine echte Spiralbewegung, an der Arme, Beine und der ganze Körper beteiligt sind.] In alledem verband Vicki Anmut mit Kraft und ließ schon früh erkennen, daß sie das Zeug zu einer Berufstänzerin hatte. Zur selben Zeit wandte sie sich nach innen und träumte sich in eine phantastisch-romantische Ballettwelt hinein.

In einem Alter, in dem ihre Freundinnen in der Highschool über Jungen redeten, sah sie sich als Primaballerina in den bekanntesten romantischen Balletts der Welt. Sie war das verführerische Geschöpf in Strawinskys *Feuervogel*, das alle mit seinen Sprüngen und Pirouetten in seinen Bann zieht. Sie war

Odette, die in *Schwanensee* zärtlich mit Siegfried tanzt und sich seiner Liebe hingibt. Sie war Julia in verzücktem Pas-de-deux mit Romeo.

Vicki teilte diese Träume mit ihren Eltern, die ihren Entschluß, den Tanz zu ihrem Beruf zu machen, unterstützten, sofern sie nur nebenher auch den Highschoolabschluß machte. Sie tat beides und schloß sich einer kleinen Ballettruppe an. Finanziell war es ein einziger Kampf, doch ihre Eltern gaben ihr genug Geld, daß sie sich Ballettschuhe und sogar ein Apartement leisten konnte. Ihr Vater scherzte, das mindeste, was Vicki tun könne, um dieses Geld zurückzuzahlen, sei doch wohl, in dem Sweatshirt, das ihre Mutter ihr genäht hatte, vor Publikum zu tanzen. Auf dem Rücken war dort die Aufschrift «Frank's Hardware» eingestickt. Vicki trug es stolz bei den Proben.

Durch unermüdliches Training vor dem Spiegel erreichte sie bald Meisterschaft in allen grundlegenden Figuren. Sie studierte Videoaufnahmen anderer Tänzerinnen, zerlegte die dort gezeigten Bewegungsabläufe in ihre Grundelemente und eignete sie sich durch intensives Üben Schritt für Schritt an. Bald konnte sie sämtliche Rollen tanzen, doch das Ganze blieb reichlich mechanisch. So war sie bestens gerüstet für die Rolle der lebensgroßen mechanischen Puppe in *Coppelia*, doch sie erhielt die Rolle nicht. Vicki hielt das Mädchen, dem man den Part überließ, für eine Nutte.

Vickis technische Meisterschaft wurde nie bestritten. Ihre Kritiker meinten jedoch, für ihre romantischen Traumrollen fehle ihr die emotionale Reife. Sie hatte Schwierigkeiten mit dem Ausdruck. Nun brauchen Tänzer nicht sonderlich gut sprechen oder schreiben zu können, und Vickis Bildung war auf diesem Gebiet recht ärmlich. Aber sie müssen in ihrem Tanz gewisse schauspielerische Fähigkeiten entwickeln. Und wie alle guten Schauspieler müssen sie dazu auf ein Reservoir an Gefühlen und Erinnerungen zurückgreifen können. Natürlich war sie sehr wohl in der Lage, die leeren, kindlichen Pantomimen im *Nußknacker* oder kleinere Rollen aus anderen Balletts zu tanzen. Doch wenn sie sich an den größeren romantischen

Hauptrollen versuchte, fehlte es ihr an «Glaubwürdigkeit», wie der Leiter der Truppe es ausdrückte. Und auch Vicki selbst glaubte nicht an ihre darstellerischen Fähigkeiten, denn sie hatte noch nie eine romantische Liebe erlebt.

Ihr soziales Leben hatte unter ihrer intensiven Beschäftigung mit dem Tanz erheblich gelitten. Wenn sie nicht beim Ballettunterricht oder auf Proben war, besuchte sie Bewegungstherapeuten und Fitneßstudios, um besser mit den ständigen Schmerzen fertig zu werden, und sie nahm sogar Schauspielunterricht zur Ergänzung ihrer tänzerischen Qualifikation. Verabredungen hatte sie nur selten. Sie war so schön, daß die meisten Männer sie für unerreichbar hielten und erst gar keinen Versuch machten, ihr nahezukommen. Die einzigen Männer, die das taten, waren gleichfalls Tänzer, und die meisten von ihnen waren schwul. Mit ihren achtundzwanzig Jahren hatte Vicki erst zwei Sexualpartner gehabt.

Ein Teil des Problems mag auch der Spiegel gewesen sein. Vicki verbrachte unendlich viel Zeit vor Spiegeln. Selbst in dem sehr großen Wohnzimmer ihrer Wohnung hatte sie mit Hilfe ihrer Eltern eine Stange und einen Spiegel anbringen lassen. Ein wenig Bohnenwachs auf dem Holzfußboden verwandelte das Zimmer in ein brauchbares Ballettstudio. Im Ballettunterricht sah sie in den Spiegel und konzentrierte sich auf ihre Stellungen. Zu Hause dagegen war sie frei und konnte sich auf ihre Phantasien konzentrieren.

Meist begann sie damit, daß sie sich nackt vor den Spiegel stellte und ihren Körper bewunderte. Ihre kleinen Brüste, die zarten Hände und die wohlgeformten Beine boten die besten Voraussetzungen für ihren Beruf. Sie rasierte ihr Schamhaar, weil die klaren Linien ein Gegengewicht zu ihren muskulösen Schenkeln bildeten. Vickis Körper war sinnlich, aber an den für eine Ballerina wichtigen Stellen zugleich auch hart und knochig. Mit einer Diät aus Coca Cola, Popcorn und Äpfeln sorgte sie dafür, daß ihr Körper diese Form behielt. Nachdem Vicki sich gewogen hatte – wie sie es im übrigen mehrmals am Tag tat –, wählte sie ein Kostüm aus dem riesigen Fundus, den ihre

Mutter ihr genäht hatte. Viele davon ähnelten den Kostümen der Primaballerinen in den romantischen Balletten. Anschließend betrachtete sie sich wieder eine Weile im Spiegel. Es kam ihr nicht darauf an, daß ihr Kostüm zur jeweiligen Rolle paßte; wichtig war vielmehr, daß Vicki überzeugt war, sie, und nur sie, sei fähig, dieses Kostüm zu tragen – eine grandios-narzißtische Einstellung, die sie gelegentlich auch auf das Leben außerhalb ihrer vier Wände übertrug. Auch dies ein Grund, weshalb sie so selten eingeladen wurde. Wie Narziß, der alle abwies und sich am Ende in das eigene Spiegelbild auf der Wasserfläche eines Bergsees verliebte, so mußte Vicki sich schließlich in die Phantasien verlieben, die sie in ihrem Spiegel erblickte.

Vicki schaltete das Tonbandgerät ein und begann zu tanzen. Aber welchen Tanz sie auch einstudierte, stets endete er in einem melancholischen Solo. Und es fehlte ihrem Tanzen keineswegs an Ausdruck, nur war es stets derselbe, überaus deutlich und klar umrissen: die Sehnsucht nach romantischer Liebe. Allein in ihrer Wohnung, sehnte sie sich nach Nähe und Geborgenheit. Ihre Phantasietänze erregten sie so sehr, daß sie häufig in heftiger Masturbation vor dem Spiegel endeten. Ein wenig Speichel, um ihre Fingerspitzen anzufeuchten, genügte ihr dazu. Vicki war schon immer stolz auf ihre geschickten Hände gewesen. Nach dem Orgasmus studierte sie ihr Gesicht. Männer hatten anscheinend meist einen schwachsinnigen Ausdruck im Gesicht, wenn es ihnen kam. Vickis Gesicht war rot und strahlte. Tanzen war offenbar gut für den Teint. Danach schlief sie gewöhnlich ein, vollkommen erschöpft und allein.

Vicki empfand weder Schuldgefühle noch Scham wegen ihrer einsamen «Tänze», doch es ärgerte sie, daß sie ihre Eltern immer wieder um Geld bitten mußte. Corpstänzer wurden schlecht bezahlt, und Vicki war immer noch auf finanzielle Unterstützung angewiesen. Deshalb suchte sie sich während der Sommerpause eine Stelle als Empfangsdame in einem Restaurant. Sie arbeitete vier Abende in der Woche, konnte jederzeit in der Küche essen und verdreifachte auf diese Weise ihr Einkommen.

Mehrere Wochen, nachdem Vicki ihre Arbeit in dem Restaurant aufgenommen hatte, wurde ein neuer Kellner eingestellt. Er fiel ihr sogleich auf. Er hatte ein betörendes Lächeln und vollkommene Zähne. Er erinnerte sie an den jungen Michail Baryschnikow, nur daß er dunkleres Haar hatte und muskulöser war. Ganz sicher besuchte er Fitneßstudios. Körperliche Fitneß war wichtig für Vicki. Er kam zu ihr herüber, und sie trat einen kleinen Schritt zurück. Das tat sie immer, wenn sie einem Mann begegnete. Es war ihr nicht einmal bewußt. Aber die Männer bemerkten es, vor allem wenn sie ein wenig näher rückten. Dann trat Vicki noch einen kleinen Schritt zurück. Und sie tat es nicht einmal graziös, sondern fast ein wenig stolpernd. Diese Bewegung sorgte für Abstand, für eine Kluft, die niemand überbrücken konnte.

Der neue Kellner streckte die Arme aus und ergriff ihre Hand mit beiden Händen.

«*Io sono Michael. Capisce?*» [Ich bin Michael. Verstehst du?]

«*Mi chiamo Victoria*», erwiderte Vicki. Seine Hände hinderten sie, nochmals einen Schritt zurückzuweichen.

«*Piacere.*» [Freut mich.] Er drückte ihr die Hand und lächelte noch einmal, dann drehte er sich um und ging auf seinen Platz.

Vicki war wie betäubt. Noch nie hatte jemand sie so berührt.

Mehrere Abende lang beobachtete Vicki den neuen Kellner aus der Ferne. Die flüchtigen Blicke aus seinen strahlenden Augen sagten ihr, daß auch er sie beobachtete. Manchmal lächelte er ihr zu, ein breites, weißes, fröhliches Lächeln. Wie ein Schneemann, dachte Vicki. Das Lächeln galt ihr. Er versuchte ihr etwas zu sagen. Das Lächeln traf sie ins Herz.

Sie begann seine Bewegungen ebenso zu zerlegen, wie sie die Schritte anderer Tänzerinnen analysierte. Nichts, was er tat, entging ihrer Aufmerksamkeit. Die Kamera ihres inneren Auges zeichnete alles genauestens auf, von der Art, wie er den Tisch deckte, bis hin zu der leichten Verbeugung, mit der er die Gäste verabschiedete. Sie richtete es so ein, daß sie möglichst oft an seinen Tischen vorbeiging. Beim Tischdecken achtete er akribisch auf jedes Detail. Die Bestecke lagen immer genau drei Zentimeter von der Tischkante entfernt. Messer und Gabeln waren so sauber ausgerichtet wie die Notenlinien auf einer Partitur. Das Butterschälchen links stand auf derselben Höhe wie das Wasserglas rechts. Michael legte das Buttermesser stets quer über das Butterschälchen, und zwar genau horizontal. Ein gutes Gespür bewies er auch, wenn er die Vase mit den Blumen ein wenig aus der Tischmitte herausrückte. Nichts war so störend bei der Anbahnung einer intimen Beziehung wie ein Blumenstrauß, der mitten auf dem Tisch stand.

Einmal, als sie an einem seiner Tische stand und ihn betrachtete, näherte sich Michael ihr.

«Ist alles in Ordnung?» fragte er und warf einen prüfenden Blick auf den Tisch. Er verschob die Bestecke ein wenig, glättete das weiße Tischtuch und eilte an einen anderen Tisch. Vicki sah auf eines der Gedecke herab. Die beiden Gabeln lagen nicht mehr parallel, sondern berührten sich fast an den Spitzen.

«O Gott», sagte sie leise und legte sie rasch wieder zurecht.

Am folgenden Abend lag eines der Messer auf Michaels Tischen leicht schräg und zeigte mit der Spitze genau auf ihr Pult. Vicki hatte keinen Zweifel, daß eine Absicht dahintersteckte. Das war Michaels Art, ihr unauffällig guten Tag zu sagen. Später am Abend trafen sich ihre Blicke, und sie lächelten einander zu. Wahrscheinlich fand Michael es genauso schwierig wie sie, inmitten des Trubels ein Gespräch zu führen.

In den folgenden Wochen tauchten noch weitere Zeichen auf: ein Löffel, der sich zu nah an der Tischkante befand; eine Gabel, die nicht ganz gerade lag; ein falsch gelegtes Buttermesser. Vicki genoß das Spiel, das Michael da heimlich mit ihr spielte. Und ganz besonders gefiel ihr, daß er die Blumen stets auf die Tischseite rückte, die ihrem Pult am nächsten lag. Er war wirklich ein Schatz.

Eines Abends näherte Michael sich ihr von hinten, als sie sich über ihr Pult beugte und an der Reservierungsliste arbeitete. Sie drehte sich rasch um, trat einen Schritt zurück und wäre beinahe ins Stolpern geraten. Er hielt sie fest, dann entschuldigte er sich. Er hatte ein Geschenk für sie und drückte es ihr in die Hand. Es war ein wunderschönes silbernes Feuerzeug von Cartier. Vor zwei Wochen hatte es jemand am Tisch vergessen und in der Zwischenzeit nicht danach gefragt. Da sie die einzige im Restaurant war, von der er wußte, daß sie rauchte, wollte er es ihr schenken.

«E favoloso», sagte Vicki. [Es ist großartig.] «Mille grazie.» Sie machte einen leichten Knicks. Michael verbeugte sich und ging wieder an seine Arbeit.

Wie ein verliebtes Schulmädchen hüpfte Vicki nach Hause, das Feuerzeug fest in der Hand. In ihrer Wohnung legte sie sich gleich aufs Bett – eigentlich nur eine große Matratze auf dem Boden – und zündete sich eine Zigarette an. Sie war erregt, als der mentholversetzte Rauch ihre Lungen füllte. Es erinnerte sie an ihre erste Zigarette. Zusammen mit einer Freundin verbrachte sie das Wochenende in dem Wochenendhaus ihrer Familie. Vicki hatte ihren Eltern ein Päckchen Zigaretten gestohlen, und die beiden Mädchen liefen hinaus auf eine Wiese hinter dem Haus. Auf dem Rücken liegend, umgeben von hohem Gras und den Düften aus den umliegenden Wäldern, rauchten sie mehrere Zigaretten. Vicki inhalierte und ließ den Mentholrauch wie einen kühlen Wind durch ihren Körper streichen. Zum erstenmal in ihrem Leben spürte sie sexuelle Erregung. Die Mädchen kicherten und berichteten einander, wie wunderbar es war. Und es war wunderbar.

Rauchend lag Vicki auf ihrem Bett, schloß die Augen und spürte wieder die sexuelle Erregung. Diesmal schossen ihr Bilder von Michael durch den Sinn. Sie zog sich die Hose aus und begann zu masturbieren. *Es ist wunderbar, wie du kommst, Vicki. Es ist wunderbar, wie du es mir machst, Michael.*

Am nächsten Abend hatte Vicki frei, aber sie beschloß, von der Möglichkeit Gebrauch zu machen, umsonst in der Küche des Restaurants zu essen. Sehr sorgfältig wählte sie ihre Kleidung. Zunächst schlüpfte sie in einen Slip mit offenem Schritt – für alle Fälle. Als nächstes kam der trägerlose BH, dessen verstärkte Körbchen ihre kleinen Brüste hervorhoben. Dann zog sie das Giselle-Kleid über, ein ländlich wirkendes Kleid mit weitem Rock und engem, tief ausgeschnittenem Mieder.

Der Küchenchef machte ihr einen Teller Pasta und einen kleinen Salat zurecht. Er wußte, daß sie alles aß, sofern kein Knoblauch darin war. [Tänzer mögen keinen Knoblauch, weil der Schweiß später so streng riecht.] Vicki setzte sich in der Küche an einen Tisch und richtete es dabei so ein, daß sie die von den Kellnern benutzte Schwingtür im Auge behalten konnte. Als Michael das erste Mal hereinkam, bemerkte er sie erst, als sie ihn rief. Ihr verführerischer Blick über die Schulter und das kokette Lächeln waren Musterbeispiele hemmungslosen Flirtens. Michael setzte sein Schneemannlächeln auf, rief einem der Köche etwas zu und verschwand mit mehreren dampfenden Tellern. Vicki stocherte in ihrem Essen und wartete. Noch mehrmals an diesem Abend kam Michael zurück. Sie wechselten ein paar belanglose Worte und lächelten viel. Bevor Vicki das Restaurant verließ, ging sie zu einem Stapel Geschirr, das Michael gerade abgeräumt hatte. Das Durcheinander der Messer und Gabeln übermittelte ihr eine stumme Botschaft. Sie sagten, daß er sie liebte.

Ohne sich umzuziehen, absolvierte sie zu Hause ein paar Dehnungsübungen an der Stange. Ihre Gedanken waren bei Michael. Seit Wochen schon war sie gefangen von dem ländlichen Tanz in Vivaldis Frühlingssatz. Völlig versunken tanzte sie mit einem Schatten aus ihren Phantasien. Zu der einsamen Violine vom Beginn des Satzes gesellte sich in wachsender Ekstase eine zweite. Die Worte des Bestecks klangen ihr noch in den Ohren: *Ti amo. Ti amo.* Vickis Körper hob sich *zu voller Pointe* und drehte sich langsam, ihr Blick streifte suchend durch den Raum. Anmutig wie eine Blüte, die sich öffnet, streckte sie die Arme nach dem Traumbild aus, und die Finger tasteten nach ihm. Dann folgten mehrere rasche Fouettés, bei denen sie sich auf eine Fußspitze hob, während sie das andere Bein bei jeder Drehung ruckartig von sich streckte. *Ich will dich umschlingen, mein Schatz.* Den Abschluß bildete ein Jeté quer durch das

Wohnzimmer und ins Schlafzimmer hinein. Der Orgasmus unter ihren nassen Fingern ließ den Traum zersplittern.

In den Tagen und Wochen, die nun folgten, lernte Vicki, Michaels heimliche Botschaften immer besser zu entschlüsseln. Ihre instinktive Zurückhaltung gegenüber Männern machte es ihr unmöglich, den aggressiven Part in einer Beziehung zu übernehmen. Sie konnte nur warten. Er war noch nicht ganz bereit. Der Löffel sagte es ihr. Eines Abends lag er mit der Unterseite nach oben auf dem Tisch.

Einige Leute im Restaurant meinten, sie hätte zugenommen. Nein, sagte Vicki aufrichtig. Sie wog sich immer noch mehrmals am Tag und hatte trotz des guten kostenlosen Essens kein Gramm zugelegt. Als technisch versierte Tänzerin verstand Vicki es, die Illusion von Gewicht zu erzeugen, indem sie Ansatz und Dynamik ihrer Bewegungen veränderte. Unbewußt erzeugte sie nun den Anschein zusätzlicher Pfunde. Aber sie war sich der neuen Dynamik ihres Körpers nicht bewußt. Es war die Dynamik der Depression, und sie verbarg sie unter formelleren, weniger schmeichelhaften Kleidern.

Die neue Spielzeit rückte heran, und Vicki intensivierte ihr Training. In diesem Jahr stand eine mehrmonatige Europatournee auf dem Programm. Sie wußte nicht, wie Michael darauf reagieren würde. Aber gewiß würde es ihre Beziehung belasten. Die Proben zwangen sie schließlich, ihre Arbeit im Restaurant auf zwei Abende zu beschränken. Sie verzichtete nur höchst ungern darauf. Es mußte Michael sehr weh tun.

Vickis Bewegungen beim Tanzen wie auch bei der Arbeit im Restaurant wurden mechanischer denn je zuvor. Sie bewegte sich langsam und bewußt, als wäre sie in der sehnsüchtigen Stimmung des Sommersatzes von Vivaldi gefangen. Die Proben ermüdeten sie mehr als zuvor, und ihr Schlafbedürfnis wuchs. Selbst das Masturbieren schien mühsamer und weniger befriedigend.

Eines Tages probte sie mit ihrer Truppe eine Szene aus dem orientalischen Ballett *La Bayadère*. Die als das «Reich der Schatten» bekannte Szene spielt in einem Opiumtraum. Vicki tanzte einen der Schatten, eine der schönen, aber emotionslos halluzinatorischen Gestalten, die in dem Traum erscheinen. Ihre hypnotischen Bewegungen paßten sehr gut zu der Rolle, aber ständig verpatzte sie die einfachsten Stellungen und Schritte. Immer wieder rief der Leiter der Truppe sie zur Ordnung. In einer Pause gab ihr ein Freund aus der Truppe ein wenig Kokain. Für Vicki war es das erste Mal. Mit neugewonnener Kraft setzte sie die Probe fort, und mühelos gelangen ihr die einfachen Schritte wie auch die schwierigen Arabesques penchées. Bei dieser Figur balanciert der Tänzer auf einem Fuß, während er das andere Bein nach hinten streckt. Dann beugt er sich mit Kopf und Armen hinunter und hebt zugleich das ausgestreckte Bein in die Höhe. Und diesmal glänzte Vicki bei der Übung der zahlreichen lang anhaltenden Arabesques penchées, die in der genannten Szene verlangt werden.

Kokain wurde nun zum festen Bestandteil auf Vickis Speiseplan. Die Droge gab ihr nicht nur Kraft, sie schien auch direkt in ihren Genitalbereich zu schießen und steigerte noch ihren bereits übererregbaren Sexualtrieb. Sie masturbierte so heftig, daß sie sich mehrmals mit ihren Fingernägeln verletzte. Der Frauenarzt verschrieb ihr eine antibiotische Salbe und empfahl ihr, ein Gleitmittel zu benutzen. Seinen Rat, eine Zeitlang auf weitere Stimulation zu verzichten, befolgte Vicki nicht. Sie entdeckte, daß sie die Schmerzen bei ihrem heftigen Masturbieren etwas lindern konnte, wenn sie das Gleitmittel mit etwas Kokain versetzte.

Im Restaurant blieb ihre gesteigerte Energie nicht unbemerkt. Sie strahlte größeres Selbstvertrauen aus, und die Gäste gaben ihr mehr Trinkgeld oder überreichten ihr – wie Joel Morgan – ihre Visitenkarte. Doch sie ignorierte solche Annäherungsversuche und konzentrierte sich noch stärker auf Michaels Signale. Eines Abends sah sie, wie Michael Besteck aus einer Schublade in der Küche holte. Als er gefunden hatte, was er suchte, ging er hinaus; sie stürzte zu der Schublade und sah hinein. Und in der scheinbaren Unordnung der Dessertgabeln erkannte sie tatsächlich ihre Initialen. Fast blieb ihr das Herz stehen. Sie ging hinaus in die Gasse hinter der Küche und schnupfte so viel Kokain, wie nötig war, um die Kluft zu schließen, die sie durch ihre Zurückhaltung aufriß. Sie überredete Michael, mit ihr hinauszugehen, und bot ihm etwas Kokain an. Er schnupfte es wie ein Profi, lächelte sie an und ging wieder an die Arbeit. Später an diesem Abend gab er Vicki eine Rose aus einem der Blumenarrangements. Er trat von hinten an sie heran, sie drehte sich um, und diesmal wich sie keinen Schritt zurück. Sie nahm die Rose, senkte den Kopf und machte einen sehr langsamen Knicks. Als sie wieder aufsah, war er schon wieder bei seinen Tischen. Er ist noch nicht bereit, dachte sie.

Ein paar Wochen später fand Vicki auf dem Boden ihrer Ballettasche zwei Löffel, die aus dem Restaurant stammten. Sie lagen ineinander. Die Löffel sagten ihr, daß Michael mit ihr schlafen wollte. *O ja, mein Schatz, ja.* An diesem Abend improvisierte Vicki zu Hause einen kleinen Tanz. Sie suchte ein Band mit einem Fandango heraus, einem lebhaften spanischen Tanz im Dreiachteltakt. Sie benutzte die Löffel als Kastagnetten, stampfte mit dem Fuß auf, ließ die Löffel klappern, sprang in die Höhe und drehte sich auf der Stelle. Aus den Augenwinkeln sah sie Michaels Schatten hinter der Glastür, die in den Garten führte. Seine Augen leuchteten wie die eines Tieres, das plötzlich im Scheinwerferlicht eines Wagens auftaucht. Sie öffnete die Tür, und der sanfte Wind trug den Traum zu ihr herein. Ihr Tanzen wurde sinnlicher, ihre Hüften bewegten sich im Rhythmus der Musik. Der Schatten trug sie ins Schlafzimmer und auf ihr Bett. Ihre Hüften und Schenkel drehten sich weiter im Takt der Musik, während sie die Kleider abwarf. Sie bückte sich. Michael schmiegte sich an sie und drang von hinten in sie ein. Der Löffel tat gar nicht weh, als sie ihn im Dreiachteltakt vor- und zurückbewegte. Hüften und Schenkel. Der Schweiß lief ihr in Strömen über die gespannten Nackenmuskeln. Mit der einen Hand führte sie den Löffel, während sie die andere mit gestreckten Fingern himmelwärts stieß. Sie preßte die Augen zusammen, dann öffnete sie sie wieder. «*Olé*», rief sie.

Der Gedanke an Sex mit Michael ließ sie auch in den folgenden Tagen nicht los. Das Kokain sorgte dafür, daß er auch ihren Schlaf heimsuchte. Ihre Nächte waren voller Schmerz. Ruhelos wälzte sie sich in ihrem Bett, ihre blasse Haut wurde noch blasser, ihr zerbrechlicher Körper noch dünner. Sie war schweißgebadet, ihre Augen glänzten, und die ganze Nacht wimmerte sie. Einmal träumte sie von Michael. Er war nackt und machte sich gerade bereit, einer vor ihm liegenden Person in den Anus einzudringen. Sie konnte nicht erkennen, wer es war, aber sie selbst war es gewiß nicht. Konnte es ein Mann sein? «Warte», rief sie und streckte die Hand nach ihm aus, dann wachte sie auf. Sie eilte ins Badezimmer und erbrach. Nach längerem trockenen Würgen kam nur noch Schleim, der mit hellrotem Blut vermischt war. Sie spülte die Spuren ihrer Kokainvergiftung hinunter.

Viele Tage und Nächte verbrachte Vicki im Bett und schaute auf die Uhr, während sie auf einen Anruf von Michael wartete. Sie hatte sein Spiel geduldig mitgespielt. Doch nun wurde die Zeit knapp. Bald würde sie die Arbeit im Restaurant aufgeben und sich ganz der Vorbereitung auf die Tournee widmen müssen. Und ihr wachsender Kokainkonsum machte sie ungeduldiger als je zuvor.

Die Uhr, auf die Vicki schaute, war ein batteriegetriebener Wecker aus Messing. Sie hatte ihn für 235 Dollar bei Tiffany gekauft. Dafür hätte sie eine Menge Koks bekommen können, doch es sollte ein Geschenk für Michael sein. Irgendwann wollte sie es ihm geben. Er hatte einmal gesagt, daß er keinen ordentlichen Wecker zu Hause hatte. Zu Hause? Sie wußte nicht einmal, ob er in einem Haus oder in einem Appartement wohnte. Oder ob er mit jemandem zusammenlebte? Diese Fragen quälten sie, denn sie führten ihr vor Augen, wie wenig sie tatsächlich über ihn wußte.

Sie zündete sich eine Zigarette an und lief im Wohnzimmer auf und ab. Im Restaurant behaupteten manche, Michael sei schwul. Sie spielte mit dem Feuerzeug. Unmöglich. Sie erkannte einen Schwulen, wenn sie ihn nur ansah. Schließlich tanzte sie Tag für Tag mit welchen. Michael sah einfach nicht so aus. Er war zu groß und zu muskulös. Natürlich war er attraktiv genug, daß sich schon Männer an ihn herangemacht haben mußten. Und vielleicht hatte er auch eine oder zwei Erfahrungen dieser Art hinter sich. Aber das war nicht ungewöhnlich, und es bedeutete keineswegs, daß er schwul war. Vicki erinnerte sich an ihre eigenen Experimente mit einem Mädchen im Ballettkurs, als sie noch ein Teenager gewesen war. Sie hatten sich gegenseitig gestreichelt und masturbiert. Danach hatte das Mädchen ihr gesagt, sie habe geschickte Hände. Vicki wußte, daß sie geschickter waren als irgendwelche fremden Hände, und verspürte nie mehr das Bedürfnis zu weiteren Experimenten.

Die Zeit wurde knapp. Vicki war in einem Alter, in dem sie erkennen mußte, daß ihr in ihrem Beruf nur noch ein paar gute Jahre blieben, bevor sie durch eine jüngere Tänzerin ersetzt würde. Dann würde sie sich als Ballettlehrerin versuchen und vielleicht sogar eine eigene Ballettschule aufmachen. Aber sie wollte auch eine Familie – vor allem eine Tochter –, und das, bevor sie dreißig war. Michael wäre ein wunderbarer Vater. Sie war sich ganz sicher, daß auch er sich eine Tochter wünschte. Kleinen Mädchen, die mit ihren Eltern ins Restaurant kamen, schenkte er immer besonders viel Aufmerksamkeit.

Vicki betrachtete die Uhr. Der Sekundenzeiger drehte sich nicht kontinuierlich, sondern sprang von einem Strich zum nächsten. Manchmal starrte sie darauf, und zwischen zwei Sprüngen des Zeigers schien die Zeit für weit mehr als eine Sekunde stillzustehen. Aber natürlich folgte schon bald der nächste Sprung. Das erinnerte sie an die riesige elektrische Uhr in der Highschool, auf der sie buchstäblich die Sekunden zählte, bis die Schule vorüber war und sie endlich in den Ballettunterricht konnte.

Als sie eines Tages wieder auf die Uhr starrte, blieb sie stehen. Wie war das möglich? Gleich geht sie weiter, dachte sie. Jetzt, in dieser Sekunde.

Aber sie ging nicht weiter. Nicht gleich und auch nicht später. Das war, als die Dinge plötzlich sehr seltsam wurden. Statt nachzusehen, ob die Batterie leer war, lief Vicki durch die Wohnung und suchte nach weiteren Zeichen. Ein Bild neben der Tür hing ein wenig schief. Sie konnte sich nicht erinnern, das getan zu haben. Im Wachsüberzug des Holzfußbodens fanden sich seltsame Figuren. Sie ähnelten dem Fußabdruck eines Mannes mit einer Schuhgröße, wie Michael sie haben mußte. Sie lief in die Küche und zog die Besteckschublade heraus. Ja, das Besteck lag anders als zuvor. Sie nahm einen Kaffeelöffel heraus. Er war aus dem Restaurant. *Michael ist bereit*, sagte er ihr. Das schmutzige Geschirr stand säuberlich aufgestapelt neben der Spüle, die Bestecke auf dem obersten Teller, ganz wie im Restaurant. *Du darfst jetzt keine Zeit mehr verlieren, tu es jetzt*, sagten sie unisono.

Ja, die Zeit wurde wirklich knapp. Und sie glich dem Herbst bei Vivaldi, wenn Tanz und Gesang vorüber sind und der «Jagdteil» des Satzes beginnt, mit seinen ständigen doppelten Pausen in Allegro. Vicki war bereit, sich mit derselben Kühnheit und Expressivität um Michael zu bemühen.

Zuerst richtete sie den Köder her. Sie hob 2000 Dollar von ihrem Sparkonto ab und kaufte dafür 15 Gramm vom besten Kokain, das in der Stadt zu finden war. Dann faltete sie sorgfältig ein Tütchen dafür, ein Briefchen aus Papier, in das man eine Portion Kokain gibt. Sie nahm ein Hochzeitsmagazin, wählte eine Seite aus, auf der ein Brautpaar in Hochzeitskleidung abgebildet war, schnitt ein Quadrat von zehn Zentimetern Seitenlänge heraus und faltete es einmal in der Diagonalen. Dann schlug sie die beiden unteren Ecken des Dreiecks um. Sie öffnete das Päckchen wieder und schüttete ein Häufchen Kokain genau auf das glückliche Paar. Dann faltete sie das Papier wieder zusammen und schlug auch die obere Ecke um, so daß ein rechteckiges Briefchen entstand. Vicki mußte lachen, als sie ihr Werk betrachtete. Der Zufall hatte es gewollt, daß auf der Außenseite ein Stück aus einer Werbeanzeige für Silberbesteck zu sehen war.

Im Restaurant schob sie Michael das Briefchen in die Hand. Er war überrascht.

«*Quanto?*» fragte er. Er wußte nicht, ob er es sich leisten konnte.

«*E rigalo, cameriere*», sagte sie, ein Geschenk für ihren Lieblingskellner. Dann war sie an der Reihe, ihn einfach stehenzulassen und wieder an ihre Arbeit zu gehen.

Die nächsten Tage gingen mit Vorbereitungen für den Rest des Plans dahin. Vicki begann neue Tanzschritte einzustudieren. Man hatte ihr beigebracht, sich nicht aus den Hüften heraus zu drehen, weil das den Genitalbereich zu stark betonte. Nun zwang sie ihren Körper, mit dieser langjährigen Disziplin zu brechen. Sie übte die Drehung aus der Hüfte heraus, wobei sie die Scham nicht gerade subtil nach vorne stieß. Diese Bewegung, die sie in eine betörende Stripteasetänzerin verwandelte, setzte sie in einem neuen Tanz ein, den sie selbst choreographierte und probte. Es gehörte zu ihrem Plan, daß sie nun nicht mehr masturbierte, damit sie genügend emotionale Spannung für ihre Darbietung aufbauen konnte.

Sie kaufte sich eigens neue Kleider, denn ihre Mutter konnte sie unmöglich bitten, das zu schneidern, was ihr vorschwebte. Nach einer einzigen Kostümprobe, bei der sie in solche Erregung geriet, daß sie fast ihren Vorsatz gebrochen und masturbiert hätte, war Vicki bereit.

Am folgenden Abend hatte Vicki frei. Sie nahm ein Bad, zog sich an, schnupfte etwas Kokain und ging zum Restaurant, unter dem Vorwand, eine kleine Spätmahlzeit einnehmen zu wollen. Sie trug ein weites Sweatshirt, Bluejeans und Turnschuhe. Es war nicht mehr lange, bis das Restaurant schloß, und sie fragte Michael, ob er nicht Lust hätte, noch kurz zu ihr zu kommen. Sie habe noch etwas Coke für ihn. Es dauere nur ein paar Minuten, und ihre Wohnung sei auch nicht weit entfernt. Er war einverstanden, und Vicki wartete auf ihn; dann fuhr sie zu ihrer Wohnung zurück, und Michael folgte ihr in seinem eigenen Wagen. Da Michael keinen Parkplatz finden konnte, stellte er den Wagen an einer Straßenecke ab – es dauerte ja nur ein paar Minuten.

In ihrer Wohnung führte Vicki ihren Gast zu einer Polsterbank, die sie im Wohnzimmer an eine Wand gestellt hatte. Sie brachte ihm einen Aschenbecher voll Kokain, und beide schnupften mehrere Reihen, die sie zuvor mit einer Nagelfeile aufgehäuft hatten. Das Kokain brachte Leben in ihre Unterhaltung, und sie schwatzten und schnupften weit mehr als ein paar Minuten miteinander. Das Schnupfen erledigte hauptsächlich Michael, während Vicki das Schwatzen übernahm. Trotz des Kokains war es frustrierend für sie, denn ihr recht beschränkter Highschoolwortschatz bestand vor allem aus leeren Slangausdrücken. Sie wußte, daß Michael das College besucht hatte und ihr zeitlich wie auch intellektuell um Jahre voraus war. *Du könntest mir so viel beibringen, mein Schatz.* Vicki versuchte, ihm etwas über das Ballett zu erzählen, aber sie wußte, daß sie sich in Worten nicht gut auszudrücken verstand.

«Ich möchte für dich tanzen, Michael», sagte sie schließlich.

Michael wurde nervös. Das Kokain machte ihn unruhig, und immer wieder ging er ans Fenster, um nach dem Wagen zu sehen. Es war schon spät.

«Bitte», bettelte sie.

«Okay», sagte er. Immerhin hatte sie ihm zwei Briefchen Kokain gegeben und dazu noch in einer Plastiktüte den Rest aus dem Aschenbecher.

Vicki ging zum Tonbandgerät, legte eine Kassette ein und drehte die Lautstärke auf. Jetzt kam alles darauf an, daß sie den Zeitplan genauestens einhielt. Vor Michaels Augen schlüpfte sie aus ihren Jeans und zog die Ballettschuhe an. Das viel zu große Sweatshirt verdeckte noch den größten Teil ihres Körpers, mit Ausnahme der nackten Beine. Sie nahm sich einen Augenblick Zeit, um die Beine zu strecken und sie zu streicheln, wobei ihre Hände dort haltmachten, wo das Sweatshirt ihre Schenkel berührte. Mit dem Rücken zu Michael begann Vicki, sich mit der Musik zu bewegen.

Der Tanz begann mit einer einsamen Flöte und dem sinnlichen Wiegen von Kopf, Armen und Beinen, als beuge sich ein einzelner Grashalm im Wind. Sie hob sich auf die Fußspitzen, und es war, als liefe ein Zittern durch ihre Beine; dann sank sie entspannt auf Demipointe zurück, und wieder bog sie sich schwankend in alle Richtungen. Das wiederholte sie mehrere Male, und jedesmal schien das Zittern höher hinaufzusteigen. Als es ihre Finger erreichte, begannen sie zu flattern, griffen provozierend hinunter nach dem Sweatshirt und zogen es langsam in die Höhe. Darunter trug Vicki einen durchsichtigen schwarzen Body. Ihre Brustwarzen waren deutlich zu sehen unter dem dünnen Stoff. Sie kehrte Michael immer noch den Rücken zu, doch das Zeichen, das ihm der hauchdünne Body gab, konnte er nicht übersehen. Er war so betörend wie ihr Tanz.

Vicki streckte sich zu einer langen Arabeske, das erhobene Bein gewährte Michael einen Blick in den Schritt des Bodys. Dann folgte eine Serie langsamer Fouettés, bei denen Vicki ihr verführerischstes Lächeln aufsetzte, bevor sie mit dem Rücken zu ihm zum Stillstand kam. Sie begann sich zu drehen, hielt inne und begann von neuem, und jedesmal drückte sie ihre Hüften stärker heraus. Dieses aufreizende Spiel setzte sie fort, bis sie sich schließlich umdrehte und ihrem Publikum, auf den Fußspitzen stehend, das Gesicht zuwandte. Vicki vollführte eine erotische Grande batterie, sie sprang in die Höhe und schlug die Beine mehrmals gegeneinander. Die Musik verfiel in einen schweren Rhythmus, und Vicki stieß ihr Becken vor und zurück, während ihre Füße den Kontrapunkt dazu markierten. Ein paar rasche Schritte brachten sie unmittelbar vor Michael. Ihre erigierten Brustwarzen zeichneten sich deutlich unter dem dünnen Stoff ab.

In einer Folge spektakulärer und äußerst sinnlicher Beinbewegungen hob Vicki sich nun abwechselnd auf eine Fußspitze und strich mit dem anderen Bein langsam an der Innenseite von Michaels Schenkeln hinauf, wobei sie jeweils mit dem Fuß leicht über sein Geschlecht streifte. Sie wußte, daß sie mit dieser Bewegung Romeo, Siegfried und sogar Apoll dazu gebracht hätte, sich in ihren Hosenstall zu ergießen. Doch Michael schien sich nicht wohl zu fühlen. Immer wieder sah er zum Fenster hinüber. Sie mußte improvisieren. Sie schlängelte sich an ihm hoch, warf ihm ein Bein über die Schulter und drückte sich an ihn. Ihr Mund war leicht geöffnet. Beide atmeten heftig und schwitzten.

«Vicki, nein. Das wollte ich nicht.»

Sie drückte sich fester an ihn, ihre Lippen berührten die seinen, ihre Zunge suchte, bis er sie langsam, aber entschieden zurückstieß.

«Ich will dich, Michael», flüsterte sie.

«Vicki, bitte. Ich wollte nicht, daß es so kommt.» Er ließ es zu, daß sie den Kopf an seine Brust legte.

«Ich liebe dich», flüsterte sie.

Er stieß sie nochmals zurück. «Mein Gott, Vicki, ich bin schwul. Ich lebe mit einem Mann zusammen … Er wartet auf mich.»

Du wolltest mich ficken, sagte der Löffel.

Du hast mich geliebt, sagte das Messer.

«Willst du mich nicht …?» Sie wollte noch etwas sagen, doch dann begann sie zu weinen.

«Vicki, ich möchte Lawrence nicht betrügen. Ich bin nicht bi. Mein Gott, es tut mir leid, Vicki. Es tut mir wirklich leid.» Er versuchte, es ihr zu erklären.

Vicki rannte aus dem Zimmer, die Tränen liefen ihr übers Gesicht. Sie stürmte in die Küche und zog eine Schublade auf. Darin lagen Dutzende von Michaels Liebesboten.

«*Lügner!*» schrie sie den Stapel Besteck an, den sie über die letzten Monate aus dem Restaurant mitgenommen hatte. «*Lügner!*»

Sie lief ins Bad, schloß die Tür und begann haltlos zu weinen. Nach ein paar Minuten klopfte Michael an die Badezimmertür. Sie antwortete nicht. Er öffnete die Tür. Sie stand am Waschbecken. Sie hatte etwas in der Hand. Er näherte sich ihr, um sie zu trösten. Vicki sah sein Gesicht im Spiegel. Sie drehte sich um, stieß ihm ein Messer ins Herz und schloß so für immer die Kluft zwischen ihnen. Er machte ein Geräusch, das wie ein Schrei unter Wasser klang, dann stürzte er auf die Fliesen. Vicki starrte auf das Messer in ihrer Hand. Blut tropfte von der Klinge.

«Mein Gott, mein Gott … Was soll ich nur tun?»

Ruf die Polizei, sagte das Messer.

3

Ich sah sie in einem Verhörraum des Sybil Brand Institute, wo sie auf ihren Mordprozeß wartete. Sie saß mir am Tisch gegenüber. Sie hatte etwas Unwirkliches, Jenseitiges an sich. Ihre geisterhafte Blässe und ihre Magerkeit ließen sie sehr zerbrechlich erscheinen. Sie trug ein Gefängniskleid, das ihr viel zu groß war und wie ein Sack an ihr hing. Die Augen waren rot und geschwollen. Sie sah aus, als würde sie gleich in Tränen ausbrechen. Sie muß einmal sehr schön gewesen sein, dachte ich. Dann traf mich die Erinnerung wie ein Schlag. Ich wußte aus dem Polizeibericht, daß sie zusammen mit dem Opfer in einem Restaurant gearbeitet hatte. Aber ich hatte nicht erkannt, daß es dasselbe Restaurant war in dem ich mit Joel Morgan gewesen war. Plötzlich erinnerte ich mich an dieses blasse Gesicht vor mir. Sie war das Aschenputtel am Empfang, das uns an diesem Abend betört hatte. Wie durch ein schlimmes Wunder hatte ihr eigenes Märchen sie in ein einsames, verängstigtes kleines Mädchen verwandelt, gefangen in einem Kerker, den sie selbst geschaffen hatte.

Ihr Verteidiger hatte mich mit einem Gutachten zu der Frage beauftragt, welche Rolle das Kokain bei dem Mord gespielt hatte. Am Tatort waren große Mengen davon sichergestellt worden. Im Blut des Opfers hatte man einen hohen Kokainspiegel festgestellt und einen geringeren im Blut der Beschuldigten. Der Anwalt hatte mir eine Kopie der Akten geschickt, unter anderem den Polizeibericht und die kriminaltechnischen Befunde, Fotografien vom Tatort, Ergebnisse der Befragung von Nachbarn und anderer Zeugen sowie den Bericht des Leichenbeschauers.

Vicki hatte nach dem Mord die Notrufnummer der Polizei angerufen. Ich hörte mir das Band an. «Hier ist ein schrecklicher Unfall passiert», sagte sie. «Er ist tot.» Ihre Stimme klang ruhig, aber sie flüsterte, als hätte sie Angst, jemanden aufzuwecken. Sie nannte die Adresse, dann ließ sie den Hörer fallen. Ein paar Minuten lang hörte man Schluchzen auf dem Band, bis die Polizisten die Tür aufbrachen.

Sie fanden Vicki über der Leiche auf dem Boden des Bade-
zimmers liegen. Im Bericht hieß es, sie trug Unterwäsche und
ein Paar Ballettschuhe. Sie lag völlig schlaff in den Armen der
Männer, als man sie von der Leiche hob. Man stellte ihr Fragen,
aber sie starrte nur vor sich hin und schluchzte. Sie schien ab-
wesend, wie in Trance, ihre Augen waren leblos.

Michaels Körper war schon kalt, als man ihn entdeckte.
Nicht weit von der Leiche fand man ein Messer mit Vickis Fingerabdrücken. Es paßte zu anderen Messern, die man in der Küche fand; Form und Größe der Klinge entsprachen der Wunde.
Das Messer war durch die Haut und das Bindegewebe der Brust-
wand eingedrungen und, nachdem es den linken Lungenflügel
und die linke Herzkammer durchbohrt hatte, bis in die rechte
Herzkammer vorgestoßen. Nach Aussage des Gerichtsmedizi-
ners führte diese Verletzung unverzüglich zum Tod. Seltsamerweise hatte das Opfer kurz vor Eintritt des Todes ejakuliert, entweder aufgrund des Messerstichs oder aus anderen Gründen.

Die Polizei suchte nach weiteren Spuren. In Michaels Hosentasche fand man zwei Briefchen Kokain und eine Plastiktüte
mit weiteren zehn Gramm. Spuren von Kokain fanden sich in
einem Aschenbecher im Wohnzimmer und an einer Nagelfeile,
die in dem Aschenbecher lag. Außerdem stieß man in einem
Wandschrank auf Dutzende von Ballettkleidern. Zwei davon
nahm die Polizei mit, weil sie möglicherweise Blutspuren aufwiesen. Das Ergebnis der Blutuntersuchung stand noch aus.

Michaels Wagen wurde schließlich gefunden, nachdem sich
mehrere Strafmandate wegen falschen Parkens unter der Wind-
schutzscheibe angesammelt hatten. Im Handschuhfach stieß
die Polizei auf ein weiteres Briefchen Kokain. Das Hochglanz-
papier mit dem Foto eines Brautpaares paßte zu den Briefchen,
die man in der Hosentasche des Opfers gefunden hatte.

Die Polizei hielt den Fall für geklärt. Bei dem Opfer hatte es
sich um einen Kokaindealer gehandelt, der in die Wohnung der
Angeklagten gekommen war, um Kokain gegen Sex zu tau-
schen. Sie hatten im Wohnzimmer gefeiert, wo die Beschuldigte
ihre Kleider abgelegt hatte. Die beiden gerieten in Streit, und sie

tötete ihn. Kokainnutte gegen Kokaindealer. Eine alltägliche Geschichte in L. A., der Fall war erledigt. Der Verteidiger hoffte, es könne sich um Notwehr gehandelt haben. Aber bisher hatte Vicki es abgelehnt, sich zum Geschehen zu äußern. Alles, was sie sagte, war, daß sie ihn getötet habe und sterben wolle. Im Gefängnis hielt man sie unter Beobachtung, weil man sie für suizidgefährdet hielt.

Es gab zahlreiche unbeantwortete Fragen. Die Polizei behauptete, das Opfer sei ein Dealer gewesen, aber das Papier für die Briefchen stammte offenbar von einem Stapel Hochzeitsmagazine, den man in Vickis Wohnung gefunden hatte. Wenn es einen Kampf gegeben hatte, wo waren die Spuren? An Vickis Körper hatten sich keine gefunden. Daß Vicki das Opfer getötet hatte, war klar, das Motiv dagegen nicht. Ich hatte meine eigene, durchaus wilde Theorie. Das Opfer war mit dem Kokain gekommen, um Sex mit der Beschuldigten zu haben. Im Wohnzimmer schnupften sie gemeinsam Kokain, dann zog die Beklagte ihre Kleider aus. Die beiden spielten herum, und er kam vorzeitig zum Erguß. Er ging ins Bad, um sich zu waschen, und sie tötete ihn aus Enttäuschung in einem kokaininduzierten Wutausbruch. Aber was geschah dann? Der Leichenbeschauer sagte, der Tod sei zwölf Stunden vor Vickis Anruf bei der Polizei eingetreten. Warum hatte sie so lange gewartet? Und was tat sie die ganze Zeit allein mit der Leiche in ihrer Wohnung?

Diese Fragen gingen mir durch den Kopf, als Vicki mir gegenübersaß. Sie war nicht bereit, mir darauf zu antworten, und so versuchte ich, ihre Verkrampfung ein wenig zu lösen, indem ich mit ihr redete. Ich beklagte mich über meinen wackeligen Stuhl, den schmutzigen Raum und die groben Wärterinnen, die meine Aktentasche und mich einer unnötigen Durchsuchung unterzogen hatten. Als ich ihr sagte, die Uniformen der Wärterinnen seien nicht annähernd so feminin wie die der Untersuchungsgefangenen, kam Leben in Vicki. Sie setzte sich auf, strich ihr Kleid glatt und schob mit der Hand das Haar aus ihrem Gesicht. Das war ein gutes Zeichen. Ich sagte ihr, ich sei Tänzer. Sie sah mich etwas ungläubig an. Ich kramte mein klas-

sisches Repertoir hervor: links, rechts, seit, ran und Wechsel-
schritt. Bei meiner Barmizwa habe ich die Hora getanzt, und
alle haben mir viel Geld gegeben, also war ich auch im Tanzen
wahrscheinlich ganz gut. Vicki lachte.

Obwohl sie sich bei mir entspannen konnte, beschränkte ich
mich bei meinem ersten Besuch darauf, Haarproben für eine spätere Drogenanalyse zu bekommen. Während des Wachstums
wird das Haar von den kleinen Blutgefäßen der Haut versorgt.
Wenn sich Drogen im Blut befinden, werden sie in das Haar ein-
gelagert und dort eingeschlossen. Auf diese Weise bleiben die
Drogen oder ihre Metaboliten im Haar, bis es abgeschnitten wird
oder ausfällt. Das Kopfhaar wächst relativ schnell – etwa 1,5 cm
im Monat. Langes Haar, wie Vicki es trug, konnte mir Auskunft
über die Geschichte ihres Drogenkonsums in den letzten Jahren
geben. Ich sagte ihr, unter diesen Umständen sei es nicht nötig,
auf das langsamer wachsende Schamhaar zurückzugreifen, das
in der Regel zur Abklärung einer mehrjährigen Drogenkarriere
benutzt wird. Es war ein Glücksfall, denn wie Vicki mir sagte,
hatte sie ihr Schamhaar früher meist rasiert. Eine jetzt gewon-
nene Probe gäbe daher allenfalls Auskunft über den Drogenkonsum der letzten Monate, die sie im Gefängnis verbracht hatte.
Die wurzelnahen Enden ihres Kopfhaars gaben natürlich auch
Auskunft über die Geschichte dieser letzten Monate, in denen
Vicki, wie sie mir sagte, keine Drogen mehr genommen hatte,
obwohl sie im Gefängnis leicht zu bekommen waren.

Ich stand hinter ihr, kämmte ihr Haar und versuchte, die
längsten Strähnen zu isolieren, die ich finden konnte. Sie hatte
wunderbares Haar, und ich machte ihr ein Kompliment deswegen. Besonders erfreut war ich über die Dicke, da dies die chemische Analyse erleichterte. Doch Vicki ärgerte sich, daß ihr
Haar so wirr und kraus sei, weil sie nicht die richtigen Haarpfle-
gemittel hätte.

«Ich könnte die Wahnsinnsszene aus *Giselle* ganz ohne
Perücke spielen», sagte sie kryptisch. Als ich die Proben beisammen hatte, verließ ich sie mit dem Versprechen wiederzukommen, sobald die Ergebnisse vorlägen.

Sie schien froh, mich zu sehen, als ich sie am folgenden Wochenende besuchte. In knappen Worten rekonstruierte ich ihre Drogenkarriere, wie die Haaranalyse sie enthüllt hatte. Das Haar lügt nicht, sagte ich, aber korrigieren Sie mich, wenn mir ein Irrtum unterläuft. Bis ins letzte Jahr hinein fanden sich keinerlei Anzeichen für einen Drogenkonsum. Etwa vier Monate vor dem Vorfall begann sie, kleine Mengen Kokain zu nehmen, wahrscheinlich einige Male pro Woche. In dem Monat unmittelbar vor dem Vorfall steigerte sie ihren Konsum dramatisch und vervierfachte ihn schließlich in der letzten Woche. Es sah so aus, als wäre sie vollkommen ausgerastet und hätte mehrere Tage und Nächte rund um die Uhr geschnupft.

«Nur eine Nacht», sagte sie. «Die letzte.»

«Es sieht so aus, als hätten Sie im Gefängnis um Weihnachten herum ein wenig Marihuana geraucht.»

«O Gott, das habe ich ganz vergessen ... Haben Sie auch Michaels Haar untersucht?»

Ich sagte ihr, daß der Gerichtsmediziner keine Haarproben genommen hatte. Manchmal kann man den Toten exhumieren und nachträglich Haarproben nehmen, aber Michael war eingeäschert, seine Asche auf dem Meer verstreut worden.

«Woher wissen Sie das?» fragte sie sehr interessiert.

«Von seinem Wohnungsgenossen», erwiderte ich. «Er hat mir erzählt, daß viele von Michaels Freunden dagewesen sind. Es war eine bewegende Zeremonie.»

«War ... war er wirklich schwul?»

«Ja.» Vicki begann zu schluchzen. «Giselle hätte sich umgebracht», sagte sie leise. Das war der zweite kryptische Hinweis auf *Giselle*.

«Vicki, haben Sie versucht, sich umzubringen?» fragte ich.

«Nein», flüsterte sie.

«Die Polizei hat Blutspuren an zwei von Ihren Kleidern im Wandschrank gefunden. Es war Ihr Blut. Hat Michael Ihnen etwas getan?» Wieder begann sie zu schluchzen. Ich streckte meine Arme über den Tisch und nahm ihre Hände in meine. «Sagen Sie mir, Vicki, hat er Ihnen etwas getan?»

Sie starrte schluchzend auf unsere verschlungenen Hände. Dann begann sie krampfhaft meine Finger zu reiben, als wären sie eine Gebetsschnur.

«Nein», flüsterte sie. «Er hat mir nie etwas getan.» Ihr Schluchzen wurde heftiger.

«Woher kommt dann das Blut?» Es fiel mir schwer, ihren Schmerz mit anzusehen.

«Ich habe mich selbst verletzt ... zu heftig masturbiert, glaube ich.»

«Haben Sie Gegenstände dazu benutzt?»

Sie schüttelte den Kopf. «Den Finger.» Ihre Tränen tropften auf meine Hand und ließen meine klinische Distanziertheit dahinschmelzen.

«Erzählen Sie, Vicki. Erzählen Sie mir von dem letzten Abend.» Nun flüsterte auch ich.

Sie schüttelte den Kopf.

«Gut. Erzählen Sie mir eine Geschichte. Es war einmal ein kleines Mädchen, das wollte gerne Tänzerin werden. Erzählen Sie die Geschichte für mich weiter, Vicki.»

Sie tat es. Nicht in einem Zug, sondern nach und nach, in mehr als einem Dutzend weiterer Sitzungen, die in den nächsten Wochen folgten. Ich hörte zu und begann erst wieder Fragen zu stellen, als sie sich dem Teil der Geschichte näherte, in dem Michael auftauchte. Sie erzählte, daß sie sich gleich zu ihm hingezogen fühlte; sie beschrieb sein Schneemannlächeln, die vielversprechenden leuchtenden Augen, die heimlichen Botschaften, die er ihr durch das Besteck hatte zukommen lassen, und vor allem erzählte sie von der poetischen Liebe, die sie verband. Für Vicki war all das Gewißheit. Die Gespräche, die ich mit Michaels Wohnungsgenossen, anderen Angestellten des Restaurants sowie mit Tänzerinnen und Tänzern aus ihrer Ballettruppe geführt hatte, sagten mir etwas anderes. Doch damit konfrontierte ich Vicki nicht. Sie war immer noch gefangen in einer massiven Selbsttäuschung. Ihr Zustand war keineswegs stabil, und es bestand immer noch Selbstmordgefahr. Auch ihr Gewicht war auf ein alarmierendes Niveau gesunken. Ich hatte nicht die Absicht, den Vorhang über ihren Phantasien zu schließen. Dafür würde die Zeit schon sorgen. Und Zeit würde sie wahrscheinlich genug haben.

Für Vicki war die Zeit stehengeblieben an jenem schicksalhaften Abend, als der Wecker aufhörte zu ticken. Sie war allein auf der Bühne, allein mit Michael, diesem Traumbild vollkommener Liebe. Die übrige Welt hörte auf zu existieren, versank in der Dunkelheit jenseits der Rampe. Psychiater mögen hier von einer nihilistischen Täuschung sprechen. Doch romantische Liebe, selbst wenn sie von paranoid-erotischen Phantasien gespeist wird, katapultiert ihre Opfer, ohne daß sie es wollten oder etwas dagegen tun könnten, an einen Ort, an dem nichts anderes mehr existiert.

Vicki nahm mich bildlich und buchstäblich an die Hand und führte mich in ihre private Welt. In meiner Vorstellung sah ich sie mit einem Schatten aus ihrer eigenen Vorstellungswelt tanzen. Jedes intime Detail teilte sie mir mit, als könne das Erzählen ihnen nur noch größere Realität verleihen. Die Paranoia hatte wahrscheinlich schon vor der Einnahme des Kokains begonnen, aber ich war überzeugt, daß die Droge ihre Entwicklung beschleunigt hatte. Sie war gleichermaßen Nahrung für den Tanz und Nahrung für die Phantasie. Das Kokain schärfte ihre Sinne für die subtilen Zeichen von Michaels Liebe, und zugleich stimulierte es ihre eigenen erotischen Triebe. Es bewirkte, daß ihre Wünsche und Phantasien lebendiger, lebhafter und drängender wurden.

Ihre Berichte über die daraus resultierende Erotomanie endeten stets vor dem Mordabend. Immer noch lehnte Vicki es ab, darüber zu sprechen. Ich erinnerte mich an ihre kryptischen Hinweise auf *Giselle*, und so las ich noch einmal die Geschichte dieses berühmtesten aller romantischen Ballette. Giselle ist ein unschuldiges Mädchen vom Lande, das sich in einen Grafen namens Albrecht verliebt. Albrecht hat seine adligen Kleider und seinen Degen unter bäuerlicher Kleidung versteckt. Voll Glück und Seligkeit tanzen und tollen die beiden umher. Giselle ist so glücklich, daß sie einen Solotanz einlegt, der für seine elektrisierende Virtuosität bekannt ist. Aber sie entdeckt, daß Albrecht nicht nur ein Graf, sondern dazu noch verlobt ist. In der berühmten «Wahnsinnsszene» tanzt Giselle einen Tanz voll wirrer, abgehackter Bewegungen und stößt sich Albrechts Degen in die Brust. Mit dem Vorhang zum zweiten Akt erhebt sich Giselle als Geist aus dem Grab. Von bösen Geistern geleitet, führt sie Albrecht in den Wald, wo ihr Totentanz ihn zu Tode erschöpft zu Boden sinken läßt. Doch Giselle steht immer noch unter dem Einfluß ihrer irdischen Liebe und wirft sich über den hingestreckten Geliebten. Diese Gebärde weckt den Geist ewiger Liebe in Albrecht, er erhebt sich und muß mit gebrochenem Herzen zusehen, wie Giselle in ihr Grab zurückkehrt.

Bei unserer nächsten Begegnung fragte ich Vicki, ob sie Giselle mit Michael/Albrecht gespielt habe. Hatte sie zwölf Stunden über ihm gelegen, in der Hoffnung, er werde wiederauferstehen? Offenbar traf diese Frage unmittelbar eine ihrer Phantasien, die sie hatte schützen wollen, und nun zog sie den Vorhang auch vom Rest des Geschehens.

Vicki berichtete mir von der sorgsam choreographierten Nacht der Verführung, einer Nacht mit Kokain und erotischem Tanz. Sie war stolz auf ihren Tanz und schien begierig, jeden Schritt und jede Position genau zu beschreiben. Wie sie mir erklärte, basierte die Choreographie auf den Balztänzen von Tieren und den erotischen Bewegungen griechischer Satyrn. Ich hingegen hatte das Gefühl, die wahre Choreographin sei niemand anderer gewesen als Zirze, die mythische griechische Zauberin, deren betörender Einfluß auf die Männer meist tragisch endete.

Als Michael sie abwies, lief sie in die Küche. Sie erinnerte sich, daß sie ein Messer aus der Schublade genommen und ins Badezimmer gelaufen war. Die Welt war stehengeblieben, aber in ihrem Kopf drehte sich alles. Sie wußte nicht, ob sie sich selbst oder Michael töten würde. Sein plötzliches Erscheinen löste die Frage. Wie in einem Reflex stieß sie zu, voller Wut und Enttäuschung.

Als er auf dem Boden lag, breitete sich eine Grabesstimmung über die Wohnung, angefüllt mit den Geistern vergangener Ballette und den Klagen verlorener Liebe. Stundenlang lief Vicki von einem Zimmer ins andere, schnupfte Kokain und ließ die Bilder, die ihr durch den Kopf schossen, Revue passieren. Sie fühlte – ja durchlebte – das ganze tragische Leid ihrer Ballettheroinen. Die Gefühle, die sie zuvor im Tanz nur gespielt hatte, erfüllten nun wirklich und vibrierend ihren ganzen Körper.

Sie spürte, daß sie in diesem Augenblick zu der brillanten, ausdrucksstarken Tänzerin wurde, die sie immer schon hätte sein sollen. In ihrem Kopf begann sie mit Giselle zu tanzen. Sie sah sich selbst plötzlich zweifeln und die Blütenblätter eines Gänseblümchens abzupfen, um Klarheit über Albrechts Liebe zu erlangen. Als sie ihr sagen: «Er liebt mich nicht», wirft ihr Albrecht ein weiteres Blütenblatt zu und vereint sich mit ihr zu einem übermütigen Tanz. Sie sah sich in dem berühmten Solotanz, der von ihrem Glück kündet. Sie sah sich in der Wahnsinnsszene, wie sie verzweifelt an Albrechts Liebe festzuhalten versucht, mit abgehackten, von ihren glückseligen Tänzen zuvor losgelösten Bewegungen.

Als die Sonne aufging, konnte Vicki das unheimliche, von einer Harfe und Geigen gespielte Thema fast hören, das die Stimmung des zweiten Aktes prägt. Doch inzwischen war sie kein Geist mehr, sondern ein Kokainzombie. Ziellos lief sie über die Bühne ihrer Wohnung. Schließlich zwang sie sich, den Toten anzusehen und auch das Messer. Am frühen Nachmittag rief sie die Polizei an, dann warf sie sich wie Giselle über den leblosen Körper.

Nach dieser Schilderung des Schlußaktes war Vicki vollkommen erschöpft. In jener Nacht hatte sie einen bemerkenswerten Tanz für Michael aufgeführt. Es war der wichtigste Tanz ihres Lebens und in vielerlei Hinsicht ihr bester. Wie sich noch zeigen sollte, war es zugleich der letzte – für acht Jahre. Sie sehnte sich danach, daß jemand ihn gut fand, das war mir klar. Sie glaubte nicht, daß er Michael gefallen hatte. Als ich sie verließ, spendete ich ihr den einzigen Beifall, den ich ihr geben konnte. Ich sagte ihr, daß Michael zum Erguß gekommen war, als er den Tanz sah.

«Ich danke Ihnen», sagte sie, und das wirkte fast ebenso affektiert wie der Knicks, mit dem sie mich verabschiedete. Es sah aus, als würde ihr zarter, vogelartiger Körper mit bemitleidenswert schlaff herabhängenden Armen langsam zu Boden sinken. Aus Aschenputtel war ein sterbender Schwan geworden.

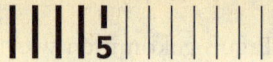

Die Invasion der Käfer

1

Die Invasion begann in den Weihnachtsferien. Ich war zu Hause geblieben und freute mich auf zwei Wochen ohne Studenten, ohne Gespräche mit Untersuchungshäftlingen und ohne Auftritte vor Gericht. Endlich hatte ich Zeit und Muße, mich mit meinem Schachcomputer vertraut zu machen, den ich mir selbst geschenkt hatte. In der ersten Woche verlor ich einen elektronischen Kampf nach dem andern und stellte den Computer oft frustriert ab. Zur selben Zeit kämpften vier Menschen, deren Fälle mich viele Monate später noch intensiv beschäftigen sollten, ihren eigenen Kampf, nachdem sie sich an einer ganz speziellen Weihnachtslieferung Kokain aus Bolivien gütlich getan hatten. Johnny Comstock, Albert Martinez, Jennifer Long und Bill Carpenter hatten keine Möglichkeit, ihren Gegner einfach abzuschalten.

18. Dezember, Rodeo Drive, Beverly Hills. Santa Claus alias Johnny Comstock stand vor einem Schaufenster auf dem Rodeo Drive in Beverly Hills, der teuersten Einkaufsstraße des Landes. Auf dem Schild neben seiner Sammelbüchse stand: «Helft den Obdachlosen!» Dies war natürlich nicht der Ort für Pfennigspenden. Die Leute warfen voller Barmherzigkeit Fünf- und Zehn-Dollar-Scheine in seine Büchse. Das Ganze hatte etwas von einem pervertierten Pawlowschen Reflex. Johnny ließ seinen Speichel rinnen, läutete sein Glöckchen, und schon gaben die Leute ihm Geld. «Fröhliche Weihnachten und Gott mit Ihnen», sagte er dann und zog hörbar die Nase hoch. Johnnys Hunger galt dem Kokain, und er brauchte Hunderte von Dollar täglich, um diesen Hunger zu stillen. Kein Problem für einen Rodeo-Drive-Weihnachtsmann. Seit über einer Woche stand er dort und läutete sein Glöckchen; das hatte ihm genug Geld eingebracht, um sich auch weiterhin dem zwanghaften Schnupfen dieses weißen Zeugs hinzugeben. Und dazu bedurfte es schon einer Menge Einnahmen, denn Johnny nahm das Kokain jede Stunde, und das zwanzig Stunden am Tag. Niemand achtete auf das falsche, weil mit Kokain gefüllte Fläschchen Nasenspray, das er in einem seiner Handschuhe verwahrte. Viele Menschen in Beverly Hills benutzten solche Nasensprays. Und einige von ihnen hatten wohl auch tatsächlich Schnupfen.

Es war Mittag, die geschäftigste und heißeste Tageszeit. Santa Claus läutete lächelnd sein Glöckchen und winkte den Menschen zu, die ihre Mittagspause zu einem Einkaufsbummel nutzten. Da sah er aus den Winkeln seines zuckenden Augenlids eine Schneeflocke vorbeitreiben. Das heißt, eigentlich war es keine Schneeflocke, sondern etwas, das nur ebenso symmetrisch und geometrisch geformt, in Wirklichkeit aber schwarz war. Und wieder schossen ein paar solcher Schemen durch die Ecke seines Sehfeldes. Aber sie verschwanden, bevor er sie genau ansehen konnte. Dann spürte Santa Claus ein Jucken unter seiner schweren Jacke. Er zog einen Handschuh aus, knöpfte die Jacke auf, fuhr mit der Hand darunter und begann sich heftig zu kratzen.

Nach ein paar Minuten begann das Jucken seinen Rücken hinaufzukrabbeln. Er zog die Jacke aus und schüttelte sie kräftig. Dann zog er auch sein T-Shirt aus. Johnny konnte nichts erkennen, aber er wußte, daß da etwas in seiner Haut herumkroch. Er kratzte sich am ganzen Körper, er drehte und wand sich wie ein Breakdancer. Dann kratzte er sich mit dem scharfen Rand des Glöckchens, bis das Blut in kleinen Rinnsalen über Brust und Arme lief. Das Jucken griff auf seine Beine über. Er hüpfte umher wie ein Weihnachtsmann auf einem heißen Blechdach. Ein kleines Mädchen sah ihm einen Augenblick zu, dann warf es eine Münze in seine Büchse. Das Glöckchen schwingend und um Hilfe rufend, lief Johnny die Straße hinunter.

19. Dezember, Euclid Avenue, Los Angeles. Es war schon früher Morgen, als Albert Martinez von der Nachtschicht nach Hause kam. Auf Zehenspitzen ging er durch die Wohnung, um seine Frau nicht aufzuwecken. Nachdem er sich ausgezogen hatte, ging er unter die Dusche. Mehrere Minuten genoß er die feinen Strahlen heißen Wassers und ließ seinen Poren Zeit, sich zu öffnen. Irgend etwas kam aus dem Abfluß hervor und legte sich um seine Beine. Er sah an sich hinunter. Kleine schwarze Flekken tanzten wie Schneeflocken auf seinen Beinen. Sie waren lebendig und krabbelten an ihm hoch. Sie begannen an seiner Haut zu saugen. Er konnte es fühlen. Nach wenigen Sekunden waren seine Beine von winzigen ringförmigen Malen überzogen, wo diese Dinger ein Loch in die Haut gebissen hatten und hineingekrochen waren. Nun bewegten sie sich unter der Haut sehr schnell nach oben. Er fühlte sie schon in seiner Brust, dann in der Kehle. Seine Lippen kribbelten, als sie von dort in sein Gesicht ausschwärmten. Er sah einen Pfeil durch sein Sehfeld huschen. Mein Gott, dachte er erschrocken. Sie sind in meinen Augen. Und immer noch krochen sie weiter hinauf. Erst in seinem Gehirn machten sie halt. Dann bemerkte er schreckliche Sauggeräusche. Mein Gehirn, dachte er, und Panik überkam ihn. Sie fressen mein Gehirn auf. Ein Bild schoß ihm durch den Kopf. Er sah seinen Körper völlig entwässert, ein schlaffer Hautsack über dürren Knochen. Er sprang aus dem Duschbecken und stürmte aus dem Haus.

«Die sind überall in mir. Die sind überall in mir», schrie er, während er die Straße hinunterlief. Eine Politesse, die gerade einen Strafzettel unter den Scheibenwischer eines falsch geparkten Wagens schob, sah den nackten Mann auf sich zu rennen. An seinen Beinen bemerkte sie Kratzspuren. Er schien sehr erregt. Ständig schrie er etwas.

«Können Sie sich ausweisen?» fragte sie den nackten Mann.

«Die sind überall in mir», schrie er.

«Sie sollten ständig einen Ausweis bei sich tragen. Auch beim Joggen», sagte sie.

«Die sind überall in mir», schrie er noch einmal.

«Ist das Ihr Wagen?» fragte sie und zeigte auf das Auto vor seinem Haus.

Er nickte. «Helfen Sie mir!» rief er.

Sie öffnete die Wagentür, in der Hoffnung, einen Ausweis im Handschuhfach zu finden. Im Auto stieß sie auf mehrere hundert Pfund Kokain.

Über Sprechfunk rief sie Verstärkung herbei. Die Polizei kam und nahm Albert fest. Er bettelte um Hilfe.

«Die sind überall in mir», schrie er.

Die Polizisten lachten ihn aus. Schließlich hatten sie gerade einen großen Kokain-Dealer nackt mit seiner Ware erwischt.

19. Dezember, Latigo Shore Drive, Malibu. Es war schon längst Mittag vorbei, und Davids Zufallsbekanntschaft schlief noch immer. Er wollte, daß sie aufstand und sein Strandhaus verließ. Schließlich war sie nur ein One-night-stand, und er hatte nicht vor, sie aufzufordern, bei ihm einzuziehen. David öffnete die Vorhänge und die Schiebetüren im Schlafzimmer, in der Hoffnung, die Sonne und die frische Meeresbrise würden sie aufwecken. Er setzte sich aufs Bett und studierte die Umrisse ihres Körpers, die sich unter dem Laken abzeichneten. Sie war sexy und verstand, diesen Vorzug auch zur Geltung zu bringen. Doch es war stockdunkel gewesen, als sie die Kleider abgeworfen hatten und ins Bett gehüpft waren. Er hatte sie noch gar nicht richtig anschauen können. Nun packte ihn das ungute Verlangen, einen Blick auf sie zu werfen, während sie noch schlief. Sie lag auf dem Bauch, das Gesicht von ihm abgewandt. Er nahm die Ecke der Bettdecke und zog sie langsam von ihren Beinen. Ihre Beine waren lang und schlank. Die Schenkel waren fest und rochen nach Sex. David spürte seine Erregung zurückkehren. Er zog das Laken noch ein wenig höher und entblößte ihren süßen kleinen Arsch; er war genau so, wie er es liebte. Ganz leicht berührte er ihn.

Jennifer Long stöhnte leise. Sie griff mit der Hand nach hinten, ließ sie aber wieder sinken und blieb reglos liegen. David bemerkte, daß sie immer noch ihre Armbanduhr trug, eine Cartier. Das Armband mußte gerieben haben, denn gleich daneben sah er einige rote Stellen an ihrem Handgelenk. Sein Blick wanderte ihren Arm hinauf, wo er weitere rote Stellen und kleine schwarze Flecken unter der Haut bemerkte. Um einige der Flecken klebte ein wenig eingetrocknetes Blut. Er zog das Laken ganz von ihrem Körper. Ihr Rücken war glatt und makellos – nicht die geringste Unreinheit. Ihr goldenes Haar fiel in Kaskaden über ihr Gesicht, das noch immer im Kissen vergraben war. David strich ihr sanft das Haar aus dem Gesicht.

Jennifer stöhnte noch einmal und drehte sich zu ihm. «Hi», sagte sie schläfrig.

David war sprachlos. Das Kissen hatte ihr dickes Make-up an einigen Stellen abgerieben. Mitten auf ihrer linken Wange sah er vier runde Male, jedes so groß wie der Querschnitt eines Bleistifts. Sie waren in einem so sauberen Bogen angeordnet, daß man meinte, ein Tier hätte sie dort gebissen. Eigentlich war jedes dieser Male ein Ring mit einer Vertiefung in der Mitte, in der ein Pfropfen aus Make-up steckte, doch David konnte erkennen, daß es sich um sehr tiefe Eindellungen handelte, fast wie Brunnenlöcher. Worte schossen ihm durch den Kopf: Krebs? Herpes? Syphilis? Auf das richtige Wort kam er nicht: Käfer.

20. *Dezember, Beachwood Drive, Hollywood.* Bill Carpenter holte sich einen Weihnachtsbaum für seine Wohnung. Er lud seine Freundin Carol ein, am Abend zu ihm zu kommen und den Baum mit ihm zu schmücken. Als sie kam, schnupften sie ein wenig Kokain, tranken ein paar Cocktails und machten sich daran, den Baum herauszuputzen. Bill entschuldigte sich und ging ins Schlafzimmer, um noch etwas Kokain zu holen. Plötzlich kam er schreiend aus dem Schlafzimmer gelaufen.

«Da sind überall Käfer auf mir», rief er und strich sich mit den Händen heftig über die Arme.

«Beruhige dich, Bill. Da sind keine Käfer auf dir», sagte Carol.

«Doch. Da sind sie doch. Sie sehen aus wie Spinnen. Sie krabbeln überall auf mir herum.» Bill lief schreiend durch das Zimmer und stieß in seiner Panik gegen die Möbel. Dabei warf er auch die Kletterstange seines Papageis Pinocchio um, und der

Vogel hüpfte ihm rasch auf die Schulter, bevor die Stange mit lautem Krach zu Boden fiel. «Die Biester beißen mich», schrie er in panischer Angst. Pinocchio plapperte: «Sie sind auf dem Vogel», er ließ einen Laut hören, der wie «Kuckuck» klang, und hüpfte auf ein Bücherregal.

Bill lief zu den Drinks und sah sich sein Glas genau an. Er glaubte kleine schwarze Flecken zu erkennen – wie schwarze Schneeflocken –, die auf der Oberfläche schwammen.

«Verdammte Hure», schrie er Carol an. «Du hast mir die Biester in den Drink getan.» Er lief zu ihr hinüber und begann sie heftig zu schütteln. «Warum hast du das gemacht?»

«Nein, nein», schrie Carol, riß sich los und versuchte, ihm zu entkommen.

Doch Bill packte sie wieder und warf sie auf die Couch. Dann begann er, sie zu treten und zu schlagen. Sie stürzte ins Bad und verriegelte die Tür. Er trat die Tür ein, packte Carol an der Kehle und zog sie zurück ins Wohnzimmer, wo er so lange weiter auf sie eintrat und einschlug, bis ihr Blut spritzte.

Er bringt mich um, dachte Carol. Es ist vorbei. Ich bin tot.

Die Käfer setzten ihren Angriff fort und bissen Bill. Er sprang in die Luft, um von ihnen wegzukommen. Und jedesmal landete er mit beiden Füßen auf Carols Körper. «Warum hast du die Biester in meine Wohnung gebracht?» schrie er.

Carol konnte nicht antworten. Es ist vorbei, dachte sie. Gleich bin ich tot.

Aber die Käfer retteten ihr das Leben. Sie machten sich über ihn her, waren nun schon unter seiner Haut und bissen ihn überall. Er konnte sie nicht erwischen. Er lief zum Telefon und rief die Polizei an. Carol gelang es, in einen Wandschrank zu kriechen und sich dort zu verstecken.

Vor dem Haus wartete Bill schreiend und rufend auf die Polizisten. Er winkte ihnen mit beiden Armen und stürzte auf sie zu. Auf seiner Schulter sahen sie einen großen Papagei sitzen. Sie zogen ihre Waffen und befahlen ihm, stehenzubleiben. Er lief weiter auf sie zu. Sie warfen ihn zu Boden und legten ihm Handschellen an.

«Ruhig, Pinocchio!» flüsterte er dem Vogel zu. «Sag gar nichts!»

Bill sagte den Polizisten, sie sollten den teuren Vogel nicht anrühren, weil er von Käfern befallen sei. Diese könnten ihn jederzeit in ein Ungeheuer verwandeln. «Bleiben Sie von dem Vogel weg!» warnte er sie. «Ich bin auch von den Käfern befallen», rief er. «Die sind in mir drin. Sehen Sie sich die Löcher in meiner Haut an. Auf dem Rücken ist ein großes Loch von einer Injektion.»

Die Polizisten sahen sich seinen Rücken an. Sie sahen keine Löcher, nur einen großen Pickel, der vor kurzem ausgedrückt worden war. Als sie jedoch Carols zusammengekrümmten Körper in dem Wandschrank entdeckten, waren auch sie davon überzeugt, daß irgend etwas Bill in ein Ungeheuer verwandelt hatte.

2

23. Dezember, Midvale Avenue, Westwood. Meine zweite Ferienwoche hatte schon begonnen. Das Telefon läutete und rettete mich vor einer weiteren Niederlage gegen meinen Schachcomputer. Der Anrufer stellte sich als Freund eines Technikers in meinem Labor vor. Er entschuldigte sich, daß er mich zu Hause störte, und erklärte mir rasch, er sei Kokainforscher und sei auf eine wichtige Sache gestoßen, die er mir zeigen wolle. Ich war stets bereit, mich mit Kollegen zu unterhalten. Und schließlich waren Weihnachtsferien. Ich lud den Anrufer zu mir nach Hause ein und vergaß dabei ganz, daß auch Ed Tolman unter dem Vorwand, ein Kollege zu sein, in mein Leben getreten war.

Matthew Nichols klopfte an die Hintertür. Ich war gerade im Bad und brauchte ein paar Minuten, bis ich an der Tür war. Er klopfte die ganze Zeit weiter, bis ich öffnete und ihm die Hand entgegenstreckte. Seine Hand war eiskalt. Wir gingen zuerst zur Küche, wo ich ihm eine Tasse Kaffee anbot. Er war mir sofort unsympathisch. Mein Kaffee war Blue Mountain aus Jamaica – der beste, den man für Geld kaufen konnte –, doch Matt ruinierte ihn mit massenhaft Mengen Zucker und Kaffeesahne. Wir nahmen die Tassen mit ins Wohnzimmer.

Über den Couchtisch hinweg studierte ich sein Aussehen. Für Kleidung hatte er offenbar ebensowenig Sinn wie für Kaffee. Sein rotkariertes Jackett, das er offen über einem Hawaiihemd mit Blumenmuster trug, verstieß selbst gegen die lockeren kalifornischen Geschmacksregeln, ganz abgesehen von den winterlichen zweiundzwanzig Grad Celsius, die draußen herrschten. Über dem Jackett trug er einen Vollbart und lockiges, schulterlanges braunes Haar. Seine Lederstiefel waren zerkratzt und voller Morast. Er sah eher wie ein Holzfäller aus und nicht wie der «Forscher», als der er sich ausgegeben hatte.

Matt kam geradewegs zur Sache. Er legte seine Umhängetasche aus Sackleinen auf den Tisch und holte ein Dutzend Glasröhrchen mit Plastikschraubverschluß daraus hervor. Die Röhrchen waren dieselben, wie man sie für Kokain benutzte. Und alle Röhrchen waren mit einer weißen Substanz gefüllt.

«Da», sagte er und schob die Röhrchen wie einen Satz Poolbillardkugeln zu mir herüber. «Die sind für Sie.»

«Tut mir leid, Matt, ich kann kein Kokain als Geschenk annehmen», sagte ich. Zwar analysierte ich häufig Proben, die meine Versuchspersonen oder Patienten mir vorlegten, aber Matt gehörte nicht zu dieser Kategorie. Nach der Kokainmenge in den Röhrchen zu schließen, konnte Matt ebensogut ein Dealer wie ein Konsument sein. Ich hatte keine Lust, mich als Qualitätskontrolleur für Straßenkäufe mißbrauchen zu lassen. Und wenn er wirklich Forscher war, gab es amtliche Formulare, die bei jeder Weitergabe verbotener Stoffe ausgefüllt werden mußten. Das sollte er eigentlich wissen, sofern er nicht versuchte, mich hereinzulegen. Aber niemand würde Siegels Fingerabdrücke auf diesen Röhrchen finden. Keine Chance, Matt.

«Das ist kein Kokain», protestierte er. «Das sind Käfer … Kokainkäfer … Ich habe sie untersucht.»

Ich nahm ein Röhrchen, hielt es vors Licht und sah mir den Inhalt genauer an. Die weiße Substanz erschien wie ein Gemisch aus getrockneten Hautschuppen, einem dunkleren schwammartigen Material und kleinen schwarzen Splittern. Der Inhalt der übrigen Röhrchen sah genauso aus. Auf die Drehverschlüsse waren mit Bleistift die Buchstaben H oder P geschrieben. Während ich meine Fingerabdrücke auf sämtlichen Röhrchen hinterließ, begann Matt mir sein «Forschungsprojekt» zu erläutern.

Er hatte vor kurzem eine große Menge Kokain für die Ferien gekauft. Das Zeug stammte aus einer umfangreichen Lieferung aus Bolivien, die gerade die Straßen von Los Angeles überschwemmte. Ich kannte diese Lieferung, weil mehrere Versuchspersonen mir Proben daraus zur Analyse vorgelegt hatten. Und sie hatten mir gesagt, es gebe Tonnen davon auf der Straße. Matt hatte ganz recht, wenn er behauptete, das Zeug sei sehr stark: Unsere Analyse hatte ergeben, daß es sich um nahezu hundertprozentig reines Kokain handelte.

Matt hatte beschlossen, mit seiner Freundin ein kleines Fest zu feiern. Zuerst bereitete er das Kokain zum Rauchen vor, indem er es in Wasser auflöste, etwas Backpulver hinzugab und das Gemisch aufkochte, bis nur noch kleine Stücke weißer Kokainbase [Crack] übrig waren. Nachdem er die Stücke getrocknet hatte, gab er sie in eine Glaspfeife und rauchte sie. Drei Tage und einhundertfünfzig Gramm später kratzte Matt sich ständig an den Händen. Er selbst merkte es nicht einmal, bis Sherry ihn darauf aufmerksam machte. Da sah Matt, daß seine Hände ganz rot waren, vor allem um die Knöchel herum. Das Kratzen hatte zu winzigen Verletzungen geführt. Sie sahen verdächtig aus. Er legte die Hand unter ein Stereomikroskop, das er einst im Biologieunterricht beim Sezieren benutzt hatte. Bei zehnfacher Vergrößerung erkannte er, daß sich in den Verletzungen irgend etwas bewegte. Bei dreißigfacher Vergrößerung wurden lange weiße, fast durchsichtige Fäden sichtbar, die wie Würmer aussahen. Mit einer Pinzette zupfte er die Haut ab, um besser sehen zu können. Bei sechzigfacher Vergrößerung erkannte er deutlich die Würmer, die sich in tieferes Gewebe zurückzogen. In diesem tieferen Gewebe bemerkte er auch winzige schwarze Flecken. Matt dachte, das müßten die Antikörper sein, die zur

Verteidigung seines Körpers herbeigeeilt waren. Doch mit Entsetzen mußte er feststellen, daß die Würmer die Antikörper gefressen hatten, denn die schwarzen Flecken waren auch in den durchsichtigen Würmern deutlich zu erkennen. Sein Körper brauchte Hilfe. Matt holte sich sein altes Schulsezierbesteck und machte sich an die Arbeit.

Nach weiteren drei schlaflosen Tagen und Nächten hatte Matt sämtliche Gänge ausgeschabt. Dazu hatte er tief ins Fleisch schneiden und Fett, aber auch Muskelgewebe heraustrennen müssen. Er sorgte bewußt dafür, daß die Wunden kräftig bluteten, damit möglichst viele weiße Blutkörperchen herangeführt wurden, die jede Infektion bekämpften. Die Gänge und ihre Bewohner waren nun sicher in den Röhrchen eingeschlossen. Matt hatte das Gefühl, daß er alle erwischt hatte. Und er lächelte voller Stolz.

Ich fragte nach der Bedeutung der Markierungen auf den Verschlüssen.

«Das ‹H› steht für ‹Hände›», erläuterte Matt und streckte mir seine Hände entgegen, damit ich sie mir ansehen konnte. Trotz der deutlichen Zeichen einer Kokainvergiftung in den geweiteten Pupillen und seiner abgehackten Sprache waren seine Hände so ruhig wie die eines Chirurgen. Ich nahm seine Hände und inspizierte die Fingerspitzen. Die Haut um die Fingernägel hatte er abgezogen. Der gesamte Handrücken war mit Kratzern und Schnitten überzogen. Die Knöchel waren wund, und überall fanden sich Spuren frischer Blutungen. Ich drehte seine Hände um. Die Haut an seinen Handflächen war trocken und schuppig. Ich schob einen Ärmel seines Jacketts hinauf und entblößte einen stark behaarten Unterarm. Auch dort waren keine Verletzungen zu erkennen, aber ich fragte mich, warum auf seinen Händen keine Haare waren.

«Ich glaube, sie dringen durch die Talgdrüsen an den Haarwurzeln ein und legen dort ihre Eier ab. Darum habe ich alle Eintrittspunkte beseitigt», erklärte Matt. «In den Röhrchen mit der Aufschrift ‹H› sind ein paar Haare. Vielleicht finden Sie dort auch einige Eisäckchen.»

«Und die Röhrchen mit dem ‹P›?» fragte ich. Davon gab es nur zwei.

«Penis», erwiderte Matt, und er spuckte das Wort förmlich aus.

Irgendwie war es mir peinlich, ihn zu bitten, mir auch seinen Penis zu zeigen. Schließlich hatten wir uns gerade erst kennengelernt. Ich wartete, daß Matt mehr darüber erzählte. Doch er tat es nicht. Statt dessen begann er mir seine Theorie von den Kokainkäfern zu erklären. Matt glaubte, die Würmer seien die Larven der Käfer. Sie stammten aus Eiern, die der Käfer auf den Kokapflanzen in Südamerika abgelegt hatte. Ich achtete nicht auf den paranoiden Charakter dieses Gedankens und begann mit ihm zu diskutieren. Der Kokastrauch wird kaum von Schädlingen befallen, erläuterte ich ihm; die meisten Tiere meiden ihn. Das Kokainalkaloid in den Blättern schmeckt bitter und hält Pflanzenfresser fern. Außerdem enthalten die Blätter auch Stoffe, die fast alle Insekten fernhalten. Nur ein paar Raupen und Blattschneiderameisen haben Wege gefunden, die Blätter trotzdem zu nutzen, doch weder sie selbst noch ihre Eier können die chemischen Prozesse überstehen, mit deren Hilfe man das Kokain extrahiert und reinigt.

Matt blieb bei seiner Meinung. Die Käfer stammten aus einer speziellen Zucht, die von Gentechnikern im Auftrag der CIA und der DEA [Drug Enforcement Administration] entwickelt worden sei. Er sagte, die DEA besprühe die Kokafelder mit den Eiern dieses Käfers. Zwar hatten Wissenschaftler schon mit Getreidekäfern experimentiert, die Mohnpflanzen fressen sollten, doch ich hatte noch nie von Versuchen gehört, auch die Kokapflanzungen mit Insekten zu vernichten. Außerdem war ich Berater der DEA und begleitete deren Beauftragte gelegentlich als Beobachter auf Missionen zur Vernichtung von Kokapflanzungen. Aber ich hielt es für besser, Matt nichts davon zu erzählen, und sagte ihm nur, die DEA besprühe die Pflanzen ausschließlich mit chemischen Herbiziden. Aber nein, erwiderte Matt. Diese Eier sollten ja gar nicht die Pflanzen vernichten, sondern die Kokainkonsumenten. Sie seien eigens dazu entwickelt worden, die chemischen Prozesse bei der Kokaingewinnung zu überleben und jeden zu befallen, der die Droge anrührte.

«Sehen Sie doch», sagte er und legte eine Hand flach auf den Tisch zwischen uns. «Was meinen Sie, was das hier ist?» Und er zeigte auf die Wunden, die er sich mit dem Sezierbesteck beigebracht hatte. Ich starrte darauf und wußte nicht so recht, was ich sonst noch darin erkennen sollte.

«Sehen Sie genau hin», sagte er und gab mir eine Lupe, die er aus seiner Umhängetasche zog. «Sehen Sie sich diese Gänge an. Genau wie bei der Krätze, nur tiefer.»

Er hatte recht. Die Krätze wird durch den Befall der Haut mit der Milbe *Sarcoptes scabiei* ausgelöst. Die fadenförmigen Gänge dieser Milbe haben die Form gerader oder gewundener Furchen in der Oberhaut, doch die Gänge in Matts Hand führten bis tief unter die Haut. Außerdem befanden sie sich auf dem Handrücken und an den Knöcheln, während die Krätzmilbe die Innenseite der Finger und die Handfläche bevorzugt.

«Ich glaube, Sie haben recht, aber Sie sollten wirklich einen Hautarzt zu Rate zichen», sagte ich, während ich durch die Lupe schaute. «Die Krätzmilbe geht auch an den Penis, genau wie Ihre Kokainkäfer. Vielleicht ist es eine besondere Form von Krätze oder ein anderer Hautparasit.» Ich meinte, man solle da erst einmal für Sicherheit sorgen.

Matt war sich bereits sicher. Und nun wurde er zornig. Er stand auf, öffnete seine Hose und zog seinen Penis hervor.

«Sehen Sie sich das doch an!» sagte er und zeigte mir seinen Schaft. «Glauben Sie wirklich, ein gewöhnlicher Parasit könnte so was machen?»

Ich sah die vereiterten Stellen, an denen Matt das Gewebe entnommen hatte, das sich nun in den Röhrchen befand. Neben den Geschwüren erkannte ich eine Reihe kleiner fadenförmiger Verletzungen, wie sie Hakenwürmer verursachen, wenn ihre Larven unter der Haut durch den Körper wandern. Aber Hakenwürmer gehen nicht an den Penis. Und vor allem können sie nicht buchstabieren. Die Verletzungen dort schrieben eindeutig in blutroter Schrift die Buchstaben D und I auf Matts Penis.

«Ich habe sie rausgeholt, bevor sie fertig waren», sagte er.

«Fertig womit?» Ich hatte noch nie eine Tätowierung auf einem Penis gesehen.

«Denken Sie sich noch ein E dazu. Das Wort ist DIE [Stirb]. Die verdammte DEA will uns alle umbringen», rief er. «Was glauben Sie denn, was DEA heißt? Das sind die ersten drei Buchstaben von DEATH [Tod].»

Langsam wurde mir klar, wie diese Verschwörung in seinem Kopf Gestalt angenommen hatte. Matt hatte sich mit derselben neurotischen Energie zu kratzen begonnen, die andere Kokainkonsumenten veranlaßt, unablässig zu reden, mit ihren Zähnen zu knirschen, mit dem Fuß aufzustampfen oder sich in irgendeine andere repetitive Aktivität zu flüchten. Aus dem Kratzen entwickelte sich schließlich der neurotische Drang nachzusehen, wobei er seine Haut aufschnitt und nach den Würmern grub. Sein mißtrauisches Kokaingehirn, das mit dem Mikroskop nach verborgenen Details und Bedeutungen unter der Oberfläche fahndete, verwandelte die eigenhändig zugefügten Verletzungen in ein Verschwörungskonstrukt über die Invasion seines Körpers. Matts mentale Kalligraphie hatte auch die makabre Schrift auf seinem Penis gesteuert. Die Botschaft konnte nicht klarer sein. Er war zum Tode verurteilt, wenn er nicht aufhörte, Kokain zu nehmen.

Ich sagte ihm, der Gedanke, die DEA wolle Kokainkonsumenten vergiften, sei ebenso abwegig und paranoid wie die Behauptung, der AIDS-Virus sei von einem Geheimdienst entwickelt worden, um Homosexuelle und Heroinsüchtige umzubringen. «Das Kokain hat Sie paranoid gemacht», sagte ich. «Meiner Ansicht nach wird das ganze Problem verschwinden, sobald Sie eine Entziehungskur gemacht haben.» Ich nahm an, daß er Hilfe suchte.

Das hätte ich nicht sagen sollen. Denn nun erkannte Matt, daß die DEA nicht nur mit Käfern gegen die Kokainkonsumenten vorging, sondern auch mit AIDS. Er sprang auf und wandte sich zum Gehen. Ich gab ihm die Röhrchen zurück, behielt aber zwei, die ich analysieren lassen wollte, für mich. Ich sagte Matt, wegen der Ferien wisse ich nicht, wie lange die Untersuchung dauern werde. Dann begleitete ich ihn hinaus zu seinem Wagen. Als ich in meine Wohnung zurückging, bemerkte ich eine Blutspur an meiner Wohnungstür, dort, wo er angeklopft hatte. Da nicht Ostern, sondern Weihnachten gerade hinter uns lag, kam mir der amüsante Gedanke, daß dieses Blut an der Tür meine Wohnung vielleicht auf ähnliche Weise vor dem Befall mit diesen kleinen Tierchen schützen werde wie einst im alten Ägypten das Blut des Lamms den Todesengel davon abgehalten hatte, die Häuser der Hebräer zu betreten. Ich lachte immer noch über den törichten Einfall, als ich das Blut von der Tür wusch.

Im Labor sagte man mir, die Analyse des Inhalts meiner Röhrchen werde mehrere Tage in Anspruch nehmen. Doch auch ohne die Ergebnisse dieser Analyse war ich mir sicher, daß Matt an einem paranoiden Zustand litt, der die Menschheit von jeher befallen hat, und das schon lange bevor die biblischen Plagen das alte Ägypten heimgesucht hatten. Dieser Zustand, der früher auch Ekbom-Syndrom oder Akarophobie [Milbenangst] genannt wurde, ist heute als Dermatozoen- oder Ungezieferwahn bekannt. Es handelt sich um einen hartnäckig andauernden Zustand, bei dem der Betreffende glaubt, kleine Tierchen wie Insekten, Läuse, Würmer oder Maden lebten auf oder in seiner Haut. Auch durch unwiderlegliche Gegenbeweise lassen sich diese Menschen nicht von der Überzeugung abbringen, sie wären von irgendwelchen Parasiten befallen. Ihr Glaube ist unerschütterlich.

Niemand weiß, wie weit dieser Wahn tatsächlich verbreitet ist, denn die meisten Patienten hüten sich, einen Psychiater aufzusuchen – sie suchen ihr Heil eher in einer Selbstbehandlung oder wenden sich an Hautärzte, Entomologen, Gesundheitsämter oder Fachleute für Schädlingsbekämpfung. Interessant ist auch die Tatsache, daß die Psychiater selbst zu jenen Menschen gehören, die noch am häufigsten unter solchen Wahnvorstellungen leiden. Sie sind auch bei Drogenabhängigen in großer Zahl zu finden.

Der Wahn beginnt in der Regel mit einer körperlichen Empfindung, einer Parästhesie: einem Jucken oder Kribbeln oder dem Gefühl, das da in der Haut irgend etwas kriecht. Es kann sich aber auch um ein Brennen oder ein Taubheitsgefühl handeln. Solche Empfindungen können von verschiedenen körperlichen Erkrankungen ausgelöst werden. Bluthochdruck, Arteriosklerose, Erkrankungen der Herzkranzgefäße, Diabetes, Hormonstörungen, Nierenstörungen und Vitaminmangel können sämtlich Jucken, Kribbeln und andere Parästhetische Empfindungen auslösen. Viele Patienten mit Dermatozoenwahn leiden unter solchen Krankheiten. In vielen Fällen verschwindet der Wahn, sobald die Patienten von der auslösenden Krankheit geheilt sind. Die häufigste Ursache für Hautempfindungen der beschriebenen Art sind Nebenwirkungen von Medikamenten und Drogen. Alkohol wärmt und rötet die Haut, Koffein kühlt sie und sorgt für ein leichtes Prickeln, Opiate verursachen eine Gänsehaut.

Der Irrglaube, für diese Empfindungen seien Parasiten verantwortlich, die in der Haut umherkriechen, kann sich in verschiedenen psychiatrischen Zuständen entwickeln, zum Beispiel bei der Schizophrenie, doch man muß keineswegs verrückt sein, um davon befallen zu werden. Tatsächlich gilt der Parasitenwahn als Störung mit nur einem einzigen Symptom, bei der alles andere normal sein kann und keine weiteren Symptome hinzutreten müssen. Alles, was man dazu braucht, ist die Angst, die die paranoide Ader im wörtlichen wie im übertragenen Sinne ankratzt und den Dämon weckt.

Bei gesunden, nüchternen Menschen kann Angst die Temperatur und die elektrischen Eigenschaften der Haut verändern. Winzige Muskeln an den Wurzeln der Körperhaare ziehen sich zusammen, so daß die Härchen sich aufrichten und eine Gänsehaut entsteht. Wenn solche körperlichen Empfindungen auftreten, machen sich Zentren im höheren Bereich der Hirnrinde an die Arbeit und versuchen, diese Empfindungen zu deuten. Fehler in diesem Informationsverarbeitungssystem führen dann zur Wahnvorstellung eines Parasitenbefalls. Aus «es fühlt sich an, als ob da etwas in meiner Haut herumkriecht» wird «da

kriecht tatsächlich etwas in meiner Haut herum». So gesehen
sind die Parasiten taktile Täuschungen, aus denen taktile Halluzinationen werden, von denen sich der Betreffende narren
läßt. Manche Menschen entwickeln auch als Begleiterschei-
nung einschlägige visuelle Halluzinationen von den Käfern
selbst.

Menschen, die schon einmal echte Hautprobleme hatten,
wie sie durch Läuse oder andere Parasiten hervorgerufen werden, sind besonders anfällig für solche Wahnvorstellungen.
Auch wenn der eigentliche Befall längst der Vergangenheit angehört, fürchten manche Patienten, sie könnten neuerlich befallen werden. Die Furcht erzeugt ein Jucken, der Patient beginnt sich zu kratzen ... und nachzudenken. Soziale Isolation
und Gefangenschaft können den Vorgang beschleunigen. James
Harrington, Kammerdiener Karls I., wurde 1660 im Londoner
Tower eingekerkert. Unter dem Streß der Haft entwickelte er
die Vorstellung, sein Schweiß verwandele sich in Fliegen, Bie-
nen und andere Insekten, und diese Vorstellung verfolgte ihn
noch lange nach seiner Freilassung. Zudem war sie mit visuellen Halluzinationen verbunden. «Seht ihr denn nicht, daß diese
Fliegen von mir kommen?» fragte er seine Besucher.

In gewisser Weise hatte Harrington durchaus recht, wenn er
meinte, die Insekten, Parasiten und sonstigen Tierchen, die
seine Wahnvorstellung bevölkerten, kämen aus ihm selbst.
Denn es handelt sich um Phantasiegebilde, die das Gehirn geschaffen hat, um kognitive Bearbeitungen tatsächlicher Empfindungen aufgrund von physischen oder psychischen Auslösern.
Wie diese Prozesse ablaufen, wissen wir nicht genau, doch
neuere Forschungen legen den Schluß nahe, daß ein Zusammenhang zwischen den Wahnvorstellungen und der Überaktivi-
tät des Neurotransmitters Dopamin besteht. Das geschieht tief
im limbischen System, der Zufluchtsstätte des Dämons. Da
kann es nicht überraschen, daß der Dermatozoenwahn häufig
mit verschiedenen Formen von Paranoia einhergeht.

Am leichtesten dürfte man solche eingebildeten Parasiten
auf den Plan rufen, wenn man seinen Körper mit Stimulanzien

wie Amphetamin oder Kokain vollpumpt. Diese Drogen verstärken die Wirkung des Dopamins und beschleunigen dadurch die Entstehung von Wahnvorstellungen oder erhöhen ihre Intensität. Matt war nicht der erste unter solchen Wahnvorstellungen Leidende, den ich gesehen hatte. Ich kannte das Syndrom von den Affen, mit denen ich mich viele Jahre vorher beschäftigt hatte. Wenn ich ihnen rund um die Uhr Amphetamin oder Kokain gab, zeigten sie schon nach vier oder fünf Tagen ein ähnliches Verhalten wie ihr menschlicher Vetter Matt. Sie kratzten, rieben und schabten mit den Fingernägeln an ihrer Haut. Dann begannen sie, ihre Zähne einzusetzen. Dieses Verhalten zeigten die Affen auch, wenn sie von wirklichen Hautmilben befallen waren. Aber dann schafften sie es stets, die Milben zu fangen. Bei den Kokainkäfern war das anders. Die unter Drogen stehenden Affen kratzten und bissen, bis das rohe Fleisch sichtbar wurde. Und mit angsterfüllten Grimassen machten sie sich daran, die Wunden noch tiefer auszuschaben. Einige Forscher ließen es zu, daß ihre Affen sich das Fleisch von den Knochen bissen und sich sogar ganze Finger amputierten. Ich brach meine Experimente stets ab, bevor meine Affen sich selbst so schrecklich verstümmelten. Doch es hielt niemand einen jungen bolivianischen Kokainsüchtigen davon ab, sich auf der Suche nach den Käfern zwei Finger der linken Hand abzubeißen.

Die drogeninduzierten Wahnvorstellungen sind gerade deshalb besonders glaubwürdig, weil die Haut tatsächlich Veränderungen zeigt. Wenn sich jemand Drogen injiziert, können an der Einstichstelle Rötungen, Ödeme und nekrotische Erscheinungen auftreten. Kleinere Blutgefäße können reißen und bluten. Wiederholte Injektionen an derselben Stelle führen leicht zu Entzündungen und Abszessen. Es können sich stark pigmentierte Einstichstellen und Narben bilden. Verwachsungen lassen diese Einstichstellen wie lange weiße Würmer unter der Haut erscheinen. Die Injektion nichtsteriler und verschmutzter Drogen kann zu echten Entzündungen durch vielerlei Mikroorganismen führen. Wenn Drogensüchtige in ihrer Verzweiflung

Tabletten, die zur oralen Anwendung bestimmt sind, auflösen und sich injizieren, dann injizieren sie sich damit zugleich eine Menge von Füllstoffen wie Talk und Maisstärke, die in den Tabletten als Bindemittel dienen. Diese Stoffe können tief unter der Haut heftige Entzündungen und Vernarbungen hervorrufen.

Abhängige, die Drogen wie das Kokain sniefen oder rauchen, sind vor Hautproblemen keineswegs gefeit. Chronischer Kokainkonsum, ganz gleich in welcher Form der Aufnahme, kann den Blutzufluß zur Haut einschränken und zu einer Verdickung oder Sklerotisierung des hauteigenen Kollagens führen. Daraus entstehen dann zuweilen deutlich sichtbare Deformationen: unförmige Wurstfinger oder Hände, die rot-, weiß- und blaugescheckten Klauen ähneln. Dermatologen beobachten dann hohe Konzentrationen von Antikörpern im Blut, Immunglobulinablagerungen in den äußeren Hautschichten und weitere Indikatoren für Bindegewebserkrankungen. Drogenabhängige wie Matt sehen nur Würmer und Käfer. Matts Reaktion auf die Entdeckung des Parasitenbefalls ähnelte einem Angstanfall. Es fiel ihm schwer, zu atmen. Er dachte, er werde gleich ohnmächtig. Angst, Furcht und Schrecken überwältigten ihn. Er mußte die Biester loswerden. Er holte sein Sezierbesteck und machte sich an die Arbeit.

Während ich auf den Bericht des Labors über Matts Röhrchen wartete, sah ich in der medizinischen Literatur nach und mußte feststellen, daß die Prognose keineswegs günstig für ihn stand. Selbst wenn Drogenabhängige entgiftet und die Hautverletzungen verheilt sind, können die Wahnvorstellungen fortbestehen. Manchmal zieht man plastische Chirurgen hinzu, damit sie die verbliebenen Schäden beheben, doch die Gedanken können sie nicht bereinigen. Ich las von einer Kokainkonsumentin mit einer tiefen Gesichtswunde, welche die Backenknochen freilegte. Nachdem man das Gesicht operativ rekonstruiert hatte, erschien sie schon bald wieder mit ähnlichen Wunden und Geschwüren im gesamten Bereich ihres Unterkörpers. Sie war überzeugt, daß die Käfer Eier in der alten Wunde zurückgelassen hatten.

Je mehr Fälle ich nachlas, desto inständiger hoffte ich, Matt hätte recht mit seiner Behauptung, er habe alle Würmer herausgeholt. Falls sie wiederkämen, würde er sich womöglich gezwungen sehen, nach noch drastischeren Behandlungsmöglichkeiten Ausschau zu halten, im Bereich der offiziellen Medizin oder auch der Selbstbehandlung. In früheren Zeiten griff man zum Aderlaß, zu kochendheißen Bädern, Elektroschocks und sogar zur Lobotomie. Aber die Käfer überlebten. Heutzutage verschreibt man superstarke antipsychotische Medikamente wie Pimozid, das die Wirkung des Dopamins blockiert. Diese Medikamente haben zahlreiche Nebenwirkungen und Unverträglichkeiten, wobei im Vergleich dazu selbst die Lobotomie als milde Maßnahme erscheint. Manche Patienten entwickeln potentiell irreversible neurologische Probleme, und dennoch lassen sich die kleinen Käfer in mindestens der Hälfte der Fälle nicht davon beeindrucken.

Die Selbstbehandlung, zu der Patienten gelegentlich greifen, ist oft ebenso drastisch und ebenso wirkungslos. Eine Frau tauchte ihren Kopf täglich einmal in Petroleum, schabte ihre Haut mit einem Messer ab und bedeckte ihren Körper mit Klebeband, um weiteren Befall zu verhindern. Es half nichts. Eine andere Patientin schnitt sich regelmäßig mit einem Rasiermesser in die Haut, um den Käfern die Möglichkeit zu geben, herauszukommen. Sie taten es nicht. Nach unzähligen Experimenten geben viele der solcherart Leidenden auf und fügen sich in das Schicksal, ihren Körper mit diesen Eindringlingen teilen zu müssen.

Endlich schickte mir das Labor den Bericht über Matts Röhrchen. Es waren gute Nachrichten. In den Röhrchen befanden sich weder Käfer noch Eier, sondern nur Hautreste, Schmutz und Haare. Ich rief Matt an, um ihm das Ergebnis mitzuteilen.

«Nein, nein. Wenn die Würmer getrocknet sind, sehen sie wie getrocknete Haut aus. Wenn sie feucht sind, kann man sehen, daß es Würmer sind», rief er so gellend ins Telefon, daß ich den Hörer ein Stück weit weghalten mußte. «Haben Sie mit ei-

nem Elektronenmikroskop nachgesehen? Für die Eier braucht
man ein Elektronenmikroskop.» Ich hörte, wie ein ärgerliches
Brummen aus seiner Kehle drang.

«Das haben sie gemacht», log ich. «Es war nichts zu finden.» Ich war mir sicher, daß sie im Labor nur ein Lichtmikro-
skop benutzt hatten. Aber in anderen veröffentlichten Fällen
hatte man Hautproben mit Rasterelektronenmikroskopen untersucht. Diese Instrumente machen Objekte sichtbar, die nur
0,4 Nanometer groß sind, also weniger als die Hälfte eines Mil-
liardstel Meters. Die eingebildeten Parasiten hatte man auch
damit nie gefunden.

«Matt, wie wäre es, wenn Sie zu mir kommen, und wir sprechen darüber?» fragte ich ihn. «Ich habe da eine Idee, wie man
Ihnen helfen könnte.» Und diese Idee bestand darin, ihn zu einer Entziehungskur zu bewegen.

«Nein. Ich schaffe das. Ich werde schon damit fertig.» Und er
legte auf.

3

30. Dezember, UCIA, Westwood. Das Telefon läutete, und mir
wurde klar, daß es ein Fehler gewesen war, mich noch vor dem
Ende meines Weihnachtsurlaubs in mein Büro zu schleichen.
Ein Rechtsanwalt meldete sich und fragte mich, ob ich in den
Gefängnistrakt des County Hospital kommen könnte, um mir
seinen Klienten Cliff Hill anzuschauen, der gerade wegen Fah-
rens unter Drogeneinfluß und wegen des Besitzes von Kokain
zu Zwecken des Verkaufs festgenommen worden war. Der Anwalt wollte, daß ich klärte, ob Cliffs Drogenabhängigkeit stark
genug war, um den Besitz einer so großen Menge Kokain allein
für den persönlichen Gebrauch zu rechtfertigen. Außerdem
wollte er, daß ich als Alternative für eine Gefängnisstrafe ein
Behandlungsprogramm für Cliff aufstellte.

«Ich habe Weihnachtsferien», brummte ich, denn ich wollte
nur eines: zurück an meinen Schachcomputer, und hatte nicht
die geringste Lust, durch die ganze Stadt ins County Hospital zu
fahren.

«Er ist ausgerastet, als die Polizisten ihn festgenommen haben», sagte der Anwalt. «Irgendwas mit Käfern.»

«Du lieber Himmel! Was ist denn los in dieser Stadt?» fragte ich mich, während ich zum County Hospital raste. Dann fiel mir ein, daß der Kokainkonsum stets um Weihnachten herum anstieg. Und diese neue Ladung Kokain aus Bolivien, die jetzt zu Billigstpreisen überall in Los Angeles angeboten wurde, war unwiderstehlich. Setze eine beliebig große Zahl von Affen vor einen beliebig großen Haufen Kokain, und schon bald juckt es sie, und alle fangen an, sich zu kratzen. Und wie ich bald entdecken würde, sollte einer von ihnen am Ende sogar Shakespeare zitieren.

Als ich im Gefängnistrakt des Krankenhauses ankam, fand ich Cliff Hill auf einer fahrbaren Tragbahre in der Halle liegen. Es herrschte Zimmermangel, und an den Wänden der Halle waren weitere Bahren aufgereiht, mit diversen Opfern von Schießereien, wildgewordenen Autofahrern und einem schreienden Mann mit grellem Make-up und einer Stichwunde in der Schulter. Er spitzte die Lippen und warf mir einen Kuß zu, als ich an ihm vorbeiging. Ich war froh, daß er an seine Bahre gekettet war.

Cliff war gerade mit seinem Mittagessen fertig, als ich ihn fand. Er leckte buchstäblich seinen Teller aus. «Können Sie mir noch was besorgen?» fragte er. «Ich habe immer noch Hunger, aber sie wollen mir nichts mehr geben.» Er starrte durch die Halle zu dem Beamten hinüber, der immer noch mit dem Essenausteilen beschäftigt war. Cliff hatte Tränen in seinen dunklen Augen, als er mich wieder anblickte. «Bitte!»

Ich stahl ihm ein Schüsselchen Pudding von einem benachbarten Patienten, den man so stark sediert hatte, daß er nichts mehr bemerkte. Während Cliff den Pudding löffelte, studierte ich ihn. Er sah aus wie ein junger, schnauzbärtiger Charles Bronson, aber mit einer Nase, die erkennen ließ, daß er mehr als eine Schlägerei ganz ohne Double hinter sich gebracht hatte. Seine Haut war rauh, seine Brust ebenso kräftig entwickelt wie sein Bizeps. Das Krankenblatt an der Bahre ließ erkennen, daß er noch nicht vom Arzt untersucht worden war.

Cliff war festgenommen worden, kurz nachdem er eine große Menge Kokain gekauft hatte. Als er nach dem Kauf wegfuhr, keilten ihn vier Polizeiwagen ein.

«Warum haben die Sie hergebracht?» fragte ich. Er schien ganz in Ordnung, wenn ich einmal von dem gewaltigen Appetit absah, der den Kokainentzug gewöhnlich begleitet.

«Die dachten, ich bin angeschossen worden», erwiderte Cliff und zog das Laken von seiner nackten Brust.

Ich holte tief Luft und versuchte das Brennen zurückzudrängen, das unwillkürlich in meiner Kehle aufstieg. Auf Cliffs Brust, gleich über der rechten Brustwarze, befand sich ein großes Geschwür mit dem Durchmesser eines Silberdollars. Es war scharf umrissen und wirkte wie ausgestanzt. Der äußere Rand war erhoben, entzündet und fast krustig. Das Innere des Kreises war fast einen Zentimeter vertieft und mit einer glänzenden Masse aus cremig-gelber Flüssigkeit und rotem nekrotischen Gewebe angefüllt. Das Ganze sah aus wie eine kleine Pizza, die man ihm auf die Brust gedrückt hatte. Cliff tauchte einen Finger in die Pizza, zupfte ein Stückchen heraus, rollte es zu einem Kügelchen und warf es weg.

«Wahrscheinlich sollte ich die Dinger lieber in Ruhe lassen, nicht?» sagte er mit einem verlegenen Gesichtsausdruck. «Ich dachte, ich hätte Käfer in der Haut – so kleine wurmähnliche Biester.»

«Die Dinger?» fragte ich. «Haben Sie auch an anderen Stellen gezupft?»

«Sie haben Würmerspeis' aus mir gemacht», sagte Cliff. «Das ist Shakespeare, aus *Romeo und Julia*, unser Lieblingsstück.» Wieder traten Tränen in seine Augen. «Aber ich schäme mich so für meinen Körper, ich zeige ihn Mary lieber gar nicht. Und Liebe machen wir auch nicht mehr.»

Er zog das Laken weg. Beine, Arme und Hodensack waren mit Geschwüren übersät. Sie waren viel kleiner als das auf seiner Brust, hatten aber denselben erhöhten Rand, und einige waren mit einer schmutzig-gelben bis grauen Kruste überzogen. Manche Stellen schienen verbrannt. Cliff bestätigte meine

Diagnose. Trotz seines ständigen Kratzens hatte er keine Käfer fangen können. Deshalb hatte er die Stellen mit einem Lötkolben ausgebrannt. Kratzen mochte ja noch angehen, aber den Hodensack zu rösten mußte doch sehr schmerzhaft gewesen sein, selbst für einen chronischen Kokainkonsumenten wie Cliff, der jede Woche gut fünfzehn Gramm verbrauchte. Doch der Schmerz war ihm egal. Er war bereit, alles zu tun, um seine Familie zu retten. Ich dachte, Cliff meinte damit die zerstörerischen Auswirkungen, die seine Kokainsucht auf das Familienleben haben mußte.

«Das meine ich nicht», erwiderte Cliff. Und jetzt weinte er fast. «Alle haben Käfer. Ich habe versucht herauszufinden, wie ich ihnen helfen kann.»

«Wer in Ihrer Familie hat sonst noch Käfer?»

«Meine Frau Mary und meine Tochter. Meine Mutter auch. Sie lebt bei uns.»

«Nehmen alle Kokain?»

«Nein.» Meine Frage schien ihn zu erstaunen. «Was hat der Coke damit zu tun?»

Ich sagte es ihm.

«Das kann es nicht sein», erwiderte er. «Chico hat sie auch bekommen. Ich habe sogar gedacht, daß wir sie von ihm haben.»

«Wer ist Chico?»

«Unser Chow-Chow. Ein kluges Hündchen. Kann die unglaublichsten Sachen.»

Als Cliff zum erstenmal bemerkte, daß er sich ständig kratzte, hatte er zunächst gedacht, der Hund hätte Flöhe ins Haus gebracht. Sie sprühten das ganze Haus ein und probierten an dem Hund wie an den Menschen sämtliche erhältlichen Puder und Shampoos aus, aber Cliffs Zustand wurde immer schlimmer. Schließlich brachten sie Chico zu einem Tierarzt, doch der konnte keine Flöhe, Zecken oder sonstigen Parasiten feststellen. Er wußte keine Erklärung für das angebliche Kratzen des Hundes. Dann griffen das Jucken und Kratzen auch auf die übrigen Familienmitglieder über.

Ich zog zwei alternative Erklärungen in Erwägung. Möglicherweise war der ganze Haushalt tatsächlich von irgendwelchen Parasiten befallen. Abgesehen von dem Besuch beim Tierarzt, hatten weder Cliff noch seine Familie fachkundige Hilfe gesucht. Vielmehr hatten sie sich auf umfangreiche tägliche Reinigungsrituale mit Bädern, Pudern und Sprays verlassen. Einen erheblichen Teil des Haushaltsbudgets verwandten sie auf Desinfektionsmittel, Wäschereikosten und Bettwäsche, die sie regelmäßig wechselten. Da Cliff nun im Krankenhaus war, sorgte ich dafür, daß er von einem Dermatologen untersucht wurde. Mir war klar, daß man am besten auch die übrigen Familienmitglieder solch einer Untersuchung unterziehen sollte, doch das mußte im Augenblick noch zurückstehen.

Während wir auf den Hautarzt warteten, eruierte ich ausführlich Cliffs Krankengeschichte, um einer zweiten möglichen Erklärung nachzugehen. Wurden nämlich keine Parasiten gefunden, handelte es sich womöglich um einen gemeinschaftlichen Wahn, einen Zustand, den die Psychiater gewöhnlich mit französischen Ausdrücken belegen. Wenn zwei eng miteinander verbundene Personen, meist aus derselben Familie, die gleiche Wahnvorstellung aufweisen, spricht man von einer *folie à deux*. Sind mehr als zwei Personen beteiligt, spricht man von einer *folie à famille*. Es sind durchaus Fälle solch einer *folie à famille* bekannt, aber noch nie war ein Haustier daran beteiligt gewesen. War Chico tatsächlich gleichfalls betroffen, wie Cliff behauptete, dann war die Familie Hill möglicherweise ein einzigartiger Fall in der Geschichte der Medizin. Ich war ganz aufgeregt bei dem Gedanken an den Ruhm, den mir meine Entdeckung einbringen konnte. Natürlich brauchte ich einen Namen für die Störung. Da zwei Elternteile, ein Kind und eine Großmutter daran beteiligt waren, dazu noch ein Hund, der allerlei Kunststücke beherrschte, und ein Haufen eingebildeter Flöhe, die von einem zum anderen sprangen, verfiel ich auf die Bezeichnung *folie à cirque*, denn das Ganze erinnerte doch sehr an einen närrischen Zirkus.

Ich nahm an, daß Cliff als erster diesem Wahn verfallen war, dessen Ursache in seinem Kokainkonsum lag. Sein chronisches Kratzen hatte dann bei den anderen die uralte Angst geweckt, gleichfalls befallen zu werden. Viele Anthropologen halten das Kratzen neben dem Gähnen für eines der ansteckendsten Verhaltensweisen im Repertoire der Primaten. Beide Verhaltensweisen werden von Beobachtern, die sie häufig aus der Nähe miterleben, bewußt oder unbewußt bereitwillig nachgeahmt. Da ist es nicht verwunderlich, daß ganze zwölf Prozent der unter Dermatozoenwahn leidenden Patienten das Kratzen von anderen übernommen haben, meist von Familienangehörigen, Verwandten oder Arbeitskollegen.

Cliff war vierundvierzig Jahre alt und seit gut einem Jahr ein «Baser» [einer, der Kokainbase oder *freebase* raucht]. Er entwickelte die typischen Symptome einer chronischen Kokainvergiftung, darunter Angst und übertriebene Wachsamkeit; außerdem sah er «Schneelichter», die als Lichtblitze und als geometrische Formen an der Peripherie des Sehfeldes wahrgenommen werden. Einige dieser geometrischen Formen ähneln schwarzen Schneeflocken. Die Schneelichter und andere Effekte werden durch einen Sturm elektrischer und chemischer Erregung verursacht, den das Kokain im Gehirn auslöst.

Inzwischen hatte das Kokain an der Peripherie seines Körpers für eine Verengung der Blutgefäße und eine Austrocknung der Haut gesorgt, die ihrerseits parästhetische Empfindungen auslösten. Cliff begann sich zu kratzen. Sein hyperaktiver Verstand registrierte, daß der Hund dasselbe tat. Damals kam ihm der Verdacht, der Hund könne Flöhe haben, und er brachte ihn zum Tierarzt. Der Arzt bescheinigte dem Hund eine parasitenfreie Gesundheit und sagte Cliff, die Male auf der Haut hätten keine Ähnlichkeit mit den kleinen, traubenförmig eng beieinanderliegenden Verletzungen, wie sie für Flohbisse typisch sind.

Cliff ging nach Hause, rauchte weiter Kokain und kratzte sich weiter. Auf seiner Haut zeigten sich erste Entzündungen. Ein- oder zweimal glaubte er zu erkennen, daß ein Käfer in den entzündeten Stellen herumkroch. Als auch die übrigen Familienmitglieder sich zu kratzen begannen, wußte Cliff, daß es tatsächlich ein Problem in ihrem Haus gab. Mehrere Tage und Nächte lang blieb er wach und dachte angestrengt nach, wie er die Käfer wieder loswerden konnte. Das Kokain brachte ihn auf zahlreiche Ideen. Er probierte sie alle aus, doch keine brachte mehr als nur geringfügige Erleichterung. So fand er heraus, daß das Jucken ein wenig nachließ, wenn er Pepsi trank. «Elende sind auf kleine Dinge stolz», sagte Cliff. «König Heinrich VI.», fügte er für mich hinzu. Ich war mir sicher, daß sich Shakespeare im Grabe herumdrehen würde angesichts dieses schiefen Vergleichs mit elenden Kokainkonsumenten.

Warum versuchte Cliff nicht, vom Kokain loszukommen? Schließlich hatten seine Probleme mit den Käfern zur selben Zeit begonnen wie sein Kokainkonsum. Die Antwort war einfach; seine Sucht hatte ihn so blind gemacht, daß er den Zusammenhang nicht mehr erkennen konnte. Aber wie erklärte er sich das Auftreten der Käfer?

«Sie fressen mich bei lebendigem Leibe auf.»

«Und warum?»

«Weil ich ihnen gut schmecke.»

Wer hätte das besser wissen können als Cliff? Während unseres ganzen Gesprächs zupfte er immer wieder kleine Stückchen aus seiner Brustwunde und roch daran. Dann führte er die kleinen Klümpchen an den Mund, zerbiß sie mit den Schneidezähnen und spuckte sie anschließend seitwärts über den Rand der Tragbahre. Erst als der Hautarzt erschien, hörte er damit auf. Die Untersuchung ergab, daß es sich bei den meisten «Käfer-» und «Wurmlöchern» um pustelartige Geschwüre handelte, die auf eine Infektion mit Bakterien zurückzuführen waren. Dafür verschrieb der Arzt ihm Antibiotika. Bei der Brustwunde lagen die Dinge etwas anders. So etwas hatte der Hautarzt noch nicht gesehen. Die gummiartige Konsistenz der Füllmasse erinnerte an Syphilis in fortgeschrittenem Stadium – übrigens einer der Gründe, weshalb frühere Berichte über Fälle von Dermatozoenwahn oft in medizinischen Fachblättern veröffentlicht wurden, die sich schwerpunktmäßig mit Syphilis und verwandten Krankheiten befaßten. Der Hautarzt war der Ansicht, daß auch für diese Verletzung Antibiotika ausreichten, falls Cliff nur seine Finger von der Wunde ließ. Cliff versprach, brav zu sein. Er wußte, daß seine Frau schon die Kaution hinterlegt hatte, und wollte nicht länger als nötig im Gefängnistrakt des Krankenhauses bleiben. Ich dagegen wußte, daß kokainsüchtige Affen einem alles versprachen, wenn sie dadurch möglichst bald wieder an ihre Droge herankamen.

In der darauffolgenden Woche traf ich Mary, das Showgirl des Familienzirkus Hill; sie kam in mein Büro. Mary hatte ein hübsches Gesicht, aber ihre Haut war in einem desolaten Zustand. Außer einigen kleineren Verletzungen an Händen und Unterarmen, die sie sich selbst zugefügt hatte, als sie kratzend und schabend nach den Käfern suchte, die nach Cliffs Aussage dort sein mußten, zeigte ihre Haut auch zahlreiche Blutergüsse. Die Ursache dieser Blutergüsse waren Cliffs periodisch wiederkehrende Kokainwutanfälle.

«Ich habe ein paarmal Kokain geraucht», gestand Mary. «Es war himmlisch.» Sie klimperte mit ihren falschen Augenwimpern. «Cliff ist nicht stark genug, sich von dem Zeug fernzuhalten. Ich wohl.»

Außerdem war Mary klug genug, sich auch von Cliff fernzuhalten, allerdings nicht wegen der unberechenbaren Wutanfälle. Sie glaubte, die Käfer sprängen vom einen zum anderen. Alle in der Familie vermieden direkten Körperkontakt. Cliff war am stärksten isoliert. Er blieb allein im großen Schlafzimmer. Mahlzeiten und Pepsis reichte man ihm auf dem Tablett ins Zimmer. Er wollte, daß niemand in seine Nähe kam, aber von Zeit zu Zeit steckte er den Kopf aus der Tür und sagte jedem, der gerade im Wohnzimmer saß: «Ich habe dich lieb.»

«Am liebsten wäre Cliff gestorben, weil er uns das angetan hat», sagte Mary und wischte sich eine Träne aus den Augen. Dabei löste sich eine ihrer Wimpern, und sie begann, sie wieder zu befestigen, während sie weitersprach. «Er hat schon mehrmals versucht, sich umzubringen. Einmal hat er versucht, sich zu erhängen. Einmal wollte er sich mit dem Auto in eine

Schlucht stürzen. Und er hat versucht, sich eine Pistole zu besorgen.»

Eines Nachts gab es eine Explosion in der Küche. Mary dachte, es sei ein Schuß, und stürzte aus ihrem Schlafzimmer. Dasselbe tat Ashley, ihre Tochter im Teenageralter. Selbst die sechsundsiebzigjährige Granny Hill kam aus dem Gästezimmer heruntergehumpelt. Sie fanden Cliff in der Küche am Boden kauernd – beim Aufwischen. Er hatte eine Glasflasche auf dem Herd erhitzt, bis sie explodiert war. Er sagte allen, er fühle sich nicht wohl und mache sich seine «Medizin». Granny Hill glaubte ihm. Mary und Ashley dagegen wußten über Cliffs mitternächtliche Aktivitäten Bescheid. Er kochte seine Kokainbase.

«Warum lassen Sie sich das gefallen?» fragte ich sie.

«Ich bin nicht glücklich darüber», erwiderte sie. «Er behandelt mich wie eine Nutte, er schlägt mich und verlangt allerlei Sachen von mir. Aber ich habe Angst, er tut sich noch mehr an, wenn ich ihn verlasse.»

«Und die Käfer?» fragte ich sie. Mary hatte sich während unseres ganzen Gesprächs noch kein einziges Mal gekratzt.

«Die spüre ich nur, wenn ich mit Cliff zusammen bin. Aber ich muß bei ihm bleiben und ihm helfen. Es fragt sich nur wie?»

Ich beantwortete ihre Frage nicht. Zweck unseres Gesprächs war die weitere Klärung des Zustands, in dem Cliff sich befand, damit das Gericht über ein Behandlungsprogramm als Alternative zu der drohenden Gefängnisstrafe nachdenken konnte. Im Augenblick erschien mir ein Gefängnisaufenthalt fast als der aussichtsreichere Weg, ihn zu einer Entgiftung zu zwingen. Nach seiner Entlassung aus dem Krankenhaus war Cliff schon bald wieder wegen des Besitzes von Kokain festgenommen worden. Er kaufte, besaß und rauchte so große Mengen davon, daß die Polizei ihn für einen Dealer hielt. Zur Zeit befand er sich wieder im Gefängnis. Ich nutzte seine Abwesenheit, um die Hills zu Hause zu besuchen.

Chico bellte mich an, sobald ich an die Haustür klopfte. Mary war zur Arbeit gegangen, aber Granny Hill öffnete mir und bat mich ins Wohnzimmer. Eigentlich führte Chico uns dorthin, wobei er sich bellend im Kreis drehte und immer wieder in die Luft sprang. Er war der überaktivste Hund, den ich je gesehen hatte. Als Granny und ich unsere Unterhaltung begannen, raste Chico wie wild im ganzen Zimmer umher und sprang in den unmöglichsten Winkeln gegen die Wände. Endlich blieb er stehen und blickte uns mit glasigen, traurigen Augen an, die großen Ohren beifallheischend aufgerichtet.

«Chico! Fuck off!» rief Granny Hill. Die Bemerkung schockierte mich mehr als den Hund, der sich still zu einem leeren Sessel trollte und sich dort in Schlafstellung eindrehte.

«Mein Sohn hat ihm das beigebracht», erläuterte Granny. «Es ist der einzige Befehl, mit dem man ihn zur Ruhe bringen kann.»

Ich sah zu dem Hund hinüber. Er war tatsächlich ruhig. Er kratzte sich nicht einmal. Ich fragte Granny nach den Käfern.

«Cliff behauptet, daß wir sie alle haben. Ich habe überall nachgesehen und nie einen entdeckt. Cliff redet nur mehr von diesen Biestern, er hat fürchterliche Angst vor ihnen. Ich habe ihm gesagt, daß er zum Arzt gehen muß. Ich habe auch Mary eingeschärft, daß sie ihn dazu bringen soll, zum Arzt zu gehen. Aber er ging einfach nicht.»

«Haben Sie auch unter diesen Käfern zu leiden?» Irgendwelche Auffälligkeiten auf ihrer Haut konnte ich nicht erkennen.

«Manchmal juckt es, aber ich trinke Pepsi, das hilft. Cliff gibt uns auch alle möglichen Seifen. Die helfen auch.»

Granny Hill beschrieb die typischen Symptome einer Kokainvergiftung und Kokainsucht bei Cliff, ohne auch nur im mindesten zu wissen, was sie da beschrieb. Ihre mütterlichen Augen sahen nur einen kranken Sohn, der zuwenig schlief und nicht genug aß. Für sie war das Problem ganz einfach: Die Käfer raubten ihm den Schlaf und verdarben ihm den Appetit.

Ich machte eine Runde durchs Haus – es war sauber und aufgeräumt –, doch Cliffs Schlafzimmer blieb verschlossen, es war Sperrgebiet für alle. Ich sammelte Proben von Staub und Fasern aus dem Beutel des Staubsaugers, den Filtern des Klimageräts und des Wäschetrockners sowie vom Teppich. Ich nahm Proben vom Abwasser und einigen Zimmerpflanzen und prüfte auch die Lebensmittel in der Speisekammer auf Getreidekäfer oder andere Insekten. Chico erlaubte mir, in seinem Fell nach Flöhen und Zecken zu suchen, doch ich fand keine. Wegen möglichen Milbenbefalls nahm ich einen Abstrich aus seinem Ohr und außerdem noch eine Kotprobe aus dem Hinterhof des Hauses. Ich hatte den Verdacht, daß sich keine ungewöhnlichen Parasiten finden würden, und wie die spätere Analyse ergab, hatte ich recht damit.

Granny Hill zeigte mir gerade das Familienalbum, als Ashley aus der Schule nach Hause kam. Chico sprang auf und vollführte seine kleine Zirkusnummer. «Chico! Fuck off!» rief Ashley, und der Hund beruhigte sich unverzüglich. «Ich muß mich duschen gehen», verkündete sie und verschwand in ihrem Zimmer. Granny Hill meinte, ich solle mich auf ein langes Warten einstellen. Wie alle in der Familie verbrachte Ashley unendlich viel Zeit unter der Dusche. Eine Stunde später erschien sie und war bereit für ein Gespräch.

Ashley war ein hübsches, wenngleich molliges Mädchen mit langen schwarzen Haaren und mehreren juwelenbesetzten Ohrsteckern in beiden Ohren. Sie trug Shorts und ein T-Shirt. Die Haut, die zu sehen war, war vollkommen und ohne Kratzer oder sonstige Auffälligkeiten. Aber sie strich sich ständig irgendeine Lotion ins Gesicht und fuhr sich mit den Fingern durchs Haar. Ich fragte sie nach den Käfern.

«Daddy hat sie zuerst gehabt», sagte sie und verzog angewidert das Gesicht. «Er hat sich gekratzt, bis es blutete, und dann hat er sie ausgebrannt. Ich hätte beinahe gereiert», fügte sie mit dem Slangausdruck für «erbrechen» hinzu.

«Hast du die Käfer jemals gesehen?» fragte ich.

«Nein, aber seine Haut ist ganz käsig geworden. Ekelhaft.»

«Und bei dir?»

«Die Biester lassen mich in Ruhe, wenn ich mich immer gut dusche und mir Lotion auf die Haut schmiere. Dann können sie nicht auf mich springen.»

«Hast du sie jemals selbst gespürt?»

«Manchmal spüre ich ein Jucken in der Nacht. Dann raste ich beinahe aus», erwiderte Ashley. «Ich bekomme Angst, so wie Daddy zu werden oder daß aus meinem Gesicht eine einzige große Pizza wird.»

Wie ihre Mutter und ihre Großmutter, so mußte auch Ashley sich meist nur dann kratzen, wenn sie Cliff beim Kratzen zusah. Keinem von ihnen war der ansteckende Charakter dieses Verhaltens und der damit einhergehenden Wahnvorstellungen aufgefallen, über die Cliff ständig redete. Vielmehr nahmen sie es als Tatsache, daß es diese Tierchen gab, die von einem zum anderen springen konnten. Jetzt, wo Cliff im Gefängnis war, schienen sie weniger besorgt, aber sie blieben skeptisch gegenüber jeder Andeutung, die Käfer könnten verschwunden sein.

«Haben Sie eine Idee, was man dagegen tun könnte?» fragte Ashley.

Ich antwortete ihr in ihrer eigenen Sprache. «Na klar. Ich glaube, dein Vater hat sich mit dem Coke eine Macke geholt. Als er ausgerastet ist, seid auch ihr ausgerastet. Wir müssen unbedingt dafür sorgen, daß er die Finger von dem Coke läßt.» Das war ein langer Schuß, aber es war auch ein wenig so, als wollte man einen Wackelpudding an einen Baum nageln. In den meisten Fällen dauert eine *folie à famille* viele Jahre, bis der Psychiater es satt hat, ständig neue erfolglose Methoden auszuprobieren. Ich war nur auf einen Fall gestoßen, in dem angeblich eine vollständige Heilung eingetreten war. 1950 rühmte sich ein Psychiater, drei Menschen, die gemeinschaftlich einem Dermatozoenwahn verfallen waren, durch eine einzige Operation geheilt zu haben: mit einer Lobotomie bei der Person, von der die Infektion ausgegangen war. Als die Wahnvorstellungen bei dieser Person verschwunden waren, verschwanden sie auch bei den übrigen. Die lange Gefängnisstrafe, die Cliff drohte, war möglicherweise ein funktionales Äquivalent für solch eine Operation, dachte ich, doch es mußte noch eine andere Möglichkeit geben.

Mehrere Wochen später glaubte ich sie gefunden zu haben. Ich überzeugte das Gericht davon, daß Cliff kein Dealer, sondern ein Konsument war. Man wies ihn zu einer Entziehungskur in eine geschlossene Anstalt ein. Nach erfolgreichem Abschluß der Entziehung sollte er auf Bewährung freigelassen werden, wobei die Bewährungshilfe ihn unter Beobachtung halten und ständig seinen Urin auf Drogen überprüfen lassen sollte. Ich wünschte ihm viel Glück. «Passen Sie auf sich auf», sagte ich zu ihm.

«Unsere Körper sind Gärten», erwiderte er mit einem Zitat aus *Othello*. Dieses Zitat wollte mir nicht recht gefallen. Es ließ zuviel Raum für die Käfer.

4

10. April, Midvale Avenue, Westwood. Spät am Abend rief Matt Nichols mich an. Es war mein erster Kontakt mit ihm seit Weihnachten, und er hörte sich immer noch high an. Er redete so hastig und abgehackt wie jemand, der eine toxische Dosis Kokain im Blut hatte.

«Ich kann im Dunkeln sehen», verkündete er.

«Na, und was sehen Sie?» erwiderte ich verärgert über die späte Störung.

«Die Würmer», sagte er. «Sie leuchten im Dunkeln.» Mir war klar, daß er wahrscheinlich die auf das Kokain zurückzuführenden «Schneelichter» sah.

«Und Sie haben wieder Coke geraucht, nicht?»

«Nein. Gespritzt ... »

Ich versuchte ihn zu unterbrechen.

«Hören Sie zu», fuhr er fort. «Ich habe ein paar von den Würmern rausgeholt und in eine Schale getan. Dann habe ich zehn Einheiten von meinem Blut dazugegeben. Die Würmer haben das Blut gefressen. Dazu haben sie dreieinhalb Minuten gebraucht. Dann habe ich mir etwas Kokain gespritzt, ein paar Minuten gewartet und noch mal zehn Einheiten Blut abgezogen. Diesmal haben die Würmer fünfeinhalb Minuten gebraucht.» Er machte eine kurze Pause, um seine Mitteilung wirken zu lassen. Dann sagte er: «Coke hilft. Die Biester werden langsamer dadurch …»

Noch einmal versuchte ich ihn zu unterbrechen.

«Hören Sie zu, es kommt noch besser», sagte er erregt. Was konnte noch besser sein als ein Kokainsüchtiger, der den unschlagbaren Beweis findet, daß Coke ihm hilft? «Wenn kein Blut mehr da ist …, fressen die Würmer sich gegenseitig auf.»

Großer Gott, dachte ich. Er wird damit nicht aufhören, bis er völlig ausgeblutet ist. «Matt, Matt», begann ich. Doch die Leitung war schon tot.

2. *Oktober UCLA, Westwood*. Matt rief mich an, als ich gerade mein Büro verlassen wollte, um zum Mittagessen zu gehen.

«Meine Hände sind ganz geschwollen, sie sind fast doppelt so groß wie sonst, die Haut ist eingerissen, und meine Fingerspitzen bluten», sagte er. Er klang, als wäre er außer Atem.

«Und Sie haben wieder versucht, die Würmer rauszuholen, habe ich recht?»

«Ich weiß nicht, ob noch welche da sind. Meine Hände sind ganz geschwollen, sie sind fast doppelt so groß wie sonst, die Haut ist eingerissen, und meine Fingerspitzen bluten.» Er hörte sich an wie eine gesprungene Schallplatte.

Matt berichtete mir, daß er die ganze Nacht aufgeblieben und Kokainbase geraucht hatte. Morgens hatte er dann bemerkt, daß seine Hände geschwollen waren und bluteten. Ich ging mit ihm die Checkliste durch und erfuhr, daß er Schmerzen in der Brust hatte und ein Taubheitsgefühl im linken Arm sowie im linken Bein verspürte. Das deutete auf akute Herzprobleme hin, und ich sagte ihm, der Rettungswagen könne in fünf Minuten bei ihm sein. Doch es war ihm lieber, daß seine Freundin Sherry ihn ins Krankenhaus fuhr. Ich versprach, ihn in der Notaufnahme des UCLA Hospital zu erwarten.

Ich fand ihn im Wartezimmer. Als erstes fielen mir seine Hände auf. Sie waren tatsächlich fast doppelt so groß wie sonst, die Haut war eingerissen, und die Fingerspitzen bluteten. So etwas hatte ich noch nie gesehen; deshalb nahm ich meine Kamera und fotografierte seine Hände von allen Seiten. Als ich mich seinen Verletzungen mit einem Makroobjektiv zuwandte, konnte ich die seltsamen Zuckungen in seinem Gesicht nicht mehr sehen.

Matt glaubte, mit seinem Kokain sei etwas nicht in Ordnung, und holte eine große Menge davon aus seiner Tasche. Ich nahm ein wenig für eine spätere Analyse an mich. Da wir noch warten mußten, bis ein Untersuchungsraum frei war, bat ich Matt, auf die Toilette zu gehen und eine Urinprobe abzufüllen. Als er gegangen war, wandte Sherry sich an mich.

«Er ist verrückt geworden», flüsterte sie mir ins Ohr, wobei sie sich auf die Zehenspitzen stellte.

«Was meinen Sie damit?» fragte ich, immer noch verwundert über seine Hautreaktion. «Sehen Sie sich diese Hände an. Sie sind so stark geschwollen, daß sie fast doppelt so groß sind wie sonst, und die Fingerspitzen bluten.» Ich konnte es nicht fassen. Ich dachte schon daran, einen Artikel in einer medizinischen Fachzeitschrift darüber zu veröffentlichen.

«Er ist verrückt geworden», wiederholte sie. «Während der ganzen Fahrt hierher hat er mir eine Pistole ans Ohr gehalten. Er glaubt, ich sei eine Geheimagentin von der DEA. Und Sie hält er auch für einen Agenten.»

Ich sah sie an. Ihre Pupillen waren riesig, und sie zitterte. Sie ist genauso vollgedröhnt wie er, dachte ich.

«Er hat eine Pistole und kann jeden Augenblick explodieren», sagte Sherry.

«Sie meinen, er hat eine Pistole bei sich. Wo denn?»

«In seiner Tasche», erwiderte sie und meinte damit die Umhängetasche aus Leinen, die er ständig bei sich trug.

Matt kam mit einem leeren Urinbehälter von der Toilette zurück. Er war so begierig gewesen, noch mehr Kokain zu schnupfen, daß er gar nicht mehr daran gedacht hatte. Aber das war nicht so schlimm. Die Bestimmung der konsumierten Kokainmenge war mir im Augenblick nicht so wichtig wie die Klärung dieser ungewöhnlichen Hautreaktion an seinen Händen. Als ein Untersuchungsraum frei wurde, bat ich ihn und

Sherry, dort zu warten, während ich selbst vor dem Untersuchungsraum auf den Arzt wartete.

Es schien mir eine Ewigkeit zu dauern. Hier kann man ja sterben, während man auf den Arzt wartet, dachte ich. Ich nutzte die Zeit, um im Geiste den Zeitschriftenartikel zu konzipieren, den ich über diesen Fall schreiben wollte. Endlich erschien ein junger Internist. Ich informierte ihn kurz über den Fall.

«Der Patient hat eine extreme Hautreaktion. Die Hände sind doppelt so groß wie sonst, die Haut ist eingerissen, und die Fingerspitzen bluten», sagte ich erregt. «Er hat die ganze Nacht Base geraucht.»

«Base? Was ist das?»

«Kokainbase», erläuterte ich.

«Das Zeug kann man rauchen?» Seine Augen wurden größer. «Wie macht man das denn?» fragte er interessiert.

«Das ist jetzt nicht wichtig. Sie müssen sich seine Hände ansehen. Sie sind unglaublich geschwollen. Aber bevor Sie reingehen, sollte ich Ihnen sagen, daß er bewaffnet ist.»

«Er hat eine Waffe bei sich?»

«Ja.»

«Ich kann da nicht reingehen, wenn er eine Waffe bei sich hat.» Die Augen des Internisten wurden noch größer. «Ich muß die Wachleute verständigen.»

Der Internist wandte sich der Halle zu. Ich überredete ihn, vor Matts Untersuchungsraum zu bleiben. Matt kam an die Tür und streckte seine Hände heraus.

«Sehen Sie», sagte ich. Selbst ein Internist, der so jung zu sein schien, daß er sich nicht zu rasieren brauchte, mußte eigentlich erkennen können, daß Matts Hände doppelt so groß waren wie sonst, daß die Haut eingerissen war und die Fingerspitzen bluteten. Auch waren sie ausgesprochen ruhig, verglichen mit den Händen des jungen Arztes, die erkennbar zitterten.

«Ich bin gleich zurück», sagte der Internist und schloß vor Matt die Tür des Untersuchungsraums. Dann lief er zum nächstgelegenen Telefon.

Die Universitätspolizei war schneller zur Stelle als der Doktor. Ein großer, stämmiger Officer, dessen Hand ein paar Zentimeter über seiner Dienstwaffe eingefroren zu sein schien, ging vor Matts Zimmer in Position, während sein Sergeant am Ende der Halle Stellung bezog. Zwischen dem Officer und dem Sergeant standen zahlreiche Krankenschwestern und Pfleger. Es gab eine kurze Diskussion über die Frage, ob man die Räume neben Matt evakuieren sollte. Die Halle begann sich zu leeren. Ich ging zu dem Sergeant.

«Hören Sie», sagte ich. «Dieser Patient ist high und paranoid. Er hat eine Tasche voll Kokain bei sich. Er wird glauben, das hier ist eine Razzia. Ich gehe rein und rede mit ihm.»

«Sie können da nicht rein», erwiderte er, ohne den Blick von Matts Tür zu wenden.

«Aber er rastet aus, wenn er die Polizei und die Pistolen sieht.» Ich merkte, daß inzwischen auch Leute des krankenhauseigenen Sicherheitsdienstes auf der Bildfläche erschienen waren. Man überlegte, ob man Spezialisten anfordern sollte. «Ich kann reingehen und mit ihm reden.»

Der Sergeant wandte sich zu mir. «Sie können da nicht rein. Das ist keine medizinische Angelegenheit. Das ist Sache der Polizei. Wir haben einen Verdächtigen, der möglicherweise bewaffnet und gefährlich ist. Wir müssen ihn entwaffnen und dafür sorgen, daß niemand zu Schaden kommt.»

«Sie sollten da nicht in voller Rüstung reinmarschieren», wandte ich ein, während mehrere weitere Uniformierte am anderen Ende der Halle erschienen. «Er rastet aus. Ziehen Sie sich wenigstens einen Arztkittel über, und ich werde dann ...»

Matt öffnete die Tür, um nachzusehen, was denn da draußen los war. Er sah aus wie ein ängstliches Äffchen. Furcht und Wut verzerrten sein Gesicht. Er ließ seinen Blick hastig durch die Halle schweifen und registrierte jede Einzelheit.

«Bleiben Sie, wo Sie sind!» bellte der Officer, der in der Nähe der Tür stand.

Matts von Paranoia geleiteter Blick richtete sich auf die Hand des Officers, die am Holster fingerte.

«O nein!» rief Matt mit vor Furcht gebrochener Stimme. Er zog seine Pistole heraus und gab einen Schuß ab. Der Officer begann, das Feuer zu erwidern.

Der Sergeant neben mir lief in Richtung des Schußwechsels, ich in die entgegengesetzte Richtung, dankbar, daß ich meine Nikes trug. Ich sprang in ein leeres Zimmer, schloß die Tür hinter mir und warf mich neben einem Aktenschrank auf den Boden.

Mein Atem ging viel zu schwer für den kurzen Sprint in dieses Büro. Es war Angst, die mir den Atem raubte. Und die Angst versetzte mich auch an einen anderen Ort. Einen Augenblick, einen kurzen Augenblick, war ich wieder in dem Kerker in Quebec. Draußen fielen weitere Schüsse, die meinen eigenen Dämon weckten und mich mit panischer Angst überschwemmten. Ich starrte auf die Tür und dachte, die Schüsse draußen galten mir. Eine Stimme schrie ständig meinen Namen. Jemand lief die Halle hinunter. War Matt den Polizisten entkommen? Suchte er nach mir, nach dem Geheimagenten, der das alles angezettelt hatte?

Die Tür flog auf. Eine Krankenschwester stürmte herein, warf die Tür hinter sich zu und ging neben mir auf dem Boden in Deckung. Ihre Lippen waren leicht geöffnet. Ihr Atem ging hörbar. Einige Strähnen ihres blonden Haars hatten sich aus ihrer Dauerwellkrone gelöst und fielen ihr verführerisch übers Gesicht. Ihr Kittel war hochgerutscht und entblößte die Strumpfbänder, die ihre weißen Strümpfe hielten. Der Traum eines Geheimagenten.

Weitere Schüsse fielen.

«O Scheiße», stieß sie hervor. Geheimagenten lieben schmutzige Worte.

Ich hörte, wie um mich herum Türen geöffnet wurden. Weiteres Geschrei. Es kam näher. Eine Stimme meldete sich über die Sprechanlage. Es war ein Stammeln und klang, als röchelte jemand im Todeskampf. Die Schwester stand auf, zog ihren Kittel herunter, öffnete die Tür und ging hinaus. Im stillen dankte ich es ihr.

Als ich aus meinem Versteck hervorkam, hatte man Matt schon Handschellen angelegt und weggebracht. In der Tür und den Wänden waren Einschußlöcher zu sehen, aber zum Glück war niemand getroffen worden, obwohl der Polizist aus einer Entfernung von kaum mehr als einem Meter auf Matt geschossen hatte. In seiner Umhängetasche fand die Polizei eine weitere Pistole, dazu Munition und diverse Feuerwerkskörper. Doch das war gar nichts im Vergleich zu dem Feuerwerk, das sich auch weiterhin in Matts Gehirn abspielte. Sein Kokain, das nicht aus der Bolivienlieferung stammte, war mit erheblichen Mengen Prokain versetzt, einer billigeren Droge, die man gelegentlich zur Streckung von Kokain benutzt. Prokain kann geraucht werden, aber größere Mengen verursachen Parästhesien und lassen die Hände anschwellen, so daß Matt diesmal wirklich etwas zu zupfen und zu reiben hatte, bis seine Fingerspitzen bluteten. Aber Prokain aktiviert auch sehr viel stärker das limbische System als Kokain. Die Droge erzeugt ungewöhnlich starke elektrische Entladungen innerhalb des gesamten Systems und löst dadurch Spannung, Furcht, Verwirrung und Angst aus. Diese Emotionen können solche Intensität erlangen, daß sich im Gesicht eine geradezu tierische Angst und Wut abzeichnen. Wenn sich der Körper wie ein verängstigtes, in die Ecke getriebenes Tier fühlt und auch so aussieht, dann handelt er oft auch so.

Matts Gesichtszüge und sein Gehirn blieben auch dann entgleist, als man ein paar Stunden später auf der Polizeistation seine Personalien aufnehmen wollte. Er gab einen falschen Namen an und wies sich mit falschen Papieren aus. Niemand erkannte, daß er ein ehemaliger Sträfling war, der nach einer Gefängnisstrafe wegen bewaffneten Raubüberfalls auf Bewährung entlassen worden war. Der Besitz einer Feuerwaffe stellte einen Verstoß gegen die Bewährungsauflagen dar, und eigentlich hätte man ihn nicht auf Kaution freilassen dürfen. Doch die Polizeicomputer waren nicht besser als die Schießkünste der Polizisten. Noch am selben Abend setzte man Matt auf freien Fuß. Sein Anwalt rief mich unmittelbar darauf zu Hause an.

«Es wäre besser, wenn Sie von hier verschwinden», sagte der Anwalt. «Er sucht nach Ihnen. Er glaubt, Sie sind ein Geheimagent und haben ihn an die Polizei verraten.»

«Glauben Sie wirklich, er will mir was tun?» Meine paranoide Ader prickelte immer noch.

«Ich weiß es nicht. Vielleicht ist er verrückt. Er hat eine vierundvierziger Magnum. Er sagt, Sie hätten ihm irgendwelche Käfer verpaßt. Was meint er damit?»

Ich hatte keine Zeit, es ihm zu erklären. Matt wußte, wo ich wohnte. Und das war nur wenige Minuten entfernt von dem Ort, an dem ihn der Anwalt zuletzt gesehen hatte. Ich legte auf, packte eine Tasche und zog für ein paar Tage zu einem Freund, bis die Polizei Matt wieder aufgespürt und ins Gefängnis gebracht hatte. Nach einem kurzen Prozeß, in dem ich ihm eine kokainbedingte Paranoia und einen Dermatozoenwahn bescheinigte, kehrten Matt und seine eingebildeten Parasiten ins Staatsgefängnis zurück. Ich hoffte sehr, er würde sie los sein, wenn man ihn wieder entließ.

5

14. November, Grand Canyon, Arizona. Der Sonnenaufgang über dem Grand Canyon tauchte die Felsen in eine blutrote Glut. Das Licht, das schräg über den Canyon fällt, ist ein ehrfurchtgebietender Anblick, der den Dichter Carl Sandberg an Gott denken ließ. Auch Cliff Hill dachte an Gott ... und an Frieden. Er und seine Familie waren die ganze Nacht durchgefahren, um an diese einsame Stelle am Rande des Abgrunds zu kommen.

Der Grand Canyon raubt einem den Atem. Viele haben bei seinem Anblick das Gefühl, daß ihnen die Worte fehlen. Doch Cliff brauchte seiner Familie nicht zu sagen, warum sie hier waren. Er brauchte nicht die Gründe auszusprechen, weshalb sie hier in den Tod springen mußten. Oft genug hatte er mit ihnen darüber gesprochen. Es war die einzige Möglichkeit, die Käfer loszuwerden. Er war sich ganz sicher, daß sie ihn verstanden.

Sie standen am Rande des Abgrunds, unbewegliche Silhouetten, bereit, in den reinigenden Strahlen des göttlich klaren Morgenlichts zu schwimmen.

Es ist schön, dachte Ashley und barg Chico in ihren Armen.

Schön, klang es wie ein Echo in Marys und Grannys Kopf.

Cliff sprang als erster. Sein Körper fiel durch die Zeit. Vorbei an den obersten Schichten aus Staub und Lava stürzte er zurück ins Paläozoikum. Mehrmals aufschlagend und weiterrollend, fiel er vorbei an den fossilen Ablagerungen aus Kalk- und Sandstein, vorbei auch an dem Schieferton und kam erst zur Ruhe auf der rostroten Schicht der Pennsylvania-Periode. Es war ein angemessener Ruheplatz für den Körper, den Cliff Hill mit seinen Käfern geteilt hatte. Die Schicht markiert eine Periode, die das Zeitalter der Insekten genannt wird.

Die übrigen Mitglieder der Familie stiegen wieder in den Wagen und holten Hilfe. Nachdem man die Leiche geborgen hatte, kehrten sie mit ihr zur Beerdigung nach Los Angeles zurück. Die Käfer belästigten sie nie wieder.

6

Richie in Whackyland

Heute hat Porky Pig seine Stimme verloren. Ich saß im Flugzeug nach Boston, wo ich einen weiteren Untersuchungshäftling befragen sollte, der behauptete, er sei von Käfern angegriffen worden, als ich in der Zeitung las, daß Mel Blanc gestorben war, der Mann, der Porky Pig, Bugs Bunny, Duffy Duck und anderen köstlichen Zeichentrickfiguren seine Stimme geliehen hatte. Ich war traurig über das Hinscheiden eincs so außergewöhnlichen Talents. In Gedanken hörte ich Porky eine angemessene Totenrede halten, mitsamt seinem unsterblichen Stottern, wenn er hervorstößt: «B'dee, b'dee, th-th-that's all, folks!» Ich ließ die Seite mit den Todesanzeigen sinken, starrte aus dem Kabinenfenster und erinnerte mich an die Zeichentrickhelden meiner Kindheit.

Von allen Figuren, die Blanc gesprochen hatte, gefiel mir Porky Pig am besten. Seine kindliche Unschuld, die großen Augen und seine ganze pausbäckige Erscheinung verliehen ihm einen besonderen Charme. Durch Blancs Stimme klang jeder Satz lustig. Und die Animatoren von Warner Brothers schufen für Porky einige der einfallsreichsten Geschichten, die es im Zeichentrickfilm jemals gegeben hat. Er spielte stets die Rolle des unerschrockenen Forschers und Detektivs, aber in Wirklichkeit war er ausgesprochen ängstlich. Mein Lieblingsfilm war der Klassiker *Porky in Whackyland* aus dem Jahre 1938 [ein Remake erschien 1949 unter dem Titel *Dough for the Do-Do*], den ich mir als Erwachsener unzählige Male auf Video angesehen habe.

Am Anfang des Films fliegt Porky als Pilot mit einem Flugzeug ins «dunkelste Afrika», auf der Suche nach dem letzten Dodo, für dessen Auffinden ein Vermögen zur Belohnung ausgesetzt ist. Er landet an der Grenze von Whackyland. Auf einem Schild steht: «Hier kann's passieren.» Auf Zehenspitzen überschreitet Porky die Grenze und findet sich plötzlich in einer surrealen Landschaft wieder, die an Gemälde von Dalí erinnert, mit unheimlich anmutenden Bäumen, schmelzenden Uhren und vom Körper losgelösten Augäpfeln. Eine ganze Menagerie von Monstern empfängt ihn dort, mißgestaltete Zwerge mit sonderbaren Schoßtieren und ein wurmähnliches Gummiband, das durch die Landschaft kriecht. All das erschreckt Porky, und er versucht sich zu verstecken, wobei er jedoch auf noch unmöglichere Kreaturen stößt. Schließlich sieht Porky den Dodo und jagt hinter ihm her. Doch der Dodo ist ein gerissenes Kerlchen, das die Fähigkeit besitzt, sich in andere Dimensionen zu flüchten. Der Vogel formt die Luft zu einem Bleistift, zeichnet eine Tür und verschwindet dahinter, bevor das Schweinchen auf seiner Verfolgungsjagd dagegenprallt. In einer anderen Jagdszene hebt der flüchtende Dodo die dalíhafte Landschaft einfach vom Boden ab, um sich Porkys Zugriff zu entziehen. Nach langem Hin und Her gelingt es Porky endlich, den Vogel zu fesseln. Als er Whackyland verläßt, um die Belohnung für den Fang des letzten Dodo einzustreichen, erscheint eine ganze Horde solcher Dodos, um ihrem Artgenossen zum Abschied nachzuwinken.

Ich nahm meinerseits Abschied von diesen Kindheitserinnerungen, als der Pilot der American Airlines verkündete, daß wir uns im Landeanflug auf Boston befänden. Nach der Landung nahm ich ein Taxi zu meinem Hotel. Neben der Autobahn sah ich nirgendwo ein Schild, auf dem gestanden hätte: «Hier kann's passieren.»

Ich brachte mein Gepäck ins Hotel, dann ging ich zu Fuß ins nahe gelegene Charles Street Jail. Nach mehreren Sicherheitskontrollen betrat ich eine Gevierungsrotunde mit hohem gotischen Deckengewölbe. Das Gemurmel Hunderter von Insassen, das Dröhnen der Eisentüren, die geöffnet oder geschlossen wurden, und gelegentlich ein Schrei – all das vereinigte sich hier zu einem ohrenbetäubenden Echo, so daß ich laut brüllen mußte, damit mich der Wachmann verstand. Er führte mich in ein kleines Büro, in dem ich während der nächsten Tage meine Gespräche führen konnte. Das Büro war in einem chaotischen Zustand, aber immerhin hatte es eine Tür, die den Lärm ein wenig dämpfte.

Richie D. kam zu mir ins Büro. Zuerst dachte ich, die Wärter hätten mir den falschen Mann geschickt. Ich kannte nur die Polizeifotos, die man bei seiner Festnahme vor elf Monaten angefertigt hatte. Der Mann darauf hatte sehr wild ausgesehen, von seiner langen, ungepflegten Mähne im Afrolook über den buschigen Vollbart bis hin zu dem gestreiften Hemd und den zerschlissenen Jeans. Im hellen Schein des Blitzlichts hatte sich in seinen leicht schielenden Augen ein ungeahnter Schrecken gespiegelt. Doch der Mann, der da vor meinem Schreibtisch saß, hatte kurzes Haar und ein sauber rasiertes Gesicht. Er war sogar recht hübsch. Seine Bewegungen waren langsam und etwas zögerlich, so daß er eher sanft und keineswegs wild wirkte. Doch die Augen verrieten ihn; sein Blick war immer noch voller Schrecken.

Als ich Kugelschreiber und Notizblock hervorholte, schienen diese Augen noch stärker zu schielen, während sie jede meiner Bewegungen verfolgten. Sie beobachteten meine Hände, als ich meinen grauen metallicfarbenen Haliburton-Aktenkoffer öffnete. Sie prüften das Innere des Koffers und hefteten sich dann auf das Blatt Papier, das ich herausgenommen und auf den Schreibtisch gelegt hatte. Es war ein Brief von Richies Anwalt, in dem er mir die Genehmigung zu diesem Besuch erteilte. Ich begann, mich ihm vorzustellen, doch Richie hörte nicht zu. Er wollte wissen, was sich sonst noch in meinem Aktenkoffer befand. Ich zeigte es ihm. Des besseren Klimas wegen ließ ich ihn sogar meinen Terminkalender, die Brieftasche und andere persönliche Dinge in Augenschein nehmen. Als er zufrieden war, nickte er einmal kurz und zwang sich ein Lächeln ab. Ich zeigte ihm auch die Dinge, die er noch nicht untersucht hatte: das Brillenetui, die Flugtickets und den Mundspray. Dann stand ich auf und begann, meine Taschen zu leeren.

«Okay, okay. Ist schon gut.» Er sprach sehr leise, fast war es nur ein Flüstern.

«Nein, ich verstehe das schon», sagte ich. «Man muß vorsichtig sein.» Dann nahm ich seine Kranken- und Drogengeschichte auf. Während ich schrieb, verfolgte Richies Blick jede Bewegung meines Kugelschreibers. Seine Antworten waren so knapp und mechanisch wie seine Augenbewegungen. Es war, als hätte die Angst ihn in Bann geschlagen.

Als ich die Anamnese abgeschlossen hatte, versuchte ich diesen Bann zu brechen. «Ich weiß etwas über die Käfer», sagte ich und ahmte dabei sein Flüstern nach. Aus den Polizei- und Ermittlungsakten hatte ich entnommen, daß Richie offenbar unter Wahnvorstellungen litt und behauptet hatte, seine Wohnung sei von Käfern befallen. Aber ich wußte zu diesem Zeitpunkt noch nicht, daß dies der elaborierteste, bizarrste und bestdokumentierte Fall von Dermatozoenwahn in der Geschichte der Medizin werden sollte.

Richie hob den Blick von der Tischplatte und sah mich zum erstenmal direkt an. Seine Pupillen waren ein einziges großes Fragezeichen.

«Ich habe schon mit vielen Menschen gesprochen, die diese Käfer gesehen haben», fuhr ich fort. «Die meisten von ihnen haben Coke genommen wie Sie.»

«Die haben sie auch gesehen?» fragte er.

Ich nickte.

«Wissen Sie, wie einsam man damit ist?» fragte er und beantwortete seine Frage gleich selbst: «Man ist schrecklich einsam, wenn man Dinge sieht, die wirklich da sind, aber niemand glaubt es einem. Die scheinen so real zu sein ... so real.» Er kämpfte mit den Tränen.

«Die Käfer sind real, Richie. Wir haben ganze Flaschen voll davon im Labor.» Ich mußte zu dieser kleinen Lüge oder Halbwahrheit greifen, um den Bann zu brechen und ihn zu bewegen, mehr darüber zu erzählen. Seine Reaktion nahm mir die Gewissensbisse, die mein Betrug mir verursachte.

«Gott sei Dank», sagte er, dann brach er zusammen und begann zu weinen. Ich gab ihm ein Kleenex aus meinem Aktenkoffer. Er schluchzte und rang so heftig nach Atem, daß seine Sätze schon nach drei Worten abbrachen: «Gott sei Dank ...

Gott sei Dank ... Gott sei Dank.» Nach ein paar Augenblicken rückte er seinen Stuhl etwas näher zu mir heran.

«Nicht nur Käfer», flüsterte er.

«Was noch?» Ich war darauf vorbereitet, daß er Würmer, kleine Schlangen und alle möglichen Parasiten nannte.

«Milben ... Würmer ... kleine Schlangen ... »

Ich nickte und schrieb.

«Kleine Zwerge mit winzigen Köpfen, so etwa dreißig Zentimeter groß. Sie laufen herum und gucken mir unters Hemd.»

«Heilige Scheiße.» Ich ließ meinen Kugelschreiber fallen.

Richie begann mit den Fingerspitzen rhythmisch auf die metallene Platte des Schreibtischs zu klopfen. *DaDam. DaDam.* «Manchmal höre ich ihr Trippeln. Sie sind sehr schnell.» *DaDam DaDam DaDam DaDam.*

«Wie sehen sie aus?» Ich hatte fast Angst, danach zu fragen.

«Ich sehe sie immer nur verschwommen. Das ist so, als ob man etwas nicht im Brennpunkt hat. Ich sehe sie immer wieder, aber immer nur unscharf. Sie laufen und verstecken sich in den Ecken oder unter den Möbeln.» *DaDam DaDam DaDam.* «Manchmal sehe ich auch kleine Tiere. Wie Katzen. Sie sind sehr ruhig. Ich glaube, die Zwerge halten sie als Haustiere ... Ich habe sie gesehen, bevor ich ins Gefängnis gekommen bin.»

Es war nicht nötig, Richie durch weitere Fragen zu animieren. Nach elf Monaten Schweigen war der Damm gebrochen. Er fuhr fort, mir diese seltsamen Wesen zu beschreiben, und zwar im Präsens, womit er bekundete, daß er auch weiterhin an ihre Existenz glaubte, auch wenn er sie nun nicht mehr sah.

«Die Würmer sind anders», sagte er, und Tränen strömten über seine Apfelbäckchen. «Mit bloßen Augen sind sie fast nicht zu erkennen. Donna hat mir einen Wurm aus dem Finger gezogen. Er sprang. Sie können auch ihre Form verändern und zu anderen Arten werden. Manche schweben in der Luft und greifen dann an. Ich habe einen ganzen Haufen schwarzer Würmer gesehen, auf der Couch. Robin wollte nie zugeben, daß sie die Würmer auch sieht. Da habe ich ein paar auf sie geworfen;

sie ist aufgesprungen und hat sie schnell abgestreift. Auf Melvin
habe ich sie auch gesehen. Er hat mit ihnen gespielt.»

Ich muß wohl ungläubig dreingesehen haben.

«Ich weiß, das klingt unglaublich», sagte er. «Mein Vater
glaubte an UFOs. Ich habe sie einmal gesehen. Seit meiner
Kindheit bin ich es gewöhnt, auch Unglaubliches zu glauben.»

«Richie, auch ich habe einmal ein UFO gesehen. Das war auf
der Fahrt nach Brandeis in Waltham. Die Straße führte durch ein
Sumpfgebiet. Ich wußte nicht, was ich davon halten sollte. Vielleicht war es nur brennendes Schilfgras. Ich weiß es nicht. Aber
ich weiß, daß außergewöhnliche Behauptungen auch außerge-
wöhnlicher Beweise bedürfen.» Das war die übliche skeptische
Abwehrposition, doch ich hoffte, daß er ein wenig langsamer
weitererzählte und mir vor allem die Beweise für seine Behauptungen in derselben zeitlichen Reihenfolge vorstellte, in der er
selbst sie erlebt hatte. Ich appellierte an seine Ausbildung als
Ingenieur. Schildern Sie es mir Schritt für Schritt, eins nach
dem anderen, bat ich ihn. Führen Sie mir die Ereignisse in der
Reihenfolge vor, in der sie geschehen sind, Schritt für Schritt.
Langsam. *Da ... Dam.*

Und er tat es. In einer Serie von Gesprächen, die sich über
mehrere Monate hinzogen, erzählte er mir seine Geschichte.
Die Menschen, die er dabei erwähnte, legten mir gleichfalls ihre
Sicht der Dinge dar. Der Fall war in einzigartiger Weise doku-
mentiert: Richie hatte seinen Krieg gegen Käfer und Zwerge auf
Video festgehalten, mit fünf verschiedenen Videokameras und
zahlreichen Mikrophonen, die im ganzen Haus verteilt waren.
Die gesammelten Videobänder umfaßten eine Zeitspanne von
drei Jahren. Es war der bestdokumentierte Krieg in der gesamten Geschichte des Parasitenbefalls. Obwohl es mich von meinen vorangegangenen Abenteuern immer noch juckte [«Die
Invasion der Käfer»], konnte ich der Versuchung nicht widerstehen, mich auf diesen Fall einzulassen und die Invasion von
Anfang bis Ende durch dieselben Kamera-«Augen» zu beobachten wie ihr Opfer.

Richie war vor gut vierzig Jahren während des Feuerwerks

zum Vierten Juli in Florida geboren worden. Er war ein guter Junge. Er mußte es sein. Sein Vater war Polizist, und noch dazu einer, der auch zu Hause seine Dienstmarke nicht ablegte. Der alte Mann herrschte mit eiserner Faust über seine Familie, er schlug Richie und auch seine Mutter. Am Ende nahm Mrs. D. Richie sowie seine Brüder und Schwestern und ging mit ihnen nach Boston. Richie beendete seine Schulausbildung und heiratete seine Highschoolfreundin Donna. Freunde beschrieben ihre Ehe als Idylle. Das Paar bekam fünf Kinder, und Richie arbeitete hart, um seine Familie zu ernähren; tagsüber ging er seiner Arbeit als Schiffsausrüster und Schiffszimmermann in einer Bostoner Werft nach, abends verdiente er sich nebenher als Zimmermann und Automechaniker noch etwas dazu.

Eines Tages brach auf der Werft ein riesiges Hellingsgerüst zusammen. Ein Stahlträger stürzte herab und traf Richie am Kopf. Richie sah Sterne, wie Zeichentrickfiguren sie sehen, wenn sie einen Schlag auf den Kopf bekommen. Doch anders als Zeichentrickfiguren, die gleich wieder auf die Beine springen, blieb Richie mehrere Minuten lang reglos liegen. Er kam wieder zu Bewußtsein, aber seither litt er ständig unter schweren Kopfschmerzen. Und er gewann nie mehr die vollständige Kontrolle über seine Hände zurück; sie ermüdeten nun ständig so rasch, daß er nicht mehr fest zupacken konnte. Da Richie keine schwere Arbeit mehr verrichten konnte, verlor er seine Stelle auf der Werft und reihte sich ein in das Heer der Arbeitslosen. Damals begann sich auch sein Zugriff auf die Realität zu lockern.

Es ging ganz langsam. Nach dem Unfall kehrte Richie zur Schule zurück und studierte Ingenieurwissenschaft. Ein paar Jahre schien alles recht gut zu laufen – bis zu dem Bankraub. Richie wurde fälschlich als der Mann identifiziert, der eine Bank in der Nähe überfallen hatte. Man nahm ihn fest, als er gerade aus der Schule kam, vor den Augen seiner entsetzten Klassenkameraden. Die Sache zog sich über mehrere Monate hin, bis der tatsächliche Täter gefaßt und die Anschuldigung gegen Richie fallengelassen wurde. Durch das Erlebnis dieser Erniedrigung versank Richie in Depressionen. Dann entdeckte er das Kokain. Die Droge hob seine Stimmung, erleichterte ihm das Lernen und ließ auch das Familienleben erfreulicher erscheinen.

Silvesterabend. Zeit zum Feiern. Das Strafverfahren gegen Richie war Vergangenheit, und er arbeitete wieder hart, um das Versäumte nachzuholen. Er hatte sich eine große Portion Kokain verdient. «Viel zu groß», flüsterte er den Sanitätern zu, die ihn ins Krankenhaus fuhren. Er hatte Schmerzen in der Brust und Schwierigkeiten beim Atmen. Donna fürchtete, es könne sich um einen Herzanfall handeln. Als er die Notaufnahme erreichte, fühlte er sich schon besser und machte sich durch eine Hintertür davon.

Richie gab die Schule auf und blieb zu Hause, wo er nun die meiste Zeit damit verbrachte, Kokain zu nehmen und aus dem Fenster auf den Hinterhof des Hauses zu starren. Der große Hof war rundum von hohen Fichten umstanden. Er bewunderte die Bäume für ihre Stärke. Selbst unter der Last des Schnees senkten sich ihre Äste kaum um ein oder zwei Zentimeter. Das wußte Richie, weil er sie zu allen Jahreszeiten beobachtete. Während eines Frühlingssturms sah er, wie sich etwas die Äste entlangbewegte, so daß die blaugrünen Nadeln ganz leicht zitterten. Zugleich spürte er, wie ein Schauer über seine Haut lief. Dann begann es zu jucken. Sein Verstand suchte nach einer Erklärung, die beide Ereignisse miteinander verbinden konnte. Wie in der Hexenszene zu Beginn von *Macbeth* spürte Richie, daß hier eine Verschwörung im Gange war. Vielleicht erkannte sein Verstand einen entfernten Zusammenhang, weil er sogleich nach einer Flasche Zaubernußextrakt griff und seine Haut damit einrieb. Der erfrischende Duft und die adstringierende Wirkung halfen ihm, wach und wachsam zu bleiben, so daß er die Tinktur nun regelmäßig benutzte.

Im Sommer stellte Richie im Hof ein aufblasbares Planschbecken für seine Töchter auf. Donna bat ihn, das Spiel der Kinder auf Video aufzunehmen. Die Mädchen vollführten einen kleinen Tanz vor der Kamera, hüpften um das winzige Becken herum, sprangen hinein und bespritzten sich gegenseitig mit Wasser. Als sie sich aufstellten, um ihre Badeanzüge herzuzeigen, zoomte Richie auf ihre lachenden Gesichter. Dann zoomte er weiter, über ihre Schultern hinweg und direkt auf die zitternden Nadeln einer Fichte. Die Kamera folgte der Bewegung und strich dann über die anderen Bäume. Das Licht war schlecht, das Bild unscharf, und dennoch war deutlich zu erkennen, daß sich dort in den Bäumen irgend etwas bewegte.

Richie setzte die Videokamera auf ein Stativ und überwachte damit von einem der hinteren Fenster aus die Bäume. Jeden Tag sah er sich die Bänder an, unterzog jeden Ast und jede Nadel einer genauen Prüfung. Schließlich entdeckte er den Grund für das Zittern: Schlangen. Er zeigte die Bänder einigen Freunden, doch niemand wollte zugeben, daß er die Schlangen sah. Warum lügen sie, fragte sich Richie. Er hatte als Junge in Florida genug Schlangen gefangen, um zu wissen, wie sie aussahen. In den Fichten versteckten sich braune Peitschenschlangen, die zu den schnellsten Schlangen der Welt gehörten. Richie glaubte an die alte Legende, wonach diese Schlangen Menschen jagen. Angeblich hypnotisierten sie ihre Opfer, bevor sie zubissen. Echte Peitschenschlangen waren in Wirklichkeit harmlos, doch Richies eingebildete Schlangen veranlaßten ihn, das Planschbecken und den Hof zum Sperrgebiet zu erklären. Zum Glück für die Mädchen. Denn Richie saß am Fenster und schoß mit seiner Armbrust auf die Schlangen, so daß die Pfeile auf das verlassene Planschbecken herabregneten.

Die Schlangen konnten Richie nicht daran hindern, das Haus zu verlassen. Er ging gerne einmal abends hinaus, um Freunde zu besuchen. Bevor er das Haus verließ, spähte er durch die Gucklöcher, die er in die vorderen Wände des Hauses gebohrt hatte. Nachdem er die Straße durch sämtliche Löcher beobachtet hatte – eine Prozedur, die mehr als eine Stunde in Anspruch nehmen konnte –, lief er zu seinem Wagen. Wenn er zurückkam, suchte er den Vorgarten und den Weg mit dem Suchscheinwerfer seines Wagens ab, bevor er ins Haus rannte.

Richie hatte Angst, die Schlangen oder noch etwas Schlimmeres könnten ins Haus eindringen. Dieser Gedanke machte ihn ausgesprochen nervös. Nachts wälzte und warf er sich so heftig herum, daß Donna befürchtete, er werde aus dem Bett fallen. Schließlich beschloß Richie, den Dingen aufrecht entgegenzusehen. Nun patrouillierte er nachts durch das Haus und ging jedem Geräusch nach. Im Keller, im Erdgeschoß und im ersten Stock stellte er empfindliche Mikrophone auf, die ihre Signale drahtlos an ein Tonbandgerät in sein Arbeitszimmer übermittelten. Eines Nachts registrierten die Mikrophone ein seltsames Geräusch. Immer wieder spielte er das Band zurück und schickte die Signale durch ein ausgeklügeltes System aus Filtern und Verstärkern, bis das Geräusch deutlich zu hören war. Und Richie hörte das Knurren und Fauchen eines unbekannten Tiers. Es erinnerte ihn an einen tollwütigen Hund. Jetzt hatte er den endgültigen Beweis, daß irgend etwas im Haus war. Er erzählte es Donna. In dieser Nacht fiel er aus dem Bett.

Eines Tages kamen ein paar Freunde zu Besuch. Als sie im Wohnzimmer beisammensaßen, hörte Richie ein gedämpftes Trippeln.

Da Dam. Da Dam.

Er sagte nichts, sondern beobachtete seine Freunde genau. Einer wandte den Kopf zur Seite und sah sich um.

«Warum guckst du so?» fuhr Richie ihn an. «Wonach suchst du?»

«Ich habe mich nur umgesehen», erwiderte der Freund. Er verstand nicht, worüber Richie sich so aufregte.

Warum lügt er, fragte Richie sich.

Er wußte jedoch noch immer nicht, woher das Trippeln stammte. Peitschenschlangen hatten keine Füße. Außerdem knurrten sie nicht. Er suchte das Haus von oben bis unten ab. Im Keller stieß er auf einen Sack Kalk; damit bestreute er Flure, Treppen und Fensterbänke. Am nächsten Morgen fand er Spuren in Form von schmalen Schlangenlinien in der Kalkschicht. Diese Spuren zeigten sich überall, wo er Kalk streute, selbst im Schlafzimmer. Er nahm an, sie stammten von jungen Schlangen oder von Würmern.

«Ich war ganz verrückt darauf, sie zu fangen», sagte er mir bei einem unserer zahlreichen Gespräche. «Aber ich hatte Angst vor dem, was sie tun würden.» Obwohl er sie nicht sehen konnte – noch nicht –, versuchte er sie mit einer Lötlampe zu töten. Er strich mit ihr über die Böden, unter die Möbel und in die Wandschränke. Die Jagd war nicht vergebens, denn Richie entdeckte eine Mäusefamilie, die in einer der Wände lebte.

«Verrückte Mäuse», sagte Richie. «Die waren alle high, weil sie mein Kokain gefressen hatten. Sie hüpften auf dem Boden herum wie tanzende Derwische. Eine versuchte mich zu hypnotisieren, indem sie sich ständig im Kreis drehte, während die anderen sich auf den Weg in mein Kokainversteck machten.» Das war zweifellos eine Wahnidee, doch es gelang ihm, die ganze Mäusefamilie zu fangen und zu verbrennen.

Weniger erfolgreich war seine Suche nach den jungen Schlangen oder Würmern. Damit niemand diese Tiere an den Schuhen mit ins Haus brachte, strich Richie das Schuhwerk sämtlicher Besucher stets mit der Lötlampe ab. So mancher Gast verließ das Haus mit versengten Strümpfen. Trotzdem fanden sich immer wieder verräterische Spuren in der Kalkstreu. Richie versuchte den Spuren zu folgen, doch sie schienen nirgendwohin zu führen. Es war, als verschwänden sie plötzlich in einem unsichtbaren Versteck. In einer geheimen Dimension, dachte Richie.

Eines Tages öffnete sich vor seinen Augen die Tür zu dieser verborgenen Dimension. Er starrte gerade auf die Wand und dachte über die geheimen Machenschaften der Regierung nach, als es geschah. Ein Lichtblitz in den Augenwinkeln sagte ihm, daß sie sich öffnete. Dann erschien mitten in der Luft ein Wurm und landete auf seinem Finger. Er war kaum zu erkennen und schlüpfte immer wieder aus dem Brennpunkt seiner Augen. Er sah aus wie ein winziger Regenwurm, kastanienbraun und elastisch. Richie berührte den Wurm. Er spürte einen leichten elektrischen Schlag. Dann drang das Ding in seine Haut ein. Mit Schrecken beobachtete Richie, wie der Wurm sich in seine Haut bohrte und verschwand, ganz wie die Regenwürmer, die er über Bord warf, wenn er auf dem See angelte.

«Donna, Donna!» schrie er und lief in die Küche. «Zieh das raus!»

«Was ist denn los, Babe?» fragte sie. Richie hielt ihr den Finger hin.

«Zieh es raus! Zieh es raus!» Wenn sie es nicht sofort herauszöge, werde er sich den Finger abschneiden. Und er schaute sich nach dem Hackmesser um.

Donna bemerkte etwas, das wie ein Splitter aussah. Sie zog ihn mit den Fingernägeln heraus und schnippte ihn weg. «Ich hab ihn, Babe», sagte sie.

Richie sah, wie der Wurm zurück in die geheime Dimension sprang. Sie hat ihn nicht, dachte er. Er lief ins Bad und bestrich den Finger mit Zaubernußtinktur. Im Spiegel sah er, wie schon wieder ein Wurm aus der Luft hervorkam und sich auf sein Haar fallen ließ. Jetzt zitterten seine Haare wie Nadeln an einer Fichte. Er leerte die ganze Flasche über seinen Kopf. Das Zittern hörte auf.

In dieser Nacht begann die Wurmjagd erst wirklich. Richie wußte, daß Erdwürmer – selbst solche aus einer geheimen Dimension – meist erst nach Einbruch der Dunkelheit hervorkamen. Mit einer Sprühdose Lysol machte er im ganzen Haus Jagd auf sie. Am nächsten Morgen suchte er auf dem Teppich und den Möbeln nach den toten Würmern, sammelte sie ein und legte sie in einen Brotbeutel aus durchsichtigem Plastik. Als der Beutel voll war, verschloß er ihn mit einem Knoten und lief zu Donna. Er hatte ihr von den Würmern erzählt, doch sie glaubte ihm nicht. Jetzt konnte sie diese mit eigenen Augen sehen.

«Aber Babe», sagte sie, «der Beutel ist leer.»

Richie war sprachlos. Der Beutel war tatsächlich leer. Die Würmer waren gar nicht tot gewesen, sondern nur betäubt. Jemand hat den Beutel geöffnet und sie entkommen lassen, dachte Richie.

Die Würmer starteten einen massiven Gegenangriff. Sie ließen sich in großen Mengen auf Richie herabfallen und krochen über seinen Körper. Verstärkt wurden die Würmer noch von winzigen Milben, die seine Haut schuppig werden ließen, obwohl chronische Kokainkonsumenten wegen der Verengung der peripheren Blutgefäße und der schlechten Ernährung häufig schuppige Haut bekommen. Er wischte die Tierchen mit den Händen ab oder strich mit der Flamme der Lötlampe leicht über Kleider und Haut.

Richie nahm an, daß es gleich über seinem Kopf, aber außerhalb seines Sehfeldes, einen Durchgang in die geheime Dimension gab. Deshalb installierte er Spiegel im ganzen Haus, an den Türen, auf den Bücherregalen, an den Wänden und Tischen. Sie waren so angeordnet, daß er den Durchgang zu der anderen Dimension ständig im Auge behalten konnte.

Die Würmer kamen auch aus der Dusche – wie Erdwürmer nach einem kräftigen Regen –, und Richie mußte sehr auf der Hut sein. Er duschte nur noch einmal im Monat und lernte, in der einen Hand einen Spiegel zu halten, während er sich mit der anderen einseifte. Wenn dann die Würmer angriffen, hüpfte er heulend und johlend im Becken herum wie ein Indianer beim Regentanz. Als er begann, solche Tänze auch mitten in der Nacht neben seinem Bett aufzuführen, nahm Donna die Kinder und zog aus. Richie bemerkte es erst eine Woche später.

Da nun alle gegangen waren, beschloß Richie, das Haus einmal gründlich zu reinigen – wirklich gründlich. Zunächst flammte er alles ordentlich ab. Dann bestäubte er sämtliche Risse im Holzfußboden mit DDT. Den Keller räucherte er mit einem Flohgift aus, im übrigen Haus besprühte er sämtliche Möbel mit einem Flohspray. Mit einem Pestizid spritzte er einen breiten Streifen um das ganze Haus, und nachdem er alles auch noch mit Lysol eingesprüht hatte, war er fertig. Er lud seine ehemalige Freundin Robin ein, mit ihrem dreijährigen Sohn Melvin bei ihm einzuziehen.

Der Januar war gekommen und mit ihm das neue Jahr. Es geht wirklich gut jetzt, dachte Richie, als er auf der Toilette saß. Es war schön gewesen, Robin um sich zu haben in diesen letzten Wochen. Die Würmer und Milben waren anscheinend verschwunden. Er war zuversichtlich, daß sie keinen Weg ins Haus finden würden, weil sie dabei den Pestizidstreifen überqueren mußten, den er um sämtliche Eingänge gespritzt hatte. Jetzt konnte er sich entspannt zurücklehnen und sein Leben genießen. Und gab es einen größeren Genuß, als ordentlich zu scheißen? Den Tag begann er stets mit einem riesigen Schuß Kokain. Der ging voll auf den Darm. Er konnte fast fühlen, wie sich das Kokain durch das Labyrinth seiner Därme hinunterarbeitete. Heute ging es in seinem Bauch besonders lebhaft zu. Er fühlte, daß es aus ihm wie eine lange gewundene Schlange herauskam. Einen Augenblick saß Richie still da und genoß das Gefühl. Plötzlich erstarrte er. Irgendwas kriecht meinen Hintern hoch, dachte er und sprang von der Toilette auf. Die Hose um die Knie geschlungen, watschelte er durch das Bad, griff nach der Lysoldose und leerte sie über seinem Hintern. Ob ich es erwischt habe? dachte Richie. Die Frage hielt ihn die ganze Nacht wach. Am nächsten Morgen juckte es ihn wieder, vor allem um sein Geschlecht herum. Im Schritt seiner Unterhose fand er einen merkwürdigen schleimigen Fleck. Und im Kalk stieß er auf frische Spuren. Sie sahen aus wie winzige Fußabdrücke.

Er stellte vier weitere Videokameras auf, zusätzlich zu der einen, die bereits auf die Bäume hinter dem Haus gerichtet war. Mit einer der neuen Kameras überwachte er die Bäume im Vorgarten und den Weg, der zum Haus führte; die übrigen befanden sich im Keller, im Wohnzimmer und in der Küche. Sie blieben ständig eingeschaltet. Seiner Freundin Robin und ihrem Sohn Melvin sagte er nicht, daß die Kameras jedes Wort und jede Bewegung aufzeichneten.

Richie starrte auf einen der Monitore in seinem Zimmer. Er beobachtete Robin, die im Wohnzimmer saß und irgend etwas auf dem Schoß hielt, mit dem sie spielte wie mit einem Schoßtier. Da Richie nicht erkennen konnte, was es war, weil sie ihm den Rücken zukehrte, ging er auf Zehenspitzen hinunter. Als er leise das Wohnzimmer betrat, machte Robin eine rasche Bewegung, als wollte sie etwas verbergen. Was hast du da? Sag es mir. Robin bestritt, daß sie irgend etwas verbarg. Hatte sie nicht gerade mit etwas gespielt? Mit Würmern? Oder Schlangen? Robin verstand nicht, wovon Richie redete. Er bat sie inständig, es ihr zu sagen. Wenn sie ihn liebe, solle sie es ihm sagen. Nur keine Geheimnisse! Bitte, sag es mir, bettelte er.

«Ich kann dir gar nichts sagen», erwiderte Robin. «Es gibt nichts zu sagen.»

«Und was hast du da in der Hand?» fragte Richie. Sie hatte die Hand zu einer Faust geschlossen.

Robin streckte ihm die Hand entgegen und öffnete sie. «Na, siehst du? Nichts.»

Richie sah einen roten Wurm aus ihrer geöffneten Hand springen. Er landete in seinem Haar. Als er danach griff, schlängelte sich der Wurm seinen Nacken hinunter und verschwand unter dem Hemd. Schnell steckte er das Hemd in den Gürtel, damit der Wurm nicht entkommen konnte. Er stellte sich vor einen Spiegel und schlug mit einem Stock auf seinen Oberkörper ein; so hoffte er, den Wurm aus dem offenen Hemdkragen heraustreiben und fangen zu können. Nach mehreren Minuten heftigen Schlagens war Richie sich ganz sicher, daß der Wurm ebenso erschöpft war wie er selbst. Er sah zu Robin hinüber. Sie blickte ihn besorgt an. Doch genau in diesem Augenblick schlüpfte der Wurm aus seinem Kragen, sprang auf den Boden und verschwand unter der Couch. Robin legte das Buch weg, das sie lesend in ihrem Schoß gehalten hatte, und ging aus dem Zimmer. Richie bemerkte, daß sie das Buch gleich neben der Couch auf den Boden gelegt hatte. Damit er sich dahinter verstecken kann, dachte Richie. Und ihm wurde klar, daß der Ausdruck in ihrem Gesicht keineswegs besorgt, sondern ein sadistisches Grinsen gewesen war.

Am nächsten Tag stellte er Robin noch einmal zur Rede. Er weinte. Er bettelte. «Warum quälst du mich so? Warum?»

«Ich kann dir gar nichts sagen», erwiderte sie.

Richie sah, daß sie äußerst nervös war. Sie verhielt sich vorsichtig und fast schon berechnend. Was verbarg sie vor ihm? Jetzt ging ihr Blick vorbei an ihm in das dunkle Eßzimmer.

Da Dam. Da Dam. Da Dam. Da Dam.

Schritte. Und eine leise Stimme. Es mußte eine männliche Stimme sein, aber sie verstummte, bevor er verstehen konnte, was sie sagte. Als er sich wieder zu Robin drehte, blickte er in ein entsetztes Gesicht. Sie hatte offenbar Angst, etwas zu sagen.

Richie beugte sich zu ihr und flüsterte ihr ins Ohr: «Ich weiß, daß jemand uns beobachtet und daß du Schwierigkeiten bekommst, wenn du etwas sagst. Aber du kannst es mir ruhig sagen. Ich werde dir nicht böse sein, und ich werde es auch niemandem verraten.»

«Ich kann dir gar nichts sagen», erwiderte sie.

Richie war enttäuscht, aber er wußte, wenn er Robin zum Reden zwang, brachte er sie möglicherweise in Gefahr. Er ging in sein Arbeitszimmer und beobachtete sie auf dem Monitor. Robin saß auf der Couch und begann mit jemandem zu sprechen. In der Bildschirmecke erkannte Richie verschwommen einen Zwerg, der ins Eßzimmer huschte. Als Richie ins Eßzimmer schaltete, huschte der Schatten in die Küche und von dort ins Schlafzimmer. Er hörte, wie das Schlafzimmerfenster geöffnet und wieder geschlossen wurde. Der Zwerg war entkommen. Richie ging ins Wohnzimmer und sagte Robin, was er gesehen hatte.

«Was?» fragte sie und lachte.

«Warum, Baby? Warum tust du mir das an?»

Robin lachte und lachte. Richie ging zurück in sein Arbeitszimmer, ließ den Kopf auf die Schreibtischplatte sinken und weinte.

Februar. Richie saß auf der Couch und sah sich im Fernsehen eine Sendung über Mordtheorien und Geheimdienstaktionen an. Robin kam herein und kuschelte sich an ihn. Sie sagte ihm, daß sie ihn liebe. Es war der richtige Augenblick für Richie, ihr die Frage zu stellen, die ihm auf der Zunge brannte:

«Erzähl mir von den Würmern. Was ist da los?»

Sie drehte sich zu ihm und öffnete den Mund: «Nein.» Ihr Mund war voller Würmer. Sie krochen heraus und schlängelten sich über ihr ganzes Gesicht. Richie begann, ihr die Würmer mit der flachen Hand aus dem Gesicht zu schlagen. Fest.

«Hör auf!» flehte sie. «Hör auf, sonst werden sie noch böse.» Sie wußte sich nicht mehr anders zu helfen.

Richie hörte auf, sie zu schlagen. «Du kannst mir doch vertrauen, Baby», sagte er. «Erzähl mir einfach, was los ist, dann können wir gemeinsam etwas dagegen tun», bat er sie mit weinerlicher Stimme.

«Bitte, Richie, zwing mich nicht, etwas zu sagen.» Es tat ihr schon leid, daß sie sich auf seine Würmertheorie eingelassen hatte.

Nun wußte Richie, daß es tatsächlich eine Verschwörung der Regierung zur Vertuschung der geheimen Dimension gab. Und Robin hatte irgend etwas damit zu tun. Sie tat nun wieder so, als sähe sie sich den Film an, doch in Wirklichkeit hörte sie auf das Flüstern, das wie ein Störgeräusch hinter dem Fernseher hervordrang. Plötzlich erschien unter dem Gerät eine ganze Armee von Würmern. Sie sprangen ihm auf die Füße und schlängelten sich an seinen Beinen hinauf. Unter der Couch sprang ein Zwerg hervor; er kam zu Richie gelaufen und hob ihm das Hemd hoch. Die Würmer glitten unter sein Hemd, kletterten hinauf zu seiner Brust. Sie waren klebrig und brannten. Richie sprang auf und vollführte seinen Regentanz. Er griff nach einer Eisenstange, mit der er wild um sich schlug.

«Hilfe, Robin!»

Erschrocken zog sie sich zurück. Da wußte Richie, daß er tief im Sumpf steckte, denn sie schreckte vor diesen Kreaturen zurück. Ungläubig sah er sie an. Dann folgte ein dumpfes Klopfen, wie von einem Hammer, der in ein Tuch gewickelt war. Schritte? Nein. Richie hörte sein eigenes Herz klopfen. Im Hintergrund hörte er Robin.

«Nein, nicht!» schrie sie und kam zu ihm gelaufen, um ihn festzuhalten.

«Weg!» brüllte Richie und schlug mit der Stange nach ihr. «Bleib weg!» Er wußte, sie wollte näher an ihn heran, um Würmer auf ihn zu werfen.

«Ich tu doch gar nichts», schrie sie.

Richie schlug weiter nach den eingebildeten Wesen. Das Tuch rutschte weg, und der Hammer dröhnte in seinem Kopf. Vor seinen Augen wurde es schwarz. Die Würmer füllten seine

Nasenlöcher und die Kehle, sie drohten ihn zu ersticken. Dann verschlossen sie ihm die Augen.

Als Richie zu sich kam, lag er auf dem Fußboden. Im Haus war es dunkel und still. Er lief in sein Arbeitszimmer. Jemand hatte die Kameras und die Monitore ausgeschaltet. Aber die Mikrophone arbeiteten noch. Er hörte Robin leise weinen. Es kam aus dem Hausflur. Er ging dem Geräusch nach, verfolgte es vom Flur ins Wohnzimmer und von dort die Treppe hinauf. Als er das Schlafzimmer betrat, sah er, wie Robin und ein Zwerg ins Bad huschten. Das Weinen verwandelte sich in Stöhnen und lustvolle Schreie. Was ist nur los mit ihr, fragte er sich verwundert. Wie kann sie sich von einem Zwerg ficken lassen. Er hämmerte an die Badezimmertür.

DaDam DaDam. Irgend etwas kam die Treppe herauf. Er hörte ein Knurren und Fauchen. Was immer es sein mochte, es hatte ihn in die Ecke gedrängt. In seinem Rücken spürte er das Glas des Schlafzimmerfensters.

29. Februar, Schalttag, Cambridge Hospital. Der Patient Richie D. wurde heute mit mitteltiefen Schnittwunden an Nacken, Rücken und Kopf aufgenommen. Möglicherweise ist er aus einem Fenster gefallen oder gestoßen worden. Der Patient will nicht erzählen, was passiert ist. Die Wunden wurden genäht.

Der Arzt in der Notaufnahme redete mechanisch auf Richie ein, um ihn von der unangenehmen Prozedur abzulenken.

«Wie hoch war übrigens das Fenster?» fragte der Arzt.

Er weiß, daß ich high bin. Großer Gott, jetzt machen sie mich fertig, dachte Richie.

«War gut, daß Sie gleich hergekommen sind. Ein Stich zur rechten Zeit erspart neun zur Unzeit.»

Katzen haben neun Leben, dachte Richie. Dann wurde ihm klar, daß er von einem katzenähnlichen Wesen angegriffen worden war. Es war herbeigeeilt, um den Zwerg zu beschützen. Muß so was wie ein Haustier gewesen sein, wie ein Wachhund, dachte er. Deshalb hat es geknurrt und gefaucht. Und er nahm sich vor, einen Spray zu besorgen, der Katzen abschreckte.

Einige Tage später bat Robin einen von Richies engsten Freunden, Willie, doch einmal herüberzukommen und Richie wieder zu Verstand zu bringen. Richie war im Keller und baute gerade seine Lötlampe in einen Flammenwerfer um. Als er Willie kommen hörte, hastete er die Treppe hinauf. Robin und Willie saßen im Wohnzimmer und flüsterten miteinander. Sie hörten sofort auf, als Richie ins Zimmer stürmte. Robin ließ die beiden Männer allein und ging in die Küche.

Irgendwo im Haus hörte er gedämpfte Stimmen. «Willie, hast du diese Stimmen gehört?» fragte Richie.

«Ich weiß nicht», erwiderte Willie mit hinterhältiger Miene.

«Mensch, verarsch mich nicht! Du weißt doch, ob du was gehört hast oder nicht.»

Richie ging in die Küche, um nach Robin zu sehen. Sie machte eine hastige Bewegung, als wollte sie etwas verbergen. «Was hast du da gerade gemacht?» fragte er sie.

«Nichts.» Auch ihre Miene war hinterhältig.

Richie ging zurück ins Wohnzimmer. Willie griff in seine Tasche und warf etwas auf den Boden. Es landete neben Richies Sessel. Richie sprang auf, holte einen Besen und begann den Boden zu fegen. Es waren Dutzende von Würmern, die man mit bloßem Auge kaum wahrnehmen konnte. Richie kehrte sie zu Willies Sessel hinüber. Willie lächelte hinterhältig, genau wie Robin.

«Ich hätte nie gedacht, daß du mir so was antust. Wir sind doch alte Freunde. Ich dachte, ich kann dir vertrauen, Willie.»

Aus dem Häufchen Staub, das Richie vor sich herkehrte, sprang ihn ein zehn Zentimeter langer Wurm an.

«Verdammtes Miststück!» schrie Richie. Er griff nach einer seiner Lötlampen und flammte den Boden rund um seine Füße ab. Die Würmer kamen näher. Er drehte die Flamme voll auf. Die Würmer krochen über die Linie, die er in den Fußboden gebrannt hatte. Er griff nach einer zweiten Lötlampe, wie er sie überall im Haus bereitgelegt hatte, zündete sie an und stellte sich, ein Flammenschwert in jeder Hand, dem Kreis der angreifenden Würmer entgegen.

Willie hatte ihm ungläubig zugesehen. Jetzt brach er in halt-

loses Gelächter aus. Richie blickte ihn an. Dieser Hund. Er
wirft noch mehr auf mich, dachte er. Robin kam ins Zimmer
und wechselte einen vielsagenden Blick mit Willie. Dann brach
auch sie in Gelächter aus. Also haben die beiden sich verbün-
det, dachte er. Das habe ich gewußt.

Robin kam zu Richie und versuchte, ihm beruhigend die
Hand auf die Schulter zu legen. Richie geriet in Panik. Sie wirft
etwas auf mich, dachte er. Sie wirft etwas auf mich. Es regnete
geradezu Käfer. Richie schwang seine Lötlampen wie ein Irrer.
Robin wich zurück. Sie sieht nach irgend etwas, das hinter mir
ist, dachte Richie, und als er sich umdrehte, bemerkte er gerade
noch, wie ein Zwerg und eine Wächterkatze unter dem Tisch
verschwanden. Wenn ich auf dem Boden stehenbleibe, bringen sie mich um, sagte er zu sich. Er sprang auf einen Sessel,
der mitten im Zimmer stand. Und wieder klopfte sein Herz
hörbar. Sein Hemd war schweißgetränkt. Um ihn her ver-
schwamm alles. Er konnte Robin und Willie nicht mehr sehen,
aber ihr sadistisches Gelächter dröhnte noch immer in seinem
Kopf.

«Ich finde das überhaupt nicht komisch», schrie er die beiden an. «Hau ab!» rief er dem Zwerg zu. «Haut alle ab!» Richie
kämpfte um sein Gleichgewicht, während er auf dem Sessel
stand und mit den Lötlampen in der Luft herumfuchtelte.
Plötzlich schien das Gelächter sich zu entfernen, und der Boden
stürzte ihm entgegen.

Als Richie wieder zu sich kam, saß er im Sessel; sein ver-
stauchter Knöchel schmerzte, und in der Hand hielt er eine
Dose Bier. Die beiden Lötlampen standen flackernd auf dem
verkohlten Fußboden. Robin und Willie saßen ihm gegenüber
und flüsterten miteinander. Sie hecken etwas gegen mich aus,
dachte Richie. Sie spielen mit mir. Sie benutzen mich für ihre
krankhaften Vergnügungen. Er dachte daran, Willie wegzu-
schicken.

«Ich glaube, du gehst jetzt besser, Willie», sagte Robin.

Sie liest meine Gedanken. Diese Frau ist eine kaltblütige
Hexe, dachte Richie.

Richie ging zurück in den Keller, um an dem Flammenwerfer weiterzuarbeiten. Er wußte, daß die Zwerge ihn aus ihrem Versteck unter der Treppe beobachteten. «Haut ab!» schrie er ihnen zu. «Ihr habt hier nichts zu suchen. Verschwindet!» Um seiner Aufforderung Nachdruck zu verleihen, legte er eine Machete vor sich auf die Werkbank. «Habt ihr verstanden? Haut ab!» Richie hob die Machete in die Höhe. «Verschwindet hier, oder ich rufe die Polizei.» Die Wächterkatzen begannen zu fauchen. Richie änderte seinen Ton. «Bitte», jammerte er, «ganz gleich, was ihr wollt – das Coke oder was auch immer –, holt es euch. Ich werde euch nicht hindern.» Die Zwerge und ihre Haustiere huschten die Treppe hinauf. Später entdeckte Richie, daß sie seinen gesamten Kokainvorrat mitgenommen hatten.

Viele Tage und Nächte arbeitete er an seinem Flammenwerfer. Richie nannte ihn «Mr. Discipline» – wie in «Halt mich nicht zum Narren, sonst schick ich dir Mr. Discipline, damit er deinen Zwergenarsch röstet». Das hatte ihm sein Vater zugerufen, und die Worte ließen ihn noch immer erzittern. Doch für die Zwerge war es nur eine leere Drohung, denn es gelang ihm einfach nicht, den Flammenwerfer in Gang zu setzen. Eines Tages huschte ein Zwerg unter der Werkbank hervor und hob Richies T-Shirt an. Richie blickte durch die Kragenöffnung an sich hinunter. Er sah einen schmalen Kopf und einen Körper von gut dreißig Zentimeter Länge, der auf einem Kasten stand. Der Zwerg schaute an Richie herauf. Zum erstenmal bemerkte er, daß der Zwerg Lippen hatte. Dann biß der Zwerg zu.

23. *April, Cambridge Hospital.* Richie D. erschien heute in der Notaufnahme mit einer tiefen Bißwunde an seinem Penis. Die Bißmale erinnerten an ein menschliches Gebiß, doch der Penis war so stark angeschwollen, daß eine genaue Identifizierung nicht möglich war. Anscheinend wurde der Penis nach dem Biß mit einem schweren Hammer bearbeitet. Der Patient hatte heftige Schmerzen und konnte nur etwas von irgendwelchen Wesen stammeln.

In den folgenden Wochen verwandelte die Paranoia Richies

Augen in ein Rasterelektronenmikroskop, das ihm den Zugang zu einer geheimen Welt eröffnete. Flecken an den Wänden und Unregelmäßigkeiten im Holz der Möbel waren in Wirklichkeit getarnte Würmer. Der Eichenschreibtisch in Richies Arbeitszimmer war ihr Lieblingsversteck. In der Maserung des Holzes beobachtete er alle erdenklichen Arten von Würmern. Die am häufigsten auftretende Art glich einem langen, dünnen schwarzen Haar. Sie waren besonders empfindlich und teilten sich, sobald man sie nur berührte. Die Teile regenerierten sich, und aus jedem wurde ein neuer Wurm. Andere waren so dick wie ein Bleistift und hatten sich zu einem Oval oder einer tropfenähnlichen Form zusammengedreht. Die meisten waren schwarz, kastanienbraun oder rot, nur die Würmer, die in der Luft schwebten, waren farblos. Am gefährlichsten waren die roten Ringelwürmer. Richie nannte sie «die Killer».

Wenn er Würmer auf seinem Sessel sah, nahm er ein Handtuch oder eine zusammengerollte Zeitung und fegte damit über die Polster. Dann versuchten die Würmer, in den lederbezogenen Sitzpolstern zu verschwinden, und Richie mußte sie ausklopfen. Die Kameras hatten Hunderte solcher Klopfaktionen aufgezeichnet, die bis zu zwei Stunden dauern konnten. Richie probierte eine Reihe von Stöcken, Stielen, Kabeln und Riemen aus. Seine Lieblingswaffe wurde schließlich ein doppelt gelegtes Elektrokabel.

Eines Tages überfielen die Würmer den kleinen Melvin. Richie eilte ihm zu Hilfe und fegte die Würmer mit der Hand von Melvins Pullover. Er warnte den Jungen vor den Würmern und Schlangen. Richie wußte, daß Melvin ihn verstand. Er war der einzige im Haus, der jemals zugab, daß er die Schlangen auf den Bäumen hinter dem Haus ebenfalls sah. Am nächsten Tag bemerkte Richie, daß Melvin mit den Würmern spielte. Richie nahm ein Handtuch und schlug die Tiere vorsichtig von Melvins Kleidern. «Spiel nicht mit ihnen», ermahnte er den Jungen, der das Ganze für ein Spiel hielt und ihm half, die eingebildeten Würmer abzuklopfen.

«Wie kannst du es zulassen, daß sie an deinen Sohn gehen?

Wie?» schrie er Robin an diesem Abend an. «Hast du gar keine Angst, daß sie ihm was tun? Sag mir, was sie sind und wie wir sie loswerden können.» Er sah, daß Robin immer noch zuviel Angst hatte, ihm etwas zu sagen. Die haben sie wirklich in der Hand, dachte er.

Als die Würmer neuerlich über Melvin herfielen, setzte er dieselbe Technik ein, die er auch bei sich selbst anwandte. Erst zog er die Ärmel des Pullovers in die Länge und verknotete sie. Dann raffte er das Kleidungsstück um die Hüfte fest zusammen und schlug leicht mit der Hand oder einem Tuch darauf. Melvin hielt auch das für ein Spiel, er kicherte und lachte. Richie war froh, daß der Junge noch zu jung war, um die bösartige Verschwörung zu erkennen, die ihn bedrohte. Ich liebe ihn, als wäre er mein eigener Sohn, dachte Richie. Er hatte sich schon immer einen Sohn gewünscht.

Richies kokainverzerrte Sichtweise kannte nur noch Schwarz und Weiß, das Haus war ein Schlachtfeld zwischen Gut und Böse geworden. Längst hatte die Welt alle Farben verloren. Schatten verdunkelten das Licht und ließen alles in einem unscharfen Grau versinken, wie auf den alten Fotografien im Familienalbum. Erinnerungen an seine Kindheit schossen ihm durch den Kopf. Er sah buchstäblich den Diamantring seines Vaters, dessen Faust in sein Gesicht stieß. Er krümmte sich zusammen in schmerzvoller Erinnerung an das Polizistenkoppel, das auf seinen Rücken klatschte. Nach solchen Schlägen wollte er immer weglaufen, doch seine Mutter hatte ihn daran gehindert, indem sie seine Hände und Füße ans Bett fesselte. Jetzt fesselte ihn seine Liebe zu seiner eigenen Familie.

Eines Abends bemerkte Richie einen Geruch im Haus, der ihn an den Körpergeruch seines Vaters erinnerte. Dann hörte er die Stimme seines Vaters: «Ich röste dir den Arsch. Ich röste dir den Arsch.» Richie sah in den Spiegel und erkannte, daß er selbst es war, der sprach. Er betrachtete sein Gesicht. Es sah genauso aus wie das Gesicht seines alten Herrn. Er verstand nicht, was da vor sich ging. Vielleicht hatte er einen Zellenkoller. Immerhin war er seit mehr als einem Monat nicht mehr draußen

gewesen. Aber er mußte im Haus bleiben und seine Familie beschützen. Klein Melvin und Robin, die inzwischen im siebten
Monat schwanger war, brauchten ihn. Außerdem schlüpften gerade die jungen Schlangen aus den Eiern, am hellichten Tage
konnte man sie in Massen hinter dem Haus sehen. Bald würden
es einige hundert mehr sein.

Im Mai tauchte auf dem Weg, der zum Haus führte, eine
neue Käferart auf. Sie hatte die Form einer weißen Bohne, aus
der an einem Ende dünne Haare von fast fünf Metern Länge her-
ausragten. Sie wuchsen wie Efeu an der Hauswand empor. Bald
würden sie durch die Wände dringen. Richie hielt auch weiterhin die Umgebung ständig im Auge. Wenn er durch das Guck-
loch in der Haustür schaute, sah er einen Mann mit grünem
Kampfanzug und einem Schimpansen auf den Stufen stehen.
Sobald er die Tür öffnete, waren die beiden verschwunden.

Der Tag vor Freitag, dem 13. Mai. Schritte auf dem Dach sagten
Richie, daß die Zwerge einen Angriff von oben vorbereiteten.
In den Fenstern des Nachbarhauses sah er ihr Spiegelbild. Sie
trugen grüne Kampfanzüge und schußsichere Westen. Dann erschienen vor den Fenstern im ersten Stock große braune Schlangen. Sie waren so dick wie Taue und baumelten von oben herab.
Das sind wirklich Taue, dachte er. Die Zwerge seilten sich vom
Dach ab. Sie landeten auf einem Sims und liefen um das Haus
herum. So viele, dachte Richie. Er wußte nicht, wie er mit der Invasion fertig werden sollte. Als sie ins Haus einzudringen begann-
nen, blieb er wie versteinert stehen. Er konnte nur noch zusehen.
Und zuhören. Ein merkwürdiges Summen vibrierte in seinen
Ohren. Die Würmer! Sie sind in meinen Ohren, dachte er.

DaDam DaDam DaDam DaDam. Jetzt hörte er die Zwerge
von Zimmer zu Zimmer laufen. Die Katzen hielten sich unmittelbar hinter ihnen und fauchten. Die Wände begannen zu atmen, als die Käfer sich dagegenstemmten.

Richie zwang sich, nach Melvin zu sehen. Der Junge saß im
Wohnzimmer auf dem Fußboden; er trug nur ein T-Shirt. Richies Mikroskopaugen sahen einen Wurm, der auf Melvins

Haut erschien. Erst einer, dann zwei, dann vier, dann sechzehn, und sie vermehrten sich mit beängstigender Geschwindigkeit. Es waren die schwarzen. Er zog dem Jungen das T-Shirt aus. Noch mehr Würmer. «O nein, nein!» hörte Richie sich schreien. Er griff nach dem Kabel, legte es doppelt und begann auf die Würmer einzuschlagen. Doch das trieb die Würmer nur an die Oberfläche. Es waren die roten Ringelwürmer. Die Killer. «O nein, nein, nein!»

Jeder Schlag holte weitere Würmer an die Oberfläche. Richie konzentrierte sich ganz auf die Würmer und vergaß dabei, woher sie kamen. Melvin blieb so still wie ein Schreibtischsessel. *Whack. Whack. Whack.* Robin drehte sich in ihrem Bett um. Es klang, als zimmerte Richie irgend etwas. Großer Gott! Es ist mitten in der Nacht, dachte Robin. Sie stand auf und ging ins Wohnzimmer. Richie stand über Melvin, der auf dem Boden lag.

«Was machst du da?» fragte Robin. Sie war noch gar nicht richtig wach.

Er murmelte etwas von Mr. Discipline. «Bleib draußen!» schrie er sie an.

Robin wußte, daß man bei einer seiner Wurmattacken nicht mit ihm reden konnte, und ging wieder ins Bett.

Whack. Whack. Robin lief zurück ins Wohnzimmer. Richie schlug Melvin auf die Unterseite der Beine.

«Laß das!» schrie sie. «Du schlägst ihn ja. Du tust ihm weh. Hör auf damit, bitte!»

Richie hielt inne.

Robin trug Melvin ins Bad und schaltete das Licht ein. Sie war entsetzt. Er war schwarz und blau geschlagen, und sein ganzer Körper war mit roten Striemen überzogen.

«Durst ... Trinken», sagte Melvin. Seine Stimme war kaum zu hören.

Robin gab ihm ein Glas Wasser.

«Danke, Ma'am.»

Robin bestrich seine Wunden mit einer antibakteriellen Salbe, dann zog sie ihm ein Hemd über den geschwollenen Körper. Er wimmerte und schloß die Augen.

«Bleib wach, Baby!»

«Ja, Ma'am.»

«Du darfst nicht einschlafen.» Sie legte ihm Eisbeutel auf die Beine und strich ihm über sein kurzes lockiges Haar.

Melvins Augen begannen zu flattern.

«Richie!» rief sie. «Da stimmt was nicht.»

Richie kam angelaufen. Melvin atmete nicht mehr. Robin rief den Rettungsdienst an.

Freitag, 13. Mai, 9:00 Uhr. Büro des Leiters der Gerichtsmedizin, Autopsieraum. Der Verstorbene, drei Jahre alt, männlich, starb an zahlreichen Verletzungen, die ihm unter Einwirkung stumpfer Gewalt am gesamten Körper mit Ausnahme der Fußsohlen und der rechten Handfläche beigebracht wurden. Die Verletzungen resultieren aus Schlägen auf den größten Teil des Körpers und den Kopf. Die Schlagverletzungen zeigen ein Muster, wie es durch Schläge mit einem dünnen Seil oder Draht hervorgerufen wird. Einige Verletzungen lassen an ihrem Ende eine Schlaufe erkennen, was den Verdacht nahelegt, daß der Draht oder das Seil doppelt gelegt war. Die Verletzungen führten zu Blutungen und Schwellungen im Gehirn. Frühere Erkrankungen, die mitursächlich für den Tod gewesen sein könnten, waren nicht feststellbar. Der Tod wurde gewaltsam durch Fremdeinwirkung herbeigeführt.

Ich breitete die Autopsiefotos auf meinem Schreibtisch aus und begann die Quetschungen und Abschürfungen zu zählen. Ich fand mehr als einhundert auf dem Rücken, fünfundsechzig auf der Brust, fünfundsechzig auf Armen und Nacken und zehn auf dem Gesäß. Weitere befanden sich auf beiden Augenbrauen, Ober- und Unterlippe, in den Armbeugen, der linken Handfläche und sogar auf dem Ansatz des Hodensacks. Im Schulterbereich waren Verbrennungen zu erkennen. Sämtliche Wundmale, selbst die Verbrennungen, hatten Ähnlichkeit mit den Würmern, die Richie für mich gezeichnet hatte. Einige der strichförmigen Abschürfungen sahen aus wie ein I, das in die Haut tätowiert war. Andere zeigten ein halbkreisförmiges Muster ähnlich dem Buchstaben C. Die meisten Abschürfungen hatten die Form eines U. In gewisser Weise standen die Wunden für Richies Wahrnehmung der Würmer, die den Angriff auf Melvins Körper ausgelöst hatten, denn diese Wahrnehmung war geprägt von dem Gedanken I-C-U: I see you [ich sehe euch]. Sobald einer der eingebildeten schwarzen Würmer auf der Haut getroffen worden war, hatte er sich aufgrund des dadurch ausgelösten Blutergusses in einen sehr realen roten, wurmähnlichen Buchstaben verwandelt. Auf der Haut erschien gewissermaßen der Beweis für Richies Wahnvorstellungen in mehr als vierhundert blutroten Buchstaben. Beim Anblick dieser Bilder wünschte ich mir fast, Richie hätte die 7,65er Mauser benutzt, die er im Schlafzimmersafe verwahrte, oder die abgesägte 0,38er Smith & Wesson, die stets geladen in einer Schublade nur zwei Schritt entfernt von dem Ort lag, an dem er den Jungen zu Tode geprügelt hatte. Eine Kugel wäre gnädiger gewesen als die halbe Stunde unablässigen Schlagens.

«Ich schlage keine Kinder», hatte Richie einem der Sanitäter gesagt.

«Was ist passiert?» fragte der Mann entsetzt. Er bemerkte ein schwarzes Kabel mit roten Flecken, das ganz in der Nähe auf einer Bank lag.

«Stellen Sie keine Fragen. Sehen Sie denn nicht, daß er nicht mehr atmet? Helfen Sie ihm! Helfen Sie meinem Sohn!»

Während die Sanitäter das Kind zu retten versuchten, lief Richie durchs Haus, führte Selbstgespräche und zog sich an den Haaren. Niemand sah die Zwerge, die er jagte, oder die Würmer, die er aus seinen Haaren holte. Und Richie sagte ihnen nichts davon. Er konnte niemandem vertrauen, am allerwenigsten den Sanitätern. Um Himmels willen, sie spielen mit den Würmern auf dem Körper meines Sohnes, dachte er.

Die Sanitäter trauten Richie ebensowenig. Sie fürchteten, er könne weglaufen. Deshalb riefen sie die Polizei. Die Polizisten kamen und legten Richie Handschellen an. Er sah aus wie einer der unzähligen Junkies mit ihren weit aufgerissenen, angsterfüllten Augen. Sie durchsuchten das Haus und fanden leere

Plastikbeutel mit Resten eines weißen Pulvers darin, außerdem eine gläserne Pfeife, Gasbrenner und andere Utensilien, wie man sie beim Kokainrauchen benutzt. Im ganzen Haus waren so viele Gasbrenner verteilt, daß sie glaubten, Richie unterhalte eine Crack-Höhle, in die auch andere kamen, um Kokain zu rauchen. Die vielen Monitore, die Kameras und die teure Tonausrüstung legten den Schluß nahe, daß er diese Geräte als Gegenleistung für die Drogen erhalten hatte. Ein Routinefall für die Polizei. Ein Drogensüchtiger, der dealte und Kinder schlug.

«Du hast Melvin geschlagen», sagte Robin zu Richie, bevor die Polizei ihn wegbrachte. Das war neu für Richie.

«Ich habe ihn geschlagen? Ich habe ihn geschlagen?» wiederholte er immer wieder. Die Polizei hörte es. Die Sanitäter hörten es. Und sogar ein Nachbar hörte es.

«Ich habe ihn geschlagen. Ich habe ihn geschlagen. Ich habe ihn geschlagen», sagte Richie, aber er konnte es nicht glauben. «Das glaube ich nicht … Ich schlage doch keine Kinder.»

Die Jury, die aus sieben Frauen und fünf Männern bestand, glaubte, daß er es getan hatte. In seiner Aussage: «Ich habe ihn geschlagen» sahen sie den Beweis, daß Richie gewußt hatte, was er tat. Damit hatten sie recht. Aber die Schläge galten nicht dem Jungen, wie ich den Geschworenen während des Prozesses erklärte, sondern den Würmern, Schlangen, Zwergen und sonstigen Wesen, die sein chronischer Kokainkonsum erschaffen hatte. Ich versuchte ihnen klarzumachen, wie die Welt in Richies paranoiden Augen aussah. Diese Sicht der Welt war schon in Richies Kindheit entstanden, als er die Schläge eines sadistischen Vaters ertragen mußte. Verstärkt wurde seine paranoide Lebenseinstellung dann durch den Verlust der Arbeitsstelle und die Erniedrigung der zu Unrecht erlittenen Haft.

Doch erst Richies Abgleiten in die Kokainsucht öffnete im buchstäblichen wie übertragenen Sinne die Tore seiner paranoiden Wahrnehmung für die verborgene Dimension, aus der diese Killerwesen hervorkrochen. In Richies Augen war Melvin gar nicht das Ziel, als er auf ihn einschlug. Er sah nur noch die roten Killerwürmer; sein Kokainwutanfall hatte alle übrigen Wahrnehmungen und Gedanken ausgeschaltet. Die Jury gelangte zu dem Urteil, daß er das Kind nicht hatte töten wollen, und befand deshalb, daß er nicht des Mordes, sondern des Totschlags schuldig war. Der Richter sprach von einer «ungeheuerlich brutalen Tat» und verurteilte Richie zu achtzehn bis zwanzig Jahren Gefängnis.

Nach dem Prozeß flog ich zurück nach Los Angeles. Ich freute mich auf eine neue Umgebung nach diesem Besuch in «Whakkyland». Im Flugzeug begann ich, *The Secret House* von David Bodanis zu lesen. Das Buch enthielt eine Reihe farbiger Mikrofotografien aus jener unsichtbaren Welt, in der wir dennoch täglich leben. Ein Foto, das mit dem Elektronenmikroskop aufgenommen worden war, zeigte eine Hausstaubmilbe. Die gezackten Klauen, mit denen sie die Schuppen menschlicher Haut aufsammelt, sahen furchterregend aus, und ich las, daß der Staubbeutel meines Staubsaugers wahrscheinlich voll von diesen Tieren war. Keinen Augenblick glaubte ich dem Autor des Buches, daß die Hausstaubmilbe ein sanftes, zurückhaltendes Wesen sei. Ein anderes Foto zeigte einen Holzbock, der aus einem Holzstuhl hervorkroch. In mehr als tausendfacher Vergrößerung sah er aus wie ein Monster aus einem japanischen Science-fiction-Film. Ich nahm mir vor, meinen hölzernen Schreibtischsessel gleich nach meiner Rückkehr einmal genau unter die Lupe zu nehmen. Am beunruhigendsten war das Foto von *Pseudomonas bacter*, einer Bakterie, die auf Küchentischen und in feuchten Schwämmen zu finden ist. Der rote Körper dieses Wesens hat die Form einer weißen Bohne, auf deren Oberseite lange, haarähnliche Fäden hervorsprießen. Die Fäden drehen sich wie ein umherwirbelndes Lasso. Ich öffnete meinen Aktenkoffer und holte Richies Zeichnungen heraus. Die Bilder der Käfer auf dem Gehweg und an den Wänden seines Hauses entsprachen den Fotos dieser Bakterien – nur daß Richies Käfer fünf Meter lang gewesen waren.

Ich legte das Buch zur Seite und bestellte bei der Stewardeß etwas zu trinken. Als ich an meinem Drink nippte und aus dem Fenster schaute, wußte ich, daß jenseits dieser dunklen Wolken Hunderte von Dodos mir zum Abschied nachwinkten.

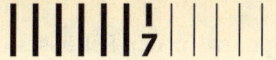

Bunker

Für einen Psychoanalytiker ist Joel Morgan ausgesprochen defensiv. Zumindest beim Schach. Wir verbrachten einen gemeinsamen Abend bei ihm zu Hause und führten gewissermaßen *post mortem* ein Gespräch über den Fall des Richie D. [«Richie in Whackyland»], wobei wir gleichzeitig eine Partie Schach spielten. Joel liebt es, während des Schachspiels scharfsinnige Gespräche zu führen. Vielleicht hat das etwas damit zu tun, daß er den ganzen Tag seinen Patienten zuhört und sein eigenes Redebedürfnis unterdrückt. Vielleicht ist es auch nur eine geschickte Taktik, die seinen Gegner ablenken soll. Jedenfalls genießt Joel den verbalen Schlagabtausch offenbar ebenso wie das Geschehen auf dem Schachbrett. Ich dagegen verliere dadurch meine Konzentration, aber ich bin solch ein Amateur, daß es eigentlich gar nichts ausmacht. Gegen Joel verliere ich meistens. Das ist frustrierend, denn wir dürften gleich gut sein, obwohl unsere Strategien sehr verschieden sind. Er baut gerne eine undurchdringliche Abwehr auf und wartet darauf, daß sein Gegner einen Fehler macht. Ich bin ungeduldiger und aggressiver. Ich neige eher zu schnellen Angriffen auf die Verteidigungsstellungen, verliere hier einen Bauern, gewinne dort eine Schlüsselposition, bis ich den unvermeidlichen Schnitzer mache. Joel ist sehr schnell, wenn es darum geht, meine Fehler in ein Schachmatt zu verwandeln. Das macht er mit derselben kaltblütigen Effizienz wie mein Schachcomputer. Aber ob ich gewinne oder verliere, mein Schachcomputer bedankt sich stets am Ende für ein interessantes Spiel. Joel streicht sich nur über den buschigen Bart und grinst.

An diesem Abend hatte Joel mich in die Ecke gedrängt. In genüßlicher Vorwegnahme des Ergebnisses strich er sich grinsend über den Bart.

«Deine Eröffnung hat mich wirklich überrascht», sagte ich und kippte resigniert meinen König um.

Joel griff nach dem letzten Stück Popcorn in der Schüssel, die gleich neben dem Brett stand, dort, wo eigentlich die Uhr hingehört hätte. Aber wir spielten nie mit Uhr. Nach jedem Zug nahmen wir uns eine Handvoll Popcorn und warteten, bis wir wieder an der Reihe waren. Irgendwie reichte das Popcorn immer bis zum letzten Zug des Spiels. «Das war eine modifizierte ungarische Verteidigung», sagte er kauend. «Nicht empfehlenswert. Meine Position war schlimm bedrängt.»

Trotzdem hast du gewonnen, dachte ich.

Joel las meine Gedanken. «Trotzdem habe ich gewonnen. Du hattest die Chance, das bessere Spiel zu machen, aber du hast sie nicht genutzt. Traurig. Du solltest mal ein paar von meinen Schachbüchern lesen.»

Und du solltest mal gegen meinen Computer spielen, damit du lernst, wie man auf höfliche Weise gewinnt, dachte ich. «Du glaubst also wirklich, daß Richie schizophren war?» fragte ich ihn, um das Gespräch wieder auf dieses Thema zu bringen.

«Absolut. Sein Denken zeigte dieselbe merkwürdige Sprunghaftigkeit. Die seltsamen Zusammenhänge, die er herstellte, oder das scheinbare Fehlen von Zusammenhängen ähnelt sehr dem Spielzug des Springers im Schach» – dem Sprung über die Diagonale eines Rechtecks. Joel nahm einen Springer und vollführte den Zug mehrmals auf dem Schachbrett, um seinen Worten Nachdruck zu verleihen. «Offenbar gab es da eine Lücke zwischen dem Anfang eines Gedankens und seinem Ende.»

Joel bezog sich damit auf Situationen, in denen Richie sprunghaft zu neuen Assoziationen überging. Als etwa der Notarzt ihm sagte: «Ein Stich zur rechten Zeit erspart neun zur Unzeit», da sprang Richie zu dem Gedanken, daß eine Katze ihn so zugerichtet hatte, weil Katzen neun Leben haben. Der Zusammenhang ist durchaus erkennbar; aber er ist so verquer, daß normale Menschen ihm höchstwahrscheinlich keine Bedeutung beimessen würden.

Ich wußte, daß solche Sprünge auftraten, wenn meine Versuchspersonen unter dem Einfluß von LSD oder ähnlichen Halluzinogenen standen, doch Richie nahm Kokain, eine Droge, für die sprunghaftes Denken eigentlich nicht typisch ist. Und tatsächlich waren nur wenige solcher Sprünge bei ihm aufgetreten, die eher geringfügig erschienen, wenn man sie mit den massiven Störungen verglich, wie sie bei Schizophrenen zu finden sind. Außerdem hatte Richies Zustand sich gebessert, seit er kein Kokain mehr nahm. Ich wiederholte daher das Argument, das ich auch dem Gericht vorgetragen hatte und wonach Richie an einer Kokainparanoia litt, die psychotische Ausmaße mit Wahnvorstellungen und Halluzinationen erreichte. Sein Zustand hatte zwar Ähnlichkeit mit Schizophrenie, war aber keine. Jedenfalls sah ich keinen Grund zu der Annahme, diese Geisteskrankheit könne seinem Verhalten zugrunde liegen.

«Schon ein einziger Fall sprunghaften Denkens kann auf eine tieferliegende Pathologie hinweisen», sagte Joel. «Und dann die Sache mit Mr. Discipline? Also weißt du, Ron. Die Pathologie hat sich in der Kindheit entwickelt. Die Sünden seines gewalttätigen Vaters sind auf ihn zurückgefallen.» Joel hielt den Springer in der Hand und rieb ihn. Ich war darauf gefaßt, daß er gleich auch die Dame zu reiben beginnen und mir alles über Richies Ödipuskomplex erzählen würde.

«Aber er hat den kleinen Melvin nicht geschlagen», wandte ich ein. «Er hat wie ein Irrer auf die Würmer eingeschlagen.» Würmer und Schlangen waren klassische Kokainhalluzinationen, das Schlagen ein klassisches Beispiel für einen Kokainwutanfall.

«Ein Teil von ihm hat wahrscheinlich durchaus gewußt, daß er den Jungen schlug», erwiderte Joel. «Er sieht die Würmer, er sieht den Jungen, er sieht sogar den Vater. Aber die Zusammenhänge kann er nicht sehen. Sein Verstand springt umher wie der Springer im Schach und bringt die Dinge auf schizophrene, wenn auch paranoid-schizophrene Weise zusammen.» Joel holte sich das Diagnostische Handbuch der American Psychiatric Association aus dem Bücherregal und schlug es auf. «Hier – 295.3x: Schizophrenie, paranoider Typus.» Er reichte mir das Buch.

Joel interessierte sich vor allem für diagnostische Neologismen. Er hatte immer noch nicht verstanden, daß die Übererregbarkeit, die Richies Denken so sprunghaft machte, ihre Ursache in seinem Kokainkonsum hatte. Dann überraschte Joel mich mit einem Gedankensprung, der gleichfalls große Ähnlichkeit mit dem Spielzug des Springers im Schach besaß. «In einem Brief hat Freud einmal einen seiner Freunde gefragt, ob er schon einmal eine ausländische Zeitung gesehen hätte, nachdem sie die Zensur an der russischen Grenze passiert hatte. Einzelne Wörter, Sätze und ganze Passagen seien dann schwarz überstrichen, mit der Folge, daß auch der Rest ganz unverständlich werde. Freud sagte, solch eine ‹russische Zensur› finde auch im psychotischen Denken statt. Paranoide Psychotiker wie Richie versuchen nur, die Lücken zu füllen.» Er machte eine kurze Pause, dann fuhr er fort: «Zum Teufel, vielleicht ist das der Grund, warum die Russen so paranoid sind.»

Der Gedanke der «russischen Zensur» entsprach meiner eigenen Auffassung, wonach paranoides Denken bei dem Versuch entstehen kann, die Lücken zwischen anomalen Erlebnissen zu schließen, indem man Koinzidenzen und Signifikanzen erfindet. So sah Richies überwacher Verstand in Robins Schweigen ein Indiz für eine Verschwörung und in Melvins phantasievollem Spiel einen Beweis für die Existenz der Wesen. Richie war paranoid und psychotisch, kein Zweifel, aber Joel maß der Droge viel zu geringe Bedeutung bei. Ich war mit dieser Unterschätzung nicht einverstanden. Das weiße Pferd des Kokains und nicht das schwarze Pferd aus einem zensurbewehrten Freudschen Keller hatte Richie in den Krieg getragen.

Joel massierte immer noch gedankenverloren den Springer in seiner Hand. «Du vergißt, daß Freud selbst unter dem Einfluß von Kokain sprunghaft zu falschen Schlüssen kam», sagte ich. Es war ein direkter Angriff auf seinen «König». Schon so mancher Historiker hatte einen Zusammenhang hergestellt zwischen Freuds Sexualtheorie und der Hypersexualität, die er nach der Einnahme von Kokain erlebt hatte. Man hatte sogar behauptet, daß die paranoiden Episoden, unter denen Freud gelegentlich litt und die mit den Zeiten seines Drogenkonsums zusammenfielen, Folgen seiner Sucht gewesen sind.

«Man braucht doch kein Coke, um Paranoia zu erklären», erwiderte Joel. Er sprach ungewöhnlich laut. «Ich habe noch nie einen Schachspieler getroffen, der Kokain nahm; trotzdem haben sie die Paranoia im Blut.»

«Gleich erzählst du mir noch, daß sie alle Russen sind», sagte ich mit einem Anflug von Sarkasmus. Aber ich wußte, daß Joel recht hatte. Wenn ich auch viele meiner Kontakte mit Paranoikern meiner Drogenforschung verdankte, so waren für das Zustandekommen von Paranoia dennoch keine Drogen vonnöten. Drogen wie Kokain konnten zwar den Verlauf einer Paranoia stärker beschleunigen als andere Auslöser, aber letztlich kämpften alle Paranoiker gegen denselben Dämon.

Joel begann ein paar Geschichten von paranoiden Meisterschachspielern zu erzählen. Während er redete, versuchte ich mich zu erinnern, ob ich ihm jemals gesagt hatte, daß mein Vater aus Rußland stammte.

Bei der Weltmeisterschaft 1972 im isländischen Reykjavik spielte der russische Weltmeister Boris Spassky gegen Bobby Fischer. In einundvierzig der vorangegangenen fünfundvierzig Jahre hatten die Russen den Weltmeister gestellt. Nun verloren sie den Titel an den jungen amerikanischen Herausforderer. Spassky wirkte zerstreut, seine Spielweise impulsiv. Seine Helfer behaupteten, Fischers Team bestrahle Spassky mit Mikrowellen oder Strahlen anderer Frequenz. Sie äußerten den Verdacht, daß auch chemische Stoffe eingesetzt würden. Daraufhin untersuchten Experten den Saal, in dem der Weltmeisterschaftskampf ausgetragen wurde. Man nahm Staub- und Luftproben, durchleuchtete die Stühle mit Röntgenstrahlen und suchte überall nach irgendwelchen Geräten oder Giften. Doch obwohl nichts gefunden wurde, blieb Spassky mißtrauisch. Immer wieder sah er hinauf zu den Scheinwerfern über der Bühne, wo man zwei tote Fliegen entdeckt hatte. Selbst als er den Kampf verloren hatte, bekannte er sich zu Anflügen von Paranoia: «Ich habe noch immer das Gefühl, daß mich da irgend etwas im Saal beeinflußt hat. Ich bin überzeugt davon, daß da irgendwas Seltsames war.» Vor einem späteren Match fing Bobby Fischer gewissermaßen den paranoiden Käfer: Er ließ sämtliche Füllungen aus seinen Zähnen entfernen, um ganz sicher zu sein, daß dort keine elektronische Vorrichtung eingepflanzt worden war, die sein Denken beeinflussen konnte. «Ich will nichts Künstliches in meinem Kopf haben», sagte Fischer.

Als geradezu ansteckend erwies sich die Paranoia 1978 beim Weltmeisterschaftskampf zwischen zwei Russen, dem amtierenden Weltmeister Karpow und seinem Herausforderer Kortschnoj. In Karpows Begleitung befand sich der Moskauer Psychologe Dr. Wladimir Zukhar. Er saß in der zweiten Reihe und starrte Kortschnoj während der gesamten Partie an. Kortschnojs Assistenten hatten den Verdacht, Zukhar verwende den bösen Blick und andere Techniken zur Beeinflussung der Gedanken. Deshalb setzte Kortschnoj eine dunkle Sonnenbrille auf, während seine Assistenten ganz in der Nähe des Psychologen Platz nahmen und ihn ihrerseits anstarrten, um den bösen Blick zu bannen. Doch weder die Sonnenbrille noch die Helfer halfen, und Kortschnoj beklagte sich schließlich beim Schiedsrichter, der Zukhar einen neuen Platz weiter hinten im Saal zuwies. Daraufhin erschienen zwei Fremde und begannen, Karpow anzustarren. Karpow behauptete, die beiden seien Terroristen und Mitglieder einer fanatischen religiösen Sekte. Der Schiedsrichter verbannte die Fremden aus dem Saal. Als bekannt wurde, daß die beiden Fremden sich in der Nähe der Villa herumtrieben, die Kortschnoj ganz in der Nähe angemietet hatte, sorgte man dafür, daß sie die Stadt verlassen mußten.

Das Spiel ging weiter. Karpow rutschte ständig nervös auf seinem Stuhl herum. Darüber beklagte sich Kortschnoj. Karpow sagte, er werde aufhören, auf seinem Stuhl hin und her zu rutschen, wenn Kortschnoj seine Sonnenbrille abnehme. Das gab Dr. Zukhar die Gelegenheit, in die vierte Reihe vorzurücken und Kortschnoj wieder mit dem bösen Blick zu bedrohen. Kortschnoj lehnte es ab, weiterzuspielen. Der Wettkampf war zu Ende und Karpow immer noch Weltmeister.

Warum bot gerade das Schachspiel ein so günstiges Umfeld für die Paranoia? Die Antwort lag natürlich schwarz auf weiß vor meinen Augen: Schach ist Krieg. Der ganze Körper ist auf der Hut. Alle Sinne sind angespannt. Der Verstand, der sich jahrelang an vergangenen Kämpfen geschult hat, hält ständig mißtrauisch Ausschau nach verborgenen Strategien und Fallen, die hinter den aktuellen Zügen stecken könnten. Täuschung und Ablenkung liegen wie Nebel über dem Schachbrett. Sie verwischen die Grenzen zwischen dem Schlachtfeld und seiner Umgebung. Die ganze Welt des Schachspielers wird Bestandteil des Kampfes, in dem es darum geht, den eigenen König zu schützen und den Gegner zu schlagen.

Mehrere Wochen, nachdem ich Joel mit einem Stapel Schachbücher verlassen hatte, begegnete ich einem außergewöhnlichen Springer dieses königlichen Spiels. Groß, dürr, häßlich und so paranoid wie die Hölle, sprach Kenneth Jackson jedermann mit «Sir» an und bestand darauf, auch seinerseits so angesprochen zu werden. Yes, Sir. Sein Pflichtverteidiger hatte mich gebeten, mit Jackson zu sprechen [der des Mordes beschuldigt wurde], weil er den Verdacht hatte, sein Mandant könne kokainsüchtig sein. Der Polizist, der Jackson festgenommen hatte, sagte, er habe sich paranoid verhalten und auf ihn den Eindruck gemacht, daß er unter der Einwirkung von Kokain stünde. Toxikologische Tests waren nicht durchgeführt worden, doch meine Haaranalyse ergab, daß er weder Kokain noch andere Drogen genommen hatte. Dieser Springer war kein Drogenkonsument. No, Sir. Diesmal waren Joel und ich einer Meinung. Jackson war einfach ein Paranoid-Schizophrener, und zwar schon sein Leben lang; er war ein Schachspieler, der in einem mittelalterlich anmutenden Denken gefangen war und für den es beim Schach um nichts Geringeres ging als ums pure Überleben.

Wenn Kenneth Jackson spielte, hielt er stets eine zusätzliche Figur in seinem Ärmel bereit. Das heißt, eigentlich war es keine Figur, sondern eine Pistole, eine Derringer, und er trug sie nicht im Ärmel, sondern in der Tasche des Kordsamtjacketts, das er immer anhatte, wenn er spielte. Es war im übrigen sein einziges Jackett. Die Derringer war ebenso unverzichtbar wie die Lederflicken auf den Ellbogen seines Jacketts. Sie bot ihm Schutz, wenn seine Lage einmal allzu bedrohlich werden sollte. Die Waffe stammte von der American Derringer in Waco, Texas, unweit von Dallas, wo Jackson aufgewachsen war. Und es handelte sich nicht um eines dieser niedlichen Damenmodelle mit Elfenbeinknauf, aus denen man eine winzige Kugel vom Kaliber 0.22 abfeuern konnte. Jacksons Waffe war eine doppelläufige 0.44er Magnum. Mit ihrer Länge von nur zehn Zentimetern und ihrem Gewicht von weniger als vierhundertfünfzig Gramm beschränkte sie sich auf das Wesentliche. Er lud sie stets mit Glaser-Patronen. Jackson kannte sämtliche Kaliber dieser Munition. Die Glaser-Patronen erreichten die 3,5fache Stoppwirkung der besten Hohlladungsgeschosse. Sie waren mit einer Sollbruchstelle versehen, und wenn die weiche Spitze auf Gewebe traf, entließ sie mehr als 330 Teilprojektile in einem konisch geformten Streumuster. Diese Munition besaß eine unglaubliche Durchschlagskraft und machte das Opfer auf der Stelle vollkommen handlungsunfähig. Jackson liebte den Werbespruch der Firma Glaser: «Es ist, als würde man von einem Vorschlaghammer getroffen statt von einem Eispickel.»

Und Jackson schätzte die Glaser-Munition so sehr, daß er seine gesamte Derringer-Sammlung damit lud. Während er der 0.44er Magnum bei großen Turnieren den Vorzug gab, steckte er an normalen Tagen lieber die ultraleichten einläufigen Derringer der Kaliber 0.32 oder 0.38 ein. Manchmal nahm er auch eine kleine 0.22er Derringer mit, ein Geburtstagsgeschenk von Susan, der einzigen Freundin, die er jemals gehabt hatte. Der Lauf war mit wunderschönen Schneckenziselierungen verziert. Sie war mit einer «Varminter» geladen, einem Hochgeschwindigkeitsgeschoß mit abgerundeter Spitze und einem Gewicht von 3,24 Gramm. Er bedauerte nur, daß es in diesem Kaliber keine durchschlagskräftigen Geschosse gab. Die Kugel war für Susan bestimmt, falls sie ihm jemals wieder über den Weg laufen sollte. Diese Hure hatte ein Herz aus Stahl.

Die übrigen Derringers seiner Sammlung verwahrte er in einem Koffer, den er in seinem Wohnwagen versteckt hielt. Bei den meisten handelte es sich um antike amerikanische Waffen, die mit Schwarzpulver und runden Kugeln geladen wurden. Er besaß eine sehr ungewöhnliche Remington aus dem Jahre 1863, mit der man fünf Schuß aus fünf getrennten Läufen abfeuern konnte. Sein ganzer Stolz war jedoch eine 1860 in Philadelphia hergestellte Derringer. Es war dasselbe Modell, mit dem John Wilkes Booth einst Lincoln in den Hinterkopf geschossen hatte. Trotz ihrer Größe waren die Derringers wirkungsvolle Waffen, erst recht, wenn das Ziel nur ein Schachbrett breit entfernt war. Gut genug jedenfalls, um einen Präsidenten oder einen König aus dem Spiel zu nehmen. Yes, Sir.

Kenneth, der nun sechsundvierzig war, konnte sich nicht erinnern, wann er angefangen hatte, Derringers zu sammeln. Aber es war lange bevor er das Schachspielen lernte. Begonnen hatte es damals, als er diese schlimmen Träume hatte.

Als Kind war er ungewöhnlich ruhig gewesen. Er hatte weder Brüder noch Schwestern, mit denen er spielen konnte, und auch in der Nachbarschaft gab es keine Kinder im gleichen Alter. Sein Vater arbeitete ständig, und seine Mutter, eine Alkoholikerin, hatte sie verlassen, als er noch ganz jung war. Wenn sie bliebe, hatte sie gesagt, werde sie Kenneth umbringen. Zwei Prostituierte, die in der Nähe wohnten, kümmerten sich gelegentlich um den kleinen Kenneth. Sie umarmten ihn und machten Scherze über seinen «Piepmatz». In der Schule hatte er keine Freunde. Selbst die Lehrer schienen ihn zu ignorieren. Eines Nachts, Kenneth hatte gerade etwas über die Hindus in Indien gelesen, träumte Kenneth, er sei ein Unberührbarer, und alle versuchten ihn totzuschlagen. Erschüttert wachte er auf. Konnte das wahr sein? Schließlich lehnten ihn offenbar alle ab. Die Leute mochten ihn nicht, weil er eine krumme Nase und schiefe Zähne hatte. In der Schule machten sich einige über ihn lustig und nannten ihn «Ichabod», weil er so aussah wie die Zeichentrickversion von Ichabod Crane in *The Legend of Sleep Hollow*. Zurücksetzung, soziale Isolation und nun auch Demütigung nährten die ersten paranoiden Gefühle in ihm. Die Welt erschien ihm immer feindseliger. Die Schulkameraden und die Lehrer lehnten ihn ab, alle hatten etwas gegen ihn. Er träumte, daß die Welt bald unterging. Und er begann, sich darauf vorzubereiten.

Anfangs sammelte er alle Waffen, die er finden konnte, und verwahrte sie in einer der leeren Zigarrenkisten seines Vaters. Die Sammlung war nicht gerade eindrucksvoll, selbst nicht für ein Kind: ein Blasrohr für Erbsen, eine Schleuder und ein Sortiment Taschenmesser. Er legte noch einen verrosteten Eispickel dazu, den er auf der Müllhalde gefunden hatte, und vergrub die Zigarrenkiste hinter dem Haus. Wenn er den kleinen Erdhügel über seinem Versteck betrachtete, fühlte er sich ein wenig besser. Aber er konnte es kaum erwarten, alt genug zu sein, um ein paar echte Waffen in den Kasten legen zu können. Eine Pistole hätte da gut hineingepaßt. Die einzigen Pistolen im Haus gehörten aber seinem Vater, und er hütete sich, ohne Aufsicht mit ihnen zu spielen.

Sein Vater nahm Kenneth mit zum Schießen, als der Junge gerade erst sechs war. Kenneth erwies sich als Naturtalent, und mit zehn Jahren war er schon ein Meisterschütze mit dem 0.22er Gewehr und einer 0.22er Sportpistole. In diesem Jahr begann er mit dem Schachspiel, und sogleich zeigte er auch darin ein ungewöhnliches Talent. Kenneth verschlang Schachbücher wie andere Kinder Comichefte. Er sammelte die Schachkolumnen aus der Zeitung und lernte Spielzüge auswendig wie die Statistik auf den Baseballkarten. Als Kenneth in der Highschool war, hatte er bereits die Juniorenmeisterschaft gewonnen und brillierte in «Blitzspielen» gegen jeden, der es wagte, sich mit ihm ans Brett zu setzen.

Nach der Highschool wurde er eingezogen. Niemand wußte etwas von Ichabod, und alle nannten ihn bei seinem Nachnamen. Endlich fühlte Jackson sich wie ein wirklicher Mann. Er ging nach Vietnam. Nach sechs Monaten war sein Haar grau. Die Träume vom Weltuntergang kamen wieder. Oft meldete er sich freiwillig für die Bunkerwache. In den Bunkern dämpften die Sandsäcke den Lärm des Krieges. Die hölzernen Munitionskisten erinnerten ihn an Zigarrenkisten. Im Bunker fühlte Jackson sich sicher. Die meisten schätzten den Wachdienst im Bunker, weil sie hier Gelegenheit hatten, Marihuana zu rauchen, Briefe zu schreiben oder einfach nur herumzudösen. Jackson nutzte die Zeit, um Spielzüge und ganze Schachpartien auf seinem Taschenschachbrett auszuprobieren. Nachts tat er es im Kopf. Draußen vor dem Bunker schlich der Tod umher. Drinnen reduzierte die Welt sich auf vierundsechzig schwarze und weiße Felder. Er brauchte nichts anderes zu tun, als seine eigenen Felder zu verteidigen. Solange er nicht verlor, würde er weiterleben. In gewisser Weise durchlebte er eine Szene aus Ingmar Bergmans 1956 entstandenem Film *Das siebente Siegel*. Darin kehrt ein Ritter nach zehn Jahren von den Kreuzzügen in seine Heimat zurück. Der Tod kommt und will ihn holen, doch der Ritter fordert ihn zu einer Partie Schach auf. «Solange ich dir widerstehen kann, darf ich weiterleben», sagt der Ritter. «Wenn ich gewinne, läßt du mich in Frieden ziehen. Einverstanden?» Der Tod nickt. Der Obergefreite Jackson verlor kein einziges Spiel; so trickste er den Tod aus und überlebte Vietnam. Für ihn war es der Beweis, daß der seltsame Zusammenhang zwischen seinem Schachspielen und seinem Überleben keineswegs seltsam war. Ob man das nun sprunghaftes Denken oder Schizophrenie nennt, für Jackson hatte es funktioniert.

Zurück in den Staaten, nahm Jackson seine Schachkarriere wieder auf und arbeitete als Packer in einem Versandhaus. Die ganze Nacht spielte er Schach, und um sechs Uhr morgens hastete er zur Arbeit. Weil er ständig müde war, baute er sich einen kleinen Bunker zwischen den aufgestapelten Kartons; dort konnte er ein Nickerchen halten. Irgendwie überlebte er, ohne gefeuert zu werden. Nun wußte er, daß Bunker hier ebenso nützlich waren wie in Vietnam.

In den Rangklassen der Schachspieler stieg Jackson rasch auf. Doch er war es bald leid, nach den Angriffs- und Verteidigungsstrategien der Lehrbücher zu spielen. Dann entdeckte er die *Dreizehn Gebote der Kriegskunst*, den klassischen chinesischen Text des Meisters Sun Tze. Er war gewiß nicht der erste Schachspieler, der das Buch las, doch zweifellos war er der erste, der es als Anleitung zum Schachspiel benutzte. Er lernte es auswendig und konnte bald ganze Passagen aus Sun Tzes Werk oder den Schriften anderer chinesischer Heerführer zitieren, die Kommentare zu Tzes Buch verfaßt hatten. Nun hörte er auf, Schachbücher und einzelne Spiele zu studieren. Die *Dreizehn Gebote der Kriegskunst* enthielten alles, was er brauchte. Es war weit mehr als ein Lehrbuch über militärische Strategie. Kenneth sah darin eine Erklärung für jeglichen Wettkampf und jegliche Form der Konfliktaustragung, vom zwischenmenschlichen Bereich bis hin zur zwischenstaatlichen Ebene. Es würde ihm den Sieg bescheren, solange die Menschen, die ihm nun nachspionierten, nichts davon erfuhren.

Beim nächsten Turnier zog Jackson in der ersten Runde ein Freilos. Am zweiten Tag gab sein Gegner schon nach wenigen reichlich dummen Zügen auf. In der dritten und letzten Runde trat sein Gegner wegen Krankheit gar nicht erst an. Jacksons aufkeimende Paranoia entdeckte eine verborgene Bedeutung in diesen Zufällen. Er glaubte die Stimme seines Meisters fast zu hören:

Den Feind ohne Kampf zu unterwerfen ist die allerbeste Taktik.

MEISTER SUN

Doch der Sieg frustrierte ihn. Er brauchte eine überzeugendere Probe seiner militärischen Strategie. Einige Monate später lag Jackson in einem Spiel nach Punkten zurück, und außerdem lief auch die Zeit ab. Er machte einen impulsiven Zug, drückte auf die Uhr und ging auf die Toilette. Meister Sun Tze saß auf dem Klosett nebenan. Seine halluzinierte Stimme hallte von den gekachelten Wänden wider.

Nutze Wut, um den Feind in Verwirrung zu stürzen.

MEISTER SUN

Aus dem Klo auf der anderen Seite flüsterte eine weitere Stimme:

Wenn der Feind verwirrt ist, kannst du die
Gelegenheit nutzen und ihn überrennen.

DuMu

Jackson kehrte lächelnd von der Toilette zurück, sein Gesicht mit selbstgemachter Tarnfarbe beschmiert. Er setzte sich und studierte das Brett. Entgeistert starrte sein Gegner auf diesen Ichabod Crane, dessen Gesicht voller Kot war. Jackson gewann die Partie.

Einige Tage später entdeckte ihn sein Chef beim Schlafen in seinem Kartonbunker und schrie los. Jackson konnte es nicht ausstehen, wenn ihn jemand anschrie. Davon hatte er die Nase voll, seit er die herumschreienden Feldwebel in der Armee erlebt hatte. Der Chef hörte und hörte nicht auf. Jackson drehte sich um und ließ seine Hosen runter. Dem Mann verschlug es die Sprache. Am nächsten Tag feuerte er Jackson.

Jackson war froh, den Job los zu sein. Bei der Arbeit hatte man ihm nachspioniert, um hinter das Geheimnis seiner erfolgreichen Schachstrategie zu kommen. Der Chef, ein Undercover-Agent der Texas Rangers, war auch an dieser Verschwörung beteiligt. Desgleichen die Mafia. Deshalb trug er von nun an eine Derringer, wenn er zur Arbeit ging. Nur einmal mußte er sie ziehen. Ein Schwarzer hatte ihn um etwas Kleingeld gebeten. Die Mafia benutzte manchmal Schwarze als Spione. Er zwang den Mann zur Fellatio und gab ihm anschließend zwei Dollar. «Das berichtest du nicht. In Zukunft berichtest du mir», befahl Jackson dem verängstigten Mann.

Spüre die feindlichen Spione auf, besteche sie und sorge dafür,
daß sie dir dienen; dann schicke sie zurück, damit sie für dich
spionieren.

MEISTER SUN

Der Verlust seiner Stelle in dem Versandhaus war das Beste, was ihm passieren konnte. Jedenfalls sagte er das Susan immer wieder. Er begegnete ihr bei der Arbeitsvermittlung, wo sie als Berufsberaterin arbeitete. Sie war noch größer als Jackson. Ihr langes rotes Haar und das sorgfältige Make-up vermochten kaum etwas an ihrer Hakennase und ihren ungestalten Zügen zu ändern. Solch ein Gesicht konnte nur Ichabod Crane lieben. Schon an dem Tag, als sie einander zum erstenmal begegnet waren, fragte sie ihn gründlich aus. In der folgenden Nacht übte sie Fellatio an ihm. Noch nie hatte ein Mädchen das für ihn getan. Tatsächlich hatte Jackson bis dahin geglaubt, er sei homosexuell, aber für diese Neigung hatte er sich geschämt. Nun zwang er sich, mit Susan zusammenzubleiben. Er sagte ihr, daß er sie liebe, und zeigte es ihr auf die einzige Weise, die er kannte. Er nahm sie mit zu seinen Schachturnieren. Und sie hielt ihn für brillant.

Zwei Monate vor ihrem ersten Jahrestag schenkte Susan ihm die Derringer. Sie hatte die Waffe in einem Pfandhaus aufgetrieben und konnte es gar nicht abwarten, wie er darauf reagierte. Sie wußte, daß er fast mit derselben Leidenschaft Derringers sammelte, wie er Schach spielte. Und sie hatte nichts dagegen, daß er ständig eine Waffe bei sich trug. Wenigstens schleppte er nicht das M-63 Stoner mit sich herum, von dem er behauptete, es sei in Vietnam sein bester Freund gewesen. Susan mußte sich endlose Geschichten über dieses Gewehr anhören. Sie konnte die Daten auswendig herunterrasseln. Das M-63 war als Sturmgewehr und als Maschinengewehr einsetzbar. Die Magazine faßten 150 Schuß und ermöglichten dem Soldaten ein lang anhaltendes Dauerfeuer. Feuergeschwindigkeit: 660 Schuß pro Minute; Mündungsgeschwindigkeit: 1000 Meter pro Sekunde; Reichweite: 800 Meter; Überlebensrate: 0. Was sie jedoch nicht erzählt bekommen hatte, war, daß nur die U.S. Navy Seals die Stoner benutzten und daß Kenneth während seines gesamten Einsatzes in Vietnam keinen einzigen Schuß abgegeben hatte, nicht einmal mit dem M-16, dem Standardgewehr. Sie glaubte ihm, wenn er ihr erzählte, wie er ein-

mal mit der Stoner eine ganze Granatwerferstellung des Vietcong ausgehoben hatte. Dafür war ihm der Verdienstorden
Congressional Medal of Honor verliehen worden. Natürlich besaß er sie nicht mehr. Er hatte sie zum Zeichen des Protests gegen den Krieg zurückgeschickt. Susan bewunderte ihn für
seine politischen Ansichten.

Als Jackson die Derringer sah, lächelte er anerkennend. Im
stillen fragte er sich, welche Sorte Mädchen wohl eine Pistole
kauft. Eine, die daran ausgebildet wurde und weiß, was sie anrichten kann. Susan, die eigentlich eine größere Begeisterung
erwartet hatte, wußte jedoch, wie schwer es Kenneth fiel, seine
Gefühle zu zeigen. Er begann sogleich mit der Reinigung der
Waffe und dachte dabei an die übrigen Derringers. Es schien
ihm, als sammelte er sie, seit er ein Baby war.

«Baby-Killer», sagte Jackson laut.

«Was?» fragte Susan. Vielleicht meinte er, die Derringers
seien Baby-Pistolen.

Nein. Baby-Killer. So hatten die Protestierer ihn und die
Männer genannt, die unter seinem Befehl in Vietnam gekämpft
hatten, sagte er. Natürlich seien auch ein paar Frauen und Kinder draufgegangen, wenn sie ein Dorf säubern mußten. Aber
was war schon dabei? Schließlich waren sie alle Vietcong, oder?

Jackson lachte und lachte, als er ihr in allen Einzelheiten erzählte, wie die Kugeln die Knochen zersplitterten und durch das
weiche Fleisch schlugen. Die Babys fielen buchstäblich in
Stücke. Susan bemerkte, daß sie ihn noch nie hatte lachen hören. Noch nie. Jetzt machte ihr das Lachen angst.

Ein paar Tage später rief sie ihn an, um ihm zu sagen, daß es
aus sei. «Es liegt nicht an dir», meinte sie. «Es liegt an mir.»

Jackson spürte die Nervosität in ihrer Stimme. «Es sind die
Texas Rangers, habe ich recht?» fragte er.

«Wovon redest du?»

«Vor Beginn des Krieges sollst du so ruhig wie ein Mädchen
sein, damit der Feind in seiner Wachsamkeit nachläßt und
seine Schwächen an den Tag legt. Nach dem Ausbruch des
Krieges sollst du so schnell wie ein Hase handeln, damit der

Feind nicht dazu kommt, Widerstand zu leisten.» Jackson zitierte Sun Tze.

«Was?»

Er legte auf.

Jackson wußte, daß überall Spione waren. Er kündigte seine neue Stelle in der Versandabteilung einer Fabrik. Aber weil er Susan nicht mehr begegnen wollte, ging er nicht wieder zur Arbeitsvermittlung, sondern hielt sich mit Teilzeitarbeiten und Kurzzeitjobs aus den Kleinanzeigen über Wasser. So lebte er mehrere Jahre.

Nach dem Bruch mit Susan hielt sich Jackson von Frauen fern. Eines Tages aß er an der Theke eines Restaurants zu Mittag. Eine junge Frau setzte sich neben ihn. Das erschien ihm seltsam, denn es gab noch viele freie Plätze an der Theke. Sie war sehr attraktiv, wenn auch auf etwas billige Weise. Er aß weiter und versuchte sich auf ein Schachrätsel in der Zeitung zu konzentrieren. Er spürte, daß sie ihn beobachtete. Sie sagte der Kellnerin, sie sei noch nicht soweit, und bestellte erst einmal eine Tasse Kaffee. Was tut sie hier, fragte er sich. Warum starrt sie mich an?

«Kommen Sie voran?» fragte sie. «Ich schaffe diese Kreuzworträtsel nie.»

«Schach», sagte er ohne aufzublicken.

«Oh. Von Schach verstehe ich nichts», erwiderte sie.

Was sitzt du dann hier rum und starrst mich an, fragte er sich im stillen. Jackson legte die Zeitung auf die andere Seite seines Tellers, weg von der Frau.

Das blieb nicht unbemerkt. «Oooh, haben Sie Angst, ich könnte Ihnen die Antworten stehlen?» fragte sie.

«Warum sagen Sie so was?» erwiderte Jackson und griff in die Tasche seines Jacketts.

«Oooh, Sie sind aber empfindlich. Sie leiden nicht zufällig unter Verfolgungswahn?» fragte die Frau mit einem gezwungenen Lachen.

Jackson entsicherte die Derringer und blickte die Frau an.

Prostituierte gab es in allen Formen und Größen. Solche, die für die Mafia arbeiteten, waren leicht zu erkennen.

«Vergessen Sie's, Mac. Vergessen Sie's einfach.» Sie stand auf und rückte ein paar Stühle weiter.

Jackson sicherte die Derringer und wandte sich wieder seinem Schachrätsel zu. Mac. Das muß McNamara sein, der ehemalige Verteidigungsminister, dachte er. Haben die also auch ihre Hände im Spiel.

Jahrelang machte Jackson seine Gegner auf dem Schachbrett nieder. Aber mit dem Erfolg zog er zuviel Aufmerksamkeit auf sich. Spione folgten ihm zu allen größeren Turnieren im Land. Er reiste immer weniger und spielte fast nur noch in Schachclubs und Parks. Wegen seines sonderbaren Verhaltens setzten sich nur wenige Schachspieler am Ort zu ihm ans Brett. Jackson wußte, sie hatten nur Angst, zu verlieren. Die Anschuldigung, er trage Kleidung, die nach Urin rieche, um seine Gegner zu verunsichern, wies er zurück. Das hier war Amerika, oder nicht? Hier herrschte Religionsfreiheit, oder nicht? Dafür hatte er in Vietnam gekämpft, oder etwa nicht? Er war froh, als der Schachclub niederbrannte. Dort konnte ihn sowieso niemand schlagen.

Wenn du einen Angriff mit Feuer unterstützt,
kannst du dadurch nur gewinnen.

ZHANG YU

Die Brandschutzexperten fanden eine Zündvorrichtung im Club und kamen zu Jackson, um ihn zu befragen. In ihrem Bericht heißt es, Jackson sei auf Krücken gegangen und habe beide Beine in Gips gehabt. Er verstand ihre Fragen nicht recht und sagte ihnen, er genese gerade von einem Autounfall. No, Sir, den Club habe er nicht in Brand gesteckt. Wie hätte er das auch anstellen sollen? Die Nacht, in der das Feuer ausbrach, habe er im Krankenhaus verbracht. Seine Aussage wurde niemals überprüft. Als sie gingen, warf Jackson die Krücken und die Gipsverbände weg.

Die Kriegführung basiert auf Täuschung.
Du mußt als unfähig erscheinen, obwohl du fähig bist.
Du mußt als schwach erscheinen, obwohl du stark bist.

MEISTER SUN

Das letzte große Turnier, das Jackson besuchte, fand im Tanzsaal eines Hotels statt. Er beobachtete die eintreffenden Spieler. Die meisten trugen Schachtaschen mit ihren Schachfiguren und der Uhr. Es waren kleine Vinyltaschen oder größere Reisetaschen aus Nylon, die auch Platz für ein eingerolltes Schachbrett boten. Mit den Augen tastete Jackson jede Tasche nach verräterischen Ausbeulungen ab. In den Vinyltaschen konnte man ohne weiteres eine Pistole verstecken, in den Reisetaschen auch größere Waffen. In Jacksons eigener marineblauer Reisetasche lag ein halbautomatisches Zwölfer-Mossberg-Gewehr mit Pistolengriff, das acht Schuß faßte plus einen in der Kammer. Und in dieser Kammer befand sich eine Böllergranate, wie man sie benutzte, um Vögel von Flugplätzen fernzuhalten. Die Gewehrgranate flog achtzig Meter weit, bevor sie laut knallend detonierte. Jackson verglich die Wirkung gern mit Leuchtspurmunition. Wenn das den Feind nicht abschreckte, taten es ganz gewiß die übrigen Pfeilgranaten. Jede dieser Gewehrgranaten enthielt zwanzig kleine Pfeile, die spitzen Stahlnägeln mit einem winzigen Stabilisator am Ende glichen. In dichtem Buschwerk oder im Nahkampf konnte man den Pfeilgranaten kaum entgehen. Jackson hatte sie auf dem Feld hinter seinem Wohnwagen an einem alten Schachbrett ausprobiert. Die Pfeile drangen durch das Brett wie durch ein Baby.

Nachdem Jackson seine Herausforderer taxiert hatte, betrat er den Saal und beobachtete die Szene. An langen Reihen mit weißen Leinentüchern bedeckter Tische saßen Hunderte von Spielern einander gegenüber, und dennoch hörte man nur gelegentlich das mechanische Klicken einer Schachuhr.

Jackson wußte, daß die Stille trog; dahinter verbarg sich ein Kampf um Leben und Tod, der an diesen Tischen tobte. Schach war Krieg.

Die Klimageräte, die im Raum verteilt waren, schalteten sich klickend ein, und der Fußboden vibrierte dröhnend. Jackson hörte und fühlte fernes Granatwerferfeuer. Seine Veteranenaugen blitzten. Er sah Blut auf die weißen Tischdecken spritzen.

In der Schlacht ist es unvermeidlich, Menschen zu töten.

CHEN HOA

Er hockte sich an einen leeren Tisch und beobachtete das Schlachtfeld. Seine Augen entdeckten mehrere Schwarze. Alle trugen ähnliche Baseballkappen. Warum? Es war eine lächerliche Kopfbedeckung. Sie sollten lieber Helme tragen. Es sei denn, natürlich, sie konspirierten mit dem Feind. Jackson lächelte und drückte die Schachtasche an sich. Eine Baseballkappe würde der Gewalt nicht widerstehen, die er in der Tasche verwahrte.

Nun beobachtete er einen jungen Mann mit langem blonden Haar, der ein paar Tische weiter spielte. Er hatte die seltsame Angewohnheit, die Hände um seinen Hals zu legen, während er über seine Züge nachdachte.

Das Brummen wurde stärker. Jackson blickte auf. Das geschliffene Glas an den Deckenleuchten brach und reflektierte das Licht und verwandelte es in die farbigen Streifen von Leuchtspurmunition.

Er sah wieder zu dem blonden Jungen. Die Hände waren vom Hals zu seinem Mund gewandert. Es sah aus, als ob er betete.

Plötzlich stand ein asiatischer Junge von seinem Tisch auf und ging zur Toilette. Er sah aus wie ein Vietnamese. Jackson folgte ihm. Der Junge stand vor einem Urinal. Jackson stellte sich neben ihn und sah zu. Er wartete, bis der Junge seinen Penis herausgeholt hatte.

Wenn der Feind damit beginnt, seine Strategie zu planen, kannst du leicht zuschlagen.

CAO CAO

Jackson faßte nach dem Penis des Jungen. «Charlie?» fragte er und drückte zu.

«Bitte! Nein. Ich heiße Harold», rief der Junge.

«Du bist ein Snapper», sagte Jackson. Das war der Slangausdruck für Soldaten des Vietcong gewesen, die heimlich in ein Militärlager eindrangen, um Sabotage zu begehen.

Der Junge schrie nun laut um Hilfe. Jemand kam in die Toilette, und Jackson zog seine Hand zurück. Der Junge lief hinaus, bevor Jackson ihn bitten konnte, ihm einen zu blasen. Er folgte dem Jungen in den Saal. Der Junge lief zum Veranstaltungsleiter und zeigte auf Jackson. Der Leiter erkannte Jackson, der rasch den Saal verließ. Er würde nie mehr wiederkommen dürfen.

Es nimmt drei Monate in Anspruch, Schutzschilde, Fuhrwerke und notwendige Ausrüstungen für den Sturm auf Städte anzufertigen. Es kostet weitere drei Monate, Erdhügel für den Angriff auf Städte aufzuhäufen.

MEISTER SUN

Jackson hörte genau hin, was Meister Sun ihm sagte. Er hörte ihn so deutlich wie das *Watt Watt Watt Watt* der Hubschrauber, die über dem Wohnwagenpark kreisten. Die nächsten sechs Monate verbrachte er damit, seinen Wohnwagen zu befestigen und in einen Bunker zu verwandeln. Es handelte sich nicht um eine Sammlung selbstgebauter leichter Waffen hinter dünnen Wänden, wie sie die Davidianer später in seiner Heimatstadt Waco anlegen würden. Er glich auch keinem Bunker mit schweren Stahltüren und einem Maschinengewehr Kaliber fünfzig, wie ihn ein Überlebenskünstler unter seinem Haus in Los Angeles gebaut hatte. Jackson baute einen einfachen, aber wirkungsvollen Bunker, der die strategischen Vorteile des umliegenden Geländes nutzte. Es war ein Bunker, der selbst den kritischen Augen des Meisters standgehalten hätte.

Jacksons Wohnwagen stand im rückwärtigen Teil eines großen Wohnwagenparks. Hinter dem Wohnwagen und zu beiden Seiten erstreckte sich ein weites, mit Buschwerk bestandenes

Feld. Ein kleiner Bach schlängelte sich durch das Feld. Jackson
wählte ihn als Grenze für seinen Verteidigungsbereich. Da Jeeps
oder geländegängige Motorräder auf jeden Fall durch diesen
Bach mußten, spickte er ihn mit Krähenfüßen, deren scharfe
Stahlspitzen jeden Reifen sofort zum Platzen brachten.

Jackson wußte, daß es wichtig war, die Angriffslinien zu
kontrollieren, die zu seinem Wohnwagen führten. Der Bach floß
in einem Bogen um den Wohnwagen herum. Dazwischen standen Büsche. Jackson zog nun Stacheldraht, wie man ihn in Vietnam benutzt hatte und immer noch zur Sicherung von Gefängnissen einsetzt, in Zickzacklinien durch das Buschwerk.

Wer sich auf die Kriegskunst versteht, ist in der Lage,
den Feind zu dirigieren, und wird nicht von ihm dirigiert.

MEISTER SUN

Er plazierte den Stacheldraht so, daß jeder, der zu Fuß über den
Bach kam, auf eine Diagonale gezwungen wurde, die von links
oder rechts auf den Wohnwagen zulief. Auf jeder dieser Diagonalen postierte er einen «Läufer». Dabei handelte es sich um fe-
dergetriebene Wurfapparate für Messer, die er aus Bausätzen zu-
sammengebaut hatte. Sie standen auf kleinen Gestellen hinter
dem Wohnwagen. Die Gestelle bedeckte er mit Tarnnetzen.
Wenn er die gespannten Sprungfedern löste, schleuderten sie
die scharfen Messer in Hüfthöhe mehr als zehn Meter weit in
die Diagonalen hinein.

Auf der Vorderseite konnten Angriffe nur von der schmalen
Straße her erfolgen, die den einzigen Zugang zu seinem Bunker
bildete. Die zweispurige Straße bog unmittelbar vor seinem
Wohnwagen ab. Jackson wußte, daß diese Straße ebenso wichtig
war wie die beiden mittleren Reihen auf dem Schachbrett. Wer
die Mittelreihen beherrschte, der beherrschte in der Regel auch
das Spiel. Er baute zwei große Vogelhäuschen und stellte sie auf
Ständern so vor dem Wohnwagen auf, daß sie in beide Richtungen der Straße wiesen. Die Vorderseite der Vogelhäuschen ließ
sich in Sekundenbruchteilen aufklappen. Dahinter befand sich

je ein Kolbenschußapparat. Diese Vorrichtung arbeitete nach demselben Prinzip wie die «Läufer», nur daß sie Stahlkolben von unerhörter Durchschlagskraft abfeuerte. Die Kolben besaßen solch eine Wucht, daß sie noch auf fünfundzwanzig Meter Entfernung ein dickes hölzernes Schachbrett durchschlagen konnten. Jackson nannte die Kolben seine Turmfalken. Und die Vogelhäuschen waren natürlich seine Türme.

Als nächstes versenkte Jackson im Boden vor dem Wohnwagen und insbesondere vor den Fenstern mehrere Fußfallen, wie der Vietcong sie einst erfunden hatte; sie bestanden aus zwei v-förmig miteinander verbundenen Brettern, durch die rostige Nägel getrieben waren. Die Bretter schnappten zusammen, wenn man dabrauftrat, und die Nägel bohrten sich ins Bein. Jackson wußte, daß selbst stahlverstärkte Kampfstiefel nicht vor diesen Nägeln schützten. Die Fallen waren zwar nicht tödlich, aber er sorgte dafür, daß sie schlimme Infektionen verursachten, indem er die Nägel mit Kot bestrich.

Der Wohnwagen hatte zwei Türen. Vor jeder Tür lag ein Holzrost zum Abtreten der Füße. Jackson nahm die Roste weg und vergrub darunter mehrere Patronenminen. Diese einfachen Sprengfallen bestanden aus einer einzigen Gewehrpatrone, die in einem Bambusrohr steckte. Nur die Patronenspitze ragte heraus, und der Zünder ruhte auf einem Nagel. Trat man auf die Patronenspitze, konnte die Explosion einem den Fuß abreißen. Bei der Infanterie nannte man diese Minen Zehenbrecher, und Jackson erinnerte sich noch mit Vergnügen an einen Schwarzen, der in voller Montur mit schmerzverzerrtem Gesicht herumhüpfte, nachdem er auf solch eine Mine getreten war. Als er die Minen vergraben hatte, legte er die Roste wieder darüber. Jeden Abend vor dem Schlafengehen nahm er die Roste weg, und morgens legte er sie zurück. Manchmal sang er dabei einen kleinen Kindervers: «Ehne mehne mine meh. Fang dir 'nen Nigger am dicken Zeh.»

Die Türen des Wohnwagens waren mit schweren Riegeln, Gucklöchern und Schießscharten für seine Gewehre versehen, darunter auch ein vollautomatisches AR-15. Im Dach befand

sich eine Luke, die es ihm gestattete, auch sein Arsenal an chemischen Waffen einzusetzen. Dazu gehörten ein paar Flaschen
selbstgemachtes Napalm, wie er es bereits im Schachclub ausprobiert hatte. Ein Gel aus Benzin, Lauge und Rizinusöl, das er
den herkömmlichen, nur mit Benzin hergestellten Molotow-
Cocktails vorzog, weil es am Feind besser haftete und für eine
größere Konzentration der Hitze sorgte. Jackson baute sich auch
einige Rohrbomben mit Harnstoffnitrat. Er nannte sie Pisse-
bomben, denn wenn er das explosive Gemisch herstellte, rochen seine Kleider tagelang nach Urin. Die Herstellung war einfach. Er brauchte dazu nur seinen Urin zu sammeln, ihn zu
kochen, das Filtrat mit etwas Salpetersäure zu versetzen, die
Harnstoffnitratkristalle zu sammeln und in ein Rohr zu geben.
Dann kam noch ein Zünder dazu, und die Bombe war fertig.
Wenn ich die Nigger nicht mit Zehenbrechern kriege, bepisse
ich sie eben, dachte er.

Falls dennoch jemand all diese Hindernisse überwinden und
in seinen Wohnwagen eindringen sollte, erwartete ihn die
fürchterliche Gewalt des von Jackson erdachten Finales. Der gesamte Wohnwagen war eine einzige Bombe, die in die Luft ging,
wenn man einen im Wagen angebrachten Schalter umlegte.

«Ich bin es satt, daß die Leute mir auf die Nerven gehen»,
sagte Jackson zu seinem Chef, als der ihn zu Hause anrief. Seit
mehreren Tagen war er nicht zur Arbeit erschienen. Er sagte seinem Chef, daß er kündige. Eine Erklärung gab er ihm nicht.
Dazu hatte er keine Zeit.

Er fühlte sich rundum eingekreist. Die Dinge entglitten sei-
ner Kontrolle und trieben offenbar einem Höhepunkt entgegen.
Eine schwarze Familie war in den Wohnwagenpark eingezogen.
Die Lichter in ihrem Wohnwagen flackerten abends. Ein Signal?
Dann fand er eine Gewehrpatrone auf dem Dach seines Wohn-
wagens. Er konnte sich nicht erinnern, so sorglos mit seiner
Munition umgegangen zu sein. Außerdem paßte sie zu keinem
seiner Gewehre. Das Stück Sicherungsdraht, das er auf der
Motorhaube seines Wagens fand, war ebenso rätselhaft.

In der Tageszeitung las er eine Artikelserie über die CIA.

Darin war die Rede von Agenten, von Verbindungen zur Mafia und vom KGB. KGB? Das war der russische Geheimdienst. Die spionierten für ihre Schachweltmeister. Jackson war äußerst besorgt. Eine Stimme sagte ihm, er solle sich den Wohnwagen der schwarzen Familie einmal genauer ansehen.

Er wartete, bis sie eines Nachmittags zum Einkaufen weggefahren waren. Es war nicht schwer, das Schloß ihres Wohnwagens zu öffnen. Er suchte den Wagen ab, bis er unter einer Matratze auf einen geladenen Revolver stieß. Nur eine 0.22er – eine Erbsenspritze, dachte er. Dennoch nahm er die Waffe mit.

Vor einem der Nachbarwohnwagen wässerte eine Frau ihre Blumen, als Jackson aus dem Wohnwagen der schwarzen Familie kam.

«Hier wird es bald Schwierigkeiten geben», sagte Jackson warnend, als er an ihr vorbeiging.

Ein paar Stunden später kam der Schwarze zu Jacksons Wohnwagen. Jackson beobachtete ihn durch das Fenster. Der Schwarze sah wütend aus. In seiner Jackentasche war eine Ausbeulung zu erkennen. Ein Chor von Stimmen drang auf Jackson ein.

«Knall den Hurensohn ab!»

«Er ist vom KGB.»

«Von der Mafia.»

«Am besten ist ein rascher Sieg.»

«KGB – Mafia.»

«Die Überraschung führt zum Sieg.»

«Nenn ihn einen Hurensohn, bevor du ihn abknallst.»

Jackson verließ seinen Wohnwagen und ging dem Mann entgegen, in der Hand die Waffe des Schwarzen. Er hielt sie am Lauf. Der Mann lächelte. Jackson trat auf ihn zu.

«Du bist ein Hurensohn», sagte er und drehte die Waffe um. Dann schoß er dem Mann in die Stirn, gleich über dem linken Auge. Der Schwarze fiel tot um. Er lächelte immer noch. Jackson drückte dem Toten die Waffe in die Hand.

Die Frau aus dem Nachbarwohnwagen kam angelaufen.

«Er hat Selbstmord begangen», sagte Jackson. Sie alarmierte

die Polizei, die auch im Nu da war. Jackson wußte, sie hatten nur darauf gewartet, daß es geschah. Die Polizei war Teil der Verschwörung gegen ihn. Sie waren bereit, einen schwarzen Bauern zu opfern, um ihn zu kriegen. Wie in Vietnam. Er leistete keinen Widerstand. Der Krieg war endlich vorüber.

Jackson war ein vorbildlicher Kriegsgefangener, während er auf seinen Mordprozeß wartete. Er redete jedermann mit «Sir» an und tat, was man ihm sagte. Er lächelte mir zu, als ich in den Zeugenstand trat.

Ich hatte das Gefühl, wie Joel Morgan zu klingen, als ich der Auffassung eines psychiatrischen Sachverständigen der Verteidigung beipflichtete, Jackson sei paranoid-schizophren. Alle einschlägigen diagnostischen Symptome waren vorhanden, einschließlich der ausgeprägten akustischen Halluzinationen wie der Stimme von Meister Sun, des Schlachtenlärms in der Toilette des Hotelanzsaals und der Geräusche von Hubschraubern über dem Wohnwagenpark. Des weiteren die bizarren Wahnvorstellungen über die Verbindung zwischen Schwarzen und KGB bzw. Mafia und schließlich auch die Gedankenkontrolle durch Stimmen, die ihm befahlen, das Opfer zu erschießen. Die sekundären Merkmale paranoider Schizophrenie gab es gleichfalls: Angst, Wut, Streitsucht und Gewalttätigkeit. Jacksons förmliches und gestelztes Verhalten im Umgang mit anderen Menschen, symbolisiert in seinem «Yes, Sir» und «No, Sir», war ein klassisches Merkmal. Ich war traurig, daß in diesem Fall Drogen nicht verantwortlich waren. Dann hätte die Möglichkeit bestanden, Jackson zu entgiften und dem Dämon die Tore rasch wieder zu verschließen. Bei Paranoid-Schizophrenen lassen sich diese Tore bisweilen nie mehr schließen. Als ich den Zeugenstand verließ, hielt Jackson ein Blatt Papier in die Höhe. Darauf war in unbeholfenen Zügen eine Sonne gezeichnet. Mir war klar, daß sie für Jackson bald zum letzten Mal untergehen würde. Falls er jemals aus der psychiatrischen Anstalt für Strafgefangene entlassen werden sollte, würde er den Rest seines Lebens wahrscheinlich im Gefängnis verbringen, hinter Stacheldraht.

Die schwebende Dollarnote

1

Gott wachte auf und wankte ins Bad. Er griff nach dem Lichtschalter an der Wand. «Es werde Licht», murmelte er, und die nackte Glühbirne an der Decke leuchtete auf. Das Licht war viel zu hell. Reflexartig schloß Gott die Augen und drückte noch einmal auf den Schalter. Die Dunkelheit kehrte zurück. Doch nun wirbelten Wolken von Purpur und Blau durch die Leere. Es erinnerte ihn an den Anfang, als kosmische Gase sich nach dem Urknall zusammenzuballen begannen.

Auf unsicheren Füßen stand er vor der Toilette, schwankte vor und zurück und versuchte, seinen Urinstrahl zu lenken. Vor dem winzigen Badezimmerfenster blinkte in rosafarbener Neonschrift das Zeichen «Zimmer frei». Das Blinken überflutete seine Augen und bevölkerte sein Gehirn mit uralten Bildern. Gott sah, daß er nicht mehr in die Toilette pinkelte, sondern gegen die Klagemauer. Fromme Männer, Gebetsschals über den Schultern, murmelten und wiegten sich mit ihm. Ihre Tränen liefen in Strömen die Mauer hinab. Tausend Stimmen priesen seinen Namen.

«Ich danke euch», sagte Gott mit einem Lächeln, als er fertig war; dann drückte er die Spülung. Er wankte zurück zum Bett und streckte sich auf dem Rücken aus. Gleich über ihm an der Decke waren Spiegel angebracht. Er wußte, daß sie da waren. In all diesen billigen Absteigen fand man sie. Obwohl er sie im Dunkeln nicht sehen konnte, störten sie ihn. Vielleicht, weil er allein war. Er drehte sich auf den Bauch, schloß eine Hand um sein Geschlecht und legte die andere um sein Kinn, den Daumen in der Nähe der Lippen – seit seiner Kindheit schlief er so am liebsten.

Gott furzte. «Still, Harry!» sagte er. Gott wollte nicht gestört werden beim Betrachten der Bilder, die nun zwischen seinen Augen und dem Kopfkissen zu tanzen begannen. Die Män-

ner beteten immer noch an der Mauer. Er zeigte auf die Gerech-
ten, und sie erhoben sich langsam in die Luft, Engelsflügel
wuchsen ihnen, und sie stiegen zum Himmel auf. Er zeigte auf
die anderen, schwenkte einen gekrümmten Finger, und sie ver-
sanken langsam in Pfützen brennenden Urins. Als das Gericht
beendet war, glitt Gott wieder zurück in den Schlaf.

Harry Balise wachte auf. Er griff nach der Flasche billigen Rum
auf dem Nachttisch, nahm einen Schluck, spülte sich den
Mund und schluckte das Zeug herunter. Harry war kein Alkoholiker – und auch kein Drogensüchtiger. Doch drei Wochen in
diesem heruntergekommenen Motelzimmer hatten einen anderen Menschen aus ihm gemacht. Er konnte es noch immer
nicht fassen. Harry wußte, daß er kein Mensch mehr war. Er
war etwas Besonderes geworden. Der Traum letzte Nacht hatte
das nochmals bestätigt. Jeremia, Hiob und die anderen Propheten des Alten Testaments hatten um die Deutung ihrer Träume
kämpfen müssen. Nicht dagegen Harry. Er hatte ein Stadium erreicht, in dem er plötzlich alles verstand, was mit ihm geschehen war. In einer blitzartigen «paranoiden Erleuchtung» sah
und verstand Harry nun alles. Er wußte, daß er auf dem Weg
war, ein Prophet Gottes zu werden. Harry begrüßte den Gedanken mit einem weiteren Schluck aus der Flasche.

Als er sich erhob, merkte er, daß er zu schnell aufgestanden
war. Ihm wurde schwindelig, und er mußte sich einen Augenblick wieder auf die Bettkante setzen. Der Schwindel ähnelte
eher einem Delirium und erinnerte ihn an seine Jugendzeit,
wenn er als Teenager Farbe schnüffelte und die Welt sich zu drehen begann. Nun drehte sich seine Welt bei der Erkenntnis, daß
er in den letzten drei Wochen zu einem Wesen mit großem Wissen und großer Macht geworden war. Er nannte das Wesen einen
Propheten Gottes.

Das war es eigentlich nicht, wonach er gesucht hatte, als er
dieses Zimmer im Paradise Motel bezog. Er wollte nur weg von
allem. Denn alles ging ihm auf die Nerven. Da war zunächst
einmal sein Job. Er hatte keinen. Gewiß, davor hatte er einen ge-

habt. Einen guten. Er war Versicherungsvertreter gewesen. Einer der besten. Er wußte gar nicht mehr, wie oft er «Vertreter des Monats» geworden war. Dann kündigte ihm die Versicherungsgesellschaft. Sie schlossen seine Filiale – Umstrukturierung nannten sie das – und boten ihm weder eine Pension noch eine neue Stelle noch sonst irgend etwas an. Er durfte nicht einmal die Vertreter-des-Monats-Plakette behalten, in die neben anderen Gewinnern auch sein Name eingraviert war. Man holte sie zurück in die Zentrale, zusammen mit zwei weißen Vertretern. Harry war schwarz. Ihm war klar, daß darin der Grund lag, warum er keine Arbeit hatte. Nachdem er zwei Jahrzehnte lang Versicherungen an andere verkauft hatte, stand er selbst ganz ohne Sicherheiten da. Und daraus erwuchs das zweite Problem, das ihm auf die Nerven ging: seine Familie. Das heißt, eigentlich ging er seiner Familie auf die Nerven. Seiner Frau Margaret gefiel es nicht, daß er zu Hause herumhing, sich nicht nach einer neuen Stelle umsah und ihr ständig im Weg stand. Besonders heftig verteidigte sie ihr Territorium Küche und fuhr ihn an, sobald er hereinkam, um eine Kleinigkeit zu essen. Und Harry aß ständig eine Kleinigkeit. Mehr als einmal erwischte sie ihn, wie er vor dem geöffneten Kühlschrank hockte und sich, die Gabel in der Hand, durch die Kühlfächer aß. Sie begannen zu streiten, erst mit Worten, dann auch handgreiflich. Die Kinder verstanden es nicht. Klein Harry, fünf, und Lynell, acht, stellten sich auf die Seite ihrer Mutter.

«Mommy hat immer geweint wegen Daddy», erzählte mir Klein Harry mehrere Monate später bei einem Gespräch. «Er wollte nicht mehr arbeiten und hat auch nicht mehr mit uns gespielt. Mommy hat gesagt, er ist faul.»

«Ein fettes faules Schwein», fügte Lynell kichernd hinzu.

«Fettes faules Schwein», wiederholte Klein Harry, und beide kicherten.

Groß Harry warf einen Butterteller nach Margaret, als sie ihn so nannte. Dann stürmte er aus dem Haus und machte sich auf einen seiner stundenlangen Spaziergänge. Manchmal lief er die ganze Nacht durch die Straßen. Die Stadt ging ihm ebenfalls auf die Nerven. Es war eine weiße Stadt, die es den Schwarzen sehr schwermachte. Es gab zu viele Menschen, zu viele Autos und zu viele Steuern. Erst jetzt wurde ihm klar, wie teuer das Leben in der Stadt war, und es gefiel ihm gar nicht. Wenn er von seinen Spaziergängen zurückkam, fragte er sich, wie lange er noch zu Hause herumhängen konnte. Das meiste war noch gar nicht vollständig abbezahlt, nicht einmal der Kühlschrank. Die Ersparnisse würden nicht ewig reichen. Als Miteigentümer eines Bürohauses hatten sie zwar Mieteinkünfte, doch das war nicht viel. Er begann, Margaret Vorwürfe zu machen. Sie gebe zuviel Geld für dies und für das aus. Er forderte sie auf, mit allem sparsamer umzugehen, selbst mit dem Klopapier. Er hörte, wie die Klopapierrolle sich drehte und drehte, wenn Margaret gleich mehrere Blatt auf einmal nahm.

«Nimm gefälligst jedesmal nur eins!» rief er dann durch die geschlossene Badezimmertür. «Dafür haben sie schließlich die Perforation angebracht.»

Harry übernahm die täglichen Einkäufe, aber er achtete nicht auf die Listen, die Margaret ihm mitgab, sondern verließ sich auf sein eigenes Urteil. Er kaufte die kleinsten Packungen Fleisch und Fisch, die er finden konnte, und nur sehr wenig frisches Gemüse. In einem nahe gelegenen Großmarkt kaufte er Getränke, Plätzchen und andere Snacks gleich kartonweise. Für die Kinder holte er einen großen Topf Erdnußbutter, aber er verlangte von Margaret, sie nur mit einem Zuckerlöffel herauszuholen: zwei winzige Löffelchen für ein Brot. «Für mehr haben wir nicht das Geld», sagte er.

«Du hast die Macht, das zu ändern, Harry. Du hast die Macht», erwiderte sie. «Such dir endlich einen Job.»

Das sagte sie oft. Es wurde ihre Standardpredigt. Die Kinder begannen sogar, es ihr nachzuplappern, und machten sich einen Spaß daraus.

«Du bist ein guter Vertreter, Harry», sagte Margaret ihm oft. «Du kannst alles verkaufen.»

«Such dir einen Job!» riefen die Kinder dann im Chor und kicherten.

«Du hast die Macht» war der einzige Refrain, den Harry hörte.

Schließlich tat Margaret das Undenkbare. Sie weigerte sich, Sex mit ihm zu haben. Da zog Harry ins Paradise.

Das Motel lag nur ein paar Kilometer von seinem Haus entfernt, und Harry parkte den Wagen so, daß Margaret ihn sehen mußte. Er hoffte, er könne sie eifersüchtig machen, wenn er so tat, als hätte er eine andere. Warum hätte er sich sonst solch ein Motel auswählen sollen, das mit Wasserbetten, Spiegeln und Pornofilmen warb. Eigentlich wäre ihm eine schönere Bleibe lieber gewesen, aber 35 Dollar pro Nacht waren genau das richtige. In diesem Preis war auch Kaffee inbegriffen, doch heute morgen war keiner gekommen. Er nahm sich vor, es dem Hotelmanager zu sagen, dann aß er einen Krapfen und spülte ihn mit abgestandener Coca Cola hinunter. Er zog sich an und ging zu seinem täglichen Spaziergang hinaus.

Das Paradise Motel lag am Washington Boulevard in Culver City, dem Stadtteil von Los Angeles, in dem sich die meisten großen Filmstudios befanden – «Das Herz der Kinowelt», wie die örtliche Handelskammer gern sagte. Sogar die Straßen hatte man dort nach Filmstars benannt: [Fred] Astaire, [Jackie] Cogan und natürlich [Judy] Garland. Dem stadtmüden Harry bot die Technicolorwelt des Kinos die Möglichkeit, die schwarz-weiße Wirklichkeit seines Lebens hinter sich zu lassen. Die glänzende, aus sieben Tonnen rostfreiem Stahl hergestellte Skulptur vor dem Veterans Memorial Building sagte alles. Sie trug die Bezeichnung *Filmstrip U.S.A* und bestand aus mehreren ineinander verschlungenen Filmstreifen, die sich aus der spiegelnden Fläche eines Wasserbeckens erhoben. Als Harry die Skulptur zum erstenmal besichtigte, sah er ein paar Zigarettenstummel und ein gebrauchtes Kondom im Wasser schwimmen.

Harry ging zunächst auf dem Washington Boulevard ostwärts bis zum alten MGM-Studio, der einzigen Sehenswürdigkeit am Ort, die er auch auswärtigen Besuchern empfohlen hätte. Dort war einst *Der Zauberer von Oz* gedreht worden, einer seiner Lieblingsfilme. Soweit er sich erinnern konnte, war es auch der erste Film, den er als Kind gesehen hatte, und er sorgte dafür, daß dieser Film der erste war, den sich seine eigenen Kinder im Kino anschauten. Der Film gefiel ihnen natürlich, aber sie waren nicht so beeindruckt, wie Harry es als Kind gewesen war. Als Harry damals aus dem Kino kam, hatte er allen erzählt, er wolle Zauberer werden. Als er dann später die Superman-Serie im Fernsehen sah, wollte er Superman werden. Er band sich ein Handtuch um den Hals und sprang hinter dem Haus von hölzernen Kisten, wobei er sich vorstellte, er wäre Superman, der mit flatterndem Umhang von einem Hochhaus zum anderen sprang. Mit flatterndem Handtuch flog Harry hinter seinem Haus durch die fünfziger Jahre. 1959 setzte sich dann George Reeves, der den Superman in der Fernsehfassung spielte, eine Luger über das rechte Ohr und schoß sich in den Kopf. So schnell wie eine Kugel war Superman nicht. Harry war am Boden zerstört. Er brauchte unbedingt einen anderen Helden. Und so wünschte er sich, ein Zauberer zu werden, der wie der Zauberer im Film Rauch und Feuer speien konnte. Dieser tief in seinem Gedächtnis vergrabene Wunsch begann nun zu erwachen.

Ein Bus spie schwarzen Rauch und hielt gleich vor ihm auf dem Washington Boulevard. Harry wünschte ihn fort, als die Ampel auf Grün sprang und der Bus losfuhr. Diese Stadt braucht ein ordentliches Klistier, dachte Harry in Gedanken an einen Satz von Jack Nicholson in *Batman.* Er ging an mehreren Schnapsläden vorbei, an einer Bar mit Namen «Alibi Room», an einigen Autoreparaturwerkstätten und an noch ein paar Schnapsläden. Vor der Seventh Day Adventist Church blieb Harry stehen. Er las die Bekanntmachung auf dem Mitteilungsbrett: «Gottesdienst, Samstag, 11 Uhr». Warum nur am Samstag? Ihr dürft mir jederzeit den Hintern küssen; schließlich habe ich eure weißen unterversicherten Hintern zwanzig Jahre lang geküßt. Ein paar Blocks weiter kam er an der Culver Community Church vorbei. «Kommt und erfreut euch am Geiste Gottes», stand auf einem Schild. Harry las es, dann fügte er laut hinzu: «Jederzeit dienstbereit», und es war kein Scherz, sondern ein Versprechen an alle, die seinem frisch erworbenen Prophetentum zu huldigen wünschten.

Harry erreichte den Laden der Heilsarmee und ging hinein. Das war vielleicht ein Geschäft. Margaret und die Kinder sollten es sich ruhig einmal ansehen. Margaret besaß eine Kundenkreditkarte von Bullock's, aber er hatte sie zerrissen. In diesem Laden brauchte er keine Angst zu haben, daß sie zuviel Geld für Kleider ausgeben könnte. Er kaufte zwei Hemden für 92 Cent und eine Trainingshose für 2,47 Dollar, ein schwarzes Nylonnachthemd für Margaret, das 1,60 Dollar kostete, und ein Damespiel für die Kinder zu 50 Cent. Das war zwar Luxus, aber dagegen hatte Harry diesmal nichts, denn er hatte beschlossen, heute nach Hause zurückzukehren.

Nach ein paar weiteren Blocks überquerte Harry die Straße und ging auf der anderen Seite zum Motel zurück. Er kam an einem Waffengeschäft vorbei. Auf dem Parkplatz wimmelte es von Polizeiwagen. Harry wurde nervös. Es war dasselbe Geschäft, in dem ein Schachspieler namens Kenneth Jackson [«Bunker»] sich einst eine antike Derringer und Munition gekauft hatte. Harry ging nicht hinein. Er hatte kein Interesse an Waffen und Munition. Er war im Besitz der Kraft.

Er beschleunigte seinen Schritt. Im Gehen las er laut die Geschäftsschilder; das tat er immer, wenn tiefe Gedanken ihn ablenkten und er sich zwingen mußte, auf den Verkehr zu achten. Schließlich hatte es keinen Sinn, überfahren zu werden. Er besaß zwar die Kraft, aber unsterblich war er nicht – noch nicht. Wer weiß, welche Kräfte ich morgen habe werde, dachte er. Und welche Geheimnisse sich mir eröffnen werden. «Bun's Autokühler», las er. Ich muß mir ein paar Bücher über Kristalle besorgen, sagte er zu sich selbst. Das Geheimnis liegt in den Kristallen. «Claude's Karrosserieschlosserei und Autolackiererei.» Ich muß etwas über die Kirlian-Aura erfahren, dachte er. An der UCLA machen sie solche Sachen. Vielleicht wollen sie mich testen. «Alibi Room. Bar, Fitneßstudio, Spielsalon.»

Harry konnte das Paradise Motel schon sehen, das verwitterte türkisfarbene Dach war durch den Smog kaum zu erken-

nen. Für Harry war der Ort ebenso inspirierend wie die glänzenden Kuppeln der Smaragdstadt. Paradise Motel! Welch ein tref-
fender Name für den Geburtsort eines göttlichen Propheten,
dachte Harry. Er ging rasch auf sein Zimmer und packte. Die
Flasche Rum war fast leer, aber er legte sie dennoch in seinen
Koffer. Auch ein hauseigenes Handtuch packte er ein. Er würde
es nicht als Umhang benutzen – denn nun besaß er die Kraft –,
aber ein Prophet Gottes sollte ein Handtuch haben, auf dem
«Paradies» stand. Harry ging ein letztes Mal durch das Zimmer,
um nachzusehen, ob er alles eingepackt hatte. Das Zimmer war
sauber. Das heißt, nicht wirklich sauber. Auf dem fleckigen
Teppich lagen leere Cola-Dosen und Flaschen, der Boden im Bad
war mit Urin beschmutzt, der Duschvorhang war zerrissen, und
überall blätterte die Farbe von den Wänden. Harry beobachtete
eine Stelle ganz oben an der Wand, wo sich ein großer Farbplak-
ken wellte. Während er hinaufsah, löste sich ein Stück und
schwebte herab wie eine Feder aus den Flügeln eines Engels.
«Jederzeit dienstbereit», sagte Harry, der Prophet Gottes. Er
ging zum Empfang, um die fünf Dollar Pfand für den Schlüssel
abzuholen. Der Manager gab ihm sechs einzelne Dollar. Dazu
hatte Gott ihn veranlaßt.

2

«Bekommt man durch Drogen irgendwelche Kräfte?» fragte die
Frau am anderen Ende der Leitung mit nervöser Stimme. Margaret Balise hatte mich angerufen, um Hilfe zu erbitten. Sie
machte sich Sorgen wegen ihres Mannes, der sich sehr seltsam
benahm. Er war für mehrere Wochen verschwunden, dann zurückgekehrt und behauptete nun, er sei mit einer neuen Energie
gesegnet, die er langsam zu beherrschen lerne. Er sagte, er besitze Kräfte. Margaret fragte sich, ob Drogen dafür verantwortlich sein konnten.

«Ja, manche Drogen sind schon sehr kräftig», sagte ich ein
wenig kryptisch, weil ich auf weitere Informationen warten
wollte. «Welche Drogen nimmt denn Ihr Mann?»

Sie erklärte mir, daß er früher einmal Kokain genommen

habe, aber seit er vor vielen Monaten einmal deswegen verhaftet worden sei, nehme er keine Drogen mehr. Aufgrund einer Bewährungsauflage lasse er regelmäßig seinen Urin testen, und alle Urinproben seien sauber gewesen. Sie fragte sich, ob der frühere Kokainkonsum ihn verändert habe. Da man Urinproben leicht fälschen kann und Harry möglicherweise immer noch Drogen nahm, schien mir diese Annahme auf Anhieb äußerst wahrscheinlich.

«In welcher Weise hat er sich verändert?» fragte ich.

«Er liest nur noch Bücher über Chemie und Kristalle. Er sagt, etwas anderes braucht er nicht zu tun, weil er jetzt diese Kräfte hat», erwiderte sie.

«Welche Kräfte?»

«Levitation», sagte sie. «Er macht, daß Dinge in der Luft schweben», und sie klang vollkommen überzeugt. «Eier, Sachen aus Glas und aus Plastik. Mit Sachen aus Metall hat er Schwierigkeiten.»

Jesus Christus, sagte ich zu mir selbst. Ich wußte, daß es keine Droge gab, die solche Kräfte verlieh. Stickoxidul und ähnliche Halluzinogene konnten unangenehme Halluzinationen auslösen, bei denen Gegenstände wie ein Schreibtisch verschwanden, während Bleistift und Papier zurückblieben und in der Luft zu schweben schienen. Aber Margaret hatte gesagt, Harry nehme keine Halluzinogene. Meine Gedanken entschwebten in Szenen aus Magritte-Gemälden, mit Felsen, Pfeifen, Äpfeln und sogar einer Lokomotive, die in der Luft hingen. Als ich auf den Boden zurückkehrte, redete Margaret bereits wieder, und ich meinte, ich hätte sie «Jesus» sagen hören.

«Verzeihen Sie», unterbrach ich. «Haben Sie eben etwas von Jesus gesagt?» Liest sie meine Gedanken? fragte ich mich.

«Er sagt, er ist ein Prophet Gottes, und zwar ebenso wahrhaftig, wie Jesus einer war», wiederholte sie. Dann erklärte sie mir, daß sie Baptisten seien und regelmäßig zur Kirche gingen. Damit hatte Harry aufgehört, als er nach diesem dreiwöchigen Verschwinden nach Hause zurückkehrte. Er sagte, Jesus habe ihm nichts mehr voraus. Er besitze jetzt die Kraft.

«Ich möchte Ihren Mann gern sehen», sagte ich. An der Ecke vor meinem Büro hatte jemand einen kaputten Wagen stehenlassen. Vielleicht kann er ihn ja wegschaffen, dachte ich – ein reflexartiger Scherz, der meine wachsende Nervosität angesichts dieses Mannes verdeckte.

«Harry ist im Augenblick nicht da.»

«Sagen Sie ihm, ich möchte gerne seine Kräfte sehen. Das wäre von großem Interesse für die Forschung.»

«Oh, er kann das wirklich», sagte Margaret. Und sie beschrieb, wie Harry kleine Gegenstände in die Hand nahm und sie schweben ließ.

«Sie haben gesehen, daß sie schwebten?» fragte ich.

«Ich kann etwas Licht unter ihnen erkennen. Harry sagt, das beweist, daß sie sich in die Luft erheben», erwiderte sie. «Stimmt das nicht?»

«Hmmm», murmelte ich, damit sie weiter erzählte. Mir war klar, daß man so etwas auch beobachten kann, wenn der Gegenstand auf einer unebenen Unterlage ruht, zum Beispiel auf einer Handfläche. Im stillen nahm ich mir vor, für das Schrottauto doch lieber einen Abschleppwagen zu rufen.

«Die Kinder sind ganz begeistert davon», fuhr sie fort. «Harry legt ihnen ein Stückchen Kleenex auf die Hand und läßt es schweben.» Sie machte eine kurze Pause, bevor sie mir den nächsten Schlag versetzte. «Er hat den Kindern beigebracht, wie sie es selbst machen können.»

«Er hat es den Kindern beigebracht?» wiederholte ich.

«Nur mit Papier. Bei anderen Sachen üben sie noch.» Und gleich ein weiterer Schlag. «Ich kann es auch ein wenig», fügte sie hinzu.

Ich beschloß, den Anruf beim Abschleppdienst hinauszuzögern, bis ich Gelegenheit gehabt hatte, die Familie Balise in Aktion zu sehen. Glaubte man den Vietnamkriegsgegnern, die in den sechziger Jahren erfolglos versuchten, das Pentagon zum Schweben zu bringen, konnte man jede beliebige Kraft erzeugen, wenn man nur genug Leute zusammenbrachte.

Ich unterhielt mich weiter mit Margaret. Ich betonte, daß

ich Wissenschaftler sei und kein Seelenklempner. Harry könne mich jederzeit in meinem Labor anrufen. Sie versprach mir, Harry von meinem Angebot zu erzählen. Als sie aufgelegt hatte, glaubte ich ein weiteres Klicken in der Leitung zu hören, bevor ich selbst den Hörer auflegte.

Ich war erregt. Das klang wie der Lehrbuchfall eines paranoiden Größenwahns, dieser seltenen Abart, in die der Verfolgungswahn gelegentlich umschlägt. Beim Größenwahn stammen die meisten Themen aus dem kulturellen Umfeld des Patienten. So glauben manche, sie seien ausgezeichnete Wissenschaftler, Erfinder, Philosophen oder Propheten. Harrys Wahnvorstellungen waren ganz offensichtlich von seinem religiösen Hintergrund beeinflußt. Und obwohl ich das zu diesem Zeitpunkt noch nicht wußte, gab es auch Einflüsse aus Harrys Kindheit. Joel Morgan hatte mir gesagt, Größenwahn sei eine Regression auf die narzißtischen Gefühle der frühen Kindheit. Bei Kleinkindern und Kindern sind Allmachtsphantasien weit verbreitet. In späteren Gesprächen mit Harry erfuhr ich, daß er diese Gefühle in Phantasien über den Zauberer von Oz und über Superman lebendig hielt. Zur Regression auf diese Gefühle kann es angesichts einer als feindlich erlebten Umwelt kommen. Wir haben ein enormes Bedürfnis, uns von feindseligen, aggressiven Gefühlen zu befreien. Im Falle religiösen Größenwahns hält man sich für eine besondere Person, die der ganzen Welt Frieden oder Zerstörung zu bringen vermag. In gewisser Weise sind religiöse Eiferer und Fanatiker große Kinder, die heilige Bücher oder Fahnen statt Handtücher schwenken.

Ich wußte nicht, welchen Weg Harry eingeschlagen hatte. Eier und Papierstückchen schweben zu lassen klang eher nach harmlosen Zaubertricks. Doch als Margaret mir sagte, er wolle den Kindern beibringen, mittels eines speziellen «Krafthandtuchs» über die Autobahn zu fliegen, bekam ich Angst. Ich dachte unwillkürlich an Charles Manson, «alias Jesus Christus», wie im Polizeibericht über seine Festnahme vermerkt war – auch er ein Paranoid-Größenwahnsinniger, der seine Anhänger glauben machte, er könne fliegen.

Als Junge stieg der in Utah aufgewachsene Manson, ausgerüstet mit einem selbstgefertigten Umhang, auf ein niedriges
Dach und segelte durch die Luft zurück auf den Boden. Wie
viele andere Jungen spielte er Superman, um sich frei und
mächtig zu fühlen. Das Erlebnis war überwältigend, und Charlie vergaß es nie. Nach Aussage seiner Anhänger flog Charlie
wirklich. Später erwarb Manson noch weitere magische «Kräfte
aus dem Jenseits». Er überzeugte die Mitglieder seiner «Familie», er könne Klapperschlangen und Skorpione behexen und
seinen magischen Bus schweben lassen, so daß er über das Ge-
röll im Death Valley hinwegflog. Seine Fähigkeit, Wunderhei-
lungen zu bewirken, war ebenso apokryph. Er behauptete, einen
Klumpfuß geheilt zu haben. Mitglieder der Manson-Familie
sagten, er könne tote Vögel und Pferde wieder zum Leben er-
wecken. Sein größtes Wunder vollbrachte er angeblich, als ein
Mädchen, das Fellatio an ihm übte, in solche Erregung geriet,
daß sie seinen Penis abbiß. Manson rief «die Kraft» und stellte
den Penis wieder her; so daß er wieder «wie neu» war. Fünf Au-
genzeugen, die alle unter dem Einfluß von LSD standen, schwo-
ren, daß es genau so geschehen sei.

Insgesamt war Manson ebenso größenwahnsinnig und paranoid wie Hitler. Er gab zu, Rassist zu sein; er mochte die Juden
nicht [«die alles kontrollieren»] und haßte «die reichen
Schweine». Er schnitt sich sogar ein Hakenkreuz in die Stirn. Es
war nicht das Hakenkreuz der Nazis, sondern eines, das in einer
dunklen religiösen Mystik gründete, wie Manson behauptete.
Er entwickelte einen leidenschaftlichen Haß auf die Gesellschaft, in der alles nach Regeln und wie in einem Uhrwerk ab-
lief; sie benutze das Wort Gottes, um Geld zu machen. «Ihr
macht euch über Gott lustig und habt im Namen Jesu Christi
gemordet», sagte er einmal. «Die Regierung der Vereinigten
Staaten führt Krieg gegen ihre Kinder, gegen die Mächte der Natur und gegen Gott; sie hat sich so weit über alles erhoben, daß
die Waffen-SS aus dem Weltraum zurückkehren wird.» Manson
sah sich selbst als von Gott bestimmter Vollstrecker des göttlichen Zorns.

Charles Manson versammelte eine Armee von Jugendlichen – oder eigentlich Kindern – um sich, die seine Familie wurden. Sie beteten ihn buchstäblich an. Er küßte ihnen dafür die Füße – gleichfalls buchstäblich. Jesus Manson war auf dem Weg, die Welt zu erlösen, indem er sie zerstörte, um anschließend aus den Ruinen emporzusteigen und über die neue Ordnung zu herrschen. Doch niemand nenne das Mord: «In einem heiligen Krieg gibt es keinen Mord», sagte er. «Das Ganze ist ein heiliger Krieg.» Es war eine größenwahnsinnige Paranoia in gröbster Ausprägung. Mit einer Flotte gestohlener Strandbuggies probte Manson den Wüstenkrieg. Er hatte vor, die Taktik des deutschen Feldmarschalls Rommel nachzuahmen, den man den Wüstenfuchs nannte. Er versuchte sogar, Motorradgangs für seine Sache zu gewinnen, damit sie seiner Familie etwas mehr militärische Macht verschafften. Für alle – außer für Manson – war es ein bloßer Zufall, daß die beiden Gangs, mit denen er sich anfreundete, die «Satan Slaves» und die «Straight Satans», die Initialen SS führten.

Manson wußte, daß er paranoid war, aber es machte ihm nichts aus. «Paranoia ist nur eine besondere Art Bewußtheit», sagte er in einem Interview für *Rolling Stone.*

«Wie wird aus Paranoia Bewußtheit?» fragte ihn der Interviewer.

Manson antwortete, indem er verängstigt tat und seinen ganzen Körper zu einer vor Furcht zitternden Kugel krümmte. Dann fügte er einen Kommentar hinzu, wie man ihn von dem Schamanen erwarten durfte, der er in den Augen seiner Anhänger war. «Hast du schon mal den Koyoten in der Wüste gesehen? Er blickt sich um, sprungbereit, ganz Aufmerksamkeit. Christus am Kreuz und der Koyote in der Wüste sind ein und dasselbe. Der Koyote ist schön. Er bewegt sich grazil durch die Wüste, immer aufmerksam, ständig schaut er sich um. Er hört jedes Geräusch, riecht jeden Geruch, sieht jede Bewegung. Er ist ständig im Zustand totaler Paranoia, und totale Paranoia ist totale Bewußtheit.»

Es war offenkundig, daß Manson aus der Beobachtung der

Koyoten etwas Wichtiges gelernt hatte. Die raschen Kopfbewegungen und die bohrenden Blicke, die er dem Interviewer vormachte, zeichneten ein genaues Bild des paranoiden Alarmsystems. In paranoiden Zuständen befindet sich das limbische System in höchster Alarmbereitschaft. Alle Sinne sind angespannt, der Verstand ist hellwach. Das verwandelte Manson zwar nicht in einen Koyoten, wohl aber in ein Monstrum aus dem Es. Die Paranoia verlieh ihm ein Hochgefühl. Er schürte Angst und Verfolgungswahn bei anderen und nährte sich dann davon in derselben Weise, wie er und seine Familie das Blut ihrer Tier- und Menschenopfer tranken. Wie Vincent Bugliosi, der im Prozeß die Anklage vertrat, es für die Geschworenen zusammenfaßte, war Manson kein Mensch mehr, er hatte weder ein Herz noch eine Seele. Man befand ihn der Verschwörung zur Ermordung von sieben Menschen für schuldig, darunter die Schauspielerin Sharon Tate. Die Todesstrafe konnte Charlie Manson, der weder ein Herz noch eine Seele besaß, nicht schrecken. «Du willst mich töten? Ha!» rief er dem Richter zu. «Ich bin schon tot. Mein Leben lang bin ich tot gewesen.»

Zum Zeitpunkt der Morde war Manson fünfunddreißig Jahre alt. Seine Paranoia war in den zweiundzwanzig Jahren, die er zuvor im Gefängnis verbracht hatte, gewachsen. Dort hatte er auch die paranoiden Züge erworben, die für das alltägliche Überleben notwendig waren. Aber da war noch etwas anderes. Er erlebte das Gefängnis als etwas Positives, als einen Ort klösterlicher Zurückgezogenheit, der ihn vor der Verderbnis der Welt beschützte und ihm die Chance bot, sich in seine Phantasien zu flüchten. Seine Zelle war eine Platonische Höhle, an deren Wände sein Vorstellungsvermögen die gesamte Welt projizierte. Bald beherrschte er die Kunst, die Realität des Gefängnisses zu überschreiten und seine Innenwelt an die Stelle der Außenwelt zu setzen. Als er entlassen wurde, erkannte er, daß die Welt außerhalb des Gefängnisses auch eine Illusion war. Das bestätigten ihm zahlreiche LSD-Trips, in denen alles mit allem verschmolz. Manson erwarb die Fähigkeit, in allem nur Täuschung zu erblicken, wobei er Gegensätze transzendierte und umstellte: Gott war Satan. Gott war das Böse. Hitler war Christus. Tod war Leben. Und er benutzte seine Fähigkeit, um andere für sich zu gewinnen. Er wurde der göttliche Vater seiner Familie. «Es gibt weder Gut noch Böse … Wer bereit ist, sich töten zu lassen, soll auch bereit sein, zu töten», sagte der Gott mit dem umgedrehten Kreuz auf der Stirn.

Manson sagte voraus, die Schwarzen würden bald die Macht übernehmen. Nun besaß Harry diese Kraft, die dazu nötig war. Harry hatte das in nur drei Wochen geschafft, wozu Charlie «Man Son – Menschensohn», wie er gerne schrieb, zweiundzwanzig Jahre gebraucht hatte. Nur der Sohn Gottes konnte es so schnell schaffen wie Harry. In jenen Zeiten, als Charlie Leute wie Dennis Wilson von den Beach Boys beeindruckte, der ihn den «Zauberer» nannte, arbeitete Manson für die Universal Studios an einem Drehbuch, in dem Christus als Schwarzer wiederkehren sollte. Nun war der schnelle Harry, der schwarze Möchtegern-Zauberer, kraftgeladen in die Stadt zurückgekehrt.

Ein paar Tage später rief Harry mich an.

«Hier ist Harry Balise», sagte er. «Sie haben vor kurzem mit meiner Frau gesprochen.» Es folgte eine lange Pause. Es klang, als äße er etwas.

«Ja», sagte ich. «Wir haben miteinander telefoniert.»

«Haben Sie heute schon das Vaterunser gebetet?»

«Ja», erwiderte ich nach einer kurzen Pause, in der ich das Gebet rasch im Geiste durchging.

«Sie möchten mich sehen?» fragte er mich. Er sprach hastig und abgehackt.

«Ja, das wäre gut», erwiderte ich, und diesmal klangen meine Worte abgehackt.

«Ich brauche mich nicht zur Schau zu stellen», sagte er.

«Ich weiß», erwiderte ich hastig. Was redete ich da?

«Ich möchte ein paar Physiker sehen.»

«Ich kenne Ph-Physiker. Einige m-meiner Freunde sind Physiker.» Ich war viel zu aufgeregt und versuchte, mich zu beruhigen. «Vielleicht kann ich ein Treffen arrangieren. Ich bin sicher, ich … mm …. sie wären sehr interessiert, eine Demonstration Ihrer Kräfte zu sehen.»

Harry wollte wissen, was Margaret mir erzählt hatte. Ich sagte ihm alles. Er fragte mich, ob ich ihr glaube. Ich sagte ihm die Wahrheit: Ich wünschte zu glauben. Schließlich stand das Schrottauto immer noch an der Ecke vor meinem Büro. Harry wußte, daß ich Kokainexperte war, und sagte von sich aus, daß das Kokain nichts mit seinen Kräften zu tun habe, obwohl er sich genauso high fühle wie nach der Einnahme der Droge. Ich sagte ihm, daß ich verstünde. Wir verabredeten uns für die nächste Woche in meinem Büro. Ich versprach ihm, es werde dann auch ein Physiker anwesend sein.

«Sie sind ein guter Junge», sagte er, bevor er auflegte. «Fahren Sie nur fort in Ihren guten Werken.» An diesem Abend murmelte ich das Vaterunser vor dem Einschlafen.

Ich wandte mich an Bruno, einen Physiker, der als Berater für das parapsychologische Labor tätig war, das früher gleich neben meinem Büro im neuropsychiatrischen Institut der UCLA logiert hatte. Gemeinsam bereiteten wir uns auf Harrys Besuch vor. Wir stellten mehrere Videokameras in meinem Büro auf, einige davon mit speziellen Teleobjektiven für extreme Nahaufnahmen, die eventuell auftretende Levitationseffekte festhalten sollten.

Parapsychologen haben Levitationsphänomene untersucht, die angeblich durch übernatürliche mentale Kräfte hervorgerufen wurden. Auf der anderen Seite haben Physiker diverse physikalische Effekte untersucht, die tatsächlich dafür sorgen können, daß Festkörper und sogar Flüssigkeiten schweben. Die angeblich paranormalen mentalen Kräfte lassen sich nicht messen, wohl aber die physikalischen Kräfte. Bruno installierte eine Reihe komplizierter Meßapparate zur Erfassung verschiedener physikalischer Kräfte, die echte Levitationserscheinungen hervorrufen können: starke Schallwellen, Laserlicht, Funkwellen, elektrische Wechselfelder und magnetische Felder. Wenn Harry eine dieser Quellen benutzte, sollten wir sie eigentlich aufspüren können.

Natürlich benutzen Zauberkünstler auch diverse Tricks, um die Illusion frei schwebender Gegenstände zu erzeugen. Wenn Harrys Kräfte nur auf Zaubertricks beruhten, konnte es durchaus sein, daß ich etwas bemerkte, was den Kameras und den Meßgeräten entging. Denn als Harry in den fünfziger Jahren Superman spielte, übte ich Zauberkunststücke und führte sie auf Geburtstagspartys oder Schulfesten vor. Ich war nur ein Amateur und spielte ganz gewiß nicht in derselben Liga wie James Randi, der Uri Geller und andere angeblich mit Psi-Kräften Begabte als Schwindler entlarvt hatte. Aber ich kannte mich immerhin so gut aus, daß ich einmal einen «Gedankenleser» entlarvte, der mit Tricks aufwartete, wie man sie in jedem Laden für Zauberutensilien kaufen konnte. Ich hatte das Vergnügen, ihn vor laufenden Fernsehkameras zu entlarven. Da ich mich mit Levitationstricks nicht auskannte, ging ich ins Hollywood Magic, einen Laden für professionelle Zauberkünstler, und kaufte mir mehrere Bücher zum Thema. Außerdem nahm ich die nötigen Utensilien für ein paar einschlägige Tricks mit, die ich zu Hause übte. Ich ahnte schon, daß es erforderlich werden könnte, Gott den einen oder anderen Zaubertrick vorzuführen.

Ich hatte schreckliches Lampenfieber, als ich in meinem Büro auf Harry wartete. Bruno beschäftigte sich mit der Überprüfung und Einstellung seiner Geräte. Um die Zeit zu überbrücken, zeigte ich ihm ein paar Zaubertricks. Jedesmal sah oder erriet er, wie ich es gemacht hatte. Ich fühlte mich wie der stotternde jugendliche Zauberkünstler in Woody Allens Theaterstück *Die schwebende Glühbirne*. Sobald der Junge ein Zauberkunststück vermasselt hat, ruft er: «Das w-war's. Ich k-kann es nicht.» Ich war wirklich nervös. Aber Harry kam nicht. Gott sei Dank. Ich hatte noch etwas Zeit zum Üben.

Wir machten einen neuen Termin mit Harry aus, doch auch diesen Termin ließ er verstreichen. Desgleichen den nächsten. Und den folgenden ebenfalls. Aber als er sich dann viele Wochen später tatsächlich materialisierte, hatte ich mein Lampenfieber verloren. Allerdings hatte ich auch Bruno verloren, der mit seiner ganzen Ausrüstung in sein eigenes Labor zurückgekehrt war. Vielleicht hat Gott es ja so gewollt, dachte ich.

Harry Balise schüttelte mir fest die Hand und schenkte mir ein breites Lächeln. Er trug einen dunkelblauen Nadelstreifenanzug, ein weißes Hemd und eine Uniformkrawatte. Seine Schuhe waren spiegelblank poliert. Die Augen hinter seinen dicken Bifokalgläsern waren ständig in Bewegung. Er sah älter aus als neunundvierzig, sein schütteres Haar zeigte an den Schläfen große graue Stellen. Ich war verblüfft über seine Ähnlichkeit mit dem Richter am Obersten Gerichtshof Clarence Thomas. Selbst die Stimme klang ähnlich. Sie flößte nicht unbedingt Vertrauen ein.

«Haben Sie heute schon das Vaterunser gebetet?» fragte er mich.

«Ja», erwiderte ich. Da ich wußte, daß er danach fragen würde, hatte ich es tatsächlich getan.

«Gut ... Aber der Verkehr heute ... schlimm.» Ein paar Minuten lang erging er sich in Klagen über die Parkmöglichkeiten an der UCLA, den heruntergekommenen Zustand von Westwood, die Schießereien zwischen den Jugendbanden und natürlich den Smog. Er fragte, ob ich gern in Los Angeles lebe. Im allgemeinen ja.

«Wenn Sie mit dem Finger auf etwas zeigen und es dadurch zum Verschwinden bringen könnten, worauf würden Sie dann zeigen?» fragte er mich.

Ich dachte einen Augenblick nach. «Auf die Laubgebläse.» Sie gingen mir fürchterlich auf die Nerven.

Harry lächelte breit und nickte. « Ja, die Laubgebläse. Richtig.»

«Die machen mich verrückt», fügte ich hinzu.

«Die Laubgebläse, ja. Die sind schlimm», sagte er.

«Ich höre, Sie haben Probleme mit Metallgegenständen», sagte ich, weil ich befürchtete, Harry könnte sonst auf jedes Laubgebläse in der Stadt mit dem Finger zeigen.

Harry hörte auf zu lächeln. «Ich brauche mich nicht zur Schau zu stellen», sagte er.

Also unterhielten wir uns. Zuerst redeten wir über die gute
alte Zeit, als es noch keine Laubgebläse und auch keinen Smog
gab, die Zeit, bevor die Weißen sich in Kalifornien niederließen.
Harry kannte sich in der Geschichte der Region gut aus. Er erzählte mir von den Gabrielino-Indianern, die ursprünglich in
dem Gebiet gelebt hatten, wo sich heute Culver City befand. Es
waren einfache, friedliebende Menschen gewesen, die nicht
daran gedacht hätten, der Umwelt oder ihren Mitmenschen
Schaden zuzufügen. Sie hatten es sogar zugelassen, daß Frauen
Häuptlinge oder Schamanen wurden, doch der Hohepriester,
ein Mann, besaß als einziger die «heilige Kraft». Mir lief ein
Schauer über den Rücken, als Harry mir berichtete, der Priester
habe auf der Stirn eine Tätowierung aus vertikalen und hori-
zontalen Linien getragen. Dennoch waren die Gabrielinos keine
Killer gewesen. Menschenopfer, wie sie im präkolumbiani-
schen Amerika weithin praktiziert wurden, waren in Südkali-
fornien unbekannt. Bis Manson und seine Familie sich dort niederließen.

«Dann kamen die Spanier und verdarben alles», fuhr Harry
fort. «Sie kommen immer noch von Mexiko her.»

«Ich komme aus New York, und meine Eltern stammen aus
Rußland», sagte ich. «Wo sind Sie geboren?»

Wieder lächelte Harry. «In New York. Aber aufgewachsen
bin ich in Culver City.»

Harry war entspannt genug, mir ein paar Einzelheiten aus
seiner Familiengeschichte mitzuteilen. Von den üblichen sozio-
logischen Indikatoren für paranoide Störungen war keiner zu erkennen. Seine Eltern waren weder dominierend und herrsch-
süchtig noch grausam gewesen. Beide Eltern lebten noch und
standen ihren Kindern wie auch den Enkeln nahe. Harrys erste
Ehe war zwar «schrecklich» gewesen, doch seine Ehe mit Margaret beschrieb er als «glücklich». Damit meinte er sexuelle Be-
friedigung. Bei seiner ersten Frau hatte er sie nicht gefunden. In
späteren Gesprächen erfuhr ich von Margaret, daß ihre Ehe
glücklich gewesen war, bis Harry seinen Job verlor. Danach veränderte er sich. Sie warf ihm vor, er brüte ständig vor sich hin

und sei streitsüchtig. Er habe eine Gereiztheit an den Tag gelegt, die sie noch nie an ihm erlebt hatte, und jeder Kompromiß sei unmöglich gewesen. Danach war ihre Ehe ein einziger Streit. Eine neuerliche Veränderung trat ein, als Harry von seiner dreiwöchigen Reise zurückkehrte. Der Prophet Gottes stieg vom Berg herab.

Was geschah während dieser drei Wochen im Paradise? Ich brauchte sechs Wochen und zahlreiche Gespräche mit Harry, bis ich es herausfand. Er war erstaunlich kooperativ und aufrichtig, vielleicht weil ich ihn kein einziges Mal um eine Demonstration seiner Kräfte bat.

Den Verlust seiner Arbeitsstelle hatte Harry als Erniedrigung empfunden. Er hatte das Gefühl, versagt zu haben. Sein Selbstbild hatte beträchtlichen Schaden genommen. «Es war schwer, den Kindern unter die Augen zu treten, als ich nicht mehr ihr Held und Ernährer war», sagte er mir. Kummer, Angst und das Gefühl, wertlos zu sein, überwältigten ihn. Die Krise lähmte ihn, seine Hilflosigkeit war unerträglich. In seiner Wut ging er auf Margaret los. Harry zog in das Motel, teils um sie eifersüchtig zu machen, teils aus Angst vor seiner eigenen Wut. Es fiel ihm schwer, sich zu beherrschen. Statt zu ihrem Vater aufzublicken, sahen die Kinder auf ihn herab und neckten ihn mit ihrem «Such-dir-einen- Job-Spiel». Ein Teil von ihm hörte sie sehr wohl. Und dieser Teil wurde immer verdrossener. Der andere Teil hatte Angst vor dem, was er noch anrichten könnte. Wenigstens hatte er ein Herz und eine Seele. Er war noch ein Mensch.

Diese Krise schuf die Voraussetzungen für Harrys psychotische Episoden in dem Motel. Als er mir seine Erlebnisse in allen, nahezu stündlich aufgelisteten Einzelheiten schilderte, erkannte ich, daß es sich hier um den Beginn einer religiös-paranoiden Reaktion geradezu klassischen Zuschnitts handelte, unter deren Einfluß viele große Propheten der Weltgeschichte gestanden hatten, die von sich behaupteten, sie kommunizierten mit übernatürlichen Mächten, verstünden deren Absichten und machten sich sogar deren Kräfte nutzbar. Zu diesen Kräften

gehörte auch die Levitation. Jesus ging übers Wasser. Und es gab
Zeugen. Hunderte sahen, wie der heilige Joseph von Cupertino
sich in die Luft erhob, höher als die Kuppel des Petersdoms.
Nach Aussage der Nonnen in ihrem Kloster erhob sich die heilige Theresa von ihrem Stuhl, bis ihr Kopf fast die Decke berührte. Aber war dieser Harry mit dem Gesicht des Richters
Clarence Thomas von göttlicher Kraft erfüllt oder von etwas anderem?

Harry erzählte mir, er habe mit den anderen großen Propheten kommuniziert, die offenbar gleichfalls im Paradise Motel abgestiegen waren. Eigentlich sprach er nicht mit ihnen,
und er sah sie auch nicht, vielmehr tauschte er Gedanken mit
ihnen aus. Es hatte begonnen, als er die Pornofilme auf seinem
Zimmer leid war und anfing, in der Bibel zu blättern, die eine
fürsorgliche Hotelleitung bereitgelegt hatte – offenbar in dem
Bemühen, das spirituelle Wohl ihrer Gäste ebenso zu fördern,
wie sie deren sexuellen Bedürfnissen entgegenkam. Zwischen
den Zeilen des Bibeltextes sprachen die Propheten zu ihm von
Geheimnissen, von Kräften und von Mächten. Er sah die verborgene Botschaft ebenso deutlich, wie Manson sie in der Geheimen Offenbarung und in der Musik der Beatles entdeckt
hatte.

Wenn Harry nachts nicht schlafen konnte, lag er in seinem
Bett, dachte über das Gelesene nach und stellte Fragen. Die Propheten im Zimmer nebenan antworteten ihm über die Rohrleitungen. Anfangs war es nicht deutlich genug, doch mit der Zeit
verstand er sie. Die Rohre in seinem Motel machten einigen
Lärm. Sie vibrierten, brummten und blubberten zu den unmöglichsten Zeiten. Zunächst waren es nur sinnlose Geräusche,
doch dann formten sie sich in seinem Kopf deutlich zu Worten:
«Kraft», «Harry» und «Amen». Manson hatte ähnliches erlebt.
Während einer Aufnahmesession in einem Plattenstudio in
Santa Monica klimperte er auf seiner Gitarre und sang dazu be-
deutungslose Silben: «Digh-tu-dai, deigh-du-doi, ditew-deigh.»
Langsam schälten sich aus den sinnlosen Geräuschen Worte
heraus, und Manson sang sie: «die-tew-dai, die-tu-day, die

today, die today! [stirb heute!]» Harrys Rohrleitungen hatten einen angenehmeren Klang.

Harry kommunizierte nicht nur mit den Propheten, er träumte auch von ihnen. Sehr lebendig und luzid. Er konnte sich an seine Träume erinnern. Die Bilder schossen ihm auch weiterhin durch den Kopf, als wären es Schnappschüsse, die aus einer alten Truhe auf einem verstaubten Speicher zum Vorschein kommen. Ihr luzider Charakter verwirrte ihn. Waren es Erinnerungen an Träume oder etwas anderes? Aber was? Und was bedeuteten sie?

Er unternahm lange Spaziergänge und suchte nach Zeichen. Er wünschte sich Antworten – nein mehr noch, er brauchte sie. Eine Reihe anomaler Erlebnisse oder eigentlich Zufälle gaben der Entwicklung seines Größenwahns Richtung und Form. Auf der Straße begegnete er einem Fremden. Der Mann fragte ihn nach etwas Kleingeld. Harry schwenkte einen Finger, und der Mann verstummte mitten im Satz. Manson gab seinen Anhängern ein Zeichen mit dem Finger und rief: «Sterbt!» Dann ließen sich alle zu Boden fallen und stellten sich tot. Ein wahrhaft gläubiger Anhänger, Brook Posten, verfiel für drei Tage in einen katatonen Trancezustand. Harry war kein Charles Manson, aber die Begegnung mit dem Fremden war ein Anfang.

Harry bemerkte, daß Gegenstände sich merkwürdig benahmen, wenn er sie anstarrte. Ein Stück Papier flog aus einem Autofenster und erregte Harrys Aufmerksamkeit. Er starrte auf das Papier, während es auf die Mitte der Straße geweht wurde. Plötzlich machte es eine abrupte Kehrtwende, flog zurück und kam in der Nähe des Bordsteins zur Ruhe. Solche Dinge passierten ihm nur wenige Male, doch sie machten großen Eindruck auf Harry und gingen ihm nicht aus dem Kopf. Im Motel sah er eine kleine Spinne, die sich an einem kaum erkennbaren Faden von der Decke herabließ. Allein durch die Kraft seines Geistes veranlaßte Harry sie, den Faden wieder hinaufzuklettern. Dieses Erlebnis verblüffte Harry ebenso, wie es die Spinne verwunderte. Harry war sich vollkommen sicher, daß es kein Zufall war. Deshalb wanderte er drei Wochen lang durch Culver City und erprobte die neuerworbene Kraft. Meistens funktionierte es nicht, doch wenn er Erfolg hatte, erfüllte es ihn mit mystischen Gefühlen und einer seltsamen Erregung. Er wurde ein vollkommen anderer Mensch. Und mehr als ein Mensch.

Er sah sich nach weiteren Zeichen um. Zahlen, Orte und Daten besaßen besondere Bedeutung. Harry sagte mir, es sei vorherbestimmt gewesen, daß er in diesem Motel mit dem Namen Paradise die Offenbarungen erhielt. Sein erstes Erlebnis mit der Kraft hatte er dort am achten Tag seines Aufenthalts, und das war zugleich auch sein achter Hochzeitstag. Harry frohlockte, als er mir zum Beweis die Hotelrechnung präsentierte. Aus irgendeinem Grunde hatte man ihm diese Nacht nicht in Rechnung gestellt. Manson maß zufälligen Zahlen und Daten eine ähnlich mystische Bedeutung bei. Und seine Anhänger setzten diese Tradition fort, wenn sie vermerkten, daß Sharon Tate 1966 die Hauptrolle in dem Horrorfilm *13* spielte [der auch unter dem Titel *Eye of the Devil* aufgeführt wurde]. Der Film handelt von einem Totenkult, und die Frau, die Sharon Tate darin spielt, wird von einem Mann getötet, der Ähnlichkeit mit Manson hat. Manson erhielt im Todestrakt die Zelle 13. Der Mord an Sharon Tate geschah am 9. August 1969, dem Jahrestag des Atombombenabwurfs auf Nagasaki. Am selben Abend wurde in Disneyland die Geisterbahn «The Haunted Mansion» eröffnet. Und in der folgenden Nacht wurden die LaBiancas in einem Haus abgeschlachtet, das einmal Walt Disney gehört hatte. Solche Verknüpfungen waren durchaus geeignet, Anhänger des Okkulten auf ihre eigene Geisterbahnfahrt in die Paranoia zu schicken.

Harrys Fahrt war dagegen von Vergleichen erhellt und – unter anderem – von den mystischen Erleuchtungen Buddhas und Mohammeds geleitet. Harry war nicht der erste, der von sich behauptete, mit solch illustren Persönlichkeiten in Kontakt zu stehen. Emanuel Swedenborg, ein Wissenschaftler und Philosoph des achtzehnten Jahrhunderts, wollte wiederholt Gespräche mit Gott, Jesus, Aristoteles, Platon, Luther und Calvin geführt haben. In mehr als hundert Bänden zeichnete er die Gespräche auf, in denen er versuchte, diese Persönlichkeiten zu einer neuen, von ihm entwickelten Theologie zu bekehren. Da Swedenborg vor seiner religiösen Erleuchtung ein kreativer und produktiver Wissenschaftler gewesen war, präsentierte er seinen neuen Glauben an Kontakte mit der Geisterwelt auf eine gleichermaßen wissenschaftliche und überzeugende Weise. Sein Denken und sein sonstiges Verhalten erschienen völlig normal – ein Merkmal paranoider Störungen –, und er fand zahlreiche Anhänger. Zu den von Swedenborg Bekehrten zählten Elizabeth Browning, Samuel Taylor Coleridge, Ralph Waldo Emerson, Johann Wolfgang von Goethe, Immanuel Kant und Helen Keller.

Bislang wußte Harry nur seine Familie hinter sich. Ich bot ihm die Gelegenheit, auch mich zu überzeugen.

«Ich hab's nicht nötig, mich zur Schau zu stellen», sagte er zum xten Male.

«Aber können Sie mir sagen, wie Sie Gegenstände schweben lassen?»

Harry lächelte und schüttelte den Kopf. Das sei ein Geheimnis, sagte er. Ich stellte mir vor, daß es bei Propheten ähnliche Gewerkschaftsvorschriften gab wie bei Zauberkünstlern. Aber ich überredete Harry, mir wenigstens die Theorie der Sache zu erklären.

«Die Materie ist aus Atomen zusammengesetzt, richtig?» sagte er.

«Richtig», stimmte ich ihm zu.

«Und die Atome sind ständig in Bewegung, richtig?»

«Richtig.»

«Und so geht es», sagte er und setzte sein Clarence-Thomas-Lächeln auf.

«So geht was?» Ich verstand nicht, was er meinte.

«Ich gehe rein und bewege sie», gestand er.

Ich mußte an Charles Manson und seine Familie denken, die durch die Häuser der Reichen in Bel-Air und Brentwood schlichen und Dinge stahlen oder umstellten, während die Bewohner schliefen. Das schreckte damals alle auf, die in den westlichen Stadtteilen von Los Angeles wohnten – mich selbst im übrigen auch. Schlich Harry irgendwie zwischen den Molekülen herum? Wenn das möglich war, weshalb verschwendete ich dann fünfzig Dollar im Monat auf ein elektronisches Sicherheitssystem für mein Haus?

«Sie gehen rein und bewegen sie?» wiederholte ich. Das war nur eine andere Formulierung für die Frage, wie er das denn anstellte.

Und er schluckte den Köder. «Ja, richtig. Ich mache es mit dem Verstand», sagte er. «Das ist alles. So hat's auch Christus gemacht.»

Etwas Ähnliches hatte Manson einst über die Kraft gesagt. «Es gibt nur den Verstand», erklärte er. «Der Verstand ist alles. Er ist Buddha. Er ist Christus. Er ist der Teufel. Er ist Gott.»

Ich hatte außer dem Verstand auch noch ein Gerät, mit dem ich Harrys angebliche mentalen Kräfte testen konnte. Es handelte sich um eine modifizierte «Schmidt-Maschine», die zur Prüfung psychokinetischer Effekte entwickelt worden war. Als Psychokinese – kurz: PK – bezeichnet man die Bewegung von Gegenständen aus der Ferne durch die Kraft der Gedanken. Die Maschine benutzt radioaktives Strontium 90 als Zufallsgenerator. Beim Zerfall des Isotops werden Betateilchen freigesetzt, und zwar nach einem vollkommen zufälligen Muster. Ein Geigerzähler fängt die Teilchen ein und leitet sie zu einem elektronischen Schalter, mit dem ein rotes oder ein blaues Lämpchen eingeschaltet wird. Sobald die Versuchsperson den Schalter betätigt, leuchten die Lämpchen vollkommen zufällig auf. Die Versuchsperson muß nun mittels PK die Bahn eines einzigen dieser winzigkleinen Teilchen zu beeinflussen suchen. Theoretisch gesehen sollte das jemandem wie Harry nicht schwerfallen, wenn man bedenkt, wie viele Atome sich in einem Stück Kleenex befinden. Natürlich könnte die Versuchsperson mittels Präkognition auch schwindeln, nämlich durch die Fähigkeit, zukünftige Ereignisse vorauszusehen. Doch in jedem Falle würde ein Ergebnis, das deutlich vom Zufall abwich, auf paranormale Kräfte hinweisen. Ich hatte noch nie jemanden getroffen, der die Schmidt-Maschine schlagen konnte.

Harry war mit einem Versuch einverstanden. «Ich werde absichtlich falsche Ergebnisse produzieren», kündigte er an, ohne zu wissen, daß es völlig gleichgültig war, nach welcher Seite die Ergebnisse von der Zufallsverteilung abwichen. Nach einhundert Durchgängen lag Harry bei vierundfünfzig Fehlversuchen. Das war nicht signifikant, aber ich wollte ihn nicht entmutigen. Ich sagte ihm, es sei vielversprechend. Er klagte, es sei schwierig, sich auf einen Metallkasten zu konzentrieren.

«Wie wär's, wenn Sie es auf Ihre Weise versuchten, mit einem Stück Kleenex oder etwas Ähnlichem?» schlug ich vor.

«Ich bin so real und so wahrnehmbar wie Buddha», erwiderte Harry, «und ich hab's nicht nötig, mich zur Schau zu stellen.»

Ich hatte langsam genug von diesem Mantra. Es war Zeit, daß Harry mir zeigte, was er auf dem Kasten hatte. «Ich bin Buddha begegnet», sagte ich wahrheitsgemäß. Ich erklärte es ihm zwar nicht, aber dies entsprach durchaus den Tatsachen. Ich hatte auf John Lillys Ranch weit oben in den Bergen von Malibu einen Nachmittag in einem Isolationstank verbracht. Nach mehreren Stunden hatte ich die Halluzination eines kleinen Buddha – nicht des heiligen Buddha der Hindus, sondern einer Karikatur, die eher Ähnlichkeit mit einem Mehlkloß hatte.

Harry war überrascht. «Wo?» fragte er.

«In Malibu, vor ein paar Wochen. Ich habe viel aus dieser Erfahrung gelernt.» Harry schien beeindruckt, deshalb setzte ich noch eins drauf. «Er hat mir Geheimnisse anvertraut», log ich.

«Zum Beispiel?» forderte Harry mich heraus.

Darauf war ich vorbereitet. Ich bat ihn um eine Dollarnote, die ich zu einer Kugel zusammenknüllte und auf die geöffnete Fläche meiner linken Hand legte. Während ich mein Gesicht vor Konzentration in Falten legte, erhob sich der Geldschein gut fünfzehn Zentimeter über meine Handfläche. Ich ließ ihn eine Weile vor Harrys weit aufgerissenen Augen schweben, dann sank er langsam in meine andere Hand zurück. Ich wiederholte das Spiel und ließ den zusammengeknüllten Geldschein eine volle Minute zwischen meinen beiden Händen schweben, wobei ich auf den Schein zeigte und mit den Händen darum herumfuhr, um zu beweisen, daß dort nichts war als Luft. Schließlich landete der Schein wieder in meiner linken Hand, und ich gab ihn Harry zurück.

Der Effekt wirkte derart echt, daß ich fast selbst daran glaubte. Aber es war nur ein Zaubertrick, der unter der Bezeichnung «Die schwebende Dollarnote» bekannt war und den man im Hollywood Magic für 15 Dollar kaufen konnte. Dafür erhielt man eine kleine Vorrichtung, die bei allen Geldscheinen funktionierte, und eine kurze Anleitung. Harry hatte dieses Kunststück noch nie gesehen. Und wie er mir sagte, akzeptierte er meine Erklärung, daß Buddha mir die Kraft verliehen habe. Jetzt war Harry an der Reihe.

Er legte den zusammengeknüllten Geldschein auf seine Handfläche und begann ihn anzustarren. «Sehen Sie her! Sehen Sie darunter!» sagte er und lenkte meine Aufmerksamkeit auf den Spalt zwischen den zerknüllten Rändern des Scheins und seiner Handfläche. «Sehen Sie Licht?» fragte er.

« Ja, aber das ist nur, weil –»

Harry unterbrach mich. «Passen Sie auf», sagte er und zerriß den Geldschein in kleine Stücke, die er auf seine Handfläche legte und anstarrte. Das Zittern seiner Hand ließ die Papierstücke ein wenig hüpfen, aber sie schwebten keineswegs, wie er behauptete. Ihre Bewegung blieb weit hinter meiner Leistung zurück, und ich sagte es ihm. Ich spielte gleichsam die Szene nach, in der Dorothy den Vorhang beiseite zieht und den kleinen Professor ans Licht holt, der vorgibt, der großmächtige Zauberer von Oz zu sein. Harry schien nervös und geriet fast in Panik.

Er zeigte auf meine Kaffeetasse und behauptete, sie bewege sich über den Tisch.

«Nein, das tut sie nicht, Harry», sagte ich, hob die Tasse hoch und zeigte ihm den nassen Rand, der immer noch vollständig von der Tasse bedeckt war.

Er zeigte auf meinen Bleistift und behauptete, er rolle.

«Ich habe gerade an den Tisch gestoßen, als ich die Kaffeetasse hochhob», erwiderte ich.

Ich sah die Schweißperlen, die sich über seinen Clarence-Thomas-Augenbrauen gebildet hatten. Dann zeigte Harry mit dem Finger auf meinen Bücherschrank und sagte, er werde gleich umfallen.

Ich lief zum Bücherschrank. Meine Bücher waren mir ebenso wichtig wie mein Kaffee. «Da bewegt sich gar nichts, Harry», sagte ich, nachdem ich den Schrank genau beobachtet hatte. «Beim letzten Erdbeben hat er ein wenig gewackelt. Darum habe ich ihn an die Wand geschraubt.» Ich überprüfte die Schrauben, und sie waren immer noch fest.

Harry war schockiert. Es war, als hätte ihm Anita Hill einen Schlag ins Gesicht versetzt. Ein Miniaturerdbeben lief in kleinen Wellen über seine Wangen. Er biß sich auf die Lippen.

«Ich – Ich hab's nicht nötig, mich zur Schau zu stellen», stammelte er und stürzte zur Tür. Als die Tür mit lautem Knall ins Schloß fiel, glaubte ich fast die Stimme der Vogelscheuche zu hören, die dem entlarvten Zauberer zuruft: «Du Schwindler!»

Ich habe Harry nicht wiedergesehen. Aber ich blieb in Kontakt mit Margaret. Wir trafen uns zu mehreren Gesprächen. Margaret sagte mir, er bringe ihr und den Kindern immer noch die Fähigkeit der Levitation bei, allerdings hätten sie keine sonderlichen Fortschritte mehr gemacht. Er behauptete noch immer, im Besitz der Kraft zu sein. Und sie glaubten ihm noch immer.

Die Familie Balise war ein Beispiel für eine *folie à famille*, jene gemeinschaftliche paranoide Störung, die ich zuvor bei der Familie von Cliff Hill beobachtet hatte [«Die Invasion der Käfer»]. Die Familie Hill war davon genesen, allerdings erst nach Cliffs Selbstmord. Ich wollte nicht untätig zusehen, bis auch hier etwas Ähnliches geschah. Doch Harry Balise ging mir aus dem Weg. In solchen Fällen, in denen das dominierende Familienmitglied nicht direkt erreichbar ist, muß die Behandlung sich auf die übrigen Familienmitglieder konzentrieren, damit der Schaden für die Kinder möglichst klein gehalten werden kann. Ich dachte, es sei einen Versuch wert, dieselbe Taktik, die ich bei Harry angewandt hatte, auch bei Margaret und den Kindern zu erproben: eine Behandlung mit den Mitteln der Zauberkunst.

Die Familie erschien im Sonntagsstaat in meinem Büro. Margaret trug ein wunderschönes rosafarbenes Kleid mit passenden Schuhen und einem Handtäschchen in derselben Farbe; Lynell ein gelbes Partykleid, weiße Strumpfhosen und gelbe Bänder in ihrem Pferdeschwanz. Klein Harry sah wirklich entzückend aus in seinem weißen Hemd mit Malcolm-X-Fliege.

Wir unterhielten uns eine Weile, dann bat ich Margaret und die Kinder um eine Demonstration ihrer Kräfte. Margaret lehnte ab. Lynell und Harry legten kleine Kleenexkügelchen auf ihre Handflächen, kicherten und sagten, sie könnten es.

«Ich kann es», sagte Lynell. «Da unten kommt Licht durch.»

«Ich kann es, Mommy. Ich kann es», rief Klein Harry.

Aber sie konnten es keineswegs. Ich hängte ihre Papierkügelchen an empfindliche Federwaagen und bewies ihnen, daß sie sich nicht bewegten. Die Kinder schenkten den Waagen keinen Glauben. Sie verstanden den Vorgang nicht. Mommy kam ihnen zu Hilfe. «Natürlich könnt ihr es», sagte sie.

Ich hielt mich an Mommy. Ich bat sie, ihre Hand auszustrekken. Dann nahm ich ein Streichholz aus einer Schachtel und legte es auf ihre geöffnete Handfläche. Langsam richtete das Streichholz sich auf. Ich wußte, daß Margaret das nicht nur sah, sondern auch fühlte. Nach wenigen Augenblicken stand das Streichholz senkrecht. Ich tat ungläubig und führte meine Hände über das Streichholz und rundherum, um nachzusehen, ob sich dort Fäden oder Drähte befanden. Es gab keine, sagte ich allen. Ich nahm das Streichholz sogar auf, während es dort stand, und stellte es anschließend wieder auf ihre Handfläche zurück, wo es weiterhin in aufrechter Stellung stehen blieb. Dann neigte sich das Streichholz langsam zur Seite und fiel um.

Margaret schnappte nach Luft und lächelte. Die Kinder jubelten ihr zu.

Ich nahm das Streichholz, legte es beiden Kindern auf die

Handfläche und wiederholte die Demonstration. Alle waren verblüfft über ihre eigenen Kräfte.

«Das ist der PK-Faktor», sagte ich und grinste. So hieß der Zaubertrick, den ich im Hollywood Magic gekauft hatte. Ich erklärte, wie er funktionierte. In dem Streichholz war ein dünner Stahlstift verborgen, und ich führte ihre Hände über einen starken Magneten, der unter einem Blatt Papier auf meinem Schreibtisch verborgen war. So einfach war das. [Die schwebende Dollarnote funktionierte nach einem völlig anderen, aber ebenso simplen Prinzip.] Zauberkunststücke wie dieses, erklärte ich ihnen, waren die einzige Möglichkeit, wie man es schaffen konnte, daß Dinge sich ganz von selbst zu bewegen schienen. Es gab keine geheimen geistigen Kräfte, sondern nur geheime Zaubertricks. Ich redete lange mit ihnen, erklärte ihnen die Grundlagen der Magie, der Täuschung und der Suggestion, erwähnte dabei aber kein einziges Mal ihren Vater.

«Zeigen Sie uns noch mehr Kunststücke», bettelten die Kinder.

Noch nie konnte ich einem kindlichen Publikum widerstehen. Also entschuldigte ich mich für einen Augenblick und ging in die Abstellkammer, in der mein Koffer mit den Zauberutensilien stand. Da redet man von Regression auf kindliche Allmachtsphantasien … Ich öffnete den Koffer, und heraus sprang Rondini, der Zauberer, der kleine Jungen im ganzen Staat New York in seinen Bann gezogen hatte. Seine Hände waren schneller als das menschliche Auge. Er war stärker als die Miniatur-Fingerguillotine. Er brauchte nur einmal mit dem Zauberstab über ein zerschnittenes Tau zu streichen, damit dessen Enden sich wieder zusammenfügten. Rondini!

Also spielte ich mein gesamtes Repertoire vor Margaret und den Kindern. Ich zeigte ihnen den Trick mit dem Eierbeutel, die chinesischen Ringe, die auslaufende Milchkanne und den Trick mit der Zigarette, die eine Münze durchstößt. Kunststücke, die mit schwebenden Gegenständen und mentalen Kräften zu tun hatten, ließ ich aus, um die Kinder nicht zu verwirren. Aber ich benutzte eine leicht abgewetzte Handpuppe aus Stoff, um die

Karte zu ziehen, die Lynell vorher ausgewählt hatte. Zum Finale verwandelte ich ein Streichholz in eine Blume, die ich Margaret überreichte, zog aus einer leeren Röhre ein seidenes Halstuch für Lynell und holte hinter Klein Harrys Ohr eine magische Münze mit der Aufschrift «Mit Dank von Rondini» hervor.

Auch nach diesem wunderbaren Tag voller Magie blieb ich mit Margaret in Kontakt. Die Kinder redeten immer wieder darüber. Doch obwohl Harry nie über diesen Entscheidungskampf zwischen dem Zauberer und Rondini sprach, begann er doch, sich neuerlich zu verändern: Er sah sich nach einer Arbeit um. Er besuchte eine Schule für Haus- und Grundstücksmakler, erwarb dort seine Lizenz und begann, für ein kleines Maklerbüro in Culver City zu arbeiten. Der neue Job gab ihm das Selbstwertgefühl zurück, das er so dringend brauchte, und normalisierte die Beziehung zu seiner Familie. Ich sagte Margaret, am Ende werde Harry den Glauben an die Kräfte ebenso verlieren, wie es bei ihr und den Kindern der Fall war.

«Er ist ein guter Mensch», sagte Margaret.

«Ich weiß», erwiderte ich.

Wie sagte doch der Professor zu Dorothy? «Ich bin ein sehr guter Mensch, aber ein sehr schlechter Zauberer.»

Wochen später trugen ein paar Mitglieder der UCLA-Studentenvereinigung das Schrottauto weg, das immer noch an der Ecke vor meinem Büro stand. Jedenfalls glaubte ich, daß sie es wegtrugen. Was die Laubgebläse angeht, so sind sie immer noch in Aktion. Ich wünschte, ich hätte die Kraft, sie verschwinden zu lassen.

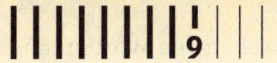

Die zehnte Plage

1

«Bevor wir anfangen», sagte der Kriminalbeamte, «möchte ich
Sie über Ihre Rechte aufklären. Sie haben das Recht zu schwei-
gen, aber alles, was Sie sagen, kann und wird vor Gericht gegen
Sie verwendet werden. Sie haben das Recht, einen Anwalt zu
Rate zu ziehen, der auch bei Ihrer Vernehmung zugegen ist.
Wenn Sie sich keinen Anwalt leisten können, wird man Ihnen
einen stellen. Haben Sie Ihre Rechte verstanden?»

Linda Estrada sah sich um in dem Raum mit den abgenutz-
ten Eichenholzstühlen, den Schreibtischen voller Kunststoff-
kaffeebecher und dem kleinen Ventilator, der summend oben
auf dem verstaubten Aktenschrank stand. Trotz des Ventilators
war ihr so heiß, als säße sie unter einer Batterie Filmscheinwer-
fer. Überhaupt war alles wie beim Film. Der Polizist vor ihr
hätte vom Central Casting sein können. Sie starrte auf das Tonbandgerät auf dem Schreibtisch. Warum nehmen sie alles auf
Band auf, fragte sie sich. Sie wollte nicht hier sein. «Nein, nicht
... oh, bitte! Ich will da nicht rein, nein ... nein», hatte sie ge-
schrien. Man bugsierte sie fast mit Gewalt ins Zimmer. Sie
dachte, man hätte vor, sie umzubringen. Jetzt stellten sie ihr
Fragen. Der Film ging weiter.

«Haben Sie diese Rechte verstanden?» fragte er noch einmal.

«Am-ham», sagte sie. Hyperventilation hinderte sie, mehr
zu sagen.

«Wenn Sie Ihre Rechte verstanden haben, frage ich Sie nun,
ob Sie mit mir sprechen wollen.» Der Detective bemühte sich,
so sanft wie möglich zu sprechen, denn er sah, wie schwach sie
war.

«Hah?» – «Über das, was passiert ist», erwiderte der Detective.

«Am ... Ich – ich weiß nicht ... am ... was passiert ist ... Ich

301

möchte ... zuerst ... einen Anwalt.» Zwischen den Worten rang Linda hörbar nach Luft und versuchte, ihren Atem wieder unter Kontrolle zu bekommen.

Der Detective sah es kommen, daß Linda bald jede Kontrolle verlieren würde. Und das verstand er nur zu gut. Er erinnerte sich an das Tatortszenario, das sich ihm erst vor wenigen Stunden geboten hatte. Man konnte es schwerlich vergessen, und es fiel noch schwerer, darüber zu sprechen. «Okay», sagte er erleichtert, «ich kann Ihnen unmöglich irgendwelche Fragen stellen.»

«Aber ich möchte wissen, was passiert ist», brachte Linda endlich heraus. «Können Sie ... mir vielleicht etwas sagen ... Ich weiß einfach nichts.»

«Also ... es sieht so aus, als ob ... Ich weiß ja nicht, was da passiert ist, aber erinnern Sie sich, daß die Polizei heute zu Ihnen nach Hause gekommen ist?»

«Heute?» Linda wußte nicht, wovon der Detective redete.

«Ja. Sie waren da», sagte er.

«Ich war da?»

«Auch die Feuerwehr ist gekommen.»

«Die Feuerwehr ist gekommen?» Linda geriet wieder in Schweißausbrüche.

«Ihre Tochter war verletzt», flüsterte der Detective.

«O Gott! Ich ... O Gott», flüsterte Linda, und es klang fast so, als betete sie.

«Ich kann es Ihnen nicht schonend beibringen», sagte der Detective leise, «aber Ihre Tochter ist tot.»

«O Gott!» Lindas Schweiß floß in Strömen. Ein Kehrreim von Urlauten drang aus ihrer Kehle, ähnlich dem gedämpften Schreien eines Neugeborenen.

«Linda.» Ein Schlag. «Linda.» Noch ein Schlag. «Linda. Linda», sagte der Detective und versuchte, sie bei Bewußtsein zu halten.

«Ich will meine Tochter», schrie sie.

«Ich weiß. Ich weiß.»

«Ich liebe sie doch.»

Der Detective fuhr in sanftem Ton fort: «Ihre Tochter wies Stichverletzungen auf.»

Linda zog scharf die Luft ein, als hätte sie ein heftiger Schmerz getroffen.

«Wir haben Ihre Wohnung durchsucht und dabei einige Beweisstücke sichergestellt», sagte der Detective. «Wir haben Sie wegen des Verdachts eines Verstoßes gegen Paragraph 187 des Strafgesetzbuchs festgenommen, das heißt wegen Mordverdachts. Sie stehen im Verdacht, Ihre Tochter Amy ermordet zu haben.»

«Nein. Das war ich nicht. Niemals. Das war ich nicht», stieß Linda hervor. Sie sah hinunter auf ihre Hände. Sie waren in Handschellen, weil Linda ständig gegen die Wand geschlagen hatte, als man sie fand. Sie betrachtete ihre geschwollenen Hände. Das waren nicht ihre Hände. «Ich war es nicht», sagte sie. «Niemals. Niemals.» Linda begann zu wimmern. Sie konnte ihre Laute ebensowenig kontrollieren wie ihre Hände.

«Es fällt mir schwer, hier zu sitzen und Ihnen zuzuhören», sagte der Detective. Er versuchte sie mit Details über die Aufnahmeprozedur abzulenken. Vielleicht wäre es besser, einen Arzt zu holen.

Linda beruhigte sich ein wenig. «Kann ich eine Zigarette haben?» fragte sie den Detective. Sie war Kettenraucherin.

«Leider können wir Ihnen keine geben. In diesem Gebäude darf nicht geraucht werden und in der Einrichtung, in die wir Sie anschließend bringen, ebenfalls nicht. Daher müssen wir Ihnen wohl dabei helfen, mit dieser Angewohnheit für eine Weile Schluß zu machen.»

Der Film wurde ja immer schlechter.

2

Ich ging die Akte noch einmal im Geiste durch, als ich die langen Korridore in dem Gefängnis entlanglief, in das man Linda nach ihrer Festnahme gebracht hatte. Ihr Pflichtverteidiger hatte mich als Sachverständigen mit der Prüfung der Frage beauftragt, ob nicht Drogen bei dem Mord eine Rolle gespielt hatten. Ich war alles durchgegangen, die Polizeiberichte, das Autopsieprotokoll, die Bänder von Lindas Vernehmung und die Fotos vom Tatort. Aber ich wußte gar nichts. Der Fall war ebenso mysteriös wie die Stichverletzungen am Körper der mit einem Nachthemd bekleideten siebenjährigen Amy: sechs schlitzartige Einstiche in der Form eines Fragezeichens. Der Leichenbeschauer hatte gesagt, die Verletzungen stammten von einem gezackten Messer, das senkrecht von oben in den Körper gestoßen worden war, und zwar jedesmal fast bis zum Anschlag der Klinge. Sämtliche Stichwunden waren potentiell tödlich. Verletzungen, die von einer Gegenwehr hätten stammen können, waren nicht festgestellt worden. Der Leichenbeschauer nahm an, das Opfer habe entweder geschlafen oder sei so schnell überwältigt worden, daß eine Gegenwehr nicht mehr möglich war.

Begonnen hatte alles mit einem Anruf bei der Nummer 911, und zwar an einem Samstag unmittelbar vor Halloween. Der Beamte hörte eine weinende Frau, dann wurde aufgelegt. Der Beamte rief zurück. Die Frau schrie um Hilfe und ließ dann den Hörer fallen. Man schickte eine Streife zu ihr. Linda ließ sie ein. Sie war hysterisch. Die Polizisten fanden Amys Leiche in einer großen Blutlache auf dem Küchenboden. Der Telefonhörer war nicht aufgelegt. Man fand kein weiteres Blut im Haus und auch keine Anzeichen für einen Kampf. Die Wohnung war sauber und aufgeräumt, wie man es von einer Frau erwartete, die ihr Geld damit verdiente, bei anderen Leuten zu putzen. Selbst die Bilder der lächelnden Linda und ihrer Tochter Amy, mit denen sämtliche Wände der Wohnung buchstäblich tapeziert waren, hingen vollkommen gerade. Neben dem Telefon lag ein angebissener Schokoriegel. Auf dem Küchentisch fand man zwei Beutel mit Süßigkeiten für Halloween. Das Telefonbuch war auf der ersten Seite aufgeschlagen, auf der die Notrufnummer 911 verzeichnet ist.

Linda sagte den Polizisten, sie wisse nicht, was geschehen sei. Dann zeigte sie ihnen einen Wandschrank im Schlafzimmer. Darin fanden sie das Messer. Es war gesäubert und ordentlich verstaut worden.

Was auch an diesem Morgen geschehen sein mochte, Linda hatte alles in einem dunklen Schrank ihres Gehirns verstaut. Bisher war sie nicht fähig oder bereit gewesen, die Tür zu öffnen. Es gab lediglich ein paar Hinweise. Gil, der Freund, mit dem sie zusammenlebte, berichtete der Polizei, die Familie sei am Abend zuvor gegen sechs Uhr zum Essen in ein mexikanisches Restaurant gegangen. Linda aß ungewöhnlich wenig. Sie machten Pläne für das kommende Wochenende. Amy freute sich schon darauf, ihr neues Halloweenkostüm tragen zu können. Nach dem Essen holten sie sich in einer Videothek einen Film, den sie sich zu Hause ansahen. Linda klagte über Kopfschmerzen und nahm einige Aspirin. Gegen halb elf ging Amy in ihr Zimmer, um sich schlafen zu legen. Bevor Linda ihr gute Nacht sagte, legte sie ihr die Hand auf die Stirn und segnete sie. Gil fand das sehr seltsam. Sie sahen sich den Film weiter an. Linda klagte immer noch über Kopfschmerzen. Sie trank etwas Wein, in der Hoffnung, das werde helfen. Doch nun bekam sie Magenschmerzen. Gil sagte ihr, sie solle sich entspannen und alles leichter nehmen.

Gegen elf Uhr war Linda erkennbar aufgeregt. Schon den ganzen Abend war sie ständig aufgestanden und hatte aus dem Fenster gesehen. Jetzt wollte sie aus dem Haus. Sie wollte nicht in ihren vier Wänden bleiben. Laß uns einen Spaziergang machen, sagte sie. Dann änderte sie ihre Meinung, setzte sich wieder und sah sich den Rest des Films an. Wenig später wollte sie wieder hinaus. Gil und Linda fuhren zu einem Laden, der auch nachts geöffnet hatte. Sie wartete im Wagen, während Gil hineinging. Dann drückte sie unablässig auf die Hupe, um Gil zu warnen. Er kam herausgelaufen. Zwei Männer waren in den Laden gegangen. Linda hatte gedacht, sie wollten das Geschäft ausrauben, und bestand nun darauf, augenblicklich wegzufahren. Sie fuhren nach Hause und stiegen in ihr Wasserbett. Es war Mitternacht.

Linda konnte nicht schlafen. Immer wieder stand sie auf und sah überall nach. Geräusche, sagte sie. Sie machten sie nervös. Mitten in der Nacht holte sie sich eine Zigarette, ein Glas Wasser und sogar ein Glas Wein. Sie tat alles mögliche, nur Schlaf fand sie nicht. Um Viertel nach fünf rasselte Gils Wecker.

Linda lag hellwach im Bett. Er zog sich an und machte sich um halb sechs auf den Weg zur Arbeit. Der Anruf bei der Notrufzentrale traf um zwanzig nach zehn ein.

Es fehlten fast fünf Stunden. Waren sie immer noch in Lindas Gedächtnis weggeschlossen? Sollte ich den Versuch wagen, die Tür zu öffnen?

Ich erreichte das Ende des Korridors und sah in dem kleinen Lageplan nach, den mir der Beamte, der meine Sicherheitsüberprüfung vorgenommen hatte, zur Verfügung gestellt hatte. Ich befand mich vor dem Zellentrakt der Frauenabteilung dieser weitläufigen Anlage. Linda war in Block 9, Zelle F, Koje 6 untergebracht. Wenn man die 9 umdreht, aus dem F eine 6 macht, weil es der sechste Buchstabe des Alphabets ist, und die Kojennummer hinzufügt, erhält man 666, die Zahl, die für den Teufel steht, dachte ich. Ein Zufall? Ich schob meine paranoiden Anwandlungen beiseite und machte mich auf den Weg ins Vernehmungszimmer.

Linda kam herein und setzte sich mir gegenüber an den Tisch. Trotz der Tränen in ihren Augen zwang sie sich zu einem Lächeln. Lange dunkle Locken umgaben ihr engelhaftes Gesicht. Sie war wirklich schön. Ich stellte mich vor. Sie sagte mir, ich sei nicht der erste Doktor, mit dem sie spreche. War ich gekommen, um herauszufinden, ob sie verrückt sei? Nein. Ich hatte das Gutachten eines vom Gericht bestellten Psychologen gelesen, der ein paar Minuten mit ihr gesprochen hatte, sie für krank erklärt und eine Unterbringung in einer psychiatrischen Anstalt empfohlen hatte. Er äußerte den Verdacht auf Paranoia, doch welche Art Paranoia konnte eine Mutter dazu bringen, ihr Erstgeborenes abzuschlachten? Ein weiterer Psychologe schrieb, sie sei gesund und müsse nicht in ein Krankenhaus eingewiesen werden. Ich sagte ihr nichts von den beiden Gutachten, denn ich hielt beide nicht für überzeugend. Schließlich hatte Linda beiden Psychologen gesagt, sie wisse nicht, was geschehen sei. Wozu war ich dann gekommen? Um herauszufinden, was geschehen ist, sagte ich ihr.

Und wie? Ich schlug ihr vor, sie solle mir zunächst einmal

ein paar von diesen langen lockigen Haaren überlassen, damit ich sie einer Analyse unterziehen könne. Auf diese Weise lasse sich feststellen, welche Drogen sie genommen hätte. Gil hatte bei der Polizei ausgesagt, sie habe möglicherweise Methamphetamin genommen. Linda bestätigte das und erzählte mir, sie habe zwei Wochen vor dem Vorfall ein wenig gesnieft, wenn sie in fremden Wohnungen putzte. Die Laboranalyse bestätigte ihre Aussage, aber die Mengen waren derart gering, daß sie nicht einmal ausgereicht hätten, einen Menschen wachzuhalten, geschweige denn, solch einen Tobsuchtsanfall auszulösen. Es mußte noch irgend etwas anderes gewesen sein, das Linda in dieser Nacht reizbar machte und nicht schlafen ließ.

Die Anamnese, die ich bei Linda einholte, gab einen Hinweis. Man hatte ihr ein Schilddrüsenmedikament verschrieben, das gelegentlich zu Unruhe und Erregung führt. Ich selbst hatte jahrelang ein ähnliches Medikament genommen und kannte daher die möglichen Nebenwirkungen. Wenn ich nur ein wenig mehr als nötig davon einnahm oder während des Tages etwas zuviel Kaffee trank, konnte es geschehen, daß ich abends stundenlang wachlag und mein eigenes Herz pochen hörte. Ich nahm an, auch geringe Mengen Methamphetamin konnten dieselbe Wirkung haben. Als Linda mir dann noch berichtete, daß sie neben dem Schilddrüsenmedikament regelmäßig auch das Stimulans Phendimetrazin, ein verschreibungspflichtiges Schlankheitsmittel, eingenommen hatte, glaubte ich eine erste Spur gefunden zu haben. Doch bevor ich mich darüber freuen konnte, erklärte mir Linda, daß sie diese Medikamente schon seit sieben Jahren nahm, ohne daß sie unangenehme Nebenwirkungen oder auch nur eine schlaflose Nacht erlebt hatte. Die Medikamente waren absolut verträglich für sie gewesen. Das bestätigten mir später auch die Unterlagen ihres Hausarztes.

Die Familiengeschichte bot kaum etwas, das ich nicht schon aus den Fotos in ihrer Wohnung hatte ersehen können. Sie hatte ein wunderbares Verhältnis zu Gil und zu ihrer Tochter. Alle drei liebten einander sehr. Sie taten alles gemeinsam. Dazu gehörte auch das Einkaufen. Tatsächlich hatten sie an diesem

Freitag das Halloweenkostüm für Amy und ein schnurloses Telefon für das Haus gekauft.

«Als wir zu Hause waren, mußten wir gleich wieder los, um das Telefon zurückzugeben», erzählte Linda.

«Warum?»

«Gil bemerkte die Zahlen auf der Packung», sagte sie.

«Und?»

«Die Seriennummer, glaube ich.»

«Ja, und?» Na, sag's schon, dachte ich.

«Sie war sechs sechs sechs», sagte Linda mit aufgerissenen Augen. Das war unheimlich, denn genau an diese Zahlen hatte ich eben erst gedacht.

Ich fragte Linda, ob sie besonders abergläubisch sei.

«Nein, aber das war die zweite unheimliche Sache, die passiert ist. Am Tag davor habe ich mir mit Gil alte Highschool-Jahrbücher angesehen. Auf einem Bild habe ich gesehen, daß da im Hintergrund ein Toter in einem Baum hing. Als ich noch mal hinsah, war er verschwunden.»

Noch so etwas Unheimliches, und dann bin ich es, der hier verschwinden wird, dachte ich.

«Erinnern Sie sich noch, welchen Film Sie sich an diesem Abend angesehen haben?» fragte ich sie.

«Ich wollte etwas, das sich die ganze Familie ansehen kann, einen echten Familienfilm. Wir haben uns *Die Zehn Gebote* geholt.»

«Ein guter Familienfilm», sagte ich. Nur Moses und Gott. Nichts Teuflisches weit und breit. «Der Film hat mir gefallen», fügte ich hinzu.

«Irgend etwas stimmte nicht», sagte Linda und verzog ihr Gesicht zu einem Puzzle. «Sie haben den Text geändert und die Handlung verdreht. Der Film hat mich ganz verrückt gemacht. Nach einer Weile konnte ich ihn mir nicht mehr ansehen.»

Linda hatte den 1956 entstandenen Film schon einmal als Kind gesehen. Auch ich war noch ein Kind gewesen, als ich ihn sah. Doch die Fassung, die sie an diesem Abend gesehen hatte, besaß so, wie Linda sie mir beschrieb, keine Ähnlichkeit mehr mit der Fassung, an die wir beide uns erinnerten. Als ich die Szenen und Texte notierte, die sie mir schilderte, konnte ich ihr nur beipflichten, daß man den Text verändert und die Handlung verdreht haben mußte. Ich nahm an, der Regisseur dieser Fassung war niemand anderes als der Dämon ihrer Paranoia, den das Methamphetamin und die übrigen Medikamente freigesetzt hatten.

Der Film ist mehr als dreieinhalb Stunden lang. Obwohl Linda ihn nicht bis zum Ende ansah, lief er in ihrem Kopf die ganze Nacht weiter. Auch als Gil am Morgen zur Arbeit ging, lief er noch. Die ständig wiederkehrenden Bilder vermischten sich mit Zeichentrickfilmen, die Amy sich im Wohnzimmer im Fernsehen anschaute. Auch die Szenen und Texte aus diesen Filmen schrieb ich nieder, soweit Linda sich daran erinnerte. Doch kurz bevor sie ihre Tochter erstach, brach ihre Erinnerung ab. «Ich weiß nicht, was passiert ist», sagte sie und warf die Tür ihres Gedächtnisses wieder ins Schloß.

Nachdem ich den ganzen Tag mit Linda gesprochen hatte, war ich begierig darauf, mir den Film auszuleihen und ihn mit der paranoiden Fassung zu vergleichen, die ich auf meinem gelben Formularblock mitgeschrieben hatte. Ich mußte Gil fragen, wann sie das Abspielen des Films unterbrochen und wann sie ihn wieder angestellt hatten. Außerdem wollte ich die Fernsehstation bitten, mir Bänder mit den am Samstag gesendeten Zeichentrickfilmen zur Verfügung zu stellen. Dann wollte ich zurückkommen und Linda zu helfen versuchen, indem wir die veränderte Fassung in ihrem Kopf gleichsam nochmals abspielten. Ich hoffte, die Tür auf diese Weise öffnen zu können.

Bevor ich dem Wärter signalisierte, er solle meine eigene Tür öffnen und mich aus dem Vernehmungsraum herauslassen, fragte ich Linda, ob Amy am Samstagmorgen einen Schokoriegel gegessen hatte. Die Polizei hätte einen angebrochenen Schokoriegel in der Küche gefunden. Vielleicht war Lindas Tobsuchtsanfall dadurch ausgelöst worden, daß Amy von der verbotenen Frucht gegessen hatte. Die Autopsie hatte zwar ergeben, daß Amys Magen leer war, aber vielleicht hatte sie den Riegel schon am Freitag gegessen, doch Linda hatte es erst am Samstagmorgen bemerkt. Es war ein Fernschuß.

«Es war ein Schokoladenfrühstücksriegel», schoß Linda zurück. «Ich habe die Hälfte gegessen, aber Amy wollte die andere Hälfte nicht.»

«Übrigens, was für ein Halloweenkostüm haben Sie für Amy gekauft?» fragte ich sie und dachte mir eigentlich nichts dabei.

«Amy hat es sich selbst ausgesucht. Sie sah so süß darin aus», sagte Linda unter Tränen. «Ein kleines Teufelskostüm. Leuchtend rot, mit Hörnern und einer kleinen Heugabel aus Plastik.»

Jetzt aber nichts wie raus, dachte ich bei mir selbst.

Ich holte mir aus der Videothek *Die Zehn Gebote* und sah mir den Film mehrmals an. Außerdem las ich nochmals das Buch Exodus. Der Film ist eine getreue Adaption der Geschichte aus dem Alten Testament. Beide sind durchtränkt mit einer Gewalttätigkeit, die meinem Kindheitsgedächtnis entfallen war.

Der biblischen Geschichte zufolge fühlt sich der ägyptische Pharao von der wachsenden Zahl der Israeliten bedroht. Er verfügt, daß sie Fronarbeiten leisten müssen, und versucht sogar, alle männlichen Neugeborenen der Israeliten zu töten. Der Säugling Moses wird von seiner Mutter versteckt und von der Tochter des Pharao gefunden, die ihn wie einen Sohn aufzieht. Moses entdeckt seine wahre Herkunft und seine Bestimmung als Führer der Israeliten. Nach zehn Plagen, die in der Abschlachtung der ägyptischen Erstgeborenen gipfeln, läßt der Pharao die Israeliten ziehen. Sie wandern in die Wildnis und gelangen schließlich zum Berg Sinai, wo Gott ihnen das Gesetz in Gestalt der Zehn Gebote offenbart.

So wie Linda erinnerte auch ich mich an einen Film voller beeindruckender Bilder: die ruhmreichen ägyptischen Städte, der brennende Dornbusch, der massenhafte Auszug aus Ägypten mit Tausenden von Statisten und die Trickaufnahmen beim Durchzug durch das Rote Meer. Auch an den Nebel erinnerte

ich mich, der den Todesengel darstellen sollte. Seltsamerweise
hatte ich einen roten Nebel in Erinnerung, aber im Film ist er
grün. Der Kindermord und die zahlreichen anderen Mordszenen gehören nicht zu den Bildern des Films, die Kindern
gewöhnlich im Gedächtnis bleiben. Aber sie waren da, von Anfang an. Die Ägypter ermorden hebräische Kinder, Moses ermordet einen Ägypter, Gott mordet die ägyptischen Kinder, der
Pharao versucht Moses zu ermorden und so weiter und so fort.
Außerdem sind sowohl Tier- als auch Menschenopfer zu sehen.

In meinen Gesprächen mit Gil erfuhr ich, daß die Kinder-
mord- und sonstigen Mordszenen die Stellen waren, an denen
Linda erkennbar die Fassung verlor. Und ganz besonders berührten sie die Bilder von den Plagen. Als das Wasser des Nils sich in
Blut verwandelte, stand Linda auf und begann durchs Haus zu
laufen. «Sie dachte, sie hätte etwas gehört», sagte Gil. «Immer
wieder hat sie die Blenden aufgemacht, um draußen nachzusehen.» Als der brennende Hagel über ganz Ägypten niederging,
lief Linda hinters Haus, um nach dem Wetter zu sehen. Die Plagen mochten das Herz des Pharao verhärten, bei Linda hämmerten sie im Kopf, ließen ihren Magen in Aufruhr geraten und
schürten ihre Paranoia. Ähnlich den Beratern des Pharao, die
wimmerten wie ängstliche Kinder in der Nacht und ihn anfleh-
ten, Moses' Forderungen nachzugeben, krümmte sie sich vor
Angst. Nach der zehnten Plage stellte sie den Videorekorder ab.

In den folgenden sechs Monaten führte ich noch mehrere
Gespräche mit Linda. Jedesmal erfuhr ich weitere Einzelheiten
über die Ereignisse, denn die Erinnerung kehrte langsam zurück. Ich sah mir auch die Zeichentrickfilme an, die am Samstagmorgen gesendet worden waren, erkundigte mich nach den
Wetterverhältnissen an diesem Tag und ging jedem Hinweis bis
ins letzte nach. Ich wagte mich sogar an einen improvisierten
Selbstversuch. An einem Freitag, als meine Frau und meine
Kinder übers Wochenende weggefahren waren, nahm ich genau
dieselbe Menge Schilddrüsenmedikamente, Phendimetrazin
und Methamphetamin, die auch Linda eingenommen hatte,
und sah mir am Abend den Film an. Die ganze schlaflose Nacht

hindurch beschäftigten mich Erinnerungsbilder aus dem Film. Am Morgen sah ich mir die Zeichentrickfilme an und aß einen halben Schokoladenfrühstücksriegel. Ich konnte mich nicht auf die Zeichentrickfilme konzentrieren. Die ständig wiederkehrenden Bilder aus dem Film überdeckten alles. Außerdem war ich übermüdet, hungrig und reizbar. Dann rief mich der Auftragsdienst an. Ich hatte einen wichtigen Termin in meinem Büro verpaßt. Ich schnauzte die Telefonistin an, fragte sie, wie sie dazu komme, mich zu Hause zu stören, und warf den Hörer auf die Gabel. Dann ließ mich ein Geruch aufmerken; ich lief zum Toaster und stieß einen Fluch aus – da hatte ich doch meinen Frühstückstoast vergessen, der nun vollkommen verkohlt war. Ich war froh, daß die Kinder nicht zu Hause waren.

Am folgenden Wochenende fuhr ich wieder zu Linda. Die Tür zu ihrem Gedächtnis und den tödlichen Ereignissen dieses verhängnisvollen Samstags öffnete sich. Endlich konnte sie mir etwas über die fehlenden fünf Stunden erzählen, indem sie mir die wiederkehrenden Bilder aus dem Film schilderte, vermischt mit realen Ereignissen – gleichsam als Film im Film. Und ich konnte die Folge der Ereignisse zusammensetzen, die einen Familienfilm in eine Horrorszene wahrhaft biblischen Ausmaßes verwandelt hatte.

Als ich das Drehbuch ihres Films mit ihr zusammen durchging, durchlebte ich dieses Drama in einer Weise, wie ich das bei keinem Fall zuvor erlebt hatte. Vielleicht hatte das etwas mit meiner Liebe zum Kino zu tun und mit meinem Hang, mich ganz in einen Film hineinzubegeben. Doch was auch der Grund gewesen sein mag, jedenfalls erkannte ich, wie Lindas Paranoia den Film in ihrem Kopf in virtuelle Realität verwandelt hatte. Dank der realen Bilder aus *Die Zehn Gebote* hatte ich das Gefühl, ihre paranoide Sicht der Dinge tatsächlich zu «sehen». Und ich war nicht allein. Ich spürte, daß auch mein Dämon da war. Ich erzähle das Ganze hier wie einen Film, damit vielleicht auch Sie das sehen und fühlen können.

3

AUFBLENDE
Ein Wohnzimmer. Linda, Gil und Amy sitzen vor dem Fernseher und sehen sich DIE ZEHN GEBOTE an. Der Film beginnt mit einer Szene im Beratungssaal Ramses' I., Pharao von Ägypten.

«Alle männlichen Neugeborenen der Hebräer sollen sterben», dekretiert der Pharao. Er wendet sich an den Schreiber: «So sei es geschrieben. So soll es geschehen.»

ÜBERBLENDUNG ZUR AUSSENANSICHT DES HAUSES EINES HEBRÄISCHEN SKLAVEN.
Ein unterdrückter Schrei ist zu hören. Eine Frau kauert neben einer zertrümmerten, leeren Wiege. Mit schmerzerfülltem Blick starrt sie ins Leere. Ein ägyptischer Soldat hat gerade ihr Kind getötet und wischt sein Schwert mit einem Tuch ab. Eine andere Frau drückt ihr Kind an die Brust und versucht zu fliehen.

«Nein, nicht ... o nein. Bitte! Nein ... Bitte nicht!» schreit die Frau vergebens.

Linda sitzt mit starrem Entsetzen da. Das ist nicht der Film, an den sie sich erinnern kann.

SCHNITT: HEBRÄISCHE SKLAVEN BEIM BAU DER SCHATZSTADT.
«Gott hat die Menschen gemacht – die Menschen haben Sklaven gemacht», sagt Josua.

«Welcher Gott?» fragt Prinz Moses.

«Welcher Gott, Mommy», fragt Amy. «Es gibt doch nur einen Gott, oder nicht?»

Linda ist viel zu verwirrt, um antworten zu können. Sie wollen, daß ich glaube, Jesus ist nicht der Sohn Gottes, denkt sie. Das ist böse.

Gil erklärt Amy, daß die alten Ägypter an viele Götter glaubten, aber in Wirklichkeit gebe es nur einen.

SCHNITT: GRANITKOPF DER PHARAOSTATUE.
«Dein Standbild soll noch in tausend Jahren von meiner Treue künden», sagt Moses zum Pharao.

«Tausend Jahre wirst du schlafen», hört Linda.

SCHNITT: NEFRETIRIS GEMACH.

Nefretiri hat gerade ihre Dienerin getötet, um das Geheimnis der wahren Herkunft des Moses zu schützen.

«Ich liebe dich. Ich habe für dich getötet. Ich werde jeden töten, der sich zwischen uns stellt», sagt sie zu Moses.

Die Worte töten und lieben hallen wie ein Echo durch Lindas Kopf.

SCHNITT: MOSES, DER DABEI IST, DEN BAUMEISTER BAKA ZU ERWÜRGEN.

«Der Tod bringt Tod, Baka», sagt Moses.

«Der Tod bringt Tod», flüstert Linda.

SCHNITT: IM SCHLAFGEMACH DES PHARAO.

Er liegt im Sterben. Sein Sohn wird bald als Ramses II. den Thron besteigen.

«Mögen die Götter dich segnen, wenn du zu ihnen ins Land der Toten gehst», betet der Hohepriester.

Der Pharao stirbt.

«Ist er tot, Mommy?» fragt Amy.

«Er schläft tausend Jahre», erwidert ihre Mutter.

«Ist das für immer?»

«Ja.»

SCHNITT: DER TEMPEL DES GOTTES GOD.

Moses ruft gerade die erste Plage herab, die das Wasser des Nils in Blut verwandelt. Der Hohepriester betet zu Num: «Großer Gott des Nil, den alle Götter preisen.»

Nein, nein, sagt Linda zu sich selbst. Die verdrehen alles. Sie wollen mich glauben machen, daß es keinen Jesus gibt. Sie steht auf und läuft im Zimmer auf und ab.

Das Wasser verwandelt sich in Blut. Linda geht in die Küche und zapft am Wasserhahn ein Glas Wasser. Es ist klar. Sie geht zurück ins Wohnzimmer. Ihr Weinglas steht immer noch auf dem Tisch. Ungläubig starrt sie auf den Inhalt: Er ist rot.

SCHNITT: DIE TERRASSE DES PHARAO MIT BLICK ÜBER DIE STADT.

Moses ruft eine weitere Plage herab: Hagel, der wie Feuer auf dem Boden brennt, und eine Finsternis, die drei Tage über ganz Ägypten liegen wird. Fernes Donnern ist zu hören, und aus der Stadt dringen ängstliche Rufe herauf.

Linda geht hinters Haus. Es ist dunkel. Mit angstgeweiteten Augen stürzt sie wieder ins Haus.

SCHNITT: DIE GROSSE HALLE IM PALAST.

«Wenn noch eine Plage Ägypten heimsuchen soll, wird Gott sie nach deinen eigenen Worten schicken», sagt Moses. Er wendet sich zum Gehen, dann fügt er hinzu: «So sei es geschrieben.»

«Der Erstgeborene eines jeden Hauses soll sterben ... angefangen bei Moses' Sohn», dekretiert Ramses II.

Die Berater ringen nach Luft. Ebenso Linda.

Alles wird schneller in ihr, ihr Herz schlägt hastiger, die Gedanken rasen ihr durch den Kopf. Dadurch wird auch der Film schneller. Die Szenen huschen blitzartig über den Bildschirm. Ihr starrer Blick erfaßt nur noch ausgewählte Bilder; ihr angespanntes Gehör nimmt nur mehr Schlüsselworte auf; ihr Methamphetamingehirn läßt das Gesehene und Gehörte bedeutsam erscheinen – als eine Frage von Leben und Tod.

SCHNITT: DER BILDSCHIRM, ÜBER DEN DER FILM RAST, AUS DER PERSPEKTIVE LINDAS GESEHEN.

«O Gott, mein Gott – er selbst hat das Urteil gesprochen», sagt Moses. «Die Macht des Herrn hat mich zu seinem Werkzeug erwählt ... Um Mitternacht wird der Vernichter über Ägypten kommen, und alle Erstgeborenen werden sterben.» Er spricht direkt zu Linda.

«Um mich zu befreien, kommt der Tod zu mir», singt die schöne Lilia. Es ist eine schlichte Melodie von hypnotischer Kraft. Linda sitzt neben Lilia und summt mit.

«Heute noch wirst du mit mir in einer anderen Welt sein, Lilia», verspricht ihr Josua. Er blickt Linda an, während er dies sagt.

«Das sind Jesu Worte», sagt Linda.

Ein grünlichgrauer Dunst senkt sich vom Himmel herab, wie ein Vorhang verdunkelt er den Mond und die Sterne. Er ähnelt einer Geisterhand. Am Boden wird er zu einem Nebel, der durch die Straßen kriecht und unter den Türen hindurch in die Häuser eindringt. Die Stadt ist erfüllt von fernen Todesschreien.

Moses, seine Familie und Linda drehen sich zur Tür um.

Draußen hört man Menschen laufen, dann folgt der dumpfe Aufschlag eines im Laufen hinfallenden Körpers. Der Aufschlag läßt Linda zusammenzucken.

Auf der Straße ruft eine entsetzte Stimme: «Halte das Kind hoch, halte es hoch darüber!»

Linda springt auf, stürzt zum Videorekorder und schlägt mit der Hand auf den Stopschalter, wieder und immer wieder.

ABBLENDE.

AUFBLENDE. LINDAS SCHLAFZIMMER AUS IHRER PERSPEKTIVE.
Linda liegt auf dem Rücken auf ihrem Wasserbett. Neben ihr schläft Gil. Man hört, wie das Wasser durch die Rohrleitungen in den Wänden läuft. Ihr überwaches Gehirn verwandelt das Geräusch des strömenden Wassers in die hastenden Schritte von Menschen draußen auf der Straße.

Sie fliehen vor dem bösen Nebel, sagt sie zu sich selbst. Ich kann ihre Stimmen hören.

«Es ist ein tödliches Zeug.»
 «Lauf und hol Hilfe!»
 «Zu spät – es gibt keine Hilfe.»

Jetzt höre ich Stimmen von oben, denkt sie. Jemand muß auf dem Dach sein. Der böse Nebel ist überall im Haus. Was ist das? Was sind das für Geräusche auf dem Speicher? Nein, keine Geräusche – Musik.

[Lilias Lied erklingt.]

Lilias hypnotischer Ruf nach dem Tod beruhigt Linda. Sie beginnt zu summen und wiegt sich im Rhythmus des Liedes auf dem Wasserbett. Gil wacht auf.

«Da kommt Musik vom Speicher», sagt Linda.

«Wir haben keinen Speicher», erwidert Gil, dreht sich auf die andere Seite und schläft wieder ein.

Kein Speicher, denkt Linda. Mein Gott, was ist nur los?

ABBLENDE.

AUFBLENDE. MORGEN. WEITER AUS LINDAS PERSPEKTIVE.
Gil ist zur Arbeit und Linda wieder ins Bett gegangen. Doch sie kann noch immer nicht schlafen. Die Stimmen haben sie die ganze Nacht wachgehalten. Jetzt hört sie Präsident Bushs Stimme aus dem Fernseher im Wohnzimmer. Sie fragt sich, ob wohl die Regierung hinter alledem steckt.

Linda geht ins Wohnzimmer, wo Amy auf dem Fußboden sitzt und sich Zeichentrickfilme ansieht. Amy hat die Fernbedienung in der Hand. Linda setzt sich auf die Couch hinter ihre Tochter. Eine Horde kleiner Zeichentrickfiguren rennt über den Bildschirm. Plötzlich erscheint Präsident Bush auf dem Schirm und wendet sich direkt an Linda.

«Sie schauen», sagt der Präsident. «Die Kinder der Welt schauen.»

Linda steht auf und stellt den Fernseher aus. Er schaltet sich von selbst wieder ein. In Wirklichkeit hat natürlich Amy ihn mit der Fernbedienung wieder eingeschaltet, die sie benutzt hat, um durch die Kanäle zu schalten.

Linda spürt eine plötzliche Kälte um sich herum. Sie geht ins Schlafzimmer und kommt mit einer um die Schultern gelegten Decke zurück. Das sieht dem Umhang ähnlich, wie ihn ein ägyptischer Soldat wohl getragen haben könnte. Sie geht am Fernsehgerät vorbei. Zufällig erscheint auf dem Bildschirm eine Zeichentrickfigur, die auch eine Decke um die Schultern gelegt hat. Sie hält mit Linda Schritt. Linda bleibt stehen. Die Figur ebenfalls.

«Wir reden mit dir», sagt die Figur. «Wir beobachten dich.»

Linda stellt nochmals den Fernseher ab. Doch schon ist er wieder an. Präsident Bush erscheint auf dem Bildschirm. Er spricht über ... eine Gitarre? Sie schaltet den Fernseher aus. Diesmal bleibt er aus. Linda braucht eine Zigarette und geht in die Küche. Amy folgt ihr.

Als Linda an den Gasherd tritt, um ihre Zigarette anzuzünden, bemerkt sie, daß der Einstellknopf des Ofens die ganze Nacht hochgedreht war. Es ist zwar keine Hitze zu spüren, aber es riecht stark nach Gas. Sofort stellt Linda den Ofen ab und öffnet ein Fenster. Der Himmel draußen ist dunkel und verhangen; es beginnt zu nieseln. Linda ißt ein Stück von einem Frühstücksriegel. Amy hat keinen Hunger.

«Mommy, ich habe geträumt», sagt Amy. «Ich habe geträumt, ich schlafe für immer.»

«Sag so was nicht! Du machst mir angst.» Linda zittert.

«Warum, Mommy? Weil du dann allein bist?»

«Ja», schreit Linda, dann fällt sie auf die Knie und beginnt zu beten.

Amy kommt zu ihr, legt ihrer Mutter die kleine Hand auf die Stirn und segnet sie. Es ist derselbe Segen, den ihre Mutter Linda ihr letzte Nacht gegeben hat.

Plötzlich bemerkt Linda einen schrecklichen Gestank, der die ganze Küche erfüllt. Sie blickt zum offenen Fenster. Der grüne Nebel quillt über die Fensterbank herein. Er ist letzte Nacht nicht vorbeigegangen, schreit Lindas Verstand. Das Böse ist immer noch da. Das Böse ist hier.

Linda läuft zum Telefon. Sie ruft ihren Bruder an.

«Der Antichrist», ruft sie in den Hörer, dann legt sie auf.

«Wen kann ich anrufen und um Hilfe bitten?» fragt Linda, während sie hastig im Telefonbuch blättert. Sie findet Notrufnummern des FBI, für vermißte Kinder, für Fernsehreparaturen. Doch das verwirrt sie nur noch mehr.

Amy nimmt die Karte mit der Telefonnummer ihrer Babysitterin und reicht sie ihrer Mutter. Linda ignoriert sie.

«Zu spät – es gibt keine Hilfe», ruft eine Stimme aus dem Film.

Der Geruch wird stärker. Der grüne Nebel kriecht über den Fußboden der Küche.

«Halte das Kind hoch, halte es hoch darüber!» ruft eine andere Stimme aus dem Film.

Linda hebt Amy hoch und drückt sie an sich. Der Nebel hat schon Amys Beine erreicht. Sie kann ihn fühlen. Das Böse. Linda bricht in Schweiß aus. Amy hat furchtbare Angst. Linda setzt sie ab.

«Du bist auserwählt worden, das Schwert Gottes in Deine Hand zu nehmen», sagt Josua zu Moses zu Linda.

«Mögen die Götter dich segnen, wenn du zu ihnen ins Land der Toten gehst», sagt der Hohepriester zu Linda zu Amy.

Amy steht reglos da, starr vor Angst. Sie faltet die Hände und beginnt zu beten.

«Zu wem betest du?» fragt Linda.

Amy blickt auf und zeigt mit dem Finger gen Himmel.

Das Messer stößt herab.

Linda, den ägyptischen Soldatenumhang immer noch über den Schultern, wischt das Messer mit einem Tuch ab, steckt es in die Scheide und legt es in den Wandschrank. Sie geht ans Telefon und ruft die 911 an. Welches Böse ihre Tochter auch getötet haben mag, jetzt ist es im Wandschrank eingeschlossen. Als die Polizisten später das Messer finden, entdecken sie dort auch einen kleinen Plastikbeutel mit Resten eines weißen Pulvers. Sie unterziehen das Pulver einem Rauschmittelerkennungstest. Man gibt etwas Mandelin-Testflüssigkeit zu dem Pulver; wenn die Substanz Methamphetamin enthält, verfärbt sie sich grün.

ABBLENDE.

4

Linda war emotional viel zu aufgewühlt, um sich einem Hauptverfahren zu stellen; deshalb akzeptierte sie einen juristischen Handel: elf Jahre Gefängnis wegen Totschlags. Die kleinen Mengen Methamphetamin, die sie eingenommen hatte, hatten sie in Verbindung mit den Schilddrüsenmedikamenten und den Schlankheitsmitteln ganz in den Film hineinversetzt und nun ins Gefängnis gebracht. Wenn Linda herauskommt, wird Gil sie erwarten. Noch im Gerichtssaal, kurz nach der Urteilsverkündung, haben sie einander das Eheversprechen gegeben. Wie Josua, so versprach Gil ihr, daß das Morgen ihnen eine neue Welt bringen würde.

So sei es geschrieben.

So soll es geschehen.

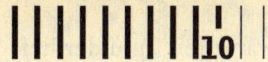

10

Die Jagd nach dem letzten Zwerg

Lou Levin griff in die Luft vor seinem Gesicht und fletschte die Zähne. Er zeigte mir, was der Zwerg getan hatte, als er angeschossen worden war. Die Möglichkeit, daß der Zwerg ums Leben gekommen war, machte mir weit weniger Sorgen als die Tatsache, daß Lou bei seiner Gebärde beide Hände vom Steuer genommen hatte. Kurz vor einer scharfen Kurve griff er gerade noch rechtzeitig nach dem Lenkrad. Der Porsche 911 nahm die Kurve höchst eindrucksvoll.

Ich saß zum erstenmal in Lous neuem Wagen. Er erzählte mir allen Ernstes, daß er eine volle Woche für die achtzig Riesen gearbeitet hätte, die er für den Wagen hatte hinblättern müssen. Ich dachte, wenn ich ihm sagte, mir gefiele der Porsche, würde er ihn mir vielleicht allen Ernstes schenken. Also sagte ich ihm, der Wagen sei ein Gedicht. Er bot mir lediglich den Schaltknüppel an und ließ mich schalten, während wir durch die Hügel von Bel-Air fuhren, eine exklusive Wohngegend in Los Angeles. Der Wagen machte größeren Eindruck auf mich als die teuren Anwesen. Worte wie «komfortabel», «ausgeglichen», «von überlegener Stabilität» kamen mir in den Sinn – alles Dinge, die man von Lou nicht behaupten konnte. Aber der Porsche und er hatten dennoch eines gemeinsam – Stil.

Lou trug wunderbar geschnittene Kleidung von Bijan in Beverly Hills. Am liebsten waren ihm Hemden ohne Jackett, Hosen ohne Bügelfalte und Mokassins ohne Socken. «Einstein hat auch keine Socken getragen», erläuterte Lou, der sich für ein Genie in der Welt des Drogenhandels hielt. Als wir jedoch in den Wagen stiegen, zog Lou die Mokassins aus und schlüpfte in ein Paar Slipper, wie die Astronauten sie tragen, wenn sie mit ein paar tausend Stundenkilometern um die Erde fliegen. Lou sagte, die weichen Ledersohlen der Slipper gäben ihm ein besseres Gefühl für das Auto – fast so, als zöge er sich den Wagen an.

Ich hatte Angst, wir könnten ebenfalls im Weltall landen, als

Lou durch die Berge raste. Das Verdeck war offen, und der heftige Fahrtwind erhöhte noch das Gefühl von Geschwindigkeit. Da ich keine Kopfbedeckung trug, flatterte mein Haar im Wind, beschämenderweise in einem Stück wie eine Flagge, denn ich hatte ausgiebig Haarspray benutzt, um es am Kopf festzupicken und dadurch die kahlen Stellen zu verbergen. Immer wieder schlug mir der Schopf ins Gesicht und erinnerte mich daran, daß ich im Begriff war, den Kampf gegen meine Gene zu verlieren.

Lou trug seine Kahlheit ebenso selbstbewußt wie seine Kleidung und seinen Wagen. Er hatte nur noch einen schmalen Kranz rabenschwarzen Haars, das er zu einem kurzen Pferdeschwanz zusammengebunden trug. Es sah aus wie ein schwarzer Knoten. Er war recht ansehnlich, und die glatte Haut strafte seine sechzig Jahre Lügen. Lou sagte, er treibe jeden Tag Gymnastik in seinem Fitneßraum zu Hause, und dorthin waren wir unterwegs. Er sah auf seine Armbanduhr, eine goldene Piaget, und nahm wieder einmal beide Hände vom Lenkrad, als er auf die Uhr zeigte. Die Geste schien mir unnötig, denn die Instrumente am Armaturenbrett zeigten nicht nur die Zeit, sondern auch die Außentemperatur an. Es war später Nachmittag, und die Temperatur lag immer noch bei siebenundzwanzig Grad, in anderen Stadtteilen sogar darüber. Der August war der heißeste und blutigste Monat des Jahres in der Stadt der Engel. Wenn die Temperaturen stiegen, stieg auch die Mordrate. Im August lag sie in der Stadt bei sechsundachtzig Morden. An einem einzigen Tag dieser heißen Woche hatte es demnach sieben Morde gegeben – oder sogar acht, wenn man den Zwerg mitrechnete, den Lou getötet haben wollte.

Er wollte unbedingt vor Sonnenuntergang zu Hause sein, damit wir nach der Leiche suchen konnten. Lou hatte versprochen, mich anschließend zu einem Arbeitssessen einzuladen. Sein Anwalt wünschte mich als Gutachter der Verteidigung in einem Prozeß, den man wegen Hehlerei und Drogenhandels gegen seinen Mandanten angestrengt hatte. Die Staatsanwaltschaft warf ihm vor, einen großen Kokainverteilerring zu steuern. Da es zahlreiche Beweise gab, schien eine Verurteilung sicher. Der Anwalt hoffte, ich würde psychologische Gründe für eine Strafmilderung ausfindig machen.

Lou führte mich auf eine Sightseeingtour durch die Gegend. Wir fuhren jedoch nicht nur in Bel-Air herum, sondern durch einen abgeschlossenen Bereich in Lous Gehirn, der gelegentlich als «paranoide Pseudogemeinschaft» bezeichnet wird. Die Pseudogemeinschaft ist eine phantasierte Organisation realer und eingebildeter Personen, die an einer Verschwörung gegen den paranoiden Patienten beteiligt sein sollen. Lous Pseudogemeinschaft bestand aus den höchst realen DEA-Agenten, die ihn seit Jahren beobachteten, und einer eingebildeten Armee von Zwergen, die ebenso eingebildete Mafia-Nachbarn angeheuert hatten. Es war entschieden die verrückteste Pseudogemeinschaft in der gesamten psychiatrischen Literatur.

Während wir um Lous Block kreisten, zeigte er mir die Häuser, die der Mafia gehörten. Er hielt nach Beobachtungsfahrzeugen der DEA Ausschau, sah aber keine. Obwohl Lous paranoide Pseudogemeinschaft – wie all diese Pseudogemeinschaften – zweifellos ein paar merkwürdige Gestalten aufwies, so verkörperte sie dennoch das auskristallisierte Endstadium zutiefst paranoiden Denkens. Bevor es zu dieser Kristallisation kommt, sieht der Paranoiker sich mit einer ominösen Bedrohung konfrontiert, die er nicht einzuordnen vermag, so daß er ein tiefes Mißtrauen entwickelt und alles auf sich bezieht. Er hat massive Ängste und ist verwirrt. «Sie» sind da draußen. Aber wer sind «sie», und warum bedrohen «sie» ihn? Der Paranoiker sucht und spekuliert und findet endlich eine Antwort. Jetzt wird auf einmal alles sonnenklar. Die Pseudogemeinschaft erklärt die massiven Ängste und alles, was da geschieht. Als Lou mir von seiner Pseudogemeinschaft erzählte, schien er erleichtert zu sein, daß er endlich wußte, wer «sie» waren.

Ich wußte, daß es für einen Drogenhändler wie Lou keineswegs ungewöhnlich war, eine so massive Paranoia zu entwickeln, wie sie zum Aufbau einer Pseudogemeinschaft erforderlich war. Seit Jahren schon half ihm die Paranoia, weder der

Polizei noch seinen Feinden ins Netz zu gehen, und sie hatte schon vielen Drogenhändlern geholfen, die gleichfalls unter dieser Berufskrankheit litten. Anfang des Jahrhunderts bezeichnete man die Drogenpolizisten als «Bullen», und von Menschen, die sich vor der Drogenpolizei fürchteten, sagte man, sie hätten die «Bullenangst». Lou hatte eine tödliche Angst vor DEA-Agenten, und als Drogenhändler hatte er allen Grund, sich vor diesen «Bullen» zu fürchten. Soweit er sich am organisierten Verbrechen beteiligte, war auch seine Angst vor der Mafia verständlich. Aber wer oder was waren diese Zwerge? Ich wollte einem begegnen – selbst wenn er tot war – und es mit eigenen Augen sehen.

Wir hielten vor einem großen Tudor-Haus in einer abgelegenen Gegend von Bel-Air. Ein schäbiger weißer Wagen mit einem Schild «U.S. Mail» im Fenster stand in der Auffahrt. Lou führte mich durch einen Seiteneingang in die Küche. Es war eine wunderschöne Landhausküche, ganz in Kiefer und Kacheln gehalten, voller glänzender Kupfertöpfe und Pfannen, die von der Decke herabhingen. Ich stand da und bewunderte die Sammlung Kochbücher, während Lou ins Nebenzimmer ging. Er redete mit einer Frau, die ich für seine Ehefrau hielt, dann kam er mit einem Stapel Briefe zurück und bat mich mitzukommen, weil er kurz die Post durchsehen wolle.

«Ich dachte, wir wollen nach dem Zwerg sehen», sagte ich. Es war spät geworden, und heute war Neumond. Ich fürchtete, es könnte bald so dunkel sein, daß wir gar nichts mehr sehen würden.

«Sie wollten doch wissen, woher ich von den Zwergen weiß», erwiderte Lou.

«Ja.»

«Dann kommen Sie!»

Er führte mich in ein kleines Büro neben der Küche. Das war Lous »Postzimmer«. Ich sah einen kleinen elektrischen Wasserkocher, ein Bügeleisen und einen Fotokopierer, außerdem einen großen gläsernen Arbeitstisch mit Petrischalen und Bechern voller Klammern, Kamelhaarpinsel, Baumwolläppchen und kleiner Werkzeuge. Über dem Tisch waren eine fluoreszierende Vergrößerungslampe und eine Infrarotlampe angebracht. Eine Flasche mit der Aufschrift «Tet-Cl» verriet das Geheimnis dieses Raums. Es war Tetrachlorkohlenstoff, eine Chemikalie, die man dazu benutzte, den Kleber an Briefumschlägen zu lösen. In der Sprache der Geheimdienste war Lous «Postzimmer» die Abteilung «Briefüberwachung», in der man heimlich Postsendungen öffnete.

Lou sah den Stapel Briefe durch und zog einen heraus. Er war an einen Nachbarn adressiert, aber seine Frau, die sich als Postfrau ausgab, hatte ihn abgefangen. Er schob ein kleines Instrument, das wie ein Elfenbeinspatel aussah, unter die Lasche und löste vorsichtig die Klebeverbindung. Er nahm den Brief heraus, las ihn, legte ihn zurück und klebte den Umschlag wieder zu. Die ganze Operation dauerte nur wenige Minuten. Die Briefe trocken zu öffnen sei am besten, erklärte er mir, weil das sehr schnell gehe und fast nicht zu erkennen sei. Als nächstes demonstrierte er mir die entsprechende Naßtechnik, bei der er durch vorsichtiges Dämpfen die Telefonrechnung eines anderen Nachbarn ans Licht holte. Er hatte ein paar Schwierigkeiten, aber am Ende gelang es ihm, den Brief ohne erkennbare Schäden zu öffnen. Lou zeigte auf eine der unter «Ferngespräche» auf der Rechnung aufgeführten Telefonnummern. «Das ist eine Nummer mit Verbindung zur Mafia», sagte er. Dann fotokopierte er die Rechnung, verschloß den Umschlag wieder und reichte ihn mir. Ich sah ihn mir genau an und konnte kein Anzeichen dafür erkennen, daß der Umschlag gedämpft und geöffnet worden war.

Während Lou die übrigen Briefe öffnete und wieder verschloß, erklärte er mir, daß mehrere Nachbarn Mitglieder der Mafia seien und als Agentenführer der Zwerge fungierten. Den Tag über blieben die Zwerge in den Häusern dieser Nachbarn, doch nachts kämen sie herüber und veranstalteten ihre Raubzüge auf seinem Anwesen. Ich warf einen Blick auf einige der Adressen. Es war kein einziger italienischer oder sizilianischer Name darunter. Die meisten waren jüdisch. War Lou sich sicher, daß die Mafia die Hand im Spiel hatte?

«Wer hat denn all das Geld?» fragte er mit einem blasierten Ausdruck im Gesicht.

Ich antwortete nicht.

«Wer hat die guten Leute?»

Ich schüttelte den Kopf.

«Und wer hat den meisten Grund, neidisch auf mich zu sein?» Ich schüttelte nochmals den Kopf, während Lou seine Fragen selbst beantwortete. «Die israelische Mafia», sagte er im Brustton der Überzeugung.

«Ach, kommen Sie, Lou, das ist in Los Angeles doch eher Mythos als Realität», protestierte ich. Vor Jahren hatte ich als Gutachter in einem Prozeß gegen eine angeblich israelische Mafia ausgesagt. Jehuda Avital und Joseph Zakaria, zwei israelische Staatsbürger, erschossen damals Eli und Esther Ruvens, die einen Kokaindealerring in Los Angeles führten. Die zwei Killer vergewaltigten Esther, erschossen die beiden und zerstückelten anschließend die Leichen. Während ihres blutigen Geschäfts hatten sie eine Pause eingelegt, um sich mit etwas Obst zu erfrischen. Der Fall war entsetzlich, und die Medien redeten von einer israelischen Mafia mit allem, was dazugehörte. Doch ich sah keinerlei Anzeichen für eine kriminelle Organisation, die Ähnlichkeit mit der Mafia besessen hätte. Zwei Israelis tun sich zusammen, und die Staatsanwaltschaft nennt das eine Mafia. Dabei ist das nicht mal Minjan [die Mindestzahl von zehn erwachsenen Männern, die zur Abhaltung eines Gottesdienstes erforderlich ist]. Es gab keinen Zweifel, daß die Angeklagten sich zu den Morden verabredet hatten. Man konnte sie als «Gannefs» [Gauner] bezeichnen, aber doch nicht als Mafia. «Es ist unwahrscheinlich, daß es sich um eine organisierte Mafia gehandelt hat», sagte ich zu Lou. Ich war der *Momche* [der Sachverständige], ich müßte es doch wissen.

«Wer sonst?» fragte er und sah mich mit seinen strahlendblauen Augen an. «Wer hätte denn sonst etwas dagegen, daß ein anderer Jude wie ich es zu was bringt? Wer denn sonst würde einen schwarzen Zwerg anheuern, damit er die Schmutzarbeit für ihn macht?»

«Die Zwerge sind schwarz?» fragte ich.

Er nickte. «Nigger mit kleinen grünen Bärten.»

«Etwa so groß wie ein kleines Kind?» fragte ich und versuchte, den rassistischen Tonfall zu ignorieren. Ich suchte nach einem realen Stimulus, der Lous Fehlwahrnehmung ausgelöst haben konnte. Vielleicht gab es tatsächlich schwarze Familien in der Nachbarschaft. Ein kleines Kind, das sich hinter einem Busch versteckte, konnte sogar den Eindruck eines grünen Bartes hervorgerufen haben. Im stillen nahm ich mir vor, die Haushalte in der näheren Umgebung daraufhin zu überprüfen.

«Kleiner», sagte Lou. Er hielt die Hand knapp fünfzig Zentimeter über die Tischplatte. Das war entschieden zu klein für einen zwergwüchsigen Menschen oder für ein Kind, aber zu groß für eines der halluzinierten Wesen, die Kokainkonsumenten wie Richie D. [«Richie in Whackyland»] gequält hatten. Ein paar Kokainsüchtige in Los Angeles hatten den Ausdruck *dweef* für die winzigen Zwerge geprägt, die mit ihrem Wahrnehmungsvermögen Katz und Maus spielen. Aber Lous Zwerge *[dwarfs]* waren keine *dweefs*. Sie waren Killer. Und als Lou seine Zwerge genauer beschrieb, wurde mir klar, daß es sich nicht um die verschwommenen Schwarzweißgestalten handelte, die das kokainverseuchte Gehirn typischerweise hervorbringt.

Lou sagte mir, sie hätten dichtes schwarzes Haar und dicke, buschige Augenbrauen. Außerdem gingen sie merkwürdig gebückt. Großer Gott, dachte ich, da fehlen nur Brille und Zigarre, und wir haben eine Miniaturausgabe von Groucho Marx.

«Sie haben einen großen Mund und zwei gebogene Zähne, die wie Hauer aussehen», sagte Lou, während er die Arbeit an den Briefen fortsetzte. «Und große Ohren wie Mr. Spock», fügte er hinzu. Das kann doch nicht sein Ernst sein, dachte ich. Er gibt sich nicht mal Mühe, verängstigt zu erscheinen.

Lous Zwerge erinnerten mich an die Bande Smurfs, die 1983 Schulkinder in Houston in Angst und Schrecken versetzt hatten. An sich sind die Smurfs niedliche kleine Zeichentrickfiguren. Aber die Smurfs von Houston waren alles andere als niedlich. Es hieß, sie hätten sich den Körper blau angemalt und trügen schwarze Jacken sowie kleine Messer und Maschinenpistolen. Die Schulkinder behaupteten, die Smurfs lauerten in den Toiletten und warteten auf eine Möglichkeit, sie anzugreifen. Es ging das Gerücht, sie hätten bereits einen Schuldirektor getötet. Die Paranoia nahm solche Ausmaße an, daß die Kinder sich weigerten, auf die Toilette zu gehen; viele Kinder blieben zu Hause, und zumindest eine Familie nahm ihr Kind von der Schule und zog nach Philadelphia. [Es war gewiß nur ein Zufall, daß Lou seine Kindheit in Philadelphia verbracht hatte.] Wie sich später herausstellte, war die Panik nichts als die phantasievoll übertriebene Reaktion auf Nachrichten über eine Jugendbande namens «die Smurfs», die in der Umgebung der Stadt ein paar kleinere Diebstähle begangen hatte. Vielleicht waren Lous Zwerge ja phantasievolle Verkörperungen seiner alten Angst vor der israelischen Mafia, vermischt mit den Possen einiger sehr realer Kinder aus der Nachbarschaft.

«Sind die Zwerge auch Israelis?» fragte ich ihn. Wenn die mafiosen Nachbarn schon Israelis waren, warum dann nicht auch die Zwerge?

«Nennen Sie mir doch einen jüdischen Zwerg», sagte er zu mir. «Einen einzigen!»

Rasch durchforschte ich mein Gedächtnis nach Zwergen. Da gab es Schneewittchens sieben Zwerge, darunter Dopey, den ich am liebsten mochte. Das waren Erfindungen ebenso wie die Zwerge in Tolkiens *Hobbit*. Dann war da noch General Tom Thumb, der 67 cm große Liliputaner, der im Zirkus Barnum auftrat, aber der war ein Christ. Mir fiel kein einziger Zwerg ein, ob erfunden oder real, der Jude war.

«Sehen Sie?» sagte Lou, als ich ihm die Antwort schuldig blieb.

«Was sind sie dann?» fragte ich ihn.

Er hielt die leeren Hände nach oben und zuckte die Achseln. Er wußte nur, daß die israelische Mafia sein Haus seit mehr als zwei Jahren beobachtete und die Informationen an die DEA weitergab. Vor einem Jahr etwa hatten sie ihm die Zwerge auf den

Hals geschickt. Es waren insgesamt dreizehn, behauptete Lou, und diese Zahl brachte ihnen kein Glück, denn wie Lou mir berichtete, hatte er alle bis auf einen verscheuchen können. Das war auch der einzige, den er jemals aus der Nähe gesehen hatte; ihn, den letzten Zwerg, glaubte er vergangene Nacht erschossen zu haben. Das erklärte auch seine unbeschwerte Stimmung; er nahm an, sie wären für immer verschwunden. Aber warum dreizehn? Besaß diese Zahl eine okkulte Bedeutung? Die israelische Mafia werde von Leuten mit dem Verstand von Kindern geführt, erklärte Lou mir. Sie könnten nicht weiter zählen als bis dreizehn, dem Alter, in dem männliche Juden erwachsen werden. «Wahrscheinlich liegt ihr kollektiver IQ auch bei dreizehn», meinte Lou sarkastisch. Er maß der Zahl also wohl keine okkulte Bedeutung bei, doch was er darüber dachte, war eindeutig paranoid.

Als Lou mit «seiner Post» fertig war, gingen wir hinaus, um nach der Leiche zu suchen. Er zeigte mir einen kleinen Baum, bei dem er den Zwerg zuletzt gesehen hatte. Lou hatte zwei Schüsse aus seiner Sportpistole Kaliber 0.22 abgegeben. Eines der Geschosse hatte er in dem Baum gefunden. «Der kleine Scheißkerl ist mit der anderen Kugel abgehauen. Müßte eigentlich tot sein», sagte er.

Wie konnte er sich da so sicher sein? Das Grundstück war riesig. Ein Gärtner hätte sich darin verirren können, erst recht eine 0.22er Kugel.

«Ich habe mit einer Walther-OSP-Sportpistole geschossen – kostet mehr als zwei Riesen», sagte Lou in seiner prahlerischen Manier. «Damit schieße ich nie daneben.» Ich war mir sicher, der Baum würde ihm zustimmen.

Wir suchten erfolglos, bis es dunkel war, dann gingen wir zu Lous Wagen, um zum Essen zu fahren.

Alle in dem italienischen Restaurant schienen Lou zu kennen. Er drückte dem Oberkellner einen Geldschein in die Hand, und der führte uns zu einem Tisch, der etwas abseits stand. Lou setzte sich mit dem Rücken zur Wand, so daß er den ganzen Raum im Auge behalten konnte. Man brachte eine Flasche sei-

nes ganz persönlichen Weins an den Tisch. Wir prosteten uns
zu, dann machte Lou mir Vorschläge für das Menu. Als wir bestellten, sagte er dem Kellner, der Küchenchef solle besonders
viel Knoblauch an unser Essen tun.

Da ich Knoblauch mag, protestierte ich nicht. Aber warum
besonders viel?

«Sie hassen Knoblauch», sagte Lou und meinte damit die
Zwerge. Er benutzte das Wort mit «Z» nicht gerne in der Öf-
fentlichkeit. «Alles, was riecht, können sie nicht leiden, ganz
besonders Knoblauchatem.»

«Hmm … wie Vampire», scherzte ich, denn ich suchte bei
ihm nach einer Spur Humor, die mir hätte zeigen können, daß
Lou doch nicht völlig dem Wahn erlegen war, wie es den Anschein hatte.

«Wer weiß? Wer weiß?» Lou öffnete schulterzuckend die
Hände.

Da es sich um ein Arbeitsessen handelte, holte ich meinen
Taschenrekorder hervor und legte ihn auf den Tisch. Lou hatte
nichts dagegen. Er zog seinen eigenen Rekorder aus der Tasche
und legte ihn neben meinen. Die Geräte würden zwar dasselbe
Gespräch aufzeichnen, aber ich fragte mich, ob Lou wohl jemals
dieselben Dinge hören würde wie ich.

Lou erzählte mir aus seinem Leben. Seine Eltern lebten
noch; sie waren beide schon über neunzig; wahrscheinlich war
das der Grund, weshalb Lou überzeugt war, seine Gene würden
es ihm ermöglichen, jede denkbare Gefängnisstrafe auszusit-
zen. Er hatte eine normale Kindheit verbracht. Nach dem Ju-
nior-College, das er als einer der besten seiner Klasse abschloß,
stieg er in das Geschäft mit dem Glücksspiel ein. Ich hatte also
recht mit meiner Vermutung, daß er aus seiner Vergangenheit
noch Verbindungen zum organisierten Verbrechen besaß. Lou
behauptete, er sei klüger als alle anderen, einschließlich der
Polizei, die bei seiner Festnahme nur für einen Bruchteil seiner tatsächlichen Aktivitäten Beweise gefunden hatte. Das
Geheimnis sei das Magnesiumpapier. Lou benutzte für seine
Buchführung ein spezielles, mit Magnesium behandeltes

Papier. Wenn man ein Streichholz oder eine brennende Zigarette daranhielt, entzündete sich das Papier augenblicklich und
brannte blitzartig ab, ohne Asche oder sonstige Rückstände zu
hinterlassen. Lou sagte, früher hätten alle Buchmacher diesen
Trick gekannt, aber die heutigen Spieler und Drogendealer
wüßten offenbar nichts davon.

Ich zog ein Blatt Magnesiumpapier aus meiner Brieftasche.
Lou war überrascht. Ich erklärte ihm, daß ich dieses Papier
schon seit meiner Kindheit bei meinen Vorstellungen als Ama-
teurzauberkünstler benutzte. Es gab nichts Besseres, um das
Publikum in Erstaunen zu versetzen oder um es abzulenken.
Ich trug es bei mir, weil ich meine Kinder beim Essen gern damit unterhielt. Die kleinen Mümmler, wie meine Frau und ich
sie bei solchen Gelegenheiten liebevoll nannten, waren stets
begeistert.

Lou nahm das Blatt Papier, zückte einen Cross-Kugelschrei-
ber aus massivem Gold, schrieb die Zahl 13 auf das Papier und
ließ es mit Hilfe eines Streichholzes verschwinden. Es war nur
ein Zauberkunststück. Glaubte Lou wirklich, die Zwergen-
armee würde ebenso leicht verschwinden? Oder gar die israelische Mafia? Die wohnte ja immer noch in der Gegend. Lous
wahnhaftes Denken hatte für alles eine Erklärung gefunden. In
seinen Augen hatten die Kindsköpfe, die an der Spitze der israelischen Mafia standen, keinen Mumm; deshalb hatten sie
«diese» angeheuert. Man brauchte ihnen nur die Eier abzu-
schneiden – das heißt «sie» loszuwerden –, und das Problem
war gelöst. Heute Abend feierte Lou die letzte Kastration.

Ich lenkte das Gespräch zurück auf Lous Wahrnehmung der
Zwerge. Während unseres Gesprächs in meinem Büro hatte er
mir zwar bereits einiges erzählt, aber ich wollte mehr erfahren.
Lou hielt die Zwerge für real und keineswegs für paranoide Halluzinationen, wie es meinen Vermutungen entsprach. Aber ob
real oder eingebildet, warum dieser Haß? Es klang eher nach
Rassismus als nach Angst.

In Wirklichkeit war es beides. Lou gestand mir, daß sein haß-
erfülltes Mißtrauen in der Art ihrer Fortbewegung wurzelte. Er

sah in ihnen krummbeinige Krüppel, deren Gang irgendwo zwischen Hüpfen und Schlurfen lag. Sich so zu bewegen war ihm unverständlich, er hatte so was noch nie gesehen, und deswegen mißtraute er ihnen. Lous Überleben in der Welt der Kokaindealer basierte ganz und gar auf Vertrauen, ein Vertrauen, das man fast nur instinktiv spürte. Alle Instinkte in seinem Körper sagten ihm, daß er Kreaturen, die in der Nacht hüpften und schlurften, nicht trauen konnte. Sie beschworen archetypische Bilder einer Unterwelt herauf, die noch bösartiger war als jene, in der Lou herrschte.

Lou bekam nie die Kokainsklaven und Crack-Babies zu Gesicht, die seine Herrschaft produzierte. Seine Unterwelt war voller schöner Menschen. Den ganzen Tag telefonierte er an seinem Autotelefon mit anderen schönen Menschen, die in ihren teuren Autos oder Häusern saßen. Niemand hüpfte schlurfend oder schlurfte hüpfend durch die Gegend oder versteckte sich hinter Bäumen und Felsen wie ein Troll im Märchen. Verwachsene Kreaturen, die nicht gerade und aufrecht gehen konnten, gehörten nicht in Lous schöne Welt. Solchen Wesen konnte man ebensowenig trauen wie einem boshaften Kind. Er mochte sie nicht. Hatte er jemals daran gedacht, sein Grundstück von Hunden bewachen zu lassen? Nein, Hunde mochte er auch nicht. Er war ein Mensch, von dem W. C. Field gesagt hätte, er sei nicht rundum schlecht.

Etwa um die Zeit, als Lou erfuhr, daß die Bundespolizei Ermittlungen gegen ihn anstellte, sah er den ersten Zwerg auf seinem Grundstück. Er bemerkte, wie schwer es ihnen fiel, durch die Gegend zu hüpfen und zu schlurfen. Sie bewegten sich so ungeschickt, daß es ihnen ständig weh tun mußte. Das war der Schlüssel für seine Vertreibungsstrategie: Es mußte noch schmerzhafter für sie werden. Nur wie? Darüber wollte sich Lou an diesem Abend nicht weiter auslassen. Er griff nach den Tonbandgeräten und stellte sie ab. Eine weitere Flasche Wein wurde gebracht. Zeit zum Feiern.

In leicht übermütiger Stimmung verließen wir das Lokal und fuhren zurück zu meinem Büro, wo noch mein Wagen stand. Die Nacht war noch immer warm, obwohl wir das Verdeck offen ließen. Vom Wein besäuselt, entspannte ich mich und genoß das wunderbare Fahrgefühl in Lous Porsche.

«Mümmler», rief ich und durchbrach unser Schweigen.

«Was?»

«Mümmler. In *Der Zauberer von* Oz gab es mehr als hundert davon. Erfundene natürlich, aber von wirklichen Zwergen gespielt. Einige von denen müssen Juden gewesen sein. Da bin ich mir sicher.»

Lou lachte. «Ich habe die Mümmler gehaßt», sagte er. «Diese quietschenden Stimmen, und die ganze Zeit haben sie gesungen.»

Er lächelte und schüttelte dabei den Kopf.

Ich lehnte mich zurück und sah zum Nachthimmel hinauf. «Mir haben sie gefallen», sagte ich sinnend.

Dann begann ich zu singen: «‹Ding, dong, die Hex' ist tot …›»

Lou stimmte ein, ohne den Takt zu verpassen: «‹Welche alte Hexe?›» fragte er in singendem Tonfall.

«‹Die böse Hex'›», sang ich.

«‹Ding, dong, die böse Hex' ist tot›», sangen wir gemeinsam und brachen in schallendes Gelächter aus. Lou wäre beinahe aus der Kurve geflogen, aber wir lachten dabei nur noch lauter.

Immer wieder sangen wir das Lied und erinnerten uns an längst vergessene Verse, bis wir schließlich bei meinem Büro ankamen. Als ich Lou zum Abschied zuwinkte, wurde mir klar, daß er wahrscheinlich seinen Sieg und den Tod des letzten Zwergs besang. Wie konnte ich ahnen, daß er ein paar Nächte später ein ganz anderes Lied anstimmen würde?

Die folgenden Tage verbrachte ich zusammen mit dem Privatdetektiv, den Lous Verteidiger engagiert hatte. Gemeinsam überprüften wir Lous Nachbarschaft und fanden dabei heraus, daß weder schwarze Familien noch Familien mit kleinen Kindern in der Nähe wohnten. Das war das Aus für meine Theorie, wonach Lou einer entsprechenden Fehlwahrnehmung erlegen war. Als nächstes sprachen wir mit Lous Freunden. Sie berichteten, daß Lou bei Dinnerparties plötzlich aufstand, um mit Taschenlampe und Fernglas bewaffnet durch den Garten zu streifen. Mehrmals hatte er sie gezwungen, sich die Zwerge durch sein Fernglas anzuschauen. Niemand sah etwas. Dann waren da die berüchtigten Autofahrten. Leute, die während der Zwergenzeit mit Lou in dessen Auto fuhren, hatten ein völlig anderes Fahrerlebnis als ich. Lou ergriff ausgeklügelte Maßnahmen, um Verfolger abzuschütteln. So fuhr er niemals auf direktem Wege zu seinem Ziel. Er änderte ständig die Geschwindigkeit und hielt Ausschau nach Wagen, die dennoch Schritt mit ihm hielten. Nachts fuhr er rasch in irgendeine Einfahrt, schaltete die Scheinwerfer aus und ließ andere Autos vorbeifahren, ehe er seine Fahrt fortsetzte. Plötzliche Spitzkehren mit dem Porsche waren seine Spezialität. Und bei alledem war er nervös, fahrig und reizbar. Die Schilderung seines Verhaltens ließ an einen Menschen denken, der unter dem Einfluß von Kokain stand. Doch niemand hatte ihn jemals Kokain nehmen sehen. Seine Droge sei das Geld, sagten alle. Vielleicht hatte er ja keinen Affen auf der Schulter sitzen, aber dreizehn Zwerge waren auch nicht viel besser.

Diese Informationen wurden auch von den Tests bestätigt, die ich an Lous Haaren vornehmen ließ. Seit mehreren Jahren hatte er kein Kokain mehr genommen. Er gab zu, daß er zu Beginn seiner Karriere geschnupft hatte, doch auch damals hatte er niemals Kokain-*dweefs* gesehen, wenn er high war. Er hatte den Kokainkonsum eingestellt, als er in den Großhandel einstieg. «Ich kann doch nicht mein eigenes Kapital verschnupfen», scherzte er. Die Zwerge waren nicht wegen eines früheren oder gegenwärtigen Kokainkonsums entstanden, der Verfolgungswahn, den sein Kokainhandel ihm bescherte, hielt sie am Leben. Darin glichen die Zwerge den Smurfs von Houston; es waren Bilder, die sein eigener Verfolgungswahn aus einer anderen Quelle übernommen und gleichsam ausgemalt hatte. Er hatte allen Grund, sich verfolgt zu fühlen, aber warum nahmen seine Verfolger die Gestalt von Zwergen an? Die jüdischen

Nachbarn lieferten die Schablone für seine Wahnidee hinsichtlich der israelischen Mafia. Doch wie kamen die Zwerge in dieses Bild?

«Nicht noch ein Zwergenfall», sagte Joel Morgan, als ich ihn in seinem Büro aufsuchte. Er erinnerte sich noch an Ed Tolmans wütende Zwerge [«Dr. Tolmans fliegende Beeinflussungsmaschine»]. In diesem Fall glaubte Joel, die Zwerge symbolisierten die Hamster, die Ed als Junge hatte sterben lassen. Es zeigte sich dann, daß Tolmans Zwerge aus der Erinnerung an einen Film und nicht an einen Mord stammten. Wo hatten Lous Zwerge ihren Ursprung?

«Vielleicht setzt die israelische Mafia sie wirklich auf ihn an», sagte Joel und strich sich über den Bart, der zur Abwechslung einmal sauber war.

«Ach, komm, Joel», sagte ich.

«In der Geschichte sind Liliputaner und Zwergwüchsige schon gelegentlich als Spione eingesetzt worden, manchmal als Babies verkleidet», erwiderte er.

«Aber Lous Zwerge sind verkleidete Killer.»

«Zwerge sind ein Symbol für die dunklen Kräfte aus dem Unterbewußten. Sie stehen für die Teile des Selbst, die unvollkommen und deformiert, also zwergenhaft sind. Das ist ein klassischer archetypischer Konflikt.» Joel lächelte und gefiel sich offenbar in dieser Jungschen Stegreifanalyse.

«Aber warum sollten solche Konflikte durch Zwerge symbolisiert werden?» fragte ich. «Warum nicht durch Schildkröten oder Hamster oder irgend etwas anderes?»

«Die Zwerge sind Teil des kollektiven Unbewußten», erwiderte Joel. Der Zwerg sei ein universelles Bild, das ein groteskes Wesen aus der Tiefe repräsentiere. Der Mythos werde in Märchen, Sagen und sogar in der Kunst weitergegeben.

Ich schlug ihm eine materialistischere Erklärung vor, die im Einklang mit dem flüchtigen Charakter von Lous Zwergen stand. Während seiner massiven Paranoia im Laufe der Ermittlungen der Bundespolizei nahmen Lous Sinne winzige Bewegungen von Blättern und Büschen sowie leichte Veränderungen von Hintergrundgeräuschen wahr. Auf der Suche nach einer Erklärung, die zu den Einzelheiten paßte, übertrieb sein Gehirn diese Reize. Vielleicht ließ sich diese Ballung aus kleinen Bewegungen und unscheinbaren Geräuschen am besten durch ein kleines Wesen erklären – durch einen Zwerg eben. Daraufhin holte Lous Gehirn das Bild eines Zwergs aus dem Gedächtnis hervor und stülpte es über die Daten. Und siehe da, es paßte. Auf diese Weise erzeugten Kokainkonsumenten ihre Zwerge. Warum sollte das Muster nicht auch auf Lous Zwerge übertragbar sein, die dem Verfolgungswahn eines Kokaindealers entsprangen?

«Das ist Verleugnung», erwiderte Joel. «Die Zwerge waren zuerst da, im Unbewußten nämlich. Der Konflikt hat dafür gesorgt, daß sie nach außen projiziert wurden.»

Ich schüttelte immer noch den Kopf, als ich Joels Büro verließ. Ich wollte nicht akzeptieren, daß unser kollektives Unbewußtes mit kleinen Wesen bevölkert ist, die nur darauf warten, uns draußen im Garten aufzulauern. Der kurze Besuch bei Joel hatte mich nicht abgeschreckt. Ich wollte immer noch glauben, daß Lous Zwerge ihren Ursprung in seiner berufsbedingten Paranoia hatten. Aber woher stammten diese detaillierten Bilder? Vielleicht konnte seine Frau mir Auskunft geben.

Sie rief mich mitten in der folgenden Nacht an. Lou sei ausgerastet. Ob ich bitte kommen könne. Sie erwartete mich in der Auffahrt. Marilyn trug einen Bademantel und starkes Make-up. Aber ich erkannte in ihr dieselbe Frau, die Lous Post ausgetragen hatte. Sie waren schon im Bett gewesen, als Lou Geräusche im Garten hörte. Er schaltete das Gartenlicht ein, aber es wurde nicht hell. Die Lampen hatten keinen Strom. Lou wußte nicht, daß sie der Gärtner an einen automatischen Timer angeschlossen hatte. Er schrie und schimpfte über den Zwerg, dann lief er mit seiner Pistole in den Garten. Marilyn reichte mir eine Taschenlampe.

Warum ich? Das fragte ich mich, als ich um das Haus herumging. Die Unterwasserscheinwerfer im Swimmingpool waren noch eingeschaltet und tauchten alles in ein unheimliches

Licht. Ich ging bis zum Rand des Rasens unmittelbar jenseits des Pools. Der Garten lag im Dunkeln. Ich hielt die Taschenlampe so, daß sie mein Gesicht beleuchtete, und rief Lous Namen.

«Hier bin ich», sagte er. Langsam ging ich auf die Stimme zu und bemühte mich dabei, keinesfalls zu hüpfen oder zu schlurfen. Dann erstarrte ich.

Aus der Dunkelheit tauchte Schneewittchen auf. Das lange weiße Nachthemd war fast durchsichtig und leuchtete im Licht des Swimmingpools. Die Erscheinung kam näher – und erwies sich als Täuschung.

Lou stand vor mir, barfuß und im Nylonnachthemd seiner Frau. Seine Hand hielt die Pistole umklammert, und er fluchte. Schneewittchen war bewaffnet und irre. Ich hütete mich, irgendwelche Fragen zu stellen.

«Der Scheißkerl ist wieder da. Er ist nicht tot», sagte Lou und ging zurück zum Haus. Er bat mich, zu warten, bis er sich etwas anderes angezogen hätte. Etwas Bequemeres vielleicht, sagte ich zu mir selbst.

Während ich in der Küche bei einer Tasse Kaffee auf ihn wartete, versuchte Marilyn mir die Situation zu erklären. «Wir wollten gerade Sex machen. Manchmal macht es ihm Spaß, sich zu verkleiden.»

Die Erklärung war unnötig. Ich hatte wirklich nicht angenommen, Lou hätte sich als Schneewittchen verkleidet, um dem Zwerg aufzulauern. Wahrscheinlich sieht er in dem Nachthemd sogar besser aus als die Postfrau, dachte ich.

Als Lou zurückkam, trug er Jeans, ein Sweatshirt und zwei große Seesäcke. Ich half ihm, sie hinters Haus zu tragen, wo wir sie auspackten; sie enthielten eine ganze Ausrüstung zur Bekämpfung von Zwergen. Lou hatte wirklich alles: Ferngläser, Nachtsichtgeräte, Richtmikrophone, mit denen man ein Flüstern noch in einem Kilometer Entfernung aufnehmen konnte. Er reichte mir etwas, das wie ein Transistorradio mit Kopfhörern aussah. Es war ein Audio-Verstärker, den Lou in «The Spy Shop» gekauft hatte, einem Laden, in dem Möchtegern-

Geheimagenten sich ausrüsten konnten. Dort verkaufte man die Verstärker auch an Jäger; die Werbung versprach ihnen: «Damit können Sie das Wild hören, bevor Sie es sehen, und vor allem, bevor es Sie sieht.» Lou sagte mir, das sei genau die Ausrüstung, die ich brauchte, um die Ostseite des Anwesens zu überwachen. Mit einer Bewegung seiner Pistole wies er mich an, meine Position einzunehmen. Die nächsten zwei Stunden saß ich auf dem Rasen an der Ostseite des Hauses und versuchte mich zu erinnern, ob es die böse Ost- oder West-Hexe gewesen war.

Beim Frühstück willigten Lou und Marilyn ein, daß ich für ein paar Tage zu ihnen zog, um ihnen zu helfen. Wir alle verfolgten unterschiedliche Ziele. Ich wollte Lou immer noch bei seiner Verteidigung helfen und brauchte dazu mehr Einzelheiten. Lou wollte den letzten Zwerg erwischen. Marilyn wollte nur, daß diese Meschugga'ass [Narrheit] bei ihrem Mann endlich ein Ende nehme. «Er ist nicht das schärfste Werkzeug im Schuppen», sagte sie mir im Vertrauen.

Im Haus fühlte sich Lou sicher. Schließlich hatte er ein Vermögen ausgegeben, um es zwergenfest zu machen. Alle Außentüren waren mit Stahl oder Kupfer bewehrt. Die Innentüren, auch die zu den Wandschränken, waren aus massivem Holz und mit Schlössern versehen. Die Fenster waren verriegelt und wurden nie geöffnet. Zwei Treppen führten in den ersten Stock hinauf. An der Haupttreppe war ein Eisengitter angebracht, das nachts zugezogen und abgeschlossen wurde. Die zweite Treppe unmittelbar neben der Küche führte in einen kleinen toten Raum – zu klein, als daß man ihn für irgend etwas hätte nutzen können, aber unwiderstehlich für einen neugierigen Zwerg. In Wirklichkeit handelte es sich um eine ausgeklügelte Falle. Sobald jemand den Raum betrat, schloß sich die Tür automatisch und ließ sich von innen nicht mehr öffnen.

Außerdem gab es Geheimfächer hinter Scheintäfelungen und mindestens zwei versteckte Wandschränke, in denen Lou früher sein Geld, eine kostbare Münzsammlung und wahrscheinlich auch seine Drogen aufbewahrt hatte. Das alles hatte er nun durch Zwergenköder ersetzt: Süßigkeiten, die mit Rattengift versetzt waren. Lou glaubte, Zwerge könnten Süßigkeiten ebensowenig widerstehen wie einem behaglichen Plätzchen, an das sie sich zurückziehen konnten.

Die paranoidesten Konstruktionen waren wohl die «Zwergentüren», die er überall im Haus angebracht hatte. Sie ähnelten herkömmlichen Hundetüren, durch die ein mittelgroßer Hund oder ein ausgewachsener Zwerg hindurchpaßte. Die üblichen Gummiklappen waren durch Türen mit wunderschönen Holzintarsienarbeiten ersetzt. Das Muster des Mosaiks verkündete TOD. Wurden die Türen geöffnet, so fielen sie anschließend zu und wurden automatisch verriegelt. Einige dieser Türen führten in abgetrennte Belüftungsschächte, die für einen tödlichen Sturz in den Keller sorgten. Andere führten in kleine tote Räume. Hunde mochten klug genug sein, draußen zu bleiben, doch dann hatten Hunde einen IQ, der höher war als dreizehn.

Lous paranoide Umbauten erinnerten mich an Sarah Winchesters Landhaus in San José. Sarah, die Erbin des Winchester-Vermögens, erbte zwanzig Millionen Dollar und einen Verfolgungswahn ähnlichen Kalibers. Sie glaubte, schuld am Tod ihrer kleinen Tochter und ihres Mannes seien die bösen Geister der Indianer und anderer Menschen, die «Das Gewehr, das den Westen gewann» getötet hatte. Sarah wußte, daß sie die nächste war, wenn es ihr nicht gelänge, die bösen Geister fernzuhalten. Und sie tat es mit Hilfe von Zimmerleuten und Handwerkern, die für die nächsten achtunddreißig Jahre Tag und Nacht in ihrem Haus hämmerten und werkelten. Das Ergebnis war ein bizarres weitläufiges Anwesen mit 160 Zimmern, mit Treppen, die nirgendwohin führten, mit Türen, hinter denen sich nur Wände befanden, einem Fenster, das in den Boden eingelassen war, und einem Kamin, der unmittelbar unter der Decke endete. Bei manchen Teilen des «Winchester Mystery House» hatte man offenbar an Zwerge gedacht, als man sie baute. So gibt es einen Durchgang von nur sechzig Zentimetern Höhe, einen Vorratsraum, dessen Tür nicht einmal zwei Zentimeter breit ist, und eine Treppe mit fünf Zentimeter hohen Stufen.

Sarah war noch stärker von der Zahl dreizehn besessen als Lou. In den Wandschränken hingen dreizehn Kleiderbügel, die Zimmer hatten dreizehn Fenster, jedes Fenster besaß dreizehn Scheiben, es gab dreizehn Bäder, die Wandtäfelungen bestanden aus dreizehn Fächern, in den Kandelabern waren dreizehn Kerzen, und die Treppen hatten dreizehn Stufen. An der Auffahrt standen dreizehn Palmen, und das Gewächshaus besaß dreizehn Glaskuppeln. Sarah unterschrieb ihr Testament dreizehnmal, und sie starb im Alter von zweiundachtzig Jahren.

Lou war noch nicht tot, aber der Zwerg ebensowenig. Das veränderte Lou. Er war nun nicht mehr der unbeschwerte Sänger, der mich in die Stadt gefahren hatte. Ich erlebte eine verblüffende Verwandlung. Es war kein Zufall, daß sein Prozeß in wenigen Tagen beginnen sollte. Die Tage und die Nächte wurden zu einer Qual für ihn. Ein Vogel kreiste über dem Rasen. Auch das war kein Zufall. Marilyn und das Hausmädchen blieben im Flur stehen. Sie redeten nicht miteinander. Warum nicht? Jemand rief unter seiner Geheimnummer an. Er sagte, er hätte sich verwählt. Lou wußte, daß es gelogen war. Jemand kam, um den Abfluß des Swimmingpools zu reinigen. Er murmelte etwas, während er arbeitete. Lou wußte, daß er mit den Zwergen im Abflußrohr redete.

Jede Nacht schickte Lou Marilyn und mich auf Zwergenpatrouille. Alle drei Stunden lösten wir uns ab, so daß wir alle noch genügend Schlaf bekamen. Und auch sonst hatte nichts an diesen Nächten mit Vernunft zu tun. Lou zeigte uns, wie wir patrouillieren mußten. Zuerst suchte er die Bäume und Büsche hinterm Haus mit einem Nachtsichtgerät und dem Richtmikrofon ab. Dann ging er einmal um das Grundstück herum und warf Stinkbomben auf die Nachbargrundstücke, um den Zwerg aufzuscheuchen. Bei den Stinkbomben handelte es sich um kleine, mit Ammoniumsulfid gefüllte Glasampullen, die mit einem hörbaren *Pop* zerbrachen. Als ich das *Pop* zum erstenmal hörte, befand ich mich ein paar Schritte hinter Lou. Ich lief zu ihm, um nachzusehen, was es war. Bevor ich ihn erreichte, schritt ich durch eine Wolke aus feinem, talkumähn-

lichem Pulver. Und als ich bei ihm war, kratzte ich mir bereits
das Gesicht. Lou erklärte mir, daß er außer den Stinkbomben
auch noch Juck- und Niespulver verstäubte. Das waren die Ge-
heimstrategien, die er entwickelt hatte, um den Zwergen
Schmerzen zuzufügen. Er hatte das Zeug in demselben Scherzartikelladen gekauft, in dem wir uns auch das Magnesiumpapier besorgten. Ich weiß nicht, woraus das Juckpulver bestand, aber die Wirkung war so intensiv, daß ich ins Haus laufen
und mich duschen mußte. Ich verstand nicht, wieso man dieses
Zeug in einem Scherzartikelladen verkaufte.

Weder Marilyn noch ich wollten etwas mit Lous chemischer
Kriegführung zu tun haben. Aber wir erklärten uns bereit, das
Umfeld des Hauses mit den bereitgestellten Geräten zu beob-
achten und die Grundstücksgrenzen in regelmäßigen Abstän-
den abzuschreiten. Falls wir einen Zwerg sichteten, würden wir
Lou rufen, der die Pistole in Verwahrung hielt. In den folgenden
Nächten hatten wir zwar gelegentlich Anlaß, zu niesen und uns
zu kratzen, doch der Zwerg ließ sich nicht blicken.

Mir wurde klar, daß ich Lous eingebildeten Zwerg mit konventionellen Waffen nicht zur Strecke bringen konnte. Vielleicht griff ich ihn besser in den mentalen Gefilden an, in denen
er Amok lief. Wenn ich Lou zeigen konnte, daß Zwerge gar
nicht so böse waren, wenn ich seinen zügellosen Haß und seine
Angst durch Verständnis ersetzen konnte, vielleicht ließ sich
dann sein Wahn etwas mildern. Das würde zwar den Zwerg
nicht umbringen, aber womöglich Lous Verfolgungswahn ein-
dämmen, der außer Kontrolle geriet und immer gefährlicher
wurde. Ich wußte zwar, daß jeder Versuch, eine intellektuelle
Auseinandersetzung mit einem Paranoiker zu gewinnen, zum
Scheitern verurteilt war, aber mit Stinkbomben um sich zu werfen erschien mir noch sinnloser.

Eines Tages gelang es mir, für ein paar Stunden aus Lous Fe-
stung zu entweichen und zur Bibliothek zu gehen. Dort informierte ich mich über Zwerge, von Äsop bis hin zu Zep, dem
zwergwüchsigen Assistenten des berühmten dänischen Astro-
nomen Tycho Brahe. In einer äußerst aufschlußreichen, von

Leslie Fiedler verfaßten Studie über Krüppel fand ich schließlich, was ich brauchte.

«Lia Schwartz», blaffte ich Lou während des Abendessens in seinem Haus an.

«Kennen wir sie?» fragte Marilyn ihren Mann. Er hatte den Mund voll und schüttelte nur den Kopf.

«Ihr Künstlername war Lia Graf. Sie war eine jüdische Liliputanerin, Lou.» Ich wußte, daß er mir aufmerksam zuhörte, deshalb erzählte ich weiter. Lia trat während der dreißiger Jahre im Zirkus Ringling auf. Sie setzte sich einmal auf J. P. Morgans Schoß, eine geplante Aktion, die ihr sogleich Publicity einbrachte. Doch diese Publicity nahm eine negative Färbung an, als Morgan das Erlebnis als «ungewöhnlich und irgendwie unangenehm» beschrieb. Nach Aussage einiger Reporter veranlaßte dieser Vorfall Lia, die Vereinigten Staaten zu verlassen und in ihre Heimat nach Deutschland zurückzukehren. Das war 1935. Ihre Karriere ging dem Ende zu, denn zwei Jahre später wurden Vorstellungen mit Krüppeln in Deutschland verboten. Die Nazis inhaftierten sie als «nutzlose Person». 1944 brachte man sie nach Auschwitz, wo man sie zusammen mit anderen Zwergwüchsigen aus dem arischen Genpool eliminierte. Bevor man sie alle umbrachte, ließen die Nazis ihre Köpfe, Nasen und Glieder von einem Künstler zeichnen.

«Vielleicht gibt es wegen der Nazis heute so wenige jüdische Zwerge», sagte ich zu Lou. Ich hoffte, einen Keil zwischen Lous Haß auf die Nazis und seine Angst vor Zwergen zu treiben.

«Sie *sind* nutzlos», sagte Lou. Sein Mund war voll, und er spuckte die Worte förmlich aus.

«Nein, Lou», spuckte ich zurück. Marilyn begann mir Zeichen zu geben, aber ich achtete nicht darauf. Ich wiederholte Fiedlers These, wonach Zwergwüchsige die erfolgreichsten, bemerkenswertesten, artikuliertesten und intelligentesten von allen Krüppeln seien. Doch aufgrund der Volksüberlieferung, der Mythologie und zahlreicher Vorurteile würden sie auch am meisten gefürchtet und verachtet. In gewisser Weise seien die Zwergwüchsigen die Juden unter den Krüppeln.

Lou wollte von alledem nichts hören. Er stand auf und zog die Pistole aus seinem Schulterholster. Er wollte wissen, warum ich die Zwerge verteidigte, wo ich doch dafür bezahlt würde, ihn zu verteidigen.

Ich stand auf. Der Tisch verbarg meine zitternden Beine. «Richtig, Lou. Worauf warten wir noch? Holen wir uns den Scheißkerl.» Ich ging zur Gartentür.

Der Schweiß auf meiner Stirn mischte sich mit Regentropfen, als ich auf die Terrasse trat. Trotz des Nieselregens war die Luft heiß und stickig. Keine gute Nacht für Menschen oder Zwerge, dachte ich in Abwandlung des Satzes von W. C. Fields.

Wir patrouillierten mehrere Stunden durch den Garten, bis Lou zu niesen begann – nicht von irgendwelchem Niespulver, sondern weil er eine Erkältung ausbrütete. Auf dem Weg zurück ins Haus hörten wir alle ganz in der Nähe ein Motorrad durch die Straßen fahren. Es schien, als hielte es direkt hinter Lous Grundstück. Wir huschten zu den Büschen an der Grundstücksgrenze und spähten mit unseren Ferngläsern durch das Blattwerk.

«Niggerzwerg», flüsterte Lou.

«Fang keinen Streit an», sagte Marilyn.

Ich sah, wie eine Gestalt von dem Motorrad stieg. Aus dieser Entfernung sah jeder klein aus. Und in der Dunkelheit ließ die Rassenzugehörigkeit sich nicht bestimmen. Auch das Nachtsichtgerät, dessen phosphoreszierender Schirm alles in Grünabstufungen zeigte, konnte die Frage nicht beantworten.

«Niggerzwerg», wiederholte Lou. «Da gehe ich jede Wette ein.»

Wer auch immer da im Nachbarhaus verschwand, er kam nach ein paar Minuten wieder heraus und fuhr davon. Und alle Hoffnung, die Wette zu gewinnen oder Lous Paranoia zu vertreiben, entschwand mit diesem Geisterfahrer in der Nacht.

Der Prozeß war nach wenigen Tagen vorüber. Lou wurde in allen Anklagepunkten für schuldig befunden. Für die Festsetzung des Strafmaßes legte ich ein Gutachten vor, in dem ich dem Gericht Lous Paranoia in allen Einzelheiten schilderte. Sein überwacher Verstand würde selbst die schwächsten Bewegungen und Geräusche registrieren. Überstürzt hätte er den Schluß gezogen, daß kleine Menschen – Zwerge – dafür verantwortlich seien. Auch von anderen sei er in seinem Wahn bestärkt worden, so zum Beispiel von seiner Frau, die ihm nie widersprach. Der Ursprung des detaillierten Zwergenbildes sei zwar weiterhin ein Rätsel, Lous Angst und Abscheu jedoch nicht. Ich hatte herausgefunden, daß seine Einstellung in der Kindheit geprägt worden war, und zwar durch zahlreiche schreckenerregende Geschichten von bösen Elfen und finsteren Zwergen. In gewissem Sinne traf Joel Morgans Erklärung, wonach der Zwerg ein unbewußter Repräsentant des Bösen ist, in diesem Fall wenigstens teilweise zu.

Ob das Gutachten irgendeine Wirkung hatte, ließ sich aus dem Urteilsspruch jedenfalls nicht ersehen. Lou erhielt für den Rest seines Lebens eine zwergenfeste Zelle. Alles in allem bin ich mir sicher, daß Lou lieber in Philadelphia wäre.

Nach dem Prozeß besuchte ich Lous Eltern, um ihnen ein Familienfotoalbum zurückzubringen, das ich mir ausgeliehen hatte. Sie zeigten mir weitere Bilder, auf denen Lou als Baby zu sehen war. Ich interessierte mich mehr für die Sammlung Stiche und Holzschnitte, die im Wohnzimmer hing. Ein wunderschön gerahmtes Bild zog meine Aufmerksamkeit auf sich – der Stich zeigte Bertholde, einen italienischen Premierminister des siebzehnten Jahrhunderts. Er hatte einen sehr großen Kopf, dichtes Haar, kleine Augen unter dicken Augenbrauen und einen großen Mund mit zwei langen, gebogenen Eckzähnen. Außerdem hatte er einen Bart und Ohren wie Mr. Spock. Bertholde war ein Zwerg.

11

Der Paranoia-Express

1

Mario N. erinnerte mich an die Zeichentrickfigur in dem Nintendo-Videospiel «Super Mario». Er war zwar größer und dünner, aber er hatte dasselbe dunkle Haar, einen Schnurrbart und große, ausdrucksvolle Augen. Der elektronische Mario gerät ständig in Schwierigkeiten, er fällt in Röhren hinein, in denen es von bösen Buben nur so wimmelt, oder springt von einem bewegten Balken zum anderen, um den zahlreichen Gruben und Fallen zu entgehen. Wenn er mit einem der bösen Buben zusammenstößt oder von einem der Balken stürzt, hat er stets ein weiteres elektronisches Leben, mit dem er von vorn anfangen kann. Als Mario N. in einen Zug der Amtrak sprang, stürzte er in eine Welt, die sich die Nintendo-Programmierer nicht einmal in ihren schlimmsten Alpträumen hätten vorstellen können. Da hieß es, entweder die anderen Spieler töten oder selbst sterben. Und Mario N. hatte nur ein einziges Leben. Ein Neustart war ausgeschlossen. Es war kein Spiel.

An einem Donnerstag im Oktober bestieg Mario in Jacksonville, Florida, den Amtrak-Zug Nummer 82 nach New York. In seiner Begleitung befanden sich seine Schwester, deren noch im Säuglingsalter befindlicher Sohn, ihre dreijährige Tochter, eine 9-mm-Browning und eine MAC-10-Maschinenpistole Kaliber 0.45.

Die Familie bezog Abteil A am Ende des Schlafwagens. Mario schlief die Nacht von Donnerstag auf Freitag in der oberen Koje und wachte früh am Morgen auf. Der Zug hatte angehalten. Das Rollo am Fenster bewegte sich. Finger schoben sich darunter. Die Tür des Abteils wurde geöffnet. Farbige Lichter blitzten auf. Jemand kam ins Abteil. Mario wußte, daß der Eindringling ein feindliches «Kommando» war. Er erschoß das «Kommando». Aber es gab noch weitere; die hatten den Zug umstellt. Sie hatten automatische Waffen und einen Hubschrauber. Er erkannte die Stimmen alter Freunde. Mehrerer Freunde. Jetzt gehörten sie zu der Kommandoeinheit. Mario verbarg sich in seiner Koje, wie ein verängstigtes Tier drückte er sich an die Wand.

Weitere «Kommandos» drangen in den Zug ein. Mario hörte Schritte und keuchenden Atem draußen vor dem Abteil. Er feuerte mehrmals durch die Tür und warnte die «Kommandos», zurückzuschießen. «Nehmt euch in acht! Wenn ihr schießt – ich habe die Maschinenpistole am Kopf des Jungen.»

Am Montag, nach neunundsiebzig Stunden, verließ Mario den Zug. Wie Dorothy aus dem Lande Oz nach Kansas zurückkehrte, so trat Mario aus seinem kommandoverseuchten Technicolor-Abteil auf den Schwarzweißbahnsteig des Bahnhofs in Raleigh, North Carolina. Die Sondereinsatzgruppe der Polizei – Marios «Kommandos» – nahm ihn fest. In dem Abteil fanden sie die verwesende Leiche seiner Schwester, eine Kugel in der Stirn, und den ausgetrockneten Körper des toten Säuglings. Die Tochter hatte überlebt.

Während der Fahrt hatte Mario seine Schwester erschossen, wahrscheinlich am frühen Freitagmorgen. Nachdem er die ersten Schüsse abgegeben hatte, hielt man den Zug in Raleigh an. Als die Polizei sich dem Abteil näherte, feuerte Mario aus seiner Maschinenpistole. Daraufhin koppelte man den Schlafwagen ab und brachte ihn auf ein Abstellgleis, wo man den Geiselnehmer drei Tage lang belagerte. Während Mario in der oberen Koje hockte, verdurstete in der Koje unter ihm der Säugling. Die Staatsanwaltschaft beschuldigte Mario, der sich eine Zeitlang als Kokaindealer betätigt hatte, des Mordes und der Geiselnahme.

Im Prozeß stand für ihn nicht weniger auf dem Spiel als im Zug; es ging um Leben oder Tod. Die Staatsanwaltschaft wollte die Todesstrafe beantragen. Die Verteidigung hatte vor, auf Unzurechnungsfähigkeit wegen paranoider Störungen zu plädieren. Doch nach dem in North Carolina herrschenden Strafrecht galten weder Paranoia noch paranoide Schizophrenie als zwingende Gründe, auf Unzurechnungsfähigkeit zu erkennen. Geistige Unzurechnungsfähigkeit ist keine medizinische Kategorie, sondern eine juristische Frage, über die dort die Jury zu befinden hat. Die Geschworenen mußten entscheiden, ob Mario fähig war, Recht und Unrecht zu unterscheiden. Falls Mario Kokain genommen und dadurch seine Paranoia ausgelöst hatte, wie die Staatsanwaltschaft glaubte, verschlechterten sich seine Aussichten beträchtlich, als unzurechnungsfähig eingestuft zu werden. Auf Antrag des Anklagevertreters beauftragte das Gericht mich mit der Klärung der Frage, ob das «krankhafte» Verhalten des Angeklagten auf den Konsum von Kokain zurückzuführen war.

Als erstes mußte ich herausfinden, wieviel Kokain Mario genommen hatte. Ich sah sämtliche Polizeiberichte, die Aufzeichnung über die Beweismittel und die psychiatrischen Gutachten nach brauchbaren Hinweisen durch. Mario hatte einem von der Verteidigung beauftragten Psychiater gesagt, er habe zu Beginn der Zugfahrt nur drei- oder viermal Kokain geschnupft, um sich wachzuhalten. Weniger als ein halbes Gramm, hatte Mario gesagt. Das reichte kaum, um die heftige Paranoia auszulösen, die er gezeigt hatte. Aber war das wirklich alles gewesen? Auf der Liste der Beweismittel befand sich auch ein benutztes Papiertaschentuch; man hatte es unter dem Fahrersitz des Wagens gefunden, den Mario am Bahnhof von Jacksonville stehengelassen hatte. Als ich das Taschentuch analysieren ließ, fand man in den Falten des Gewebes beträchtliche Mengen Kokain. Nun wußte ich, daß Mario wahrscheinlich schon vor dem Antritt der Fahrt Kokain genommen hatte. Er nahm das Zeug weitaus regelmäßiger, als er zugab. Das bestätigte auch ein äußerst ungewöhnlicher Urintest. Mario hatte so große Angst gehabt, die obere Koje zu verlassen, daß er nicht anders konnte, als sich in die Hose zu machen. Ich schickte diese Hose an das Labor des FBI, und dort entdeckte man beträchtliche Mengen Kokainmetaboliten, weit mehr jedenfalls, als man nach drei- oder viermaligem Schnupfen erwarten durfte.

Wieviel mehr? Die Antwort auf diese Frage suchte ich in einer Reihe ungewöhnlicher Tonbänder. Die Polizei hatte Marios Abteil mit empfindlichen Mikrophonen bestückt und alle Geräusche während der gesamten Belagerung aufgezeichnet. Auf den Bändern hörte ich Mario, der den Polizisten seine Warnungen und Befehle zurief, die weinenden Kinder, die nach Wasser schrien, und den Lärm des Hubschraubers einer Fernsehgesellschaft, der über dem Waggon kreiste. Die Mikrophone nahmen auch einige ganz spezielle Geräusche auf, das typische Schaben, Klopfen und anschließende Schniefen nämlich, die das Schnupfen von Kokain begleiten. Diese Geräusche hörte ich insgesamt vierundsechzigmal. Nach dem Schnupfen stieg Marios Sprechgeschwindigkeit von 108 auf 188 Worte pro Minute. Das klang nach weit mehr als einem halben Gramm. Mario hatte mir gesagt, wieviel Kokain er für jede Inhalation nahm, und aus diesen Angaben berechnete ich, daß er in dem Zug rund um die Uhr insgesamt etwa 6,75 Gramm geschnupft haben mußte. Das erklärte die Bemerkung, die er am Samstagabend gegenüber der Polizei gemacht hatte: «Ich habe genug Coke bei mir. Damit kann ich es lange aushalten.»

Solche Mengen Kokain konnten durchaus paranoide Reaktionen auslösen, aber Mario war eindeutig schon ängstlich gewesen, als er den Zug bestieg. Er war ein illegaler Einwanderer, der als ehemaliger Betrüger mit seiner sofortigen Abschiebung rechnen mußte, falls man ihn aufgriff, und wie er mir selbst schilderte, war sein Leben in Miami von Angst und Mißtrauen geprägt. Er räumte ein, gelegentlich Kokain geschnupft zu haben, was diese Gefühle nur verstärken konnte. Kompliziert wurde das Ganze noch dadurch, daß seine Frau ihn betrog und ein Kind von einem anderen Mann bekam. Aber das war noch nicht alles. «Ich habe noch andere Probleme», sagte Mario. Er hatte in Miami mit einigen üblen Leuten zusammengearbeitet. «Die bringen Leute um. Die bringen Kinder um. Die bringen Frauen um. Die bringen jeden um», erklärte er mir. «Und jetzt wollen sie mich umbringen.» Mario bestand darauf, daß all das wirklich geschehen war. «Glauben Sie mir, genauso war es», sagte er. «Ich lüge Sie nicht an. Sie dürfen nicht meinen, daß ich verrückt bin oder so was.»

In einem Gespräch mit einem von der Verteidigung beauftragten Psychiater erzählte Mario, er habe solche Angst vor diesen Leuten in Miami bekommen, daß er schließlich mit dem Zug geflohen sei. Der Psychiater sah darin einen Beweis für Marios krankhafte Wahnvorstellungen schon vor der im Zug erfolgten Einnahme von Kokain. Doch ich wußte, daß dies auch den berufsbedingten Verfolgungswahn eines Kokaindealers beweisen konnte. Ich hatte mir Marios Strafregister angesehen, das Vorstrafen wegen Kokainhandels verzeichnete. War er zum Zeitpunkt der Tat nicht nur Konsument, sondern auch Dealer gewesen?

Mario berichtete mir, er habe in Miami «Pakete» transportiert. Die Polizei fragte Mario nach diesen «Paketen», denn sie wußte, daß dies eine euphemistische Bezeichnung für die fußballförmigen Kokainpakete war, wie kolumbianische Kokainringe sie vertrieben. Marios Antwort: «Kann sein. Das ist sehr gut möglich. Aber ich weiß es nicht.» Im Abteil hatte man keine Drogenpakete gefunden, wohl aber die übliche Ausrüstung dieses Berufsstandes: Schußwaffen, zwei unter falschem Namen eingetragene Pieper und mehr als 8000 Dollar in kleinen Scheinen. Auch die Fahrkarten hatte er unter falschem Namen gekauft und seine Schwester und deren Kinder als seine Frau und seine Kinder ausgegeben. Mario begründete dieses Täuschungsmanöver mit der Behauptung, seine ehemaligen Freunde wollten nicht nur ihn, sondern auch seine Familie umbringen.

Ich flog nach Miami und verbrachte dort mehrere Tage auf der Suche nach Marios Freunden; außerdem sprach ich mit Agenten einer Spezialtruppe der Bundespolizei, die sich mit Drogenterrorismus befaßt. Diese Agenten erzählten mir von Marios Freunden. Wenn du sie betrügst, bringen sie dich und deine Familie um; sie verpassen dir eine «kolumbianische Krawatte». Zuerst fesseln sie einen an ein aufrecht stehendes Brett und schlitzen einem dann vom Kinn bis zum Schlüsselbein den Hals auf. Sie zerschneiden einem dabei den Kehlkopf, so daß man nicht mehr schreien kann. Dann ziehen sie die Zunge durch den Schlitz und sehen zu, wie man langsam erstickt. Am Ende sieht die Zunge wie eine kurze blaue Krawatte aus. Freunde wie diese hätten wohl jeden veranlaßt, den nächsten Zug zu nehmen und aus der Stadt zu flüchten. Es gab also immerhin einen Kern berechtigter Angst in Marios Verfolgungswahn. Gab es noch weitere reale Gründe?

Mario behauptete, während der Belagerung des Zuges seien «Kommandos» in den Zug eingedrungen, hätten ihn eingekreist und versucht, ihn zu töten. Halluzinationen und Wahnvorstellungen, sagte der von der Verteidigung bestellte Psychiater. Ich sah mir die Fotos vom Tatort an, las die Zeitungsartikel und studierte die Videobänder der Fernsehnachrichten, die dieses Geiseldrama verfolgt hatten. Alle sprachen von einer Geiselnahme, weil die Familie in dem Abteil festgehalten wurde. Überall auf dem Gelände gab es «Kommandos» in Gestalt der militärisch gekleideten Sondereinsatzgruppe und der Scharfschützen, die in, unter, auf und neben dem Zug in Stellung gingen. Ich befragte mehrere Fahrgäste, die sich in den Abteilen neben Mario aufgehalten hatten. Auch sie hatten Kommandos gesehen. Obwohl es langsam so aussah, als hätte Mario recht, wenn er sagte, er sei nicht verrückt, hatte ich für viele seiner Erlebnisse im Zug noch immer keine Erklärung gefunden. Die «Kommandos» mochten keine Halluzinationen gewesen sein, doch was waren die Finger, die sich unter dem Fensterrollo hindurchschoben, oder woher kamen die farbigen Lichtblitze?

Nach 472 Stunden Suche und Analyse, darunter drei Tage im Gespräch mit Mario, wußte ich noch immer nicht genau, was in dem Zug tatsächlich geschehen war; es gab noch immer viele offene Fragen. Ich war überzeugt, das Kokain spielte eine wichtige Rolle. Doch Marios paranoide Flucht mit dem Zug konnte nicht allein auf den Drogenkonsum oder seine Probleme mit den Drogenhändlern zurückgehen. Ich hörte mir noch einmal die mitgeschnittenen Tonbänder an, in der Hoffnung, auf weitere Spuren zu stoßen. Die Bänder erzählten eine Geschichte voller Hunger, Durst, Schlafentzug, sensorischer Isolation und lebensbedrohlicher Gefahren während der mehr als drei Tage,

die er in dem belagerten Zugabteil verbracht hatte. Was Mario
selbst während dieser Zeit sagte, zeichnete ein deutliches Bild
der Situation: «Seit Tagen habe ich nicht gegessen und geschlafen – nicht mal Wasser habe ich, obwohl ich völlig naßge-
schwitzt bin. Meine Schwester liegt tot auf dem Boden, und die
Kinder sind voll Scheiße und Pisse. Meine Schwester stinkt ...
und die Kinder stinken nach Pisse und Scheiße. Keiner hat was
zu essen. Wir haben alle Durst ... eine verdammte Hitze ist das
hier ... nicht mal Verräter habe ich so behandelt.» Die Einschließung war erniedrigend für Mario. Er konnte es nicht ertragen. «Ich erniedrige die Menschen nicht», schrie er, «ich bringe
sie um.»

Während ich zuhörte, versuchte ich mir die Szene bildlich
vorzustellen. Mario muß unter massivem Streß gestanden haben. Die Polizei erhöhte noch den Druck. Scharfschützen probierten ihre Präzisionsgewehre am Fenster des Zugabteils aus
und warteten darauf, daß Mario sich zeigte. Sie trugen Kopf-
hörer und warteten nur auf das Codewort «grünes Licht», das
Signal, den Terroristen herauszuholen. Mario spähte durch das
Fenster und sah, was draußen vorging.

«Holt die Kommandos vom Dach!» schrie er. «Die zielen
auf mich. Die werden mich umbringen.»

Keine schlechte Realitätswahrnehmung. Die Polizei gab
sich als solche zu erkennen. Mario nannte sie weiterhin «Kommandos», weil man sie, wie er sagte, in seinem Land so nannte.
Aber «wenn ihr Polizisten seid, dann leckt mir den Schwanz,
Polizisten», sagte er. «Ihr müßt mich schon hier rausholen.»
Und dann schrie Mario mit einem Satz aus Al Pacinos kokain-
verwirrtem Mund in *Scarface*: «Krieg! Krieg! Ich will Krieg.»

In Raleigh sah man kokainverwirrte Cowboys nur im Kino,
nicht auf den Straßen. Raleigh war nicht Miami. Die Polizei
wußte nicht, mit wem sie es da zu tun hatte. Sie antwortete mit
einem Krieg der Worte. Man richtete Lautsprecher auf Marios
Abteil. Ein Unterhändler redete ihm gut zu, auf englisch und
auf spanisch. Auch ein Arzt und ein Priester versuchten ihr
Glück. Sie verlegten sich auf Bitten. Sie äußerten Sympathie für

sein Vorgehen. Sie nannten sich sogar selbst «Kommandos». Sie taten alles, um nicht «grünes Licht» sagen zu müssen. Der sprachliche Angriff erfolgte nahezu pausenlos. Im Hintergrund heulten Sirenen, fuhren tutend und pfeifend Züge vorbei, dröhnten Hubschrauber über den Waggon hinweg. Das kleine Mädchen rief 290mal nach Wasser und schrie weitere 70mal danach. Der Säugling wimmerte unablässig. Das war zuviel für Mario. «*Silencio! Silencio!*» begann er zu schreien. Er schrie es immer wieder, 88mal. Er drohte, auf die Kinder, die Züge, die Polizei zu schießen und sogar auf sich selbst.

Jeder wäre unter solchen Bedingungen reizbar, aufbrausend und sogar gewalttätig geworden, ob mit oder ohne Coke. Mario brauchte nicht krank zu sein, um so zu handeln, wie er es tat. Aber woher nahm ich die Gewißheit? Ich hörte förmlich schon die Frage des Verteidigers im Kreuzverhör: «Woher wollen Sie das wissen, Dr. Siegel? Sie waren doch nicht dabei, oder? Sie waren doch nicht mit Mario im Zug, oder irre ich mich da?»

Ich mußte wieder an das Videospiel «Super Mario» denken. Wenn ich es spielte, vereinnahmte es mich vollständig. Die Welt um mich herum verschwand, und ich versank vollkommen in dem Spiel. Ich gab mich dem Erlebnis bereitwillig hin, flüsterte dem Zeichentrick-Mario ermutigende Worte zu und zielte auf die bösen Buben. Stunden und ganze Abende vergingen, wenn ich mich durch diese Phantasiewelt kämpfte, und oft vergaß ich darüber sogar das Essen. Wurde ich dann doch müde und versuchte zu schlafen, liefen Bilder aus dem Spiel oft noch stundenlang über die Schlafzimmerdecke. Das Videospiel war gut, wenn auch nicht annähernd so überzeugend wie das, was die zukünftigen Entwicklungen im Bereich der Virtual Reality versprachen. An der Carnegie Mellon University versuchten Computerwissenschaftler im sogenannten Oz-Projekt, Computerfiguren und virtuelle Welten so eindringlich und überzeugend zu gestalten, daß man wirklich das Gefühl bekommt, mit Dorothy und ihren Freunden über den gelben Ziegelweg zu segeln.

So lange konnte ich nicht warten. Das Material, das ich gesammelt hatte, bot mir die einmalige Chance, meinen Traum zu verwirklichen, die virtuelle Welt eines Paranoikers zu erschaffen und dann hineinzuspringen. Ich beschloß, selbst die Rolle des Mario N. in einer Simulation zu übernehmen, der ich den Namen «Paranoia-Express» gab. Es sollte sich zeigen, daß es durchaus kein Spiel war.

2

Ich hatte vor, Marios Zugfahrt von Jacksonville nach Raleigh zu wiederholen. Amtrak stiftete eine Fahrt in Zug Nr. 82 und dazu einen Schlafwagen, wie auch Mario ihn benutzt hatte. In Raleigh sollte der Schlafwagen abgekoppelt und auf ein Abstellgleis gebracht werden. Die Polizei von Raleigh würde wieder ihre damalige Rolle der «Kommandos» übernehmen, nur daß sie mich diesmal im Schlafwagen bewachen und jede Störung des «Experiments» unterbinden sollte. Ein Generator sollte die Temperaturverhältnisse rekonstruieren, und auf einer leistungsstarken Anlage würden die Originaltonbänder abgespielt werden, die während der dreitägigen Belagerung aufgenommen worden waren.

Im Abteil wollte ich versuchen, Marios Erlebnisse nachzuerleben. Ich wußte zwar, daß sie nicht real waren, dennoch gab es einige reale Gefahren. Ich mußte nicht nur Marios Hunger und Durst, den Schlafentzug und die sensorische Isolation an mir selbst reproduzieren, sondern würde mir auch die Bänder mit all den verstärkten Geräuschen, den Rufen, den Schreien, dem Weinen und dem Sterben, anhören, um sein Erleben möglichst realistisch nachzuempfinden. Das würde meine Verwirrung gewiß vergrößern und die Gefahr erhöhen, in eine Art Berührungs-*folie-à-deux* zu geraten.

Ich war zwar kein illegaler Einwanderer, kein Drogenhändler und auch kein Drogensüchtiger, der Angst vor der Polizei hatte, aber ich würde ohne Wissen der Polizei von Raleigh und des Personals der Amtrak, die mein Experiment überwachten, eine beträchtliche Menge Kokain bei mir haben. Die Genehmigung, an der UCLA Laborversuche mit dieser Droge durchzuführen, galt nicht für den Transport und die Benutzung der Droge in einem Zug. Ich konnte meine Lizenz verlieren – und vielleicht mehr als meine Lizenz. Der Verfolgungswahn hatte schon begonnen.

Selbst wenn ich mich nicht wie Mario auf der Flucht vor Drogenhändlern in Miami befand, so hatte ich dennoch Feinde – reale Feinde. Marios drei Verteidiger würden mich zweifelsohne vor Gericht niedermachen. Sie hatten heftig gegen meine Bestellung opponiert. Nachdem das Gericht mich zum Gutachter bestellt hatte, waren sie bei all meinen Gesprächen mit Mario in Raleigh anwesend. Sie bewachten ihren Mandanten ebenso lückenlos wie die «Kommandos», untersagten ihm, manche Fragen zu beantworten, und beantworteten andere selbst. Es herrschte eine feindselige Atmosphäre. Ich hatte das Gefühl, daß alle im Raum sich gegen mich verschworen hatten. Nach Abschluß der Gespräche fragte mich Mario, wo ich wohne, und deutete an, daß er mich besuchen wolle. Er sagte das nicht direkt, aber als ich mich weigerte, ihm meine Adresse zu geben, sagte er wörtlich: «Wenn meine Anwälte Sie finden können, kann ich Sie auch finden und zu Ihnen kommen, wenn es sein muß.» Dabei grinste er.

Als ich wieder in Los Angeles war, wurde ich mehrmals am Telefon bedroht. Die Anrufe kamen direkt aus Miami und Medellin. Aus öffentlichen Telefonzellen. R-Gespräche. Die verstellten Stimmen redeten in einer Mischung aus Spanisch und Englisch. Der Akzent klang kubanisch oder kolumbianisch. Mein Leben war in Gefahr. Ich wandte mich ans FBI; dort sagte man mir, auch die FBI-Agenten, die an dem Fall arbeiteten, seien bedroht worden. Ich solle die Drohungen ernst nehmen, weil Mario einige üble Freunde habe. Ich wußte über seine Freunde Bescheid. Das FBI sagte, sie folterten ihre Opfer. Ich wußte über ihre Foltermethoden Bescheid. Angesichts der Beschränkungen, mit denen das Gericht den Auftrag an mich versehen hatte, kam ich höchstens auf ein Stundenhonorar von elf Dollar. Das reichte nicht einmal für eines dieser R-Gespräche aus Kolumbien. Erzählen Sie mir nichts von Foltern, sagte ich dem FBI, sorgen Sie lieber für meinen Schutz. Das lehnte man ab. Ich lud mein Jagdgewehr und legte es unter mein Bett. Und ich ging nicht mehr ans Telefon. Ich überlegte, ob ich mich nicht für ein paar Tage verstecken sollte, und sei es in einem Zug.

Da war ich nun also an einem Donnerstagabend in Jacksonville und versuchte, das Essen zu genießen, obwohl ich wußte, daß da draußen all diese Leute waren, die mir gerne eine Krawatte verpaßt hätten. Ich aß dasselbe Steak-und-Hummer-Menü, das auch Mario gegessen hatte. Ich hasse Steak und Hummer mindestens ebenso wie fettiges Fastfood. Dann stieg ich in den Amtrak-Zug Nr. 82 und bezog das letzte Abteil eines Schlafwagens.

3

Als erstes inspiziere ich meine Umgebung. Wie Mario bin ich noch nie in einem Schlafwagen gefahren. Außer dem eigentlichen Abteil gibt es noch ein Bad. Im Abteil steht eine Sitzbank, die sich in ein Bett umwandeln läßt. Darüber kann eine zweite Schlafbank aus der Wand herausgeklappt werden. Die Schiebetür zum Nachbarabteil ist verschlossen. Hier und da gibt es kleine Vertäfelungsplatten, die wie Lukendeckel aussehen, doch dort könnten sich nur Zwergenkommandos hindurchzwängen. Das winzige Bad enthält eine Stahltoilette und ein Waschbecken, das aus der Wand geklappt wird.

Ein Steward kommt herein und macht die beiden Betten zurecht. Ich gebe ihm das gleiche Drei-Dollar-Trinkgeld, das auch Mario gegeben hat. Ich ziehe mir die Schuhe aus, lasse die Kleider jedoch an und krieche in die obere Schlafkoje, wo ich bei eingeschaltetem Licht schlafen werde, wie Mario es getan hat.

Ich entdecke, daß Züge voller mechanischer Geräusche sind, und ein besonders lautes reißt mich um 5:30 Uhr aus dem Schlaf – dieselbe Zeit, zu der Mario damals aufwachte. Der Zug hat außerhalb von Raleigh angehalten. Jetzt ruckelt er in die Stadt hinein. Mein Abteil vibriert so heftig, daß sich das fleischfarbene Rollo, welches das Fenster nicht vollständig verdeckt, zu bewegen beginnt. Ich greife nach dem Rollo und sehe meine Finger, die sich im Glas des Fensters spiegeln. Als Mario dem Psychiater von einer ähnlichen Wahrnehmung berichtete, wonach Finger sich unter dem Rollo hindurchschoben, nannte der das eine Halluzination. Ich erkenne nun, daß es sich um eine schlichte Sinnestäuschung gehandelt hat. Auch die Abteiltür rattert. Ich bin – noch – nicht paranoid genug, um zu glauben, jemand versuche in mein Abteil einzudringen.

Um diese Zeit etwa geht Marios Schwester ins Bad. Er hört, wie sie ein Paket öffnet, dann betätigt sie die Toilettenspülung. War das eines von seinen «Paketen»? Falls ja, muß er wirklich sauer gewesen sein. Und er war es. Die Leute im Nachbarabteil hören lautes Streiten und Geschrei. Sie klopfen an die Wand und rufen: «Aufhören!» Der Streit und das Geschrei in Marios Abteil gehen weiter. Ein Baby beginnt zu weinen. Dann hören sie einen einzelnen Schuß, wahrscheinlich den Schuß aus der 9-mm-Pistole, der Marios Schwester tötet, obwohl Mario später behauptet, er habe gedacht, er schieße auf ein «Kommando», das in sein Abteil eindrang. Dann wird im Lautsprecher draußen auf dem Gang das Frühstück ausgerufen. Es ist 6:30 Uhr für Mario wie für mich.

Als die Sonne aufgeht, fällt das Licht durch das Fenster draußen im Gang auf die Abteiltür, und farbige Lichtbündel dringen flackernd durch die Ritzen. Einer unter den von der Verteidigung beauftragten Psychiatern hatte darin ein Beispiel für schizophrene Halluzinationen gesehen. Nun weiß ich, daß er sich geirrt hat. Manchmal ist ein Sonnenaufgang einfach nur ein Sonnenaufgang. Der Schaffner kommt durch und ruft Raleigh aus. In diesem Augenblick feuert Mario zum erstenmal mit seiner Maschinenpistole. Die Kugeln dringen durch die Abteiltür. Der Schaffner sieht eines der Geschosse auf dem Boden des Gangs. Der Zug wird angehalten. Mario zertrümmert die Lampen in seinem Abteil.

Auch mein Zug hält an. Die Lichter in meinem Abteil werden von der Polizei ausgeschaltet. Mario und ich sitzen im Dunkeln. Unser Schlafwagen wird abgekoppelt und auf ein Abstellgleis gezogen. Ich höre, wie der Generator sich einschaltet. Er wird die Temperatur im Abteil auf derselben schweißtreibenden Höhe halten, wie Mario sie erlebt hat.

Ich horche auf die Schritte und den schweren Atem der Polizisten, die über den Gang gehen und die übrige Ausrüstung für den Fortgang der Simulation aufstellen. Als dieselben Polizisten durch Marios Waggon liefen, um die übrigen Fahrgäste zu evakuieren, feuerte er in Richtung der Geräusche. Es ist Freitag, 7:41 Uhr. Ich liege in der oberen Koje und warte. Ich weiß, daß Mario ebenfalls wartet. Er überprüft seine Waffen. Die 9-mm-Pistole hat Ladehemmung, aber die Maschinenpistole funktioniert, und Mario hat ein neues Magazin mit fünfunddreißig Schuß eingelegt. «Dieses Scheißding schlägt schwer zu», ruft er den Polizisten später zu.

Um 9:50 Uhr versucht die Polizei, Marios Abteiltür zu öffnen. Der Griff an meiner Abteiltür beginnt sich langsam zu drehen. Obwohl ich weiß, was passieren wird, bin ich überrascht, denn ich habe keine Uhr. Gestern abend habe ich die Tür abgeschlossen, wie Mario es getan hatte. Dennoch feuert er eine Salve auf die Tür. Meine «Kommandos» ziehen sich zurück.

Ich spüre plötzlich den Drang zu urinieren. Ich lasse es in meine Hose laufen. Schon nach kurzer Zeit erfüllt der Uringeruch das ganze Abteil. Ich bin mir sicher, daß auch die Polizisten auf dem Gang ihn riechen, das verstärkt mein Gefühl der Erniedrigung.

Um 10:30 Uhr beginnt mir die Beschallungsanlage die Bandaufzeichnung der Belagerung durch einen Lüftungsschacht ins Abteil zu spielen. Die ersten Schüsse lassen mich hochschrecken. Dann folgen Sirenen, die Stimmen von Polizisten, weitere Schüsse und inmitten von alledem das ständige Weinen des Babys und des kleinen Mädchens. Die Wiedergabe klingt unglaublich realistisch. Mit einer an Migräne grenzenden Intensität prallen die Töne rundum auf die Metallwände des Abteils. Dann wird mir klar, daß ich wegen des Koffeinentzugs Kopfschmerzen habe. Mario, der ebenfalls ein starker Kaffeetrinker war, muß das gleiche Problem gehabt haben. Der Lärm wird dadurch noch unerträglicher. Dann, gegen Mittag, höre ich zum erstenmal das Geräusch, das noch oft wiederkehren wird: ein Schnupfen, gefolgt von einem «Aaah». Mario hat begonnen, Kokain zu schnupfen. Ich hole mein eigenes Fläschchen heraus und mache es ihm nach. Ich werde es noch weitere dreiundsechzigmal tun, bevor ich fertig bin. Meine Kopfschmerzen sind schon bald verschwunden.

Die Droge schärft meine Aufmerksamkeit. Ich bin überwach. Nicht so der Polizist, der die Bänder wechseln soll. Es gibt eine Verzögerung von mehreren Minuten, während er an dem Gerät hantiert. Die Stille wird mir das Experiment ruinieren.

«Band! Band! Band!» rufe ich und schlage jedesmal mit der Faust gegen die Wand. «Wechselt endlich das verdammte Band!»

Nach einer Ewigkeit, die in Wirklichkeit nur drei Minuten dauert, läuft das nächste Band an.

«Ist alles in Ordnung?» fragt eine Stimme vom Gang her.

Die sollen doch nicht mit mir reden. Das müssen die doch wissen, denke ich. Die vermasseln noch alles. Es ist mir, als riefe ich selbst Marios Satz: «Wenn ihr Polizisten seid, dann leckt mir den Schwanz, Polizisten. Ich will mit der Polizei nichts zu tun haben.»

Aber ich habe etwas mit der Polizei zu tun. Deshalb beiße ich die Zähne zusammen und rufe: «Ich bin okay.» Doch ich weiß, daß ich keineswegs okay bin. Ich stehe am Abgrund, hänge buchstäblich in der Luft.

Ich beschließe, der Polizei eine Notiz zu schreiben und um größte Sorgfalt beim Wechseln der Bänder zu bitten. Es ist wichtig, daß keine Lücken in meiner auditiven Wahrnehmung auftreten. Ich lege den Zettel in ein kleines Fach über meiner Schlafkoje und schließe das Türchen wieder. Fahrgäste, die ihre Schuhe putzen lassen wollen, können sie in dieses Fach stellen, und der Steward nimmt sie dann vom Gang aus heraus. Die Polizisten wissen, daß sie dort nachschauen müssen für den Fall, daß ich ihnen etwas mitteilen möchte.

Mario und ich schnupfen noch einmal. Ich werde geil davon.

Ich kann ebensowenig verhindern, daß die Droge die sexuellen Areale meines Gehirns erregt, wie ich die übrigen Wirkungen verhindern kann. Allein mit einem Körper in diesem Zustand zu sein macht keinen Spaß. Ich hole die Notiz aus dem Schuhfach und füge eine persönliche Bitte hinzu: «Rufen Sie Jane an, und sagen Sie ihr, es geht mir wunderbar. Ich wollte, du wärst hier.»

Auf den Bändern meldet sich die Polizei an diesem Freitag insgesamt sechzehnmal. Ich zähle mindestens fünfzehn Schüsse, die Mario abgibt. Freitagabend gibt die Polizei den Versuch auf, in sein Abteil einzudringen. Doch von Entspannung kann keine Rede sein, weder bei Mario noch bei mir. Das Kokain macht es unmöglich. Ich bin so starke Dosen nicht gewohnt. Mario putzt sich mehrmals die Nase. Das Papiertaschentuch, das ich benutze, zeigt Blutflecken.

«Ich höre jeden Schritt und alles», sagt Mario für uns beide. Ich höre, wie er versucht, die Ladehemmung der Pistole zu reparieren. Meine Augen und Ohren suchen ständig das Abteil ab und registrieren alles. Ich muß mich sehr anstrengen, die Geräusche von den Bändern und das wirkliche Geschehen auseinanderzuhalten. Die Bänder waren eine perfekte Tarnung für Marios Freunde, ihr eigenes Kommandounternehmen gegen meinen Zug zu inszenieren. Als abends die Schatten in meinem Abteil länger werden, weiß ich, daß solch ein Angriff durchaus wahrscheinlich ist. Jetzt zu schlafen ist unmöglich, und das wäre auch nicht ratsam.

Ich starre in die Dunkelheit.

Die Polizei gibt Mario die Zeit durch. Es ist Samstagmorgen. Ich lebe noch.

Den ganzen Tag über weitere Schreie, Drohungen und Schüsse.

Hatte die Droge mich bisher angeturnt, so turnt mein Körper mich nun ab. Kanister mit Putrescin und Cadaverin, zwei gesundheitsschädlichen Chemikalien, die bei der Verwesung von Fleisch entstehen, werden in mein Abteil entleert; sie sollen den Geruch der Leiche von Marios Schwester simulieren.

Der Gestank steigt zu mir auf. Meine Augen brennen, und mir wird schwindelig. Den Geruch selbst finde ich auf makabre Weise angenehm. Ich frage mich, ob man das wohl riecht, kurz bevor man stirbt.

Ich habe keinen Hunger, aber am frühen Samstagabend wird mein Durst so unerträglich, daß ich Delphine und Haie an der Decke des Abteils vorüberschwimmen sehe. Die Schreie der verdurstenden Kinder helfen auch nicht. Dann höre ich auf dem Band, daß Mario ins Bad geht und etwas trinkt. Ich tue dasselbe – und entdecke, daß man das Wasser im Bad abgestellt hat. Das ist ein Bruch in der Simulation. Wollte da jemand wirklich, daß ich hier verrecke? Ich fühle mich berechtigt, zwei Schluck aus der Flasche mit meiner Notration Wasser zu nehmen. Ich ertappe mich, wie ich Marios Bemerkung über die Leute wiederhole, die ihn umbringen wollen. «Die kennen mich nicht. Sie werden sich noch wundern.»

Die zwei Schluck Wasser machen meinen Durst nur noch schlimmer. Ich kann an gar nichts anderes mehr denken. Ich höre weitere Badezimmergeräusche auf dem Band. Die hatte ich gar nicht bemerkt, als ich die Bänder in meinem Büro abhörte. Ich höre deutlich Wasser in das Becken fließen. Ist das Wunschdenken oder wirklich auf dem Band? Ist es live oder eine Aufzeichnung?

Ich versuche, an andere Dinge zu denken. Vielleicht hätte ich außer der üblichen Ausrüstung auch ein Buch in meinen Seesack packen sollen. Gewiß, Mario hat nicht gelesen, und das Licht ist auch nicht gut. Mal sehen. Wenn man dich drei Tage als Geisel in einem Zug festhalten würde, welches Buch hättest du dann gerne bei dir? Ich entscheide mich für *The Little Engine That Could*.

Ein lautes Geräusch unterbricht meine Träumerei. «Entschuldige mich einen Augenblick», sage ich zu meinem Taschenrekorder, den ich als Notizbuch benutze, «aber die Kolumbianer klopfen an meine Tür.» Es ist ein nervöser Scherz. Ich stelle den Rekorder ab und horche. Ich habe schon viel Erfahrung und erkenne jedes Quietschen und Knarren im

Waggon, wie ich auch jedes Geräusch auf den Bändern erkenne. Ich schalte den Rekorder wieder ein: «Korrektur. Mario hat gerade gerülpst.»

Wenn er rülpst, muß er etwas getrunken haben, denke ich. Aber ich habe nicht gehört, daß Wasser ins Waschbecken gelaufen wäre. Er muß aus der Toilette trinken wie ein Hund. Ja, ich sehe förmlich, wie er mich angrinst und sich die Lippen abwischt. Er weiß, daß in meiner Toilette kein Wasser ist.

Diese Gedanken bringen meinen Durst zurück. Ich weiß nicht, ob Wasser in meiner Toilette ist, aber ich beschließe, nicht nachzusehen. Als ich das letzte Mal aus meiner Koje kletterte, habe ich festgestellt, daß der Geruch des Putrescins und Cadaverins in Bodennähe noch stärker ist. Ich beschließe, in meiner Koje zu bleiben, wo die Dünste wenigstens nicht so schlimm in den Augen brennen. Ich schalte den Kassettenrekorder wieder ein: «Ergänzung der Bücherliste: *As I Lay Dying* von William Faulkner.» Dann kichere ich wie ein Irrer.

Das Band ist zu Ende, und ich greife in meinen Seesack, um nach einem neuen zu suchen. Irgend etwas sticht mich. Ich ziehe die Hand heraus und stelle fest, daß mein Finger blutet. Ich schütte den Inhalt des Seesacks auf mein Bett und entdecke den Schuldigen: die geöffnete Nadel eines Anst eckers. Es ist ein Werbegeschenk von Federal Express und trägt die Aufschrift: «Nur keine Panik!» Eine meiner Assistentinnen in Los Angeles muß ihn zum Scherz in den Seesack gesteckt haben. Ein schöner Scherz. Weiß sie denn nicht, daß sie ein wichtiges wissenschaftliches Experiment damit ruinieren kann? Ich weiß, gut ist es nicht, aber ich kann nicht anders und stelle mir vor, daß sie mit einem Loch in der Stirn auf dem Boden des Abteils liegt.

Ich muß wieder urinieren. Da meine Hose nichts mehr aufsaugen kann, nehme ich diesmal den Urinbeutel, den ich dafür mitgenommen habe. Fast zur selben Zeit höre ich Mario in die Toilette urinieren. Unsere Körper sind synchron. Und unsere Gehirne?

Ich habe keine Zeit, der Frage nachzugehen. Dringendere Angelegenheiten verlangen meine ganze Aufmerksamkeit. Die

Polizisten machen zuviel Lärm. Ich trommle gegen die Wand und schreie, sie sollen ruhig sein. Ich merke, daß ich Marios Worte benutze: «*Silencio! Silencio!*»

Auf dem Band ist es eine Weile still. Nun höre ich ganz deutlich die Geräusche *meines* Zuges ohne Störung durch Marios Fahrt. Augenblick mal! Aus dem Nachbarabteil höre ich ein Rascheln. Licht dringt unter der Schiebetür hindurch, und ich erkenne einen Augapfel. Die verdammten Polizisten belauern mich, denke ich; sie wollen mich beim Masturbieren überraschen. Ich weiß nicht, ob es in Zügen in North Carolina erlaubt ist, zu masturbieren. Wahrscheinlich ist es wie mit der Toilette: während des Aufenthalts im Bahnhof darf man sie nicht benutzen, wohl aber während der Fahrt. Mein Zug fährt nicht. Die Polizisten werden mit sich selbst spielen müssen, wenn sie jemanden erwischen wollen.

Ich lege mich wieder hin und schnupfe gemeinsam mit Mario. Ein ganzer Schneesturm kommt da zusammen. Das Blut in meinem Taschentuch sagt es mir. Wenigstens sind Hunger und Kopfschmerzen verschwunden. Die Temperatur im Abteil muß fast 38 Grad betragen, wie bei Mario. Ich bin naß von Schweiß und Urin. Mario zog sich um diese Zeit die Kleider aus, also tue ich es ebenfalls. Ich bin froh, aus meinen nassen Hosen herauszukommen.

«Heh, Tao oder Juan Carlos oder *Ronaldo!* Redet mit mir, damit wir die Sache hier zu Ende bringen können.» Es ist Mario, der dies ruft, um herauszufinden, ob einige seiner Geschäftspartner sich bei den «Kommandos» befinden. Ich habe dieses Band schon zuvor abgehört, aber ich kann mich nicht erinnern, daß er auch meinen Namen gerufen hat. War das wirklich auf dem Band? Ich bin mir nicht sicher. Das einzige, dessen ich mir wirklich sicher bin, ist mein Durst.

Und der Gestank. Die Hitze läßt ihn zu mir aufsteigen. Er scheint stärker zu werden. Jetzt riecht es wie verbrannt. Tabak! Einer der Cops auf dem Flur raucht.

«Mach die verdammte Zigarette aus!» schreie ich. «Mach sie aus! Mach sie aus!» schreie ich immer wieder, bis ich nichts mehr davon rieche. Mario hatte recht. Der Polizei kann man nicht trauen.

Ich höre, wie das kleine Mädchen nach Wasser schreit. Der Säugling weint nicht mehr. Ob er schon tot ist? Wird sie die nächste sein? Sie hört nicht auf. «Wasser … Wasser … bitte», schreit sie immer wieder. Ich kann es nicht mehr ertragen.

«Paß auf!» sagt Mario auf dem Band. «Wenn du deinen Mund noch einmal aufmachst, stopfe ich ihn dir für immer.»

Einen Augenblick lang hört sie auf zu weinen. Ich bin dankbar für solche Augenblicke.

Ich liege in der oberen Schlafkoje, wie Mario es getan hat, möglichst weit weg von dem Fenster, an dem die Scharfschützen ihre Gewehre ausprobiert haben. Die Decke, nur wenige Zentimeter über meinem Gesicht, scheint sich wie ein Sargdeckel auf mich herabzusenken. Die Last zwängt meine Lungen ein. Der Gestank verpestet die Luft. Meine Kehle zieht sich zusammen. Das Atmen wird mir schwer. Mein Herz pocht. Ich schließe die Augen und versuche der Klaustrophobie zu entkommen.

Jetzt sehe ich Engelhaie. Bin ich tot? Als ich weitere Tropenfische und Unterwasserbilder sehe, weiß ich, daß ich noch lebe, aber vor Durst sterbe. Wieder höre ich Mario im Bad trinken. So ein Schwindler. Ich bin zu stur, um nochmals einen Schluck von meiner Notration Wasser zu nehmen. Ich könnte mich wieder stechen. Ich erinnere mich nicht, wohin ich den Anstecker gelegt habe.

Aichmophobie. Eine neuentdeckte Angst vor spitzen, scharfen Gegenständen quält mich. Woher ist sie gekommen? Und warum jetzt? Mein Freund, der Psychoanalytiker Joel Morgan, würde wohl sagen, sie rühre aus der sexuellen Frustration. Der Aichmophobe hat Angst vor scharfen Instrumenten, weil er seiner eigenen Fähigkeit mißtraut, ihrem Reiz zu widerstehen. Instrumente, die das Blut hervorschießen lassen können – ein Symbol für den Orgasmus –, ängstigen und faszinieren ihn zugleich. Vor solchen Phobien schützt man sich am besten, indem man darauf verzichtet, seine Sexualität zu unterdrücken. Ich stelle mir vor, daß Joel mir ein Rezept aushändigt, auf dem «Masturbiere jetzt!» steht. Aber die Polizei beobachtet mich und wartet nur darauf, daß ich es mache. Joel arbeitet mit der Polizei zusammen. Ich komme zu dem Schluß, daß ich ihm nicht trauen kann.

Ein Unterhändler der Polizei, dessen Stimme unheimliche Ähnlichkeit mit der von Joel Morgan hat, redet auf Mario ein und versucht, dessen Vertrauen zu gewinnen. Mario will nichts davon wissen. «Wir reden hier nur Scheiße ... Bei dieser ganzen Operation geht es um mich, nur um mich.» Mario hat recht. Keiner von uns beiden wird dieser Scheiße auf den Leim gehen.

Mario beginnt von Selbstmord zu sprechen. Er will nicht aufgeben. Lieber bringt er sich um. Ein Unterhändler des FBI, frisch von einem Fortbildungskurs gekommen, schaltet sich ein und redet mit Mario. Doch der will nichts hören. «Ihr redet doch nur drumherum ... Ich will nicht mehr mit euch sprechen, bitte!»

Ich liege in meiner Koje und horche auf die Züge, die während der Nacht vorbeifahren, reale und solche auf dem Band. Mario steigt herunter, um nach dem Baby zu sehen. «O weh, o weh, o weh», jammert Mario. Er erkennt, daß der Säugling tot ist. «O Gott ... Heilige Maria!»

Es wird Zeit für ein Lebenszeichen, wie ich es in regelmäßigen Abständen gegeben habe. Doch ich beschließe, daß das unnötig ist. Es ist mir egal, ob sie ein Lebenszeichen von mir bekommen oder nicht.

Ich zähle noch immer die Züge, die durch den Bahnhof von Raleigh rollen, als Ray, der FBI-Unterhändler, sich über Lautsprecher an Mario wendet. Es ist Sonntagmorgen. Ich höre, wie Mario aus der Koje klettert und auf der Toilette uriniert. Das beweist, daß er vergangene Nacht Wasser getrunken hat, obwohl er es bestreitet. Jetzt höre ich ihn auf das Glas der Deckenleuchte treten, die er zerschmettert hat. Hoffentlich schneidet er sich in den Fuß, denke ich. Er klettert wieder in seine Koje und schnupft zum Frühstück rasch drei Portionen Kokain. Langsam fühle ich mich besser.

Die Droge schärft meine Sinne und hebt meine Stimmung. Die Gerüche sind stärker denn je. Überwältigend. Ich greife nach meiner Brechschale und übergebe mich. Kaum bin ich fertig, höre ich, wie Mario sich übergibt. Unsere Körper sind wirklich synchron.

Ich lege mich zurück, schließe die Augen und versuche, den immer noch heftigen Brechreiz zu unterdrücken. Ein Hubschrauber schwebt über dem Waggon. Einen Augenblick vergesse ich, daß es das Geräusch des Fernsehhubschraubers vom Band ist. Es klingt völlig realistisch. Ich erwäge die Möglichkeit, daß Marios Verteidiger den Hubschrauber schickten; sie haben von meiner heimlichen Fahrt Wind bekommen und wollen mich nun stoppen. Vor meinem inneren Auge leckt sich Mario die Lippen und grinst mich an.

Ray spricht mit Mario; er bemüht sich, sehr mitfühlend, freundlich und fast brüderlich zu erscheinen. Er spricht sehr langsam. Dann noch langsamer. Dann ist Schluß. Mir wird klar, daß der Generator stehengeblieben ist. Das Tonband, die Lautsprecher und die Heizung sind ausgefallen. Draußen ist es Winter. Ich könnte hier erfrieren. Haben Marios «Kommandos» durch Sabotage dafür gesorgt, daß der Generator ausfällt? Die Bänder sind wichtiger als die Hitze.

«Holt ein batteriebetriebenes Tonbandgerät, ihr Blödmänner!» rufe ich den Polizisten auf dem Gang zu. Ich halte eine phantasierte Maschinenpistole in den Händen und feuere auf die Tür, um meiner Forderung Nachdruck zu verleihen.

Nach einer Stunde springt der Generator wieder an. Was ein Glück für die Polizisten.

Ray redet sanft auf Mario ein; er bietet ihm etwas zu trinken an. Mario lehnt ab. Mario! Sag ja, dann kriege ich auch was davon ab, sage ich zu ihm. Mario will weder mir noch Ray zuhören. «Ich verhandle nicht mit der Scheißregierung», sagt er. Ob Mario weiß, daß ich Berater der Regierung bin, frage ich mich. Ob seine Anwälte es ihm gesagt haben? Will er mir deshalb an den Kragen?

Mario und ich gähnen gemeinsam.

Ich höre, wie Mario noch mehrmals ins Bad geht, um zu trinken. Ich beschließe, ein paar Schluck von meiner Notration Wasser zu trinken. Das gelingt mir, ohne mich dabei an der Nadel zu stechen, was irgendeine psychoanalytische These belegt, aber welche, da bin ich mir nicht sicher.

Dann klopft jemand ans Fenster. Ich erstarre.

Das ist nicht auf dem Band. Wieder höre ich das Klopfen am Fenster. Und noch einmal. O mein Gott! Da draußen ist wirklich jemand.

«Sind Sie das?» rufe ich dem Polizeikommando auf dem Gang vor meinem Abteil zu.

«Sind Sie das?» schallt es zurück wie ein Echo.

Jemand rennt den Gang hinunter. Waggontüren werden geöffnet und wieder geschlossen. Jede Minute rechne ich damit, daß die «Kommandos» in mein Abteil stürmen. Marios «Kommandos». Noch mehr Lärm. Die Tür bewegt sich. Jetzt passiert es. Ich meine, jemanden hereinkommen zu sehen. Ich raste aus und werfe ein Kissen nach der Tür. Aber gegen ein «Kommando» kann man keine Kissenschlacht gewinnen. Ich packe die einzige Waffe, die ich besitze – meinen Urinbeutel –, und gehe in Stellung, um sie nach dem Ding, das sich bewegt, zu werfen.

Aber es bewegt sich nichts. Nach einer Ewigkeit ruft ein Polizist: «Alles okay.»

Später erfuhr ich, daß ein Arbeiter der Amtrak von dem Experiment gehört hatte und sich den verrückten Doktor einmal selbst anschauen wollte. Er hatte an das Abteilfenster geklopft. Der Polizist stoppte ihn, ehe er den Waggon betreten konnte. Sie verhörten ihn kurz, dann ließen sie ihn laufen. Das war ein Fehler. Der «Arbeiter» war Kubaner. In Miami hatten viele Kubaner mit Mario zusammengearbeitet.

Ich beruhige mich langsam wieder. Meine Kopfschmerzen kehren zurück. Ich fühle mich schwach und benebelt. Meine Kräfte lassen nach. Der Gestank setzt mir wieder stärker zu, aber ich habe nichts mehr im Magen. Ich sehe nur noch verschwommen. Es ist Sonntagnachmittag. Ich warte auf ein Signal, das man mir um 14:32 geben soll.

«Stoßen Sie das Fenster auf, Doc», ruft ein Polizist. Das ist das Signal für mich, das Fenster zu öffnen, wie Mario es getan hat. Doch ich kann nicht. Das Fenster ist etwas anders konstruiert und läßt sich nicht aufstoßen. Als Mario sein Fenster öffnete, sank die Temperatur in seinem Abteil plötzlich ab, und die hereinströmende Frischluft schwächte den Gestank ab. Durch das offene Fenster wurden ihm auch Essen und Trinken gereicht.

Ich versuche rasch zu improvisieren. Ich ziehe das Rollo hoch und signalisiere den Polizisten, daß ich das Fenster nicht öffnen kann, so daß wir einem anderen Plan folgen müssen, den ich ihnen auf einem Zettel mitteile. Dieser Plan sieht vor, daß wir die Temperatur im Abteil auf relativ kühle 17 Grad am Tag und 12 Grad in der Nacht reduzieren, wie sie in Marios Abteil zu diesem Zeitpunkt der Belagerung herrschte. Anschließend öffne ich mehrere nach außen führende Luftklappen, um den Gestank etwas zu mildern. Dann warte ich auf das Essen und Trinken, das man mir durch das Schuhfach reichen soll.

Mario und ich schnupfen noch ein paarmal. Das hilft uns, die Wartezeit zu überbrücken.

In den nächsten Stunden sehe ich immer wieder im Schuhfach nach, aber es ist leer. Ich komme mir vor wie ein Hund, der an seinem Freßnapf schnüffelt und auf sein Fressen wartet. «Tut bloß kein Gift rein», sagt Mario. Genau das befürchte ich auch. Endlich, um 16:50 Uhr, höre ich, wie das Schuhfach auf der anderen Seite geöffnet wird. Ich greife hinein und reiße dem «Kommando» das Essen förmlich aus den Händen. Es ist mir vollkommen egal, für wen er arbeitet.

Ich leere die Halbliterflasche Coca Cola in einem Zug, dann schlinge ich die zwei pappigen Sandwiches mit Schinken, Speck und Käse herunter. Es ist dieselbe fetttriefende Fast-food-Mahlzeit, die man Mario gebracht hat. Sie ist köstlich. Noch nie hat mir ein Sandwich so gut geschmeckt. Ich spüle alles mit zwei Beuteln Traubenzuckerlösung hinunter, die auch Mario in seinem Paket vorgefunden hatte. Dann mache ich mich über den

Apfel her. Gemeinsam rülpsen Mario und ich. Zum Nachtisch nehmen wir eine Prise Kokain.

Um 19:32 reicht man Mario und mir eine kleine Taschenlampe herein. Mit ihrer Hilfe suchte er seine Ausweispapiere zusammen, um sie in der Toilette zu verbrennen. Ich mache dasselbe mit den Visitenkarten, die seine Anwälte mir gegeben haben.

Sonntag, 20:53 Uhr. Man reicht mir eine weitere Halbliterflasche Coca Cola herein. Um 20:54, spätestens 20:55, habe ich sie ausgetrunken. «Das ist gut, das ist gut», sagt Mario und rülpst noch einmal. Das kann man wohl sagen, Mann.

Ich stelle fest, daß mir das Rechnen schwerfällt. Mein Gehirn arbeitet immer langsamer. Ich gebe es auf, herausfinden zu wollen, wie lange ich schon hier bin.

Mit der Taschenlampe suche ich in meinem Seesack nach Ersatzbatterien für meinen Kassettenrekorder. Gott sei Dank habe ich sie eingepackt. Ich denke an ein paar andere Dinge, die ich hätte einpacken sollen, zum Beispiel einen Tarnanzug, einen Castro-Bart und eine AK-47. Dann könnte ich morgen früh wie ein «Kommando» aus Marios Halluzinationen aus dem Abteil treten. Das wäre doch lustig. Die Polizei würde mich wahrscheinlich über den Haufen schießen. Ich würde lachend sterben.

Die Verhandlungen gehen weiter. Mario beginnt sich mit Ray anzufreunden. «Sie sind ehrlich zu mir gewesen», sagt er zu Ray. «Es macht Spaß, mit Ihnen zu reden. Ich werde Ihnen jetzt das Kind übergeben … Ihnen persönlich, aber, bitte, Mr. Ray, bringen Sie mich danach nicht um.»

Mario reicht Ray das kleine Mädchen durchs Fenster. Ray hat eine Decke auf den Armen, um das Kind aufzufangen. Unter der Decke hält er eine Pistole in der Hand. Mario sieht die Pistole und greift nach dieser Hand, um sie zu schütteln. Ray läßt die Pistole fallen und schüttelt Mario die Hand. «Ich bewundere Ihren Mut und Ihre Ehrlichkeit», sagt Mario. Ganz zu schweigen von Ihrer Dummheit.

Jetzt ist Mario bereit, sich zu ergeben. « Ja, ich bin bereit. Sagen Sie mir, was ich tun soll.»

Es ist Montagmorgen, 5:45 Uhr. Mario und ich verlassen unser Abteil neunundsiebzig Stunden und drei Minuten nachdem wir es betreten haben.

4

Vier Tage lang bemühte ich mich im Zeugenstand, den Geschworenen mit Worten verständlich zu machen, was Mario erlebt hatte. Ich wußte, wovon ich sprach, denn ich war dabeigewesen. Meine Zugfahrt war zwar nur eine Simulation, und ich wußte, daß ich gut beschützt wurde, doch es reichte aus, meinen Dämon hervorzulocken und mir das Erlebnis der Paranoia zu bescheren. Zuweilen zweifelte ich an meiner Sicherheit und an der Loyalität meiner polizeilichen Bewacher. Ich konnte nicht immer meinen Sinnen trauen und noch weniger meinen Gedanken über Mario, seine Freunde und seine Anwälte.

Sowohl Mario als auch ich deuteten manche reale Stimuli falsch, etwa die Bewegung des Rollos und das Klopfen an der Tür, und wir schmückten sie aus, zunächst durch paranoide Gedanken, dann durch Bilder. Keiner von uns beiden hatte freie Sicht auf die reale Welt außerhalb des Waggons; wir waren gezwungen, uns eine eigene Version zusammenzureimen, auf der Basis begrenzter Sinnesdaten und unserer eigenen Projektionen. Die Isolation – in Verbindung mit der Droge – zwang uns, eine andere Realität innerhalb des Abteils zu schaffen. Diese Realität war voller Mißtrauen, Reizbarkeit, Illusionen, Halluzinationen und Wahnvorstellungen. Ich wußte, was geschah, aber die Verhältnisse waren stärker; ich konnte nicht verhindern, daß sie mein Verhalten beeinflußten. Ich konnte der galoppierenden Paranoia keinen Einhalt gebieten. Also reagierte ich, wie ich schon immer reagiert hatte, nach einem Muster, das mir meine Persönlichkeit und meine bisherigen Erfahrungen diktierten. Ich schrie und fluchte, ich hämmerte gegen die Wände, ich schrieb eine Protestnote und rang mir sogar ein paar nervöse Scherze ab. Mario wußte auch, was geschah. Deshalb zog er die Pistole und schoß wild um sich, wie er es schon immer getan hatte.

Mein Urteil lautete, daß unter entsprechenden Bedingungen – Kokain, Einschließung, Bedrohung durch die «Kommandos» – jeder ebenso paranoid werden könne wie Mario oder ich. Schließlich waren unsere Gehirne synchron.

Die Geschworenen gelangten zu dem Urteil, daß Mario nicht krank sei – was die Möglichkeit einer Einweisung in eine psychiatrische Anstalt eröffnet hätte. Sie verurteilten ihn wegen der Tötung seiner Schwester und seines Neffen, verschonten ihn aber vor der Todesstrafe und schickten ihn statt dessen lebenslänglich ins Gefängnis. Mario stand auf und warf den Geschworenen einen Kuß zu. War's ein Mafia-Kuß? fragte ich mich.

Ihr Urteil über mich wurde nicht protokolliert.

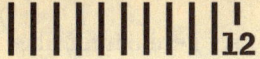

12

Eine Nacht an Hemingways Grab

In einer mondhellen Nacht im Juni 1992 verschaffte ich mir unerlaubt Zutritt zum Friedhof von Ketchum am Fuß der Sawtooth Mountains. Es war nicht schwer. Das kurze Stück von der Sun Valley Lodge – wo ich mit einer Gruppe FBI-Agenten wohnte, die dort für eine Woche zu einem Lehrgang über Drogen zusammengekommen waren – bis zum Friedhof ging ich zu Fuß. Mich unter den Nasen von sechzig Bundespolizisten unerlaubt auf geweihtem Boden zu bewegen verlieh der Sache einen zusätzlichen Reiz.

Vor dem Tor des winzigen Friedhofs blieb ich stehen und sah mich um. Im Süden waren die ersten Häuser von Ketchum zu erkennen, einer Kleinstadt in Süd-Idaho. Im Norden sah ich jenseits des Tals das Haus, in dem Ernest Hemingway gelebt hatte und auch gestorben war. Ich wandte mich dem Tor zu, um mir sein Grab anzuschauen. Das Tor war verschlossen, aber ich fand eine Lücke zwischen den Gitterstäben und einer Steinmauer, durch die ich mich zwängen konnte. Ich ging zu einer Kieferngruppe, unter der ich eine ebenerdige Marmorplatte fand. Die Inschrift war schlicht:

Ernest Miller Hemingway
21. Juli 1899 - 2. Juli 1961

Ich setzte mich in das weiche Gras am Fuß des Grabsteins. Die Platte war mit Kiefernnadeln übersät, dazwischen lagen nebeneinander zwei Kiefernzapfen. Eine Ameise krabbelte über die Inschrift. Ganz in der Nähe lag Mary Hemingways Grab. Ihre Steinplatte war sauber – keine Nadeln, keine Zapfen, keine Ameisen. Mary war immer eine gute Hausfrau gewesen. Ernest war der Chaot, der überall im Haus zahlreiche unfertige Manuskripte und eine Menge leerer Flaschen hinterließ. Zweifellos hatte er großen Durst, und manche Literaturkritiker behaupten, es gebe einen kausalen Zusammenhang zwischen den unfertigen Manuskripten und den leeren Schnapsflaschen.

Hemingway hat einmal geschrieben, er sei kein Säufer, aber natürlich war er ein Meister der literarischen Erfindungskunst. In der nicht erfundenen, sondern realen Welt war er ein Alkoholiker aus einer Familie, in der sich depressive und manisch-depressive Krankheiten häuften. Er trank alles, von Bier bis Whiskey. Eine besondere Vorliebe hatte er für Absinth, den geächteten Schnaps mit der hirnzersetzenden halluzinogenen Wirkung, den er in Spanien kennenlernte. In *Wem die Stunde schlägt* beschreibt er den grünlichen Branntwein als «Hirn und Magen wärmenden, die Gedanken ablenkenden Alchimistentrunk».

Es kann kaum Zweifel geben, daß der Alkohol Hemingways Leben ebenso veränderte wie sein Schreiben. Die Figuren in seinen frühen Erzählungen und Romanen sind starke Trinker, tiefgründige Denker und Verteidiger der Gewohnheiten ihres Schöpfers. Am Ende litt Hemingway erkennbar unter den Folgen seines Alkoholkonsums. Leber und Nieren waren geschädigt, und er verlor erschreckend an Gewicht. Mehrere Unfälle vergrößerten noch sein Leiden. Inzwischen waren seine Figuren banal und sogar langweilig geworden, als wären sie eine verzerrte Parodie auf ihren Schöpfer. Schließlich schuf er überhaupt keine lebendigen, glaubwürdigen Charaktere mehr. Alle sahen den Zusammenhang zwischen seinem Alkoholkonsum und seiner schwindenden Produktivität. Alle außer Hemingway. Er war der Ansicht, die Droge seiner Wahl habe nichts zu tun mit dem, was er sagte. In «Eine Zugfahrt», einem Kapitel aus einem unvollendeten Roman, fragt ein Junge seinen Vater nach Dope-Süchtigen.

«Ich weiß nicht, ob sie Dope nehmen oder nicht», sagt der Vater. «Viele Leute nehmen Dope. Aber die Leute reden nicht so, wie sie reden, weil sie Kokain oder Morphium oder Heroin nehmen.» Oder sie schreiben nicht so, wie sie schreiben.

Bis zum Schluß dachte Hemingway so. «Trinken macht Spaß», schrieb er einem Freund, als es schon längst keinen Spaß mehr machte. Das Trinken verstärkte die Depression, unter der er sein Leben lang litt. Das Schreiben fiel ihm immer schwerer, schließlich hörte er ganz damit auf. Sein geistiger und körperlicher Zustand wurde immer schlechter. Doch erstaunlicherweise war es nicht der Alkohol, der Hemingway umbrachte, sondern eine Art Zugfahrt, eine jahrelange, wilde Fahrt im Paranoia-Express.

Die ersten Anzeichen von Paranoia bemerkte sein Freund A. E. Hotchner im Jahre 1960. Hemingway erschien ihm nervös und mißtrauisch. In einer Bar stand er plötzlich auf, drängte seinen Freund, mit hinauszukommen, und ergriff Hals über Kopf die Flucht in einem fremden Wagen. Wovor hatte er Angst? Vor dem FBI, sagte Hemingway. Sie beschatteten ihn. Warum?

«Es ist die Hölle, die beschissendste Hölle, die du dir vorstellen kannst», klagte Hemingway. «Die haben alles verwanzt. Darum benutzen wir Dukes Wagen. Meiner ist verwanzt. Das Telefon kann ich auch nicht benutzen. Die Briefe werden abgefangen.»

Während der ganzen Fahrt beobachtete Hemingway jeden auffälligen Wagen und jeden unbekannten Menschen. Als sie an einer Bank vorbeifuhren, meinte er zwei Steuerfahnder erkannt zu haben, die hinter ihm her seien, und er fuhr in eine andere Richtung.

Nirgendwo war er sicher, nicht einmal in seinem Heiligtum, der Bar. Als er seiner Frau und Hotchner einmal sagte, zwei Männer, die an der Theke standen, seien vom FBI, stand Hotchner auf, um der Sache nachzugehen. Er kam mit der guten Nachricht zurück, daß es sich um zwei Handelsvertreter handelte, die schon seit Jahren in der Bar verkehrten.

«Natürlich sind sie Vertreter», spottete Hemingway. «Das FBI ist bekannt für seine tölpelhaften Verkleidungen. Was meinst du denn, als was sie auftreten – als Konzertviolinisten?»

Hemingways Wahnvorstellungen kreisten um den Gedanken, das FBI wolle ihn wegen Steuerhinterziehung verhaften. Später kam noch ein weiteres fiktives Verbrechen hinzu: der Versuch, die Moral eines Minderjährigen zu untergraben. Da er glaubte, das FBI verfolge ihn ständig, fuhr er auf Reisen stets nur auf Umwegen zu seinem Ziel, sorgte dafür, daß sein Name nicht auf Passagierlisten erschien, und sprach am Telefon nur in kryptischen Sätzen. Schließlich hatte er auch alte Freunde im Verdacht, sich an der Verschwörung gegen ihn zu beteiligen. Die Ärzte erkannten, daß Hemingway sich in das undurchdringliche Gefängnis seines eigenen Verstandes zurückgezogen hatte. Mit Elektroschocks versuchten sie ihn daraus zu befreien. Sie schafften es nicht. Hemingway fand seinen eigenen Weg, aus seinem Gefängnis zu fliehen. Er setzte sich die Mündung eines Jagdgewehrs an den Kopf und drückte ab.

Verdammter Hund, Hemingway, dachte ich. Was ist aus deinem Mumm geworden? Wo war dein Schneid, als der Druck wirklich stark wurde? Aber dann fiel mir ein, daß es manchmal kein Mittel mehr gegen den Druck der Paranoia gibt – wenn er zu stark wird oder zu lange anhält. Was Hemingway in seinem Roman *In einem anderen Land* über die Welt schrieb, könnte man auch über die Paranoia schreiben:

«Die Welt zerbricht jeden, und nachher sind viele an den zerbrochenen Stellen stark. Aber die, die nicht zerbrechen wollen, die tötet sie. Sie tötet die sehr Guten und die sehr Feinen und die sehr Mutigen, ohne Unterschied. Wenn du nicht zu diesen gehörst, kannst du sicher sein, daß sie dich auch töten wird, aber sie wird keine besondere Eile haben.»

Die Passage war eine treffende Beschreibung dessen, was den Paranoikern geschehen war, die ich kennengelernt und untersucht hatte. Der Friedhof ließ mich wieder an sie denken.

Mark Steiner, der Schöpfer des Adolf-Programms [«Ein Interview mit Hitlers Gehirn»], verließ die UCLA und nahm das Adolf-Programm mit. Etwa um dieselbe Zeit verstummten auch die Gerüchte um Hitlers Gehirn. Ich hörte, daß er Tiermedizin studierte, auch dieses Studium aufgab und sich schließlich um die Kampfhunde der südafrikanischen Polizei kümmerte. Als ich ein paar Jahre später nach Südafrika fuhr, um in einem Prozeß auszusagen, besuchte ich anschließend die Schule für Polizeihunde der südafrikanischen Polizei in Kwaggaspoort, westlich von Pretoria. Der diensthabende Beamte trug eine Uniform, die mich an die Nazis erinnerte. Ich fragte ihn nach Mark. Seine knappe Antwort lautete: «Ich erinnere mich an keinen Steiner.»

Hitlers Schädel wurde schließlich in einem Karton in einem Moskauer Archiv entdeckt. Der Karton enthielt außerdem blutbeschmierte Holzsplitter eines Sofas aus dem Führerbunker. Gerüchten zufolge sollen sich weitere Überreste in den Händen des KGB befinden.

Edwin Tolman [«Dr. Tolmans fliegende Beeinflussungsmaschine»] kehrte nach Los Angeles zurück und begann, Medikamente gegen Bluthochdruck zu nehmen. Sie schienen ihm zu helfen. Ich bat ihn, meinen Studenten einen Vortrag über seine Erfahrungen zu halten. Bei einer Abstimmung äußerte die Mehrheit der Studenten die Ansicht, daß es den Satelliten wirklich gebe. Tolman erfuhr davon. Er setzte seine Medikamente ab und verließ die Stadt. Ich habe ihn nie wiedergesehen.

Miss Lillian Rush [«Flüstern»] starb friedlich im Schlaf. Miss Louise, Dr. Rose und ich waren die einzigen, die zu ihrem Begräbnis kamen.

Leroy [«Flüstern»] hat seine Strafe abgesessen und reist seither durch das ganze Land. Er sucht Kontakt zu Leuten, die gleichfalls Opfer der Verschwörung geworden sind.

Victoria Torto [«Schattentanz»] wurde vorzeitig aus dem Gefängnis entlassen. Sie möchte einen neuen Freund finden.

Cliff Hill [«Die Invasion der Käfer»] wurde in Los Angeles begraben. Während des Begräbnisgottesdienstes las Mary Passagen von Shakespeare vor. Ein Zitat aus Romeo und Julia ziert seinen Grabstein: «So wilde Freude nimmt ein wildes Ende.»

Matthew Nichols [«Die Invasion der Käfer»] rief mich nach seiner Entlassung aus dem Gefängnis an. Die Käfer waren wieder da. Ich verwies ihn an jemand anderen.

Richie D. [«Richie in Whackyland»] sitzt noch immer seine achtzehnjährige Haftstrafe ab. Wenn er wieder frei ist, will er viel Geld verdienen und sich eine hochmoderne Ausrüstung kaufen, mit der er die Existenz von Dingen beweisen kann, von denen sonst niemand auf der Welt etwas weiß.

Kenneth Jackson [«Bunker»] befindet sich in einer geschlossenen psychiatrischen Anstalt. Dort studiert er die Bibel ebenso fanatisch, wie er einst die *Dreizehn Gebote der Kriegskunst* studierte. Kürzlich bat er seinen Anwalt, Kontakt zu Madonna aufzunehmen. Sie will ein Kind von ihm, und er ist einverstanden.

Harry Balise und seine Familie [«Die schwebende Dollarnote»] sind verschwunden.

Linda Estrada [«Die zehn Plagen»] liest im Gefängnis jeden Tag die Bibel. Es gibt Anzeichen für eine Besserung. Vor kurzem sah sie *Die Zehn Gebote* im Fernsehen. Es brachte sie nicht aus der Fassung.

Lou Levin [«Die Jagd nach dem letzten Zwerg»] wurde von einem Gefängnis ins andere verlegt. Ich habe seine Spur verloren. Ich hoffe, die Zwerge ebenfalls.

Mario N. [«Der Paranoia-Express»] sitzt weiterhin seine lebenslange Freiheitsstrafe ab. Wenn er über den Flur geht, pfeifen seine Mitgefangenen wie ein Zug.

Für die meisten gab es kein Happy-End, aber ihre Geschichten sind ebensowenig erfunden wie die Geschichte von Hemingway. Die Drangsal mag Einbildung gewesen sein, doch das Erleben war gewiß real. Bevor ich ins Hotel zurückging, säuberte ich Hemingways Grab von den Kiefernnadeln und den Zapfen. Er hatte genug durchgemacht.

Am nächsten Tag wich ich in meinem Vortrag vom vorbereiteten Text ab und erzählte den FBI-Agenten von Hemingways Verfolgungswahn. Ich schlug ihnen vor, doch einmal sein Grab zu besuchen und ihm ihren Respekt zu bezeugen. Schließlich seien sie Teil seiner Tragödie gewesen. Vielleicht wolle der eine oder andere ihm sagen, es täte ihnen leid, weil sie ihn ja eigentlich nicht hätten abhören wollen.

Die FBI-Agenten hockten wie eine Horde Vertreter auf ihren Stühlen, starrten mich mit ihren verschlagenen «Wir-kriegen-jeden»-Gesichtern an und dachten wohl, ich wäre verrückt geworden. Ich stand einfach nur da. Das war vielleicht die Hölle. Die beschissenste Hölle, die man sich vorstellen kann.

LITERATUR

ALLGEMEINE LITERATUR ÜBER PARANOIA

Fried, Y., und J. Agassi, *Paranoia: A Study in Diagnosis*, Dordrecht und Boston 1976.

Keen, S., *Faces of the Enemy: Reflections of the Hostile Imagination*, San Francisco 1986.

Kraepelin, E., *Lehrbuch der Psychiatrie*, 4 Bde., 1927.

MacGregor, J. M., *Discovery of the Art of the Insane*, Princeton 1989.

Matos, J. X. de, *A Paranoia: Ensaio Pathogenico Sabre Os Delirios Systematisados*, Lissabon 1898.

Meissner, W. W., *The Paranoid Process*, New York 1978.

Meissner, W. W., *Psychotherapy and the Paranoid Process*, Northvale, N. J., 1986.

Oltmanns, T. E, und B. A. Maher [Hg.], *Delusional Belief*, New York 1988.

Retterstöl, N., *Paranoid and Paranoiac Psychoses*, Springfield, III., 1966.

Retterstöl, N., *Prognosis in Paranoid Psychoses*, Springfield, III., 1970.

Swanson, D. W., P. H. Bohnert und J. A. Smith, The *Paranoid*, Boston 1970.

LITERATUR ZU DEN EINZELNEN KAPITELN

VORWORT

Kafka, F., «In der Strafkolonie» [zuerst 1919], in: ders., *Sämdiche Erzählungen*, hg. von Paul Raabe, Frankfurt am Main 1970, S. 113–139.

DER DÄMON PARANOIA

Cantril, H., The *Invasion from Mars*, Princeton 1940.

Dick, P. K., *Radio Free Albemuth*, New York 1987.

Gogol, N., «Aufzeichnungen eines Wahnsinnigen», in: ders., *Sämtliche Erzählungen*, München 1961.

MacLean, P., «The Paranoid Streak in Man», in: A. Koestler und J. R. Smythies, *Beyond Reductionism: New Perspectives in the Life Sciences*, Boston 1969, S. 258–278.

O'Brien, B., *Operators and Things: The Inner Life of a Schizophrenic*, London 1960.

Rancour-Lafferiere, D., The *Mind of Stalin: A Psychoanalytic Study*, Ann Arbor 1988.

Rheingold, H., *Virtual Reality*, New York 1991.

Tschechow, A., «Krankensaal Nr. 6», in: ders., *Werke*, Wien 1958.

Waite, R. G. L., *The Psychopathic God: Adolf Hitler*, New York 1977.

Interview mit Hitlers Gehirn

Besymenski, L., *Der Tod des Adolf Hitler*, München 1982.

Colby, K. M., *Artificial Paranoia: A Computer Simulation of Paranoid Processes*, New York 1975.

Colby, K. M., «Modeling a Paranoid Mind», *The Behavioral and Brain Sciences* 4 [1981], S. 515–560.

Ellinwood, E. H., und A. Sudilovsky, «Chronic Amphetamine Intoxication: Behavioral Model of Psychoses», in: J. O. Cole, A. M. Freedman und A. J. Friedhoff [Hg.], *Psychopathology and Psychopharmacology*, Baltimore 1973, S. 51–70.

Ellinwood, E. H., A. Sudilovsky und L. Nelson, «Behavioral Analysis of Chronic Amphetamine Intoxication», in: J. D. Keehn [Hg.], *Origins of Madness*, Oxford 1979, S. 159–171.

Faught, W. S., *Motivation and Intentionality in a Computer Simulation Model of Paranoia*, Basel und Stuttgart 1978.

Fleming, C., *If We Could Keep a Severed Head Alive: Discorporation and U. S. Patent 4,66,425*, St. Louis 1988.

Galante, P., und E. Silianoff, *Voices from the Bunker*, New York 1989.

Heston, L. L., und R. Heston, *The Medical Casebook of Adolf Hitler*, New York 1980.

Heymann, C. D., *A Woman Named Jackie*, New York 1989.

Hitler, Adolf, *Mein Kampf*, München 1925 / 1926, und zahlr. weitere Ausgaben.

Irving, D., *The Secret Diaries of Adolf Hitler's Doctor*, New York 1983.

Langer, W. C., The *Mind of Adolf Hitler: The Secret Wartime Report*, New York 1972 [Originalmanuskript 1943].

Lavater, L., *Of Ghostes and Spirites Walking by Nyght, and of Strange Noyses, Cracks, and Sundry Forewarnynges, Which Commonly Happen Before the Death of Menne, Great Slaughters, & Alterations of Kyngdomes*, engl. Übersetzung London um 1800 [ursprünglich 1572].

O'Donnell, J. P., *The Bunker: The History of the Reich Chancellery Group*, Boston 1978.

Payne, R., *The Life and Death of Adolf Hitler*, New York 1973.

Randrup, A., und I. Munkvad, «Stereotyped Activities Produced by Amphetamine in Several Animal Species and Man», in: J. D. Keehn [Hg.], *Origins of Madness*, Oxford 1979, S. 69–77.

Rauschning, H., *Die Revolution des Nihilismus*, Wien, Zürich, München 1965 [zuerst 1938].

Schwaab, E. H., *Hitler's Mind: A Plunge into Madness*, New York 1992.

Trevor-Roper, H. R., The *Last Days of Hitler*, New York 1947; dt.: *Hitlers letzte Tage*, Frankfurt am Main und Berlin 1965.

Waite, R. G. L., The *Psychopathic God: Adolf Hitler*, New York 1977.

Zalampas, S. O., *Adolf Hitler: A Psychological Interpretation of His Views on Architecture, Art and Music*, Bowling Green 1990.

DR. TOMANS FLIEGENDE BEEINFLUSSUNGSMASCHINE

Becker, R. O., *Cross Currents: The Perils of Electropollution*, Los Angeles 1990.

Becker, R. O., und G. Selden, The *Body Electric: Electromagnetism and the Foundation of Life*, New York 1985.

Brodeur, P., *The Zapping of America: Microwaves, Their Deadly Risk, and the Cover-Up*, New York 1977.

Cheney, M., *Tesla: Man Out of Time*, New York 1981.

Haslam, J., *Illustrations of Madness: exhibiting a singular case of insanity ... with a description of the tortures experienced by bomb-bursting, lobster-cracking, and lengthening the brain*, London 1810.

Niederland, W. G., *The Schreber Case: Psychoanalytic Profile of a Paranoid Personality*, New York 1974; dt.: *Der Fall Schreber. Das psychoanalytische Profil einer paranoiden Persönlichkeit*, Frankfurt am Main 1978.

O'Neill, J. J., *Prodigal Genius: The Life of Nikola Tesla*, Hollywood 1978 [zuerst 1944].

Porter, R., *A Social History of Madness: The World Through the Eyes of the Insane*, New York 1989.

Rokeach, M., *The Three Christs of Ypsilanti: A Psychological Study*, New York 1964.

Schreber, D. P., *Denkwürdigkeiten eines Nervenkranken*, Berlin 1973 [zuerst 1903].

Tausk, V., «On the Origin of the ‹Influencing Machine» in Schizophrenia», *The Psychoanalytic Quarterly* 11[1933], S. 519–556.

FLÜSTERN

Bates, E. S., und J. V. Dittemore, *Mary Baker Eddy. The Truth and the Tradition*, London 1933.

Brodsky, L., und J. Zuniga, «Nitrous Oxide: A Psychotogenic Agent», *Comprehensive Psychiatry* 16[1975], S. 185–188.

Davidson, M. J., und D. D. Peters, «Dental Treatment Responsibility for the Delusional Patient», *General Dentistry* 38 [1990], S. 143–146.

Harris, D., *Dreams Die Hard*, New York 1982.

Peel, R., *Mary Baker Eddy. The Years of Discovery*, Boston 1966.

Pickering, G., *Creative Malady*, New York 1974.

«Radio Transmission Through Fillings», *The Journal of the American Medical Association* 169 [1959], S. 1271.

Steinberg, H., «Abnormal Behavior Induced by Nitrous Oxide», *The British Journal of Psychology* 47 [1956], S. 183–194.

Stoudemire, A., und A. M. Riether, «Evaluation and Treatment of Paranoid Syndromes in the Elderly: A Review», *General Hospital Psychiatry* 9 [1987], S. 267–274.

SCHATTENTANZ

Lonsdale, S., *Animals and the Origins of Dance*, New York 1982.

Revitch, E., und L. B. Schlesinger, *Psychopathology of Homicide*, Springfield 1981.

DIE INVASION DER KAEFER

DeLeon, J., R. E. Antelo und G. Simpson, «Delusion of Parasitosis or Chronic Tactile Hallucinosis: Hypothesis about Their Brain Physiopathology», *Comprehensive Psychiatry* 33 [1992], S. 25–33.

Elpern, D. J., «Cocaine Abuse and Delusions of Parasitosis», *Cutis* 42 [1988], S. 273–274.

Evans, P., und H. Merskey, »Shared Beliefs of Dermal Parasitosis: Folie Partagée», *British Journal of Medical Psychology* 45 [1972], S. 19–26.

Gieler, U., und M. Knoll, «Delusional Parasitosis as Folie à Trois», *Dermatologica* 181[1990], S. 122–125.

Hopkinson, G., «The Psychiatric Syndrome of Infestation», *Psychiatria Clinica* 6 [1973], S. 330–345.

Lyell, A., «Delusions of Parasitosis», *British Journal of Dermatology* 108 [1983], S. 485–499.

Marshall, M. A., R. F. Dolezal, M. Cohen und S. F. Marschall, «Chronic Wounds and Delusions of Parasitosis in the Drug Abuser», *Plastic and Reconstructive Surgery* 88 [1991], S. 328–330.

McAndrews, J., R. Jung und V. Derbes, «Delusions of Dermal Parasitosis [Acarophobia] Manifested by Folie à Deux», *Louisiana State Medical Journal* 108 [1956], S. 279–286.

Partridge, M., «One Operation Cures Three People: Effect of Prefrontal Leukotomy on a Case of Folie à Deux et Demie», *Archives of Neurology and Psychiatry* 64 [1950], S. 792–796.

Shelley, W. B., und E. D. Shelley, «Delusions of Parasitosis Associated with Coronary Bypass Surgery», *British Journal of Dermatology* 118/2 [1988], S. 309f.

Siegel, R. K., «Cocaine Hallucinations», *American Journal of Psychiatry* 135/3 [1978], S. 309–314.

Siegel, R. K., «Cocaine Smoking», *Journal of Psychoactive Drugs* 14/4 [1982], S. 271–359.

Skott, A., «Delusions of Infestation», *Reports from the Psychiatric Research Center, St. Jorgen Hospital, University of Goteborg, Sweden*, No. 13 [1978].

Stark-Adamec, C., R. E. Adamec, J. M. Graham, S. E. Bruun-Meyer, R. G. Perrin, D. Pollock und K. E. Livingston, «Analysis of Facial Displays and Verbal Report to Assess Subjective State in the Non-Invasive Detection of Limbic System Activation by Procaine Hydrochloride», *Behavioural Brain Research* 4 [1982], S. 77–94.

Trozak, D. J., und W. M. Gould, «Cocaine Abuse and Connective Tissue Disease», *American Academy of Dermatology* 10/3 [1984], S. 525.

Wilson, J. W., «Delusions of Parasitosis [Acarophobia]», *Archives of Dermatology and Syphilology* 66 [1952], S. 577–585.

Wilson, J. W, und H. E. Miller, «Delusions of Parasitosis [Acarophobia]», *Archives of Dermatology and Syphilology* 54 [1946], S. 39–56.

Yaffee, H. S., «Dermatologic Manifestations of Cocaine Addiction», *Cutis* 4 [1968], S. 286 f.

RICHIE IN WHACKYLAND

Bodanis, D., *The Secret House*, New York 1986.

BUNKER

Benko, P., und B. Hochberg, *Winning with Chess Psychology*, New York 1991.

Byck, R. [Hg.], *Cocaine Papers by Sigmund Freud*, New York 1974.

Nack, W., «Bobby Fischer», *Sports Illustrated* 33 [29. Juli 1985], S. 70ff.

Sun Zi über die Kriegskunst, Beijing 1994 [auch als: Sun Tse, *Die dreizehn Gebote der Kriegskunst*, München 1972].

Thornton, E. M., *Freud and Cocaine: The Freudian Fallacy*, London 1985.

DIE SCHWEBENDE DOLLARNOTE

Allen, W., *The Floating Light Bulb*, New York 1982.

Bonner, H., «Sociological Aspects of Paranoia», *American Journal of Sociology* 56 [1950], S. 255–262.

Brandt, E. H., «Levitation in Physics», *Science* 243 [1989], S. 349–355.

Cerra, J. L., *Culver City: The Heart of Screenland*, Chatsworth 1992.

Glassman, J. N. S., M. Magulac und D. F. Darko, «Folie à Famille: Shared Paranoid Disorders in a Vietnam Veteran and His Family», *American Journal of Psychiatry* 144 [1987], S. 658–660.

Kelsey, M. T., *God, Dreams, and Revelation: A Christian Interpretation of Dreams*, Minneapolis 1974.

Madden, R. R., *Phantasmata or Illusions and Fanaticisms of Protean Forms Productive of Great Evils*, 2 Bde., London 1857.

[Rolling Stone [Hg.]], *The Age of Paranoia: How the Sixties Ended*, New York 1972.

Sanders, E., *The Family: The Story of Charles Manson's Dune Buggy Attack Battalion*, New York 1971.

Schmidt, H., «A PK Test with Electronic Equipment», *Journal of Parapsychology* 34 [1970], S. 175–181.

Schreck, N., *The Manson File*, New York 1988.

Steinberg, H., «Abnormal Behavior Induced by Nitrous Oxide», *The British Journal of Psychology* 47 [1956], S. 183–194.

Zaehner, R. C., *Our Savage God: The Perverse Use of Eastern Thought*, New York 1974.

DIE ZEHNTE PLAGE

DeMille, C. B. [Produktion und Regie], *The Ten Commandments*. Screenplay by A. MacKenzie, J. L. Lasky. J. Garcia und F. M. Frank, Paramount Pictures, Hollywood 1956; dt. unter dem Titel *Die Zehn Gebote*.

Williams, J. G., *The Bible, Violence & the Sacred: Liberation from the Myth of Sanctioned Violence*, New York 1991.

DIE JAGD NACH DEM LETZTEN ZWERG

«Attack of the Killer Smurfs», *Newsweek* 35 [4. April 1983].

Fiedler, L., *Freaks: Myths & Images of the Secret Self*, New York 1979.

Harrison, J. M., *CIA Flaps and Seals Manual*, Boulder 1975.

Thompson, C. J. S., *Giants, Dwarfs and Other Oddities*, New York 1968.

DER PARANOIA-EXPRESS

Peterson, I., «Wizzard of Oz: Bringing Drama to Virtual Reality», *Science News* 142 [1992], S. 440f.

Vassos, J., *Phobia*, New York 1931.

EINE NACHT AN HEMINGWAYS GRAB

Bellavance-Johnson, M., *Ernest Hemingway in Idaho*, Ketchum 1989.

Dardis, T., *The Tuirsty Muse: Alcohol and the American Writer*, New York 1989.

Hemingway, E., «A Train Trip», in: ders., *The Complete Short Stories of Ernest Hemingway: The Finca Vigia Edition*, New York 1987, S. 557–570.

«Hitler's Skull in Moscow Archive, Izvestia Says», *Los Angeles Times* A6 [19. Februar 1993].

Hotchner, A. E., *Papa Hemingway*, New York 1966.

Jamison, K. R., *Touched with Fire: Manic-Depressive Illness and the Artistic Temperament*, New York 1993.

Danksagung

Die Menschen, von denen dieses Buch berichtet, stehen nur für einen kleinen Teil der medizinischen und juristischen Fälle, an denen ich im Verlauf meiner Forschungen zur Paranoia beteiligt war. Den vielen Psychiatern, Psychologen, Verteidigern, Staatsanwälten und Kriminalbeamten, die mit diesen Fällen befaßt waren, bin ich zu Dank verpflichtet, denn von ihnen allen habe ich gelernt.

Die Geschichten sind wahr, aber einige Namen und auch einige Umstände, soweit sie eine Identifizierung ermöglichen könnten, habe ich geändert. Gelegentlich habe ich sekundäre, aber relevante Aspekte von anderen Personen auf meine zentralen Gestalten übertragen. Wo es möglich war, habe ich mich auf transkribierte Tonbandaufzeichnungen gestützt. Da es jedoch schwierig ist, Gespräche mit Paranoikern auf Tonband aufzuzeichnen, habe ich manche Dialoge aus mitgeschriebenen Notizen rekonstruiert. Das Transkript des Interviews mit Hitlers Gehirn im 2. Kapitel basiert auf einem authentischen Computerausdruck.

Ich danke den Hochschullehrern und dem Personal des UCLA Center for the Health Sciences für ihre wertvolle Hilfe bei einigen der hier beschriebenen klinischen Fälle. Für hilfreiche Diskussionen und Gespräche danke ich Werner Baumgartner, Ph. D.; Kenneth M. Colby, M. D.; Murray E. Jarvik, M. D., Ph. D.; und Louis Jolyon West, M. D.

Gleichfalls danken möchte ich meinem literarischen Agenten Reid Boates und der Lektorin Joyce Engelson für ihren Rat und ihre Unterstützung. Bethany Muhl leistete wertvolle Hilfe bei meinen Forschungen und lieferte hilfreiche Kommentare zum Manuskript. Paula Berinstein unterstützte mich hervorragend bei den nötigen bibliographischen Arbeiten.

Die kugelsichere Weste, die ich beim Schreiben gelegentlich trug, lieferte die Firma Martin B. Retting, Inc., in Culver City, California.

Erste Hilfe
für die Seele

Regina Oehler
Psychische Störungen
Erkennen, verstehen und bewältigen
192 S. • broschiert • DM 29,80
ISBN 3-8218-1482-9

Genauso wie körperliche Krankheiten gehören psychische Störungen – Angstzustände, Depressionen,
Zwangsstörungen, Schizophrenien, Eßstörungen und
Süchte – zum Leben.
Dieses Handbuch informiert auf dem neuesten Stand
der Forschung darüber,
• welche Ursachen sie haben,
• wann eine Behandlung erforderlich ist und
• welche Therapie geeignet ist.
Dabei kommen nicht nur Fachleute unterschiedlicher
Richtungen zu Wort, sondern auch Patientinnen und
Patienten und ihre Angehörigen, die von ihren Erfahrungen mit seelischen Leiden berichten.

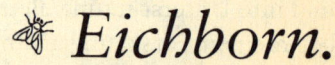 *Eichborn.*
Kaiserstraße 66
60329 Frankfurt
Telefon: 069 / 25 60 03-0
Telefax: 069 / 25 60 03-30
www.eichborn.de

Wir schicken Ihnen gern ein Verlagsverzeichnis.